Joel Kotkin

Stämme der Macht

Der Erfolg
weltweiter Clans
in Wirtschaft und
Politik

Deutsch von
Lieselotte Mietzner
und Alan Posener

Rowohlt

Die Originalausgabe erschien 1993 unter dem Titel
*Tribes. How Race, Religion and Identity
Determine Success in the New Global Economy*
im Verlag Random House, New York
Umschlaggestaltung Walter Hellmann
(Foto: TCL/Bavaria Bildagentur)

1. Auflage Januar 1996
Copyright © 1996 by Rowohlt Verlag GmbH,
Reinbek bei Hamburg
Tribes Copyright © 1992 by Joel Kotkin
Alle deutschen Rechte vorbehalten
Gesetzt aus der Sabon (Monotype Lasercomp)
bei Libro, Kriftel
Druck und Bindung Clausen & Bosse, Leck
Printed in Germany
ISBN 3 498 03485 5

Für meinen Vater

Siehst du einen Mann behend in seinem Geschäft,
der wird vor den Königen stehen.

Die Sprüche Salomos, Kap. 22, Vers 29

Inhalt

Vorwort: Weltstämme

Begonnen in der optimistischen Hoffnung auf den baldigen Triumph einer rationalen und universellen Weltordnung, hat das ausklingende 20. Jahrhundert statt dem vielbeschworenen universellen Zeitalter und dem Ende der Geschichte ein gewachsenes Interesse an der Rolle von Rasse, ethnischen Bindungen und Religion gebracht. Wieder einmal erfolgt eine Rückbesinnung auf die Spuren und den Geist der ethnischen Vergangenheit; die Ergebnisse dieses Orientierungsprozesses werden das kommende Jahrhundert prägen. Um mit dem Soziologen Harold Isaacs zu sprechen: «Die Wissenschaften kamen voran, das Wissen wuchs, die Natur war gezähmt, aber die Vernunft gewann nicht die Oberhand, und das Stammesdenken starb nicht aus.»[1]

Für viele Beobachter in unserer aufgeklärten Gesellschaft bedeutet diese Entwicklung einen Rückfall in längst überwunden geglaubte Formen feindseliger Abgrenzung und Abschottung. Exzesse des islamischen Fundamentalismus, das irredentistische Chaos im früheren Sowjetblock oder die Rassenunruhen in amerikanischen Großstädten wie Los Angeles verweisen auf eine gesteigerte Betonung von Religion und ethnischer Kultur, die befürchten läßt, die Menschheit werde sich in enge, exklusive, einander feindlich gegenüberstehende Gruppen spalten.

Jenseits solcher Zukunftsbilder zeigt sich jedoch zunehmend ein ganz anderes Stammesbewußtsein, das auf dem Zusammenhalt von über den Globus verstreuten ethnischen Gruppen beruht. Diese globalen «Stämme» sind die großen Weltbürger unserer Zeit, weit entfernt von jedem engstirnigen Provinzialismus. Während die alten nationalstaatlichen und regionalen Handelsbarrieren unter dem Druck globaler Wirtschaftskräfte an Bedeutung verlieren, sieht es so aus, als könnten solche zerstreuten Völker – mit ihren weltweiten kommerziellen und kulturellen Verflechtungen – zunehmend das ökonomische Geschick der Menschheit bestimmen.

Weltstämme vereinen ein klares Bewußtsein ihrer gemeinsamen Herkunft[2] und gemeinsame Werte – beides fundamentale gemeinschaftsstiftende Charakteristika – mit zwei Faktoren, die für den wirtschaftlichen Erfolg in der modernen Welt entscheidend sind: mit geographischer Zerstreuung und mit dem Glauben an den wissenschaftlichen Fortschritt. Kosmopolitische Gruppen dieses Schlags – von den Juden und den Briten der Vergangenheit bis zu den aufstrebenden asiatischen Weltstämmen von heute – opfern das Bewußtsein ihrer spezifischen ethnischen Identität nicht auf dem Altar von Wissenschaft und Technik, sondern nutzen ihre historisch gewachsenen Werte und Überzeugungen, um sich elastisch auf veränderte Umweltbedingungen einzustellen.

Der Zusammenbruch des Kommunismus und das Ende des Kalten Krieges lassen die Aussichten für Weltstämme noch günstiger erscheinen. Während Ideologien wie der «wissenschaftliche Sozialismus» gescheitert sind, erlebt die Welt ein Wiederaufleben der Symbole einer religiös geprägten Vergangenheit. Wie Wüstenblumen nach einem Regenguß erwachen im früheren Sowjetimperium Kirchen, Moscheen, Synagogen, buddhistische Tempel und Ahnenschreine zu neuem Leben. Andere Ikonen nationalen Empfindens wie die russische Trikolore verkünden die wiedergewonnene Identifikation mit dem eigenen Volk.

Dieser bemerkenswerte Prozeß historischer Umkehr führt uns zum entscheidenden Punkt: Ethnizität als maßgeblicher Faktor bei der Entwicklung zur Weltwirtschaft. In der Ära nach dem Ende des Kalten Krieges, während ideologische Bastionen zerbröckeln und Völker versuchen, sich aus ihrer kollektiven Vergangenheit heraus neu zu bestimmen, scheinen zerstreute Gruppen wie die Weltstämme in einer besonders guten Ausgangsposition, um sich in einem zunehmend integrierten, weltweiten Wirtschaftssystem durchzusetzen.

Im folgenden sollen fünf große Stämme – die Juden, Briten, Japaner, Chinesen und Inder – untersucht werden, die sämtlich geeignet sind, das Phänomen des globalen Stammeszusammenhalts zu erhellen. Obwohl jeder dieser fünf Stämme auf eine unverwechselbare eigene Geschichte zurückblickt, teilen sie alle die folgenden drei entscheidenden Charakteristika: 1. Stabile ethnische Identität und ein Gefühl wechselseitiger Abhängigkeit, das der Gruppe ermöglicht, sich an Veränderungen der globalen wirtschaftlichen und politischen Ordnung anzupassen, ohne ihre grundlegende Einheit zu verlieren. 2. Ein auf gegenseitiger Verpflichtung basierendes weltweites Verbindungsnetz, mittels dessen die Gruppe über nationale und regionale Grenzen hinweg kollektiv handeln kann. 3. Wissensdurst auf technischen und anderen Gebieten, der sich aller erreichbaren Quellen bedient, verbunden mit einer grundsätzlichen Aufgeschlossenheit, die die raschen kulturellen und wissenschaftlichen Neuentwicklungen ermöglicht, ohne die in der Weltwirtschaft des ausgehenden 20. Jahrhunderts niemand bestehen kann.

Selbstverständlich weisen nicht nur diese fünf Gruppen einige oder alle genannten Merkmale auf. Zerstreute Ethnien hat es in der einen oder anderen Form in der Geschichte immer wieder gegeben. Oft aus kleinen, völlig abgesonderten Stämmen entstanden, dehnten manche von ihnen ihren Einflußbereich schließlich über weite Gebiete hin aus. Dort wirkte ihre charakteristische Prägung oftmals lange nach, manchmal noch Jahrhunderte, nachdem die Eroberer wieder abgezogen oder ihre eigenen Gesellschaften bereits untergegangen waren. In der abendländischen Antike spielten unter anderem die Babylonier, Ägypter, Phönizier, Griechen und Römer eine solche bestimmende Rolle. Auch amerikanische Ureinwohner – Inkas, Mayas und Azteken – und die großen chinesischen und islamischen Reiche drückten Sprache, Religion, Brauchtum, Wissenschaft, Architektur und Landwirtschaft oft weit entfernter Kulturen ihren Stempel auf.

Später etablierten sich andere, mit robustem Geltungs- und Bildungsdrang ausgerüstete Gruppen in den Schneisen der Weltwirtschaft. Nachdem das Mittelalter zu Ende gegangen war, dehnten Italiener, Holländer, Portugiesen, Spanier und Deutsche in Kultur und Technik ihre Macht über weite Weltteile aus. In neuerer Zeit haben sich, teilweise unter mörderischen Umständen, etwa Armenier, Palästinenser, Griechen, Ibos, Kubaner und Koreaner über nationale Grenzen hinweg ausgebreitet, oft mit nachhaltigen kulturellen und ökonomischen Auswirkungen.

Darüber hinaus gibt es zweifellos noch etliche andere Völker, die gleichfalls Merkmale der Weltstämme aufweisen. Im Rahmen dieses Buches möchte ich jedoch nur die fünf großen ethnischen Gruppen behandeln, die die Effektivität globalen Zusammenhalts heute am eindrucksvollsten demonstrieren. So beschränke ich mich bei den aus Europa stammenden Gruppen ganz auf die Angloamerikaner, weil sie in puncto globaler Investitionen, multinationaler Konzerne, kulturellen wie politischen Einflusses weltweit ungleich stärker dastehen als Deutsche, Italiener oder Franzosen, die sich trotz ökonomischer und kultureller Spitzenleistungen heute kaum noch über ihren eigenen Kontinent hinaus profilieren können. Entsprechend habe ich mich unter den Asiaten für Japaner, Chinesen und Inder entschieden, weil ihr Gewicht in der modernen Welt ständig wächst und sie über das Potential verfügen, massiv in die historische Entwicklung des kommenden Jahrhunderts einzugreifen.

Es liegt mir vollkommen fern, diesen fünf Gruppen eine wie auch immer geartete moralische oder rassische Überlegenheit zuzuschreiben. Zur globalen Wirtschaftsmacht entwickelte sich jede von ihnen mindestens ebensosehr durch engen Kontakt mit anderen Zivilisationen wie durch etwaige eigene Überlegenheit, in keinem Fall aber durch Reinheit der Rasse. Tatsächlich galten Weltstämme wie die Briten oder Japaner zeitweise als perfekte Nachahmer. Juden, Briten und Inder, alles andere als reine Vertreter eines bestimmten genetischen Erbes, gehören zu den gemischtrassigen Völkern.

Vielleicht war es, wie so oft in der Geschichte, im wesentlichen schicksalhaft, daß diesen Gruppen eine globale Rolle zufiel – und sie dann gezwungen wurden, sie auch auszufüllen. Das zeigt sich deutlich im Fall der Juden, meines eigenen Volks, das in vieler Hinsicht das Urbild der globalen Gemeinschaft darstellt. Seit Abrahams Zeiten, so die Überlieferung, definieren die Juden sich über das Bewußtsein ihrer historischen Besonderheit, über ihren Bund mit Gott. Das starre Festhalten an ihrem Glauben brachte ihnen jahrtausendelange Zerstreuung ein, half ihnen aber auch, ihr außergewöhnlich starkes Identitätsgefühl zu bewahren.

Unter oftmals feindseligen Fremden ganz auf ihre eigenen Gemeinden zurückgeworfen, entwickelten die Juden notgedrungen solide Selbsthilfetraditionen und ein besonderes Geschick, sich an wechselnde ökonomische und soziale Bedingungen anzupassen. Weltreiche stiegen auf und zerfielen, große religiöse Bekehrungswellen schwappten durch die Kontinente, aber die Juden – ihre sozialen Institutionen, ihre Gesetze und Familientraditionen – überlebten.

Als zerstreutes Volk mit einem weitverzweigten Kommunikationsnetz profitierten die Juden schon von den frühesten Ansätzen zu einer Globalisierung der Wirtschaft. Von den letzten Tagen Roms bis ins ausgehende Mittelalter überlebten Juden nicht bloß durch den Warenhandel, sondern weil sie sich in so unterschiedlichen Weltregionen wie Indien und Spanien medizinische oder mathematische Kenntnisse erwarben. Als die Vormachtstellung der Europäer später für eine zunehmende Internationalisierung der Wirtschaftsbeziehungen sorgte, waren die Juden als ein Volk, das nicht durch nationale Gesetze eingeengt wurde, wieder im Vorteil.

Repräsentieren die Juden das Urbild des Weltstammes, so sind die Briten und ihre Nachkommen wohl diejenigen, deren Aktivitäten bis heute am folgenschwersten waren. Beheimatet auf einer kleinen und relativ unfruchtbaren Insel am Nordwestrand der in der Antike bekannten Welt, gaben die Briten mit ihrem Empire mehr als irgendeiner ihrer europäischen Rivalen das Grundmuster vor, nach dem sich die moderne Technik und der Handel entwickelten.

Autoren wie Max Weber und Richard Henry Tawney haben darauf hingewiesen, daß die Briten ihre wirtschaftliche Vormachtstellung vor allem dem tiefgreifenden Einfluß des Calvinismus auf Kultur und Moral verdankten. Ähnlich wie die Juden lebten auch die englischen Calvinisten – und andere nonkonformistische Gruppen mit eigener theologischer Lehre wie etwa die Quäker – kraft ihrer Glaubensdisziplin in dem Bewußtsein, etwas Besonderes zu sein. Auf dem Boden des Calvinismus wuchs, so Tawney und Weber, eine Lebenseinstellung, die Gewerbefleiß und Interesse am Erwerb von Fachkenntnissen begünstigte.

In England und später in ihrer amerikanischen Diaspora förderte die Kultur dieser religiösen Dissidenten die Entwicklung kapitalistischer Organisationsformen, die bis heute in der Weltwirtschaft beherrschend geblieben sind. Selbst in Regionen, wo die Macht von Amerikanern oder Briten praktisch ganz geschwunden ist, sind angloamerikanische Standards sowie die englische Sprache im kaufmännischen wie im kulturellen Bereich nach wie vor bestimmend.

Der schrittweise Niedergang der angloamerikanischen Hegemonie in den letzten Jahrzehnten resultiert hauptsächlich aus dem Verschleiß gerade der Grundwerte, die diese beiden Nationen einst an die Spitze katapultiert hatten. Wie das marode Sowjetimperium vor dem Zusammenbruch leiden auch die Angloamerikaner und der gesamte europäische Kapitalismus heute unter zunehmend korrupten und lethargischen Eliten, erlahmendem Wettbewerbsgeist, steigender Kriminalität und dem Verfall elementarer Werte wie Sparsamkeit und Leistungswillen.[3]

Wirtschaftlich lebensnotwendige ethische Prinzipien und Einstellungen dieser Art findet man heute eher bei den Weltstämmen Asiens. Diese aufstrebenden Gruppen – insbesondere Japaner, Chinesen und Inder – sind bereits in die kommerziellen Fußstapfen der Amerikaner getreten, nicht selten mit durchschlagendem Erfolg.

Die Japaner, wichtigster dieser asiatischen Newcomer und wie die Briten ein Inselvolk, bekennen sich wie diese zu einem spezifischen Leistungsethos, das sich in dem erstaunlichen Organisationstalent und dem Fleiß widerspiegelt, die sie in der modernen Weltwirtschaft nach oben kommen ließen. Doch anders als bei Briten oder Juden, die sich meist auf Dauer in der Diaspora niederließen, funktioniert die Diaspora der Japaner, wie ich zeigen werde, auf Abruf: Firmenangehörige werden für begrenzte Zeit in alle Himmelsrichtungen entsandt. Dank der modernen Transport- und Kommunikationstechnologien ist es den Japanern auf diese einzigartige Weise gelungen, die jahrhundertelange wirtschaftliche Hegemonie der Angloamerikaner ins Wanken zu bringen.

Doch während die Welt, und besonders der Westen, den Vormarsch der Japaner noch mit Sorge beobachtet, haben die immer schnellere Internationalisierung des Handels und die beschleunigte technologische Entwicklung schon neue, potentiell noch leistungsfähigere ethnische Gemeinschaften auf den Plan gerufen. Die Chinesen, größtes Volk und Träger einer der ehrwürdigsten Kulturtraditionen der Welt, sind nach Jahrhunderten des Niedergangs in den letzten Jahrzehnten wieder auf die Weltbühne zurückgekehrt.

Wie die Juden und die Briten haben auch die Chinesen eine bedeutende Diaspora aufgebaut mit rührigen Gemeinden, die sich von den südostasiatischen Tropen bis zu den großen Städten Nordamerikas erstrecken. Heute bildet diese Diaspora mit ihren Zentren in Taipei, Hongkong und Singapur eine der wohlhabendsten, sachkundigsten und unternehmerisch aktivsten Gruppierungen der Welt. An den Küsten des Pazifischen Beckens, der dynamischsten Wirtschaftsregion des Globus, haben sich die Chinesen bereits als Wirtschaftsmacht etabliert; aber, was noch wichtiger ist, bei dem gigantischen Projekt, Chinas gewaltiges industrielles Potential zu entwickeln, sprechen die Auslandschinesen inzwischen ein immer lauteres Wörtchen mit.

Während es mit dem Kommunismus zu Ende geht und die

Verbindungen unter den Chinesen immer enger werden, wird ihre Diaspora wahrscheinlich noch an Gewicht gewinnen. Gelingt es den Chinesen, ihre kosmopolitischen Ressourcen in Nordamerika und Südostasien mit einem wirtschaftlich wiederbelebten Kernland zusammenzubringen, dann haben sie von allen Gruppen wohl die besten Aussichten, den auf ihre Inseln beschränkten Japanern die Vorherrschaft in der zunehmend vom pazifischen Raum her dominierten Weltwirtschaft streitig zu machen. Noch in der ersten Hälfte des 21. Jahrhunderts dürfte der Weltstamm der Chinesen als führende internationale Handelsmacht mit den Angloamerikanern und Japanern gleichziehen.

In weiterer Zukunft wird sich dann möglicherweise noch eine große asiatische Gruppe zu Wort melden: die Inder. Die Inder – gemeint sind hier nicht nur die Hindus, sondern auch Moslems, Parsen und Sikhs – haben ebenfalls ein langes geschichtliches Gedächtnis und ein in ihrer Kultur verwurzeltes, ausgeprägtes Bewußtsein ihrer Einzigartigkeit. Tiefen Bruderzwisten und verzweifelter Armut von Hunderten von Millionen zum Trotz haben sie in den letzten Jahrzehnten eine eigene, zunehmend leistungsfähige Diaspora aufgebaut, die von Nordamerika und Großbritannien bis nach Afrika und Südostasien reicht.

Die Inder verfügen weltweit über eines der größten Reservoirs an naturwissenschaftlich und technisch gebildeten Arbeitskräften. Gelingt es ihnen, ihr Land zu liberalisieren und seine Wirtschaft zu reformieren, dann haben sie gute Chancen, zur nächsten globalen Wirtschaftsmacht aufzusteigen. Angesichts der heute noch auf dem Subkontinent herrschenden Armut und Korruption mag dies als frommer Wunsch erscheinen. Es ist jedoch noch kein Jahrhundert her, da hörte man ähnliche Zweifel im Blick auf das Entwicklungspotential von Japanern und Chinesen.

Das Ende des Kalten Krieges hat dem Weltbürgertum dieser Weltstämme neue Möglichkeiten eröffnet. Das darauf folgende Wegfallen militärischer Macht als wichtigstem Gradmesser wirtschaftlichen Ranges schwächt naturgemäß den traditionellen Einfluß nationalstaatlicher Strukturen, die lange Zeit das stärkste

Gegengewicht eines weltumspannenden Wirtschaftssystems bildeten. Der Kollaps des sozialistischen Modells macht den alten ideologischen Streit um rivalisierende Wirtschaftssysteme zunichte und rückt statt dessen die Kulturen und Einstellungen ins Scheinwerferlicht, die sich im globalen Wirtschaftssystem als die effektivsten erweisen.

Vor diesem Hintergrund sind Geschichte und Entwicklung der Weltstämme besonders aufschlußreich. Bei allen diesen unterschiedlichen Gruppen hat sich eine klar erkennbare Wertorientierung – tragfähige ethnische Identität, Hochschätzung von Selbsthilfe, Leistungsbereitschaft, Sparsamkeit, Bildung und Familie – als Erfolgsrezept erwiesen. Legt man die ideologischen Scheuklappen des Kalten Krieges und rassistische Vorurteile ab, dann wird der Zusammenhang zwischen diesen Werten und dem ökonomischen Erfolg dieser Gruppen zu deutlich, als daß man einfach darüber hinweggehen könnte.

Diese Einsicht hat beispielsweise bei Gruppen wie den African-Americans bereits zu einer fundamentalen Richtungsdebatte geführt. Entgegen der legalistischen, auf den Erwerb von Bürgerrechten ausgerichteten Tradition des schwarzen Establishments betonen nach Temperament und Standpunkt so verschiedene African-amerikanische Führer wie Booker T. Washington, Marcus Garvey, Malcolm X, Louis Farrakhan und Tony Brown, es gehe jetzt in erster Linie darum, eine selbstbewußtere, geistig wie ökonomisch unabhängige soziale Kultur zu schaffen, um die rassische Unterdrückung zu überwinden. Und da der Marxismus in Afrika, Lateinamerika und anderen Teilen der Dritten Welt stark an Anziehungskraft eingebüßt hat, haben sich auch hier die Ziele verschoben – man blickt nun mehr auf die Erfolge der Japaner oder der Auslandschinesen, anstatt dem überholten sowjetischen Modell nachzueifern.

Doch um in der modernen Welt erfolgreich zu sein, muß sich der Rückgriff auf die ethnische Zugehörigkeit mit der Bereitschaft paaren, kulturell Andersartige zu akzeptieren und von ihnen zu lernen, sonst wird er sich am Ende als selbstzerstörerisch erweisen. Jeder der in diesem Buch beschriebenen Weltstämme besitzt neben kosmopolitischen Zügen auch die Tendenz zu primitiver, feindseliger Abschottung. Wie der japanische Sozialtheoretiker Hidetoshi Kato betont: «Eine Kultur ist ein Konglomerat divergierender und widersprüchlicher Bilder, und jedes davon ist wahr.»[4]

So hat etwa unter Juden die Neigung, äußere Einflüsse strikt abzuwehren, zeitweise zu einem verengten, exklusiven Gruppendenken geführt. Diese Einstellung förderte, Max Weber zufolge, unter Juden eine Art «Paria-Kapitalismus», der großenteils aus Ressentiment gegen die Fremden entstand, wobei im geschäftlichen Umgang mit den eigenen Leuten ein anderer Verhaltenskodex galt als bei Geschäften mit Nichtjuden.[5] Dies verführte den «traditionalistischen» jüdischen Geschäftsmann, wie Weber meint, zu den verschiedensten unlauteren Praktiken und einem «spekulativ orientierten ‹Abenteurer›-Kapitalismus».[6]

In solchen Negativbildern von Juden – etwa als wucherischen Miethaien, Betrügern und Drahtziehern erpresserischer Finanzgeschäfte – steckt ein gewisses Quantum historischer Wahrheit, bis hin zur Verstrickung einer Reihe von Juden in das traditionelle organisierte Verbrechen[7] und einige der spektakuläreren Effektenskandale der späten achtziger Jahre.[8] Ähnliches hat man freilich auch schon anderen Einwanderer- und auch globalen Gruppen nachgesagt – von den Schotten im frühen Neuengland bis zu den indischen Eigentümern verfallender Mietskasernen im heutigen San Francisco oder den koreanischen Ladenbesitzern in vielen amerikanischen Großstädten, die ebenfalls im Ruf stehen, nicht immer auf die «feine» Art Profit zu machen.

Beunruhigender ist, daß Teile der Juden seit der Wiedergewinnung ihres historischen Heimatlands in Palästina in ein rassisch gefärbtes Stammesdenken verfallen. Zeitweise greifen die Verfechter von Maßnahmen wie der «Entfernung» der Araber vom Westufer des Jordan oder aus dem israelischen Staatsgebiet der Jahre vor 1967 auf die brutalsten Aspekte der biblischen Eroberung Palästinas unter Josua zurück. Religiöser Fundamentalismus, Fremdenfeindlichkeit und Rassismus bilden im heutigen Israel die Kehrseite der charakteristischen Weltläufigkeit der Diaspora. Gelingt es nicht, diese Affekte unter Kontrolle zu bringen, können sie nicht nur den Zyklus von Aggression und Gegenaggression endlos in Gang halten, sondern auch die Existenz der Juden als eines kosmopolitischen Weltstammes gefährden.

Briten und Amerikaner stecken gleichfalls in einer moralischen Krise, deren Ausgang langfristig über die Zukunft dieser Gruppe entscheiden kann. In vielen englischsprachigen Ländern hat die vermehrte Präsenz von Außenseitergruppen – als Immigranten, Investoren und geschäftliche Konkurrenten – die Schleusen für tiefsitzende Ressentiments und Rassenhaß geöffnet. Besonders in Städten mit einem so bunten Nationalitätengemisch wie New York, Los Angeles, Toronto, Sydney und London müssen die Erben des angloamerikanischen Wirtschaftsimperiums erst noch lernen, ein eingefleischtes rassisches Überlegenheitsgefühl zu überwinden, das, als Begleiterscheinung ihrer früheren jahrhundertelangen weltweiten Führungsposition, den heutigen Realitäten ganz und gar nicht mehr entspricht.

Von einem solchen Umdenken könnte es abhängen, ob es den Briten und generell den aus Europa stammenden Völkern gelingen wird, sich in einer Welt zu behaupten, in der andere ethnische Gruppen eine immer wichtigere und sogar tonangebende Rolle spielen. Europäer und Amerikaner müssen sich die Erfahrungen der Japaner zunutze machen und die Energien ihrer Neuzuwanderer einbeziehen, wenn sie auf dem industriellen und Handelssektor nicht noch mehr Boden verlieren wollen. Die Alternative – sich in einer weißen «Festung Europa» oder «Festung Amerika» einzuigeln – hieße schlicht, die tragischen Fehler zu wiederholen, die in der Vergangenheit zum Niedergang und zu europäischer Beherrschung gerade der asiatischen Gesellschaften geführt haben, die heute immer stürmischer auf den Weltmarkt drängen.

Für die Japaner wiederum stellt die Notwendigkeit, ein hocheffektives Leistungsethos mit Verständnis für andersartige Kulturen zu verbinden, eine besondere Herausforderung dar. Als wohl insularste der globalen Gemeinschaften sind sie vielleicht am wenigsten auf eine zunehmend multirassische ökonomische Realität vorbereitet. Während ihres rapiden Expansionsprozesses in den letzten 40 Jahren zeigten sie sich jedenfalls bemerkenswert unfähig, Nichtjapaner angemessen in ihre Organisationen, Zulieferernetze und industriellen Entwicklungsstrategien einzubeziehen.

Im vorliegenden Buch habe ich dieser Problematik breiten Raum gegeben, was freilich nicht bedeuten soll, daß der japanische Rassismus als solcher gravierender wäre als der der Juden, Engländer oder irgendeiner anderen ethnischen Gruppe. Wäre dieses Buch zum Beispiel schon 1950 entstanden, dann hätte ich entsprechend die rassistische Einstellung der Angloamerikaner, die damals die Weltwirtschaft klar dominierten, zum Thema machen müssen. Ein, sagen wir, im Jahr 2030 zu schreibender Folgeband dürfte sich dagegen wohl eher mit der rassischen Exklusivität der Chinesen oder möglicherweise auch der Inder auseinanderzusetzen haben, die dann vermutlich als die expansionistischsten Weltstämme dastehen werden.

Ungeachtet solcher grundlegender Fragen werden sich die hier dargestellten weltbürgerlichen Gruppen, über den Globus verstreut, ausgerüstet mit einem festen Glauben an sich selbst und an die Macht des Wissens, fast mit Sicherheit in einer zunehmend entnationalisierten und entmilitarisierten Weltwirtschaft durchsetzen. Ihr Machtzuwachs wird sich aber wohl in den meisten Fällen nicht in den traditionellen Bahnen des Nationalstaats vollziehen, sondern in kosmopolitischeren Formen wie multinationalen Konzernen oder Finanzkonglomeraten: Als global agierende ethnische Gruppen werden sich *Japan, Incorporated* und seinen angloamerikanischen, jüdischen, chinesischen und indischen Pendants in Zukunft wohl am freiesten entfalten.

Möglicherweise führt die Entwicklung zur Globalwirtschaft in den fortgeschrittenen Ländern bald zu einer Situation, in der es, wie ein Manager in Tokio einmal formulierte, «kein Japan, sondern nur noch Japaner» gibt. In einer neuartigen Weltgesellschaft kann sich die Spitzenposition der Weltstämme aller Voraussicht nach nur noch weiter festigen, wobei jede von ihnen in den führenden Weltstädten ihren spezifischen Einfluß geltend machen wird. Schon wachsen mit Singapur, Toronto, Los Angeles, New York und London globale Zentren heran, in denen sich ein neues Muster menschlichen Zusammenlebens abzuzeichnen beginnt – ein Zusammenleben, das nicht auf erzwungener Gleichheit beruht, sondern auf dem ganzen Reichtum und der Vielfalt menschlichen Lebens.

1 Die Entstehung von Weltstämmen

Kein Hauch von Grandeur, kein glitzerndes Firmenlogo, keine moderne Plastik schmücken das imposante, aus dem 19. Jahrhundert stammende Landhaus am Pariser Faubourg Saint Honoré. In seinen steifen, teppichbelegten, mit alten Uhren und Gemälden ausgestatteten Innenräumen herrscht eher eine museal gedämpfte Atmosphäre ehrfürchtigen Bewahrens als die hektische Geschäftigkeit eines modernen Finanzimperiums.

Edmond Rothschild sitzt allein in seinem mit Büchern und Fotografien geschmückten Büro. Der Baron, dessen Titel noch aus einer Zeit stammt, als seine Familie das finanzielle Geschick des europäischen Hochadels in den Händen hielt, ist offenbar schlechter Laune, bedrückt durch die politischen Wirren im ehemaligen Jugoslawien, die chronische Verschuldung Argentiniens und das Anwachsen des religiösen Fanatismus im Mittleren Osten.

Rothschild, dem der Reichtum in die Wiege gelegt wurde, hätte ohne weiteres ein Leben abseits von den Problemen der Welt wählen können, unbelastet von seiner Tätigkeit als Leiter von mehr als einem Dutzend Finanzunternehmen von Westindien bis Tel Aviv, einschließlich der verzweigten, in Paris ansässigen *Compagnie Financière* seiner Familie.[1] Doch wie Generationen vor ihm glaubt er, daß ein Rothschild es sich schuldig ist, nicht bequem von dem in der Vergangenheit angesammelten Kapital zu leben.

Dies ist es wohl, was die Rothschilds am meisten von anderen besitzenden Familien des 19. und frühen 20. Jahrhunderts unterscheidet, die schon lange wieder in relative Bedeutungslosigkeit abgesunken sind. Obwohl sie alle Annehmlichkeiten des landbesitzenden niederen Adels hatten, gaben sich die Rothschilds nicht dem guten Leben hin. Ihnen lag mehr daran, Kapital zu schaffen und anzulegen. «Wir leben nicht in Saus und Braus, aus einem einfachen Grund. Viele Familien verschwinden schon nach einer Generation wieder, weil sie nicht einsehen, daß man diszipliniert und kontinuierlich arbeiten muß, auch wenn man es nicht immer gern tut. Sonst ist es nicht weit bis zu Alkohol oder Drogen.

Disziplin – davon hängt tatsächlich alles ab. Meine Eltern haben mir Disziplin mitgegeben, und mein Sohn wird sie hoffentlich an seine Kinder weitergeben. Es geht um die Selbstdisziplin, die wir unserer Tradition schulden.»[2]

Bei den Rothschilds ging diese traditionelle Disziplin jedoch weit über den Grundsatz des «Noblesse oblige» hinaus, dem die europäische Geldaristokratie seit dem Aufstieg des Kapitalismus huldigte. Sie gaben nichts auf das mittelalterliche Ideal, wonach Armut gottgefällig, Reichtum aber des Teufels sei.[3] So antwortete Nathan Rothschild, der Gründer des englischen Hauses, als man ihn in den dreißiger Jahren des 19. Jahrhunderts fragte, ob er wünsche, daß seine Kinder ebensoviel geschäftlichen Ehrgeiz entwickelten wie er selbst: «Ich wünsche mir, daß sie sich mit Leib und Seele und allem, was sie haben, dem Geschäft widmen: Das ist die Voraussetzung zum Glück.»[4]

Dieses Ethos lieferte die Initialzündung für einen rasanten Aufstieg. Nach weniger als einem Jahrhundert galt Baron James Rothschild, der in Paris lebende Sohn des Frankfurter Münzhändlers Mayer Amschel Rothschild, zeitgenössischen Berichten zufolge bereits als «absoluter Monarch der Finanzwelt». Er hatte die Macht, über die Staatsfinanzen ganzer Nationen zu bestimmen. In den 1840er Jahren besaß die Familie, nach Einschätzung des Fürsten Metternich, mehr Einfluß auf die französischen Staatsangelegenheiten als irgendeine fremde Regierung, ausgenommen Frankreichs Erzfeind England.[5]

Aber die Rothschilds lebten nicht nur einem kapitalistischen Ethos, das Reichskanzler Otto von Bismarck wegwerfend als den «absurden Wunsch» umschrieb, «jedem ihrer – oft zahlreichen – Kinder ebensoviel zu hinterlassen, wie sie selbst ererbt hatten».[6] Blinde Anbetung des Geldes, so Edmond Rothschild, hätte nicht ausgereicht, um eine Familientradition gegen die Lockung, sich im Lauf einiger Generationen voll zu assimilieren, aufrechtzuerhalten. Neben der Liebe zum Geschäft eint die Rothschilds eine weitere, größere Berufung, die weit hinausgeht über Handel, Familie und sogar über die Zugehörigkeit zu einer bestimmten Nation, und das ist ihr Judentum. Um es mit den Worten seines Cousins David Rothschild zu sagen, der eine Ex-und-Import-Bank der Familie unweit des gedrungenen Baus am Faubourg St. Antoine leitet: «Der judaistische Glaube wirkt als Bindeglied, und die jüdische Familie verhält sich traditionell solidarisch.»[7]

Die Welt als Bühne

In einer Zeit, in der die Weltwirtschaft in Form von trockenen Statistiken und Computermodellen oft nur als abstraktes Phänomen wahrgenommen wird, mag es seltsam, ja sogar anachronistisch erscheinen, «der Familientradition geschuldete Disziplin» und ethnische «Solidarität» zur Erklärung von geschäftlichem Erfolg heranzuziehen. Dennoch wird die Geschichte des modernen Kapitalismus in hohem Maße von dem Emporkommen sich in elementarer Weise als zusammengehörig erlebender Weltstämme geprägt, zerstreuter Gruppen, die durch eine gemeinsame Kultur zusammengehalten werden.

Die Wirtschaftsmacht der Weltstämme beruht auf der glücklichen Koppelung zweier Prinzipien, die dem klassischen Liberalismus als unvereinbar galten: eines auf der jeweiligen historischen und ethnischen Identität fußenden, «stammesmäßigen Wir-Gefühls» und der Fähigkeit, sich an die Bedingungen eines kosmopolitischen Weltwirtschaftssystems anzupassen. So gesehen stellen die Juden ein archetypisches, wenn auch keineswegs das einzige, Beispiel eines globalen «Stammes» dar. In den vergangenen vier Jahrhunderten hat die Dynamik verschiedenster, über die Welt verstreuter Diaspora-Gruppen die Weltwirtschaft bestimmt, von der im 17. Jahrhundert errungenen Vorrangstellung der Engländer und ihrer Nachfahren bis zu dem in jüngster Zeit gewachsenen Einfluß asiatischer Weltstämme, vor allem der Chinesen, Japaner und Inder. Weitere kleine, aber einflußreiche Gruppierungen – etwa die Armenier, Kubaner und Palästinenser sind, wie Khachig Toloyan von der Wesleyan University in Middletown, Connecticut, formuliert, ebenfalls «transnationale Gruppen», die außerhalb ihrer Ursprungsländer überall auf der Welt Kolonien bilden.[8]

Diese zerstreuten ethnischen Gruppen haben einen unverhältnismäßig großen Einfluß auf das Wirtschaftswachstum von Nationen, Städten und Regionen ausgeübt. Deshalb stellt der kontinuierliche Wechselprozeß zwischen der kapitalistischen Wirtschaftsweise und der Existenz zerstreuter ethnischer Gruppen – und nicht bloß der stetige Fluß von Finanzströmen oder die heroischen Taten nationaler Gründerfiguren – eines der entscheidenden Momente in der Entwicklung zur Weltwirtschaft dar. Dazu der österreichisch-amerikanische Ökonom Joseph Schumpeter: «Ein Vorgang wie der Eisenbahnbau oder die Elektrifizierung der Welt übersteigt das Vermögen einzelner Länder in einem so hohen Maß, daß man eher von einem weltweiten Prozeß als von der Summe getrennter nationaler Prozesse sprechen kann. Kapitalismus an sich ist deshalb im ökonomischen wie im soziologischen Sinne im wesentlichen *ein* Prozeß und die ganze Welt seine Bühne.»[9]

In diesem Prozeß stellen die Weltstämme ein entscheidendes dynamisches Element – den historischen Protagonisten – auf der ökonomischen Weltbühne dar. Wo sie erscheinen, blühen neue Kombinationen aus Produktionsverfahren, Industriezweigen und Kulturleistungen auf. Wenn sie gehen, sei es freiwillig oder gezwungenermaßen, verlangsamt sich nicht selten der wirtschaftliche Pulsschlag, während die Länder, die die Wanderer aufnehmen, in den Genuß neuer Ideen, Techniken und Kenntnisse kommen. «Jeder zivilisatorische Fortschritt», so der Wirtschaftswissenschaftler Carl Bucher, «beginnt mit einer neuen Wanderungsperiode.» [10]

In den Anfängen des transnationalen Handels, noch vor dem Erscheinen jüdischer Händler, fungierten die Phönizier – wenn man so will: der erste Weltstamm in der Geschichte – als wichtigster Vermittler kultureller und technischer Erfindungen und Produkte der Antike. Diese «Nomaden der See» verkauften nicht nur Güter aus so fernen Weltgegenden wie Britannien mit seinen Zinnlagern oder aus dem silberreichen Spanien, sie brachten auch die Kunst des Bergbaus zu den Griechen. [11] Als Berater der Herrscher von Babylon, Assur, Persepolis und Theben [12] halfen sie, technisches Können und Rohmaterialien aus Indien und dem Inneren Afrikas mit den Errungenschaften und Ressourcen des klassischen Altertums zusammenzubringen. [13]

In den folgenden Jahrhunderten spielten andere Handelsreiche, in vorderster Linie die der Portugiesen [14] und Holländer, wirtschaftlich eine wichtige Rolle und schufen sich Handels- und politische Einflußsphären von Europa bis zu den fernsten Winkeln Afrikas, Asiens und Nord- und Südamerikas. Doch hat sich in der Geschichte kein Weltstamm länger gehalten als die Juden. Vorreiter aller übrigen globalen Gruppen, von den Briten bis zu den modernen asiatischen Diaspora-Gemeinschaften, entwickelten die Juden sich selbst und der Welt gegenüber eine einzigartige Einstellung. Getreu einem Muster, wie es heute am deutlichsten bei den Japanern oder Chinesen wiederkehrt, hielten die Juden selbst dann noch eisern an ihrer Identität fest, als die Zerstreuung ihnen zur größten Machtstellung verhalf. Der den Mormonen angehörende Historiker Spencer Palmer schreibt hierzu: «Das Bewußtsein eigener *Insularität ging* bei den Japanern und den Juden *mit Weltoffenheit einher.* Diese Verbindung macht Juden und Japaner sehr konservativ und zugleich zu großen Neuerern.» [15]

Makler, Händler, global operierende Arbitragehändler im Nachrichten- und Warengeschäft ähnlich wie heute die Japaner, erschienen die Juden in den meisten großen Städten der bekannten Welt als, um Oswald Spenglers abfällige Formulierung zu benutzen, «... ein neuer Nomade, ein Parasit, der Großstadtbewohner, der reine, ... in formlos fluktuierender Masse auftretende Tatsachenmensch...»[16] Für ihre Wirtsländer wurden diese «Nomaden» jedoch nicht nur als Händler unentbehrlich, sondern auch als Übermittler und Übersetzer des Wissens von mindestens drei großen Kulturkreisen – dem christlichen, arabischen und indischen.[17] Tatsächlich war es, mindestens einem mittelalterlichen Bericht zufolge, ein von einem arabischen Herrscher nach Indien geschickter jüdischer Gelehrter, der die indischen numerischen Zeichen zurückbrachte, die seither als «arabische» Zahlen gelten.[18]

Im Spanien der Maurenherrscher und später der christlichen Könige erreichte das jüdische Geistesleben Höhepunkte, wie es sie danach wohl nicht mehr gegeben hat. Mit der Ausweisung der Juden im Jahr 1492 beraubte Spanien sich selbst, wie der spanische Sozialkritiker Angel Gavinet bemerkt, eines großen Teils seiner Wissenschaftler und Gelehrten. Der osmanische Sultan, der eine große Zahl dieser gebildeten Juden, darunter Kartographen, Waffenschmiede und Metallurgen, aufnahm, wußte nicht, wie ihm geschah. «Ist dieser Mann, der König von Spanien, weise zu nennen, der er die Schätze seines Landes hergibt, um das unsere zu bereichern?» fragte Bajazit II., dessen Nachkommen in den darauffolgenden Jahrhunderten vor allem Juden zu ihren Leibärzten machten. «Ich für mein Teil empfange die Juden mit offenen Armen.»[20]

Danach leisteten die aus Spanien und Portugal vertriebenen Juden entscheidende Beiträge zum Aufbau neuer Metropolen wie Amsterdam, London und später auch New York, während die Pyrenäenhalbinsel nach einem Jahrhundert rascher Eroberungen eine lange Periode des Niedergangs erlebte.

Als dann die europäischen Juden ihre Ghettos verließen und

sich in die Gesamtgesellschaft integrierten, nahmen selbst ihnen wohlgesonnene Beobachter an, daß sie nun ihre besondere Identität verlieren würden. So sah zum Beispiel der Dichter Heinrich Heine, selbst zum Christentum übergetretener deutscher Jude, Anfang der dreißiger Jahre des vorigen Jahrhunderts die Assimilierung der Juden Frankreichs als unvermeidlich an, da die «witzige Säure» des Rationalismus alle Spuren ethnischer Identifikation zerstöre.[21] Nicht viel anders dachte Karl Marx, Sohn eines zum Christentum konvertierten Juden. Marx ging davon aus, daß im Kampf um eine rationale sozialistische Wirtschaftsordnung alle ethnischen Differenzen zurücktreten und von übergreifenden Klasseninteressen überlagert würden.[22]

In den Vereinigten Staaten betrachteten andere, namentlich der angloamerikanischen Führungsschicht angehörende Beobachter die Juden als hoffnungslos rückständig. Sie seien praktisch unfähig, sich an die neuen Anforderungen fortgeschrittener kapitalistischer Gesellschaften anzupassen. H. H. Godard, ein angesehener Gelehrter, der an einer Schule für geistig behinderte Kinder in New Jersey Untersuchungen anstellte, befand 1913 vier von fünf jüdischen Einwanderern für «schwachsinnig». Im Verein mit anderen Zeitgenossen warf er die Frage auf, ob man Juden nicht am besten mit «hirnlosen Schwerarbeiten» beschäftigen solle, die höherentwickelten, intelligenteren Rassen nicht zumutbar seien.[23]

Die Begegnung mit der modernen Welt schüchterte die Juden jedoch weder ein noch raubte sie ihnen ihr spezifisches Identitätsgefühl. Die neuen Bedingungen in den fortgeschrittenen Gesellschaften regten sie im Gegenteil meist zur Weiterentwicklung an. Dabei erleichterte ihnen, so der jüdische Religionsgelehrte Jacob Neusner, die namentlich bei der Talmudauslegung geübte Tradition «systematischen Zweifels» die Anpassung an die Welt der Technik.[24] Nachdem die Juden sich den im Westen herrschenden liberalen wissenschaftlichen Geist zu eigen gemacht hatten, brachten sie – egal, ob in den Naturwissenschaften, den Künsten oder im Bereich der Technik – gemessen an ihrer Zahl wohl mehr begabte Köpfe hervor als jede andere ethnische Gruppe auf der

Welt. Schon 1934 stellten vor allem europäische Juden die dritt-
größte Gruppe von Nobelpreisträgern, nach den *Ländern*
Deutschland und Frankreich.[25] Später wanderten große Teile der
jüdischen Intelligenz nach Nordamerika ab. 1983 waren nicht
weniger als ein Viertel der Nobelpreisträger der USA Juden.[26]

Auch die Verheerungen des Nazismus konnten die Entfaltung
der Juden nicht dauerhaft hemmen. Seit dem Holocaust hat der
Einfluß der Juden in der Tat Höhen erreicht, wie die jüdische
Geschichte sie bisher nicht gekannt hat. In so gut wie allen Gesellschaften, wo sie in halbwegs nennenswerter Zahl vertreten
sind, liegen die Juden – vom gesamten amerikanischen Kontinent
über Südafrika und Europa[27] – bezüglich Ausbildungsgrad und
beruflichem wie wirtschaftlichem Status weit über dem nationalen Durchschnitt.[28] In den neunziger Jahren des 20. Jahrhunderts
haben die Juden buchstäblich in jedem Land ihrer Diaspora in
wichtigen Bereichen wie Unterhaltung, Mode, Kommunikation
und Finanzwesen eine führende Stellung inne.

Der britische Stamm: Gestalter der Moderne

Sind auch die Juden der Urtyp eines Weltstammes, so ging die
wichtigste und dauerhafteste Diaspora doch von den Britischen
Inseln aus. Obwohl die Briten, um mit Lewis Mumford zu sprechen, bis über das Mittelalter hinaus «eines der rückständigen
Länder Europas»[29] blieben, traten sie im 17. und 18. Jahrhundert
zunehmend als führende Macht des sich abzeichnenden weltumspannenden Wirtschaftssystems hervor.

Wie die Juden zeigten auch die Briten eine Begabung dafür, sich
an wechselnde Bedingungen anzupassen und von anderen Ländern zu lernen. Und wie die Japaner in unserem Jahrhundert
übernahmen sie vom Schiffbau über die Konstruktion von Trink-
wasserversorgungsanlagen und Spinnereien bis zu Landrodungs-
programmen ohne Scheu die besten Verfahren von Frankreich,

Deutschland oder asiatischen Ländern.[30] Wie der englische
Schriftsteller Daniel Defoe, wenn auch vielleicht ein wenig unge-
recht, anmerkte, verbesserten die Briten alles, erfanden aber
selber nichts.[31]

In Amerika, namentlich in Neuengland, prägten sich Innova-
tionsfreude und Wissensdurst der Briten noch deutlicher aus.
Hier, im Urwaldgebiet an der amerikanischen Ostküste, brachte
die Einwanderung gebildeter Puritaner, wie Max Weber später
hervorheben sollte, einen beispiellosen Ausbruch von «Massen-
ausbildung» hervor sowie «die rationale Gesinnung, die Ratio-
nalisierung der Lebensführung, das rationale Wirtschaftsethos»,
das «letzten Endes den Kapitalismus geschaffen hat».[32] Später
scheuten amerikanische Industrielle, wie ihre britischen Vorläufer, keine Kosten, um technisches und naturwissenschaftliches
Know-how aus allen verfügbaren Quellen, in erster Linie aus
Großbritannien selbst, aufzuhäufen.

Weber meint, dieses Erwerbsdenken habe seine Wurzeln im
calvinistischen Glauben der nach Amerika ausgewanderten Briten und ihrer Nachkommen. Heute findet sich das reinste Beispiel
für diese Mentalität vermutlich bei den Mormonen, einer aus
dem radikalen britischen Protestantismus entstandenen Glaubensgemeinschaft, die in ihrer Lehre und in ihren Institutionen
die Beziehung zwischen der Religion auf der einen und Ausbildung, Wissenschaft und Technik auf der anderen Seite noch
deutlicher herausstellt. «Wissen», so heißt es in dem fundamentalen Text «Lehre und Bündnisse» *(Doctrine and Covenant)*,
«dient dem Ruhm Gottes.»[33]

Aus einer ähnlichen Haltung heraus schufen die Briten die Voraussetzungen für die spätere industrielle, wissenschaftliche und
technische Entwicklung der modernen Welt. Zwischen 1750 und
1950 wurden, einer detaillierten Untersuchung zufolge, in Großbritannien und den Vereinigten Staaten als den beiden führenden
englischsprachigen Nationen, fast drei Fünftel aller wichtigen
Erfindungen, Entdeckungen und Innovationen der Welt gemacht.[34]

Als erste vollindustrialisierte Nation der Welt errang England eine einzigartige Hegemonialstellung in der entstehenden Weltwirtschaft. Englische Finanzleute und Industrielle, darunter Nachkommen von Einwanderern wie den Rothschilds, lenkten den Fluß der Kapitalströme rund um die Welt. Mit den Profiten aus ihrem frühen technischen Forschritt finanzierten sie auch das Erstarken späterer Konkurrenten auf dem Weltmarkt wie Japan, Deutschland und Rußland.[35]

Am meisten kam der Expansion des britischen Volks und seiner Kultur jedoch die Massenauswanderung englischsprachiger Menschen zugute. Keine der wichtigen, mit England rivalisierenden europäischen Nationen sandte auch nur annähernd so viele Landeskinder nach Übersee. So waren im Jahr 1700 zum Beispiel bereits mehr als 400 000 Briten nach Nordamerika ausgewandert, aber nur 27 000 Franzosen. Zur selben Zeit lag die Zahl der in Nordamerika ansässigen Briten und ihrer Nachkommen doppelt so hoch wie die der Spanischstämmigen und Kreolen, obwohl die Einwanderung der Spanier in die «Neue Welt» bereits hundert Jahre früher eingesetzt hatte.[36]

Tatsächlich stellten die Britischen Inseln zwischen 1832 und 1932 über ein Drittel aller europäischen Auswanderer, doppelt so viele wie jedes andere Land, wobei die große Mehrheit von ihnen in die Vereinigten Staaten oder in die ausgedehnten britischen Kolonialbesitzungen ging.[37] Wie noch keine andere Gruppe vor ihnen dehnten die Briten ihre Diaspora – zu der ich hier auch die einem anderen Kulturkreis angehörenden, aber ebenfalls englischsprachigen Iren zähle – über die ganze bekannte Welt aus, von Nordamerika und Indien bis Afrika und Ozeanien, wobei sie ihre technischen Errungenschaften und ihre Art, Geschäfte zu machen, überallhin mitnahmen. Mitte des 19. Jahrhunderts bauten englische Firmen Bewässerungskanäle und Eisenbahnen von Indien bis Patagonien. In Asien errichteten sie viele der großen Handelszentren, wie Hongkong, Bombay, Singapur und Kalkutta.[38]

Zusammengehalten durch Sprache, Kultur und wirtschaftspolitische Traditionen, schufen die Nachkommen der Briten die größte kulturelle und wirtschaftliche Diaspora der Weltgeschichte. Andere Europäer, besonders Deutsche und Italiener, begannen ebenfalls in großer Zahl in die neuen Kolonialgebiete auszuwandern, aber fast vier Fünftel von ihnen kamen dabei entweder in Länder, die direkt der britischen Krone unterstanden, oder, wie im Fall der Vereinigten Staaten, in eine englischsprachige frühere Kolonie Englands.[39]

Nur der großbritannische Stamm verband die massenhafte Migration seiner Mitglieder mit kultureller und politischer Vorherrschaft über die Kolonialgebiete, wobei er zugleich einen noch nicht dagewesenen, globalen Massenhandel und eine umfassende politische Kultur hervorbrachte. Mitte des 19. Jahrhunderts sahen Eiferer, die einer vermeintlichen natürlichen Überlegenheit der angelsächsischen Rasse das Wort redeten, die verschiedenen britischen Eroberungen als Teil eines zur Weltherrschaft berufenen Reichs. Charles Wentworth Dilke, ein prominenter Verfechter dieser Idee, schrieb in seiner 1868 erschienenen Polemik *Greater Britain*: «Manche verkünden, Britannien werde, wenn die Zeit reif ist, sein Groß-England jenseits der Meere beanspruchen. Sie übersehen dabei, daß England ja nicht nur Kolonien erworben, sondern den Nachkommen Deutschlands, Skandinaviens, Spaniens seine Institutionen aufgezwungen hat. Durch Amerika spricht England zur ganzen Welt.»[40]

Die Kraft dieses einzigartigen Bandes zwischen seinen verschiedenen Kolonialgebieten half England, kulturell, finanziell und politisch auch dann noch Einfluß auszuüben, als es seinen Rang als Weltmacht schon lange eingebüßt hatte. Durch die Größe der britischen Diaspora und den Aufstieg der Vereinigten Staaten sind es letztlich die von den Briten gesetzten Normen, die – vom Englischen als Weltsprache bis zu politischer Ökonomie, Naturwissenschaft und grundlegenden Handels- und Geschäftspraktiken – in der heutigen Weltwirtschaft weiterwirken.

In den letzten fünfzig Jahren hat es zahlreiche Anläufe gegeben, diese Normen außer Kraft zu setzen. Europäischer Faschismus, arabische Petrodollars, Kommunismus und zuletzt der islamische Fundamentalismus haben versucht, neue Wertorientierungen zu setzen. Keinem dieser Vorstöße ist es jedoch auch nur annähernd gelungen, die von den Nachkommen der Briten etablierten Standards zu ersetzen.

Von Eingeborenen zu Weltstämmen

Der Triumph des angloamerikanischen Systems garantierte seinen Schöpfern jedoch keine dauernde Vorherrschaft. Im Gegensatz zu anderen Gruppen, die ihre eigenen Normen durchsetzen wollten, haben die aufkommenden Weltstämme Asiens – Japaner, Chinesen und Inder – es vorgezogen, die von den Briten eingeführten Technologien zu nutzen und in ihre Fußstapfen zu treten. Heute, während sich der Schwerpunkt der ökonomischen Dynamik von Europa nach Asien verlagert, sind diese neuen globalen Gruppen in einer günstigen Ausgangsposition, um zu expandieren.

Diese Verschiebung der wirtschaftlichen Gewichte bezeichnet einen einschneidenden Wandel in der Geschichte des Kapitalismus. Bis in die Mitte des 20. Jahrhunderts waren die Asiaten, vielleicht mit Ausnahme der Japaner, an den Rand der Weltwirtschaft verbannt und fungierten hauptsächlich als Klein- oder Zwischenhändler, während die zentralen Kommandostellen fast ausschließlich mit Europäern besetzt waren. Wie Jean-Paul Sartre 1966 konstatierte: «Es ist noch nicht lange her, da zählte die Erde zwei Milliarden Bewohner, das heißt 500 Millionen Menschen und eine Milliarde 500 Millionen Eingeborene.»[41]

Inder, Chinesen und Japaner sind vor allem deswegen von «Eingeborenen» zu global agierenden ökonomischen Gemeinschaften geworden, weil sie, wie früher die Juden und Angelsachsen, eine kraftvolle, ethnisch fundierte, moralisch gestützte Spielart des Kapitalismus entwickelt haben. Heute hat der rationale Kapitalismus der angloamerikanischen Diaspora seine ethische Verankerung eingebüßt und insbesondere die Hochschätzung von Familie, Selbsthilfe und ständiger Weiterbildung aufgegeben. Diese Tugenden fallen heute unter den asiatischen globalen Gemeinschaften weit mehr ins Auge. Tatsächlich stand Ostasien 1990 bezüglich einer entscheidenden Meßgröße ökonomischer Vitalität – der Höhe der Investitionen im Verhältnis zum Bruttoinlandsprodukt – an der Spitze sämtlicher Weltregionen: in der inländischen Industrie lag seine Investitionsrate um 25 Prozent höher als die der USA oder Europas.[42]

Der Aufstieg der über den Globus verstreuten asiatischen Stämme ruht auf zwei wesentlichen Säulen: dem Aufkommen einer transnationalen Wirtschaft und der sprunghaften Weiterentwicklung des Kommunikations- und Transportwesens. Die Entwicklung einer Weltwirtschaft unter britischer und später angloamerikanischer Führung lieferte die nötige Infrastruktur und letztlich auch das naturwissenschaftliche und technische Know-how, durch das die Expansion von Indern und Chinesen in andere Weltregionen möglich wurde. Während die Kolonialherrschaft auf der einen Seite die alten Lebensmuster Indiens und anderer asiatischer Länder zerstörte, erweckten europäische Wissenschaft und Technik auf der anderen Seite das schlummernde technische Bildungs- und Industriepotential der wichtigsten ethnischen Gruppen Asiens zu neuem Leben. Trotz der unleugbaren Ausbeutung, die in China und Indien vor sich ging, gibt der Historiker Tony Smith zu bedenken: «Diese zugegebenermaßen negativen Faktoren müssen ... dennoch gegen den Technologie- und Kapitaltransfer abgewogen werden, den die Anbindung an den Weltmarkt diesen Ländern brachte. Nichts spricht dafür, daß sie aus eigener Kraft Anschluß an den Weltmarkt gefunden hätten. Tatsächlich gehört es zu den von Südstaaten-Nationalisten und Marxisten immer wieder vorgebrachten Legenden, die europäische und nordamerikanische wirtschaftliche Expansion sei auf eine Weise vonstatten gegangen, die der ökonomischen Situation der Völker an der Peripherie unweigerlich schaden mußte.»[43]

Jedenfalls war es unter britischer Flagge, daß Inder – von «Quasi-Sklaven» auf tropischen Plantagen bis zu Regierungsangestellten und Händlern – in Afrika und an der chinesischen Küste dauerhaft Fuß faßten.[44] Diejenigen, die – wie die Parsen im Umland von Bombay – am engsten mit den Europäern in Kontakt kamen, übernahmen rasch deren technische Möglichkeiten und bauten unter dem Dach britischer Schutzzölle ein eigenes weltweites Handelsnetz auf.[45] Bemühungen der Briten, Wissenschaft und Technik zu fördern[46], führten schließlich zur Gründung neuer Schulen und Colleges, so daß ein solider Grundstock indischer Fachkräfte entstand.

Genauso folgten die Chinesen der britischen Flagge, von Hongkong bis Malaysia und Singapur. Sie kamen ursprünglich als Kulis, Kleinhändler und Handwerker und halfen mit, das Fundament der sich neu entwickelnden Wirtschaften zu legen, bevor sie nach Kalifornien und Hawaii weiterzogen. Diese Chinesen, die in Gebieten aktiv waren, die bereits voll in die Weltwirtschaft integriert waren, hatten die intensivste Berührung mit der europäischen und amerikanischen Geschäftswelt; sie erkannten rasch, wie wichtig es war, sich mit westlicher Technik, Wissenschaft und Organisation vertraut zu machen.[47]

Später nutzten japanische Händler die vor allem von den Angloamerikanern geschaffenen Handelswege und drängten vom amerikanischen Kontinent bis nach Südostasien auf die Märkte. Marx hat Japan im 19. Jahrhundert eine zurückgebliebene Feudalgesellschaft genannt, nicht viel anders als England vor seinem industriellen Aufschwung: «Japan ... liefert ein viel treueres Bild des europäischen Mittelalters als unsere sämtlichen ... Geschichtsbücher.»[48] Doch als die Japaner ihren gewaltigen technischen Rückstand erkannten, setzten sie nach der Restauration des Meiji-Tenno 1868 einen so weitreichenden Modernisierungsprozeß in Gang, wie die außereuropäische Welt ihn noch nicht gesehen hatte. Studenten wurden in alle Zentren westlicher Technik geschickt, während neue Lehrinstitute im eigenen Land die Heranbildung einer einheimischen technischen Elite beschleunigten. Binnen fünf Jahren nach seiner Gründung 1872 war das Tokioter Technikum – heute *Tokyo Institute of Technology* – zur größten technischen Universität der Welt aufgerückt.[49]

Doch trotz dieser japanischen Anstrengungen dominierten Angloamerikaner und Europäer bis weit in die zweite Hälfte des 20. Jahrhunderts hinein die Strukturen des internationalen Finanz-, Transport- und Kommunikationswesens. Erst durch die Expansion des internationalen Handels – dessen Wachstumsrate in den achtziger Jahren unseres Jahrhunderts die des globalen nominalen Sozialprodukts um mehr als das Doppelte übertraf[50] – begann sich die Kluft zwischen Asien und dem amerikanisch-europäischen Bereich zu schließen, wodurch eine gleichgewichtigere Beziehung zwischen den beiden größten Wirtschaftsräumen der Erde möglich geworden ist.

Amerikanische Finanzhilfe, Investitionen und Technologie-Transfers lieferten die Initialzündung zu einem enormen Wachstumsprozeß, durch den Südostasien in den siebziger Jahren zur Region mit den höchsten Wachstumsraten der Welt wurde, die im Durchschnitt um ein Zwei- bis Dreifaches über denen der älteren Industriegesellschaften liegen. Ebenso wichtig ist, daß die Einwohnerzahl Asiens von 1950 bis 1990 auf rund die Hälfte der Erdbevölkerung hochschnellte, während der gemeinsame Anteil Europas und Nordamerikas um fast ein Drittel auf weniger als 15 Prozent der Menschheit sank.[51] Diese Entwicklung kam den fundamentalen Stärken der asiatischen Völker entgegen, die ihre wirtschaftlichen Aktivitäten schon seit langem stärker auf ihren eigenen Kontinent konzentrierten, während Europäer und Amerikaner sich seit je vor allem füreinander interessieren. In den späten achtziger Jahren investierten Firmen in japanischem und chinesischem Besitz doppelt soviel wie die US-Konkurrenz in rapid wachsenden asiatischen Nationen wie Thailand, Indonesien und Malaysia.[52]

Gleichzeitig beschleunigte die laufende Verbesserung von Kommunikations- und Transporttechnik die Entwicklung der aufstrebenden asiatischen Stämme. Zerstreute Völker wie die Juden führten ihre Geschäfte früher auf der Basis spärlicher und nicht selten unsicherer Kontakte untereinander. Ein gesunkenes Schiff oder ein durch Straßenräuber blockierter Handelsweg konnte den unentbehrlichen Informationsfluß zwischen den verschiedenen Standorten der Gruppe unterbrechen. Die heutigen Kommunikationsmittel verbinden die Mitglieder globaler Gruppen mit einer Geschwindigkeit und Leichtigkeit, von der die Händler früherer Zeiten auf ihren oft entlegenen Posten nicht zu träumen gewagt hätten. So hat zum Beispiel der internationale Telefonverkehr in den Vereinigten Staaten von 1980 bis 1989 um mehr als 400 Prozent zugenommen[53], während die Gebühren für transkontinentale Gespräche alle zehn Jahre um etwa das Fünffache gefallen sind.[54]

Daneben hat die Schaffung eines umfassenden, weltweiten Lufttransportsystems seit dem Ende des Zweiten Weltkriegs den asiatischen Gruppen den Zusammenhalt noch weiter erleichtert. Da die realen Kosten des Flugverkehrs seit 1950 um rund die Hälfte gefallen sind[55], haben sich für die über die Welt verstreuten Gruppen die Möglichkeiten zu regelmäßigem Kontakt vervielfacht. Von 1978 bis 1988 hat sich die Zahl der Flugpassagiere mehr als verdoppelt, und es wird damit gerechnet, daß sie sich bis zum Jahr 2000 erneut verdoppeln wird, wobei die höchsten Zuwachsraten in der pazifischen Region zu erwarten sind.[56]

Durch diese Entwicklungen ist die Situation entstanden, daß auch Asiaten außerhalb ihrer Heimatländer nicht mehr kulturell isoliert sind, sondern in der Mehrzahl der großen Weltstädte alles Gewünschte vorfinden, von Fernsehsendungen und Zeitungen in asiatischen Sprachen bis zu Läden, die Videofilme auf japanisch, mandarin oder hindi anbieten. Dabei sind die verschiedenen «Klein-Tokios», «Little Punjabs» und «Chinatowns» mehr als bloß nostalgische Reminiszenzen an exotische Heimatorte; sie werden zunehmend zu transplantierten Vierteln übernationaler Weltstädte, die mit Hilfe moderner Telekommunikationsmittel mit anderen wichtigen Außenposten der globalen Gruppen verbunden sind. Deshalb bedeutet die Reise von Taipei nach Monterey Park in Kalifornien heute kaum mehr als eine Pendlerfahrt durch verschiedene Teile ein und desselben chinesischen Weltdorfs.

Außerdem haben die neuen Technologien die erfolgreiche Globalisierung traditioneller, auf mündlicher Übereinkunft basierender asiatischer Geschäftsformen begünstigt, vom japanischen *keiretsu* und indischen Familienunternehmen bis zu den Netzwerken chinesischer Clans. Sicher, asiatische Unternehmer haben sich hingesetzt und die westlichen Wissenschaften studiert, die Grundlagen der angelsächsischen Kaufmannspraxis erworben und fließend Englisch oder Französisch gelernt, ihre traditionelle Kleidung mit Anzug und Krawatte vertauscht. Wie ein altes südindisches Sprichwort sagt: «Wenn du dir ein Hundefell umlegst, mußt du auch wie ein Hund bellen.»[57] Aber Faxgeräte, moderne Telefontechnik und direkte Computervernetzung machen es asiatischen Unternehmern möglich, in bisher unbekannter Weise an ihren traditionellen Umgangsformen festzuhalten, ohne dadurch ihren Wettbewerbsvorteil aufzugeben.

Dank der neuen Technologien konnten asiatische Familienunternehmen weltweit expandieren. So werden beispielsweise bei der in Familienbesitz befindlichen Chung-Cheong-Gruppe via Fax und dichten Flugverbindungen Dutzende von Geschäftsbetrieben von Los Angeles bis Thailand überwacht, ohne ein zentrales Kontrollsystem oder ein formelles Aufsichtsgremium dazwischenzuschalten. Durch die technischen Verbesserungen lassen sich heute über die Entfernung zwischen Hongkong und Zürich weit verläßlichere Entscheidungen treffen als etwa noch in den zwanziger Jahren, als der Patriarch der Gruppe nichts als den unzuverlässigen Telegraphendienst von Kanton nach Hongkong zur Verfügung hatte. Mit Hilfe von *The Chungs' Times*, einem Rundbrief, der den Familienmitgliedern überall auf dem Globus regelmäßig zugefaxt wird, halten sich die Chungs sogar über Familienklatsch auf dem laufenden.[58]

Das Aufkommen asiatischer Weltstämme mit ihren spezifischen Maximen und Geschäftspraktiken kennzeichnet einen neuen Abschnitt in der Geschichte des Kapitalismus. Nationalitäten, die früher kaum miteinander in Berührung kamen, begegnen sich auf einmal von Angesicht zu Angesicht auf dem Marktplatz, an der Börse, bei der täglichen Berufsarbeit. Zweifellos wäre ein englischer oder amerikanischer Unternehmer des 19. Jahrhunderts bei einer Zeitreise von nichts mehr beeindruckt als von der führenden Rolle, die Japaner, Chinesen, Inder oder Araber heute in der Londoner und New Yorker Geschäftswelt spielen. Waren einst die einzigen Fremden Juden, so gibt es heute andere Rothschilds unterschiedlicher Hautfarbe, deren geschäftliche Netzwerke weit größere Teile der Welt umspannen als nur ein paar Nationen West- und Mitteleuropas.

Die Berufung zur Einzigartigkeit

Was die Weltstämme am deutlichsten von anderen Migrantengruppen unterscheidet, ist weniger die Zerstreuung oder der Radius ihrer Wirtschaftsimperien als das Festhalten an der gemeinsamen Gruppenidentität und den internationalen Verbindungen. Bei anderen Auswanderern, etwa Italienern oder Deutschen, bewirkt der Erwerb von Qualifikationen und Wissen ein rasches Aufgehen in der Kultur und sogar in den Eliten des neuen Landes. Bei den Weltstämmen hingegen verläuft der Assimilationsprozeß meist zögernder und weniger zielstrebig; alte Bindungen und Erinnerungen wirken fortgesetzt als Sog in die andere Richtung.

Bei einigen Weltstämmen haben erlittene Greuel besonders enge Bindungen unter den verstreuten Mitgliedern geschaffen, was am Verhältnis von Diaspora-Juden und Israelis nach dem Holocaust besonders deutlich wird.[59] Ähnlich stark ist der Zusammenhalt unter den auf der ganzen Welt verstreuten Armeniern nach ihrem jahrhundertelangen Kampf gegen muslimische Invasoren, die das Gebiet der Armenier eroberten und seine Be-

wohner vertrieben, was schließlich in dem berüchtigten Völkermord an den Armeniern durch die Türken nach dem Ersten
Weltkrieg gipfelte. Unter den Armeniern ist die Erinnerung an
dieses Massaker noch immer so lebendig, daß selbst alltägliche
Gegenstände – Geschirre, Fotografien, Kleidungsstücke –, die aus
jener Zeit erhalten geblieben sind, mit Ehrfurcht behandelt werden. Die Autorin Jenny Phillips berichtet, wie ein Priester in
einem armenischen Gottesdienst das Anfassen einer solchen nationalen «Reliquie», in diesem Fall eines Paars zerschlissener
Kinderhosen, mit der «Berührung des Gewands Christi» ver-
glich.[60]

Wie die Juden betrachten sich die Armenier gleichfalls als *ein*
Volk, auch wenn sie in vielen verschiedenen Ländern leben. Es
war deshalb nur konsequent, daß die ehemalige Sowjetrepublik
Armenien sofort nach ihrer Unabhängigkeitserklärung Rückendeckung von ihrer großen Diaspora-Gemeinschaft erhielt und
sogar einen 32jährigen, in Los Angeles geborenen, armenischen
Amerikaner zu ihrem Außenminister erkor, dessen Vater, ein Professor am University College of Los Angeles, seinen Sohn in die
Tradition seines Landes eingeführt und darauf bestanden hatte,
daß zu Hause Armenisch gesprochen wurde.[61]

Khachig Toloyan, Redakteur der Zeitschrift *Diaspora: A Jour-
nal of Transnational Studies* und selbst ein in Syrien, Libanon und
Ägypten aufgewachsener armenischer Amerikaner, steht auf dem
Standpunkt, daß Diaspora-Gruppen wie die Armenier oder die
Juden sich grundsätzlich von anderen Emigrantenvölkern unterscheiden, insofern als «sie sich immer bewußt sind, nur in einem
Gastland zu leben, und darauf hoffen, in ihre Heimat zurückzukehren oder sich ihr doch nah genug fühlen, um in irgendeiner
Weise Kontakt zu ihr aufzunehmen. Dagegen sind zum Beispiel
Italo-Amerikaner nur eine Volksgruppe, keine Diaspora; sie machen sich keine besonderen Gedanken über das politische oder
kulturelle Leben in Italien oder etwa über Argentinier italienischer Abstammung. Wir armenischen Amerikaner sind auch eine
ethnische Gruppe, aber nicht nur das...»[62]

Bei Weltstämmen bilden derlei transnationale Gruppenloyali-
täten ein wichtiges Unterscheidungsmerkmal, das der jüdische
Philosoph Martin Buber einmal «Berufung zur Einzigartigkeit»
nannte.[63] Meist beruht diese «Einzigartigkeit» auf einer sagenumwobenen gemeinsamen Herkunft, die das einigende Band unter
den Gruppenmitgliedern bildet. So führen etwa Toloyan und mit
ihm alle Armenier ihre Ursprünge auf einen mythischen Ahn-
herrn, Haig, und verschiedene Königreiche zurück, die mit als
erste das Christentum annahmen und sogar eine Erscheinung
Christi erlebten.[64]

In anderen Weltstämmen lebt ein ähnliches Bewußtsein der
gemeinsamen, bis in das Reich der Sage zurückreichenden Herkunft fort.[65] Die Inder leiten ihre Ursprungsmythen von den
uralten Gesängen der Veden, der «ersten Bibel der Hindus»[66], her;
auf die Sage vom Aufstieg des ersten «Gelben Kaisers» bauen
die Chinesen ihre spezifische Überzeugung von den ehrfurcht-
gebietenden Anfängen ihres Volkes auf; die Vorstellung vom
«göttlichen» Ursprung des eigenen Landes und des Yamato-
Geschlechts nährt das außerordentlich hoch entwickelte Bewußtsein der Japaner von der Einzigartigkeit ihres Stammes.[68]

Manchmal machen Abstammungsmythen sogar Anleihen bei
fremdem Gedankengut. So bezog die Vorstellung von der eigenen
mythischen Einzigartigkeit – einschließlich der Sage von König
Artus und dem Gral – im Fall der Briten Elemente des Heiligen
Lands der Juden mit ein.[69] Vielleicht noch wichtiger: alttestamen-
tarische Geschichten beherrschten die Gedanken- und Vorstel-
lungswelt der Puritaner; «sie waren», so die Historikerin Barbara
Tuchman, «die selbsterwählten Erben des Bundes Abrahams mit
Gott, die wiederverkörperten Heiligen Israels, mit den Worten
Jeremias ‹die Streitaxt des Herrn›».[70] Auf dem Höhepunkt des
Empire äußerte sich dieser messianische Drang später in Rudyard
Kiplings Gedicht «The White Man's Burden»: Gott hat die Eng-
länder auserwählt, den nichtweißen Massen ihre Religion und
ihre Kultur zu bringen.

Das gleiche Sendungsbewußtsein erwachte auch schon früh in

Englands nordamerikanischen Kolonien. Insbesondere die Puritaner betrachteten sich als Baumeister des «neuen Jerusalem». Heute schlägt sich der angloamerikanische Missionierungsdrang im Mormonentum nieder, derjenigen großen Glaubensgemeinschaft der USA, deren Anhängerzahlen am schnellsten wachsen. Obwohl die Mormonen anfänglich vor allem aus Engländern und anderen nordeuropäischen Immigranten bestanden, führen sie die Entstehung ihres Glaubens auf Hebräer zurück, die nach Nordamerika eingewandert sein sollen. Nicht von ungefähr nannten die Mormonen, als sie nahe des Großen Salzsees in Utah Zuflucht vor ihren Verfolgern fanden, ihr Glaubenszentrum Zion, nach dem Heimatland der Juden.

Für die Juden als dem Urbild eines Weltstammes hat der – bis zu dem Stammvater Abraham und seinen Nachkommen zurückreichende – Abstammungsmythos besondere Bedeutung. Wie Friedrich Nietzsche anmerkte, galt ihnen das Alte Testament nicht bloß als Glaubensdokument, sondern als Nationalepos.[71] Nietzsche, der seiner späteren Vereinnahmung durch die Nazis zum Trotz den Antisemitismus verabscheute, sah in dem jüdischen Festhalten an den Verheißungen des Alten Testaments kein Zeichen besonderer Frömmigkeit, sondern den Beweis «des zähesten Lebenswillens, den je ein Volk auf Erden besessen hat».[72] Die Stärke dieses Lebenswillens trat schon in den frühen Tagen der Zerstreuung hervor. In der Periode nach den Eroberungszügen Alexanders des Großen, als der Glanz der hellenistischen Welt die Kulturleistungen der unterworfenen Völker in den Schatten stellte, «erwiesen sich die Juden», selbst die, die Griechisch sprachen und das Griechentum schätzten, in den Worten des historischen Schriftstellers Michael Grant, «auf die Dauer als ein Volk, das sich nicht assimilieren ließ».[73]

Schon damals blieben zerstreute jüdische Gemeinschaften in enger Verbindung miteinander. Das von den Makkabäern wiedererrichtete Israel war – ähnlich wie der 1947 gegründete moderne Staat – auf die Hilfszahlungen wohlhabenderer Juden in der Diaspora angewiesen, die damals vor allem in Alexandria

und Babylon saßen.[74] Vielleicht erklären die durch die «Berufung
zur Einzigartigkeit» geschmiedeten Bande, warum sich die Juden,
einschließlich einiger Glaubensbrüder aus Diaspora-Gemeinschaften[75], praktisch als einziges der von den Römern eroberten
Völker mehr als zweihundert Jahre lang gegen ihre imperialen
Herren auflehnten.[76]

Auch nachdem die Römer sie aus ihrem Heimatland vertrieben
hatten, bewahrten die jüdischen Gemeinden ihre besondere Identität, zur Verwunderung und häufig auch zum Ärger anderer
Völker. Massenbekehrungen, oft unter Todesdrohungen[77], ließen
die Juden auf einen jämmerlichen Bruchteil ihrer früheren Kopf-
zahl zusammenschmelzen, aber die Überlebenden hielten unver-
brüchlich an dem in ihrem Glauben überlieferten alttestamenta-
rischen Bund[78] und an der Solidarität mit anderen Juden fest.

Nachdem das Land der Väter verloren war, wurde das Festhalten am eigenen Anderssein rasch zu einem Kampf, vor allem in
der immer intoleranteren Welt des frühchristlichen Europa. Um
die wirtschaftliche Unabhängigkeit der jüdischen Familie zu erhalten, erklärte man die Sklavenhaltung für unzuträglich.[79] Statt
dessen sollte man, wenn möglich, Mitglieder der eigenen Gemeinschaft als freie Arbeiter anstellen. «Wer die Zahl seiner
Sklaven erhöht, mehrt damit die Sünde und Niedertracht auf der
Welt», schrieb der spanisch-jüdische Weise Maimonides. «Wer
aber arme Juden in seinem Haushalt anstellt, mehrt seine Ver-
dienste und handelt gottgefällig.»[80]

Pragmatismus und Selbsthilfe ermöglichte den jüdischen Gemeinden im Europa des Mittelalters und der frühen Neuzeit
auch, Katastrophen wie den Schwarzen Tod zu überstehen. Die
Verbindung ritueller Hygienevorschriften mit dem *Bikur Holim*
(«Die Kranken besuchen») genannten Brauch, auch mittellosen
Kranken ärztliche Hilfe zukommen zu lassen, hielt die Pest von
den kleinen Gemeinden fern.

Das Bemerkenswerteste an der jüdischen Selbsthilfe war vielleicht, daß sie sich nicht auf die einzelnen Gemeinden beschränkte. Als holländische Juden 1627 über das venezianische Ghetto

von den Übergriffen auf die kleine jüdische Gemeinde Jerusalems erfuhren, sandten sie dem türkischen Herrscher der Stadt eine Geldzahlung, um «das große Ungemach und die Not» ihrer weit entfernten Brüder zu lindern. In ähnlicher Weise setzten sich italienische und holländische Juden für jüdische Gefangene in Prag, Budapest und Belgrad ein.[81]

Wurden Juden wirtschaftlich stärker, zögerten sie nicht, ihre Macht zum Schutz auch weit entfernter Landsleute einzusetzen.[82] So legte die New Yorker Investitionsbank Kuhn, Loeb, die von dem in Deutschland geborenen Jacob H. Schiff geleitet wurde, 1904 und 1905, am Vorabend des Russisch-Japanischen Kriegs, eine Reihe von Anleihen für Japan auf, um die antisemitischen Gewalttaten des Zarenregimes zu rächen.[84]

Als die Juden anfingen, in großer Zahl aus Rußland auszuwandern, griffen die bereits bestehenden Gemeinden, namentlich in England, Frankreich, Deutschland und den Vereinigten Staaten, den Neuankömmlingen nach alter jüdischer Selbsthilfetradition unter die Arme. 1914 gab es allein in den USA bereits 514 verschiedene jüdische Unterstützungsvereine, deren Hilfsleistungen von Versicherungen und Grabstätten bis zu Sommerlagern für Kinder reichten.[85]

Und als 1982 Alain de Rothschild, Nachkomme des großen Barons James de Rothschild, starb, schlossen die Händler im ärmsten jüdischen Distrikt von Paris – großenteils Immigranten aus Nordafrika, denen seine Mildtätigkeit zugute gekommen war – zum Zeichen der Trauer für eine Stunde ihre Läden.[86] Leon Masliah, Direktor des *Consistoire Général* der jüdischen Gemeinden Frankreichs und selbst 1961 aus Tunesien zugewandert, erinnert sich: «Als wir hier eintrafen, bekamen wir finanzielle Unterstützung, und man half uns mit Wohnraum und bei der Synagoge aus. Es gab eine richtige Organisation, die sich um unsere Menschen kümmerte. Kommt ein Jude nach Frankreich, weiß er, wohin er sich wenden, wo er beten kann. Ich als Nordafrikaner habe hier erfahren, was *fraternité* bedeutet: Schon auf dem Flughafen hat man uns erwartet.»[87]

Vielleicht noch bedeutsamer war, daß neu ankommende Juden, ob in Frankreich oder Nordamerika, mit ihrer Gemeinde zugleich einen eigenen, weitgehend jüdischen Wirtschaftssektor aufbauten. Getreu dem Rat des Maimonides blieben sie beim Kauf von Waren wie bei der Einstellung von Arbeitskräften am liebsten unter sich. New Yorker Juden des frühen 20. Jahrhunderts, schreibt Irving Howe, gingen zu ihren eigenen Ärzten, Schlachtern, Stoff- und Kohlenhändlern, in ihre eigenen Kolonialwaren- und Schuhgeschäfte; die Besitzer ihrer Wohnquartiere sowie ihre Arbeitgeber waren meist ebenfalls Juden.[88]

Der Zusammenhalt des jüdischen Volkes wird nirgendwo deutlicher als in der Errichtung und dem Weiterbestehen des Staates Israel. Der Anstoß zur Wiederbelebung eines jüdischen Staats kam ebenso wie die nötigen Finanzmittel und die Führerpersönlichkeiten aus der Diaspora. Praktisch alle großen Namen der jüdischen Geschäftswelt – darunter die Rothschilds, Kadoories und Warburgs – trugen zum Aufbau des Staatswesens bei.[89]

In Krisenzeiten nahm die Unterstützung der Diaspora für Israel mitunter dramatische Formen an. Im anfänglichen Ringen um die Staatsgründung halfen französische Juden mit stillschweigender Unterstützung ihrer Regierung, Trainingsmöglichkeiten für Tausende junger jüdischer Rekruten zu schaffen, die aus Europa, Kanada und den Vereinigten Staaten ins Land strömten.[90] Bei Ausbruch des Sechstagekriegs 1967 meldeten sich über 10 000 amerikanische Juden als Kriegsfreiwillige nach Israel.[91]

1990 beliefen sich die Zahlungen von Auslandsjuden, namentlich derer aus den USA – zusammen mit der amerikanischen Regierungshilfe, die vor allem infolge des politischen Einflusses der amerikanischen Glaubensbrüder zustande kam – auf nicht weniger als 12 Prozent des israelischen Bruttoinlandsprodukts.[92] Genauso haben Diaspora-Juden einen Großteil des politischen Drucks und der Finanzmittel aufgebracht, die den massiven Exodus ihrer Landsleute, von denen viele bis dahin kaum etwas von ihrem jüdischen Erbe gewußt hatten, aus der untergehenden Sowjetunion ermöglichten.

Dieses Ethos der Selbsthilfe, so irregeleitet oder übersteigert es sich zeitweise auch äußern mag, kennzeichnet praktisch alle aufstrebenden Weltstämme, von Chinesen und Japanern bis zu Indern, Armeniern und Palästinensern – von denen einige sich manchmal wünschen, sie hätten denselben Organisationsgrad und Gemeinschaftsgeist wie die Juden. «Was wir brauchen, ist so etwas wie der *United Jewish Appeal* für Palästinenser», meint Paul Ajlouny, in New York ansässiger Herausgeber der in Jerusalem erscheinenden palästinensischen Zeitung *El Fajr*. «Zusammenhalten wie die Juden, das müßte unser Ziel sein.»[93]

Wie Ajlouny hervorhebt, basiert das gemeinsame Überleben der Gruppe, vor allem einer über die Welt verstreuten Gruppe, auf einem Bündel von Faktoren: Gruppen-Selbsthilfe, einem ausgeprägten Bewußtsein der eigenen ethnischen Identität und unerschütterlichem Selbsterhaltungswillen. Die bewußte Pflege der aus Familiensinn, Gruppenethos und ethnischer Solidarität gewobenen Gruppenbande ist steter Bestandteil der Ausbildung junger Palästinenser, in Detroit und San Francisco nicht anders als in nahöstlichen Städten wie Amman und Nablus oder in Tunis.

Entsprechend hat keine der großen globalen asiatischen Gruppen es versäumt, ein verzweigtes Netz von Bildungseinrichtungen, religiösen Zentren und geselligen Klubs aufzubauen. Japanische *Salarimen* im Ausland unterhalten ein weltweites System von Schulen, buddhistischen Tempeln und Vereinigungen, die es ihnen erleichtern sollen, auch fernab der Heimat an ihrer nationalen Identität festzuhalten. Übersee-Chinesen bleiben, selbst nach Generationen in der Diaspora, Mitglieder in Clan- und Regionalgruppen, die in der alten Heimat verwurzelt sind.[94] Im Ausland lebende Inder haben mit Hilfe von kulturellen und religiösen Institutionen dafür gesorgt, daß ihr *man* (Herz) in Indien, ihr *dhan* (Reichtum) in England und ihr *tan* (Körper) in einem asiatischen oder afrikanischen Land bleiben kann.[95]

Wie die Asiaten unterhalten auch die Juden stets eigene Ausbildungs- und Kulturinstitutionen. Schätzungen zufolge schicken mindestens 50 Prozent der amerikanischen Juden ihre Kinder in eine jüdische Schule, und mehr als drei Viertel der jungen Männer nehmen an der Bar-Mizwa-Zeremonie teil.[96] Im Gegensatz dazu sind Einrichtungen zur Pflege der italienischen oder deutschen Sprache, Kultur und Geschichte in den Hauptauswanderungsländern der Italiener oder Deutschen fast verschwunden. Selbst in Mischehen – rund die Hälfte aller Juden heiratet heute außerhalb der Gruppe – gibt die große Mehrheit an, die eigenen Freunde seien meist Juden, und zwei Drittel bekennen sich dazu, zumindest einen Teil der religiösen Familienrituale einzuhalten.[97]

Wenngleich die Verflechtung der Weltwirtschaft immer enger wird, haben die Juden und die übrigen Weltstämme mit ihren traditionellen Bindungen wohl immer noch einen besonderen Trumpf in der Hand, wie schon die Generationen vor ihnen. Am verhangenen ökonomischen Horizont deutet nichts darauf hin, der Kampf ums wirtschaftliche Überleben könnte in Zukunft weniger erbittert geführt werden, wenn Unternehmensgruppen in Familienhand, multinationale Konzerne und Staatsunternehmen einander auf globaler Ebene die Vorherrschaft streitig machen. In karger Umgebung, sagte schon im Mittelalter ein arabischer Geschichtswissenschaftler, ist ein starkes Zusammengehörigkeitsgefühl vielleicht der wichtigste Überlebensfaktor. «In der Wüste können nur Stämme leben», so Ibn Khaldun, «die sich als Einheit fühlen.»[98]

2 Das Geheimnis der Juden

Orchard Road, Singapur. Hinter verschlossener Tür surren im obersten Stockwerk eines modernen Hochhauses die Geschäfte der *Afghan Malaya Trading Company* über die Faxgeräte. Aus New York und Tel Aviv schickt die *mischpoke* (Verwandtschaft) Bestellungen und Geschäftsnachrichten, während Familie Khafi in Sekundenschnelle ihre Handelsgeschäfte mit Diamanten, Zuchtperlen und Juwelen über die Kontinente hinweg abwickelt.

Mag die Technologie auch modern sein, das Unternehmen als solches – internationaler Warenhandel – ist schon seit etlichen Generationen Existenzgrundlage der Familie Khafi. Aus Herat in Afghanistan stammend, haben die Khafis teils über Rußland, teils von ihrem afghanischen Standort aus den ganzen asiatischen Erdteil beliefert. Der jetzige Firmenpräsident, Savi Khafi, kam 1954 zum erstenmal nach Singapur, um in den jungen asiatischen Volkswirtschaften nach neuen Märkten für Edelsteine und andere afghanische Erzeugnisse Ausschau zu halten.

Mr. Khafi blieb in Singapur, denn als Reaktion auf die israelische Staatsgründung hatte in Afghanistan eine Hetzjagd auf den traditionell als Händler im Land lebenden jüdischen Bevölkerungsteil eingesetzt. Andere Nachbarländer – Indonesien, Malaysia, Brunei – waren ebenfalls muslimisch und antijüdisch, so daß Singapur, mit seiner überwiegend chinesischen Führungsschicht und soliden kommerziellen Infrastruktur, Khafis neue Heimat wurde.

«Ich bin hiergeblieben, weil ich die Diskriminierung der Juden nicht hinnehmen wollte», sagt Khafi (57), ein stämmiger Mann in einem adretten, frisch gebügelten Baumwollhemd, was in der tropischen Businessmetropole den Gipfel der Förmlichkeit darstellt. «Ich hatte meine Kunden vor allem in Afghanistan. Ich führte alles aus, was das Land produzierte, und importierte alles, was die Afghanen wünschten. Als dann eines Tages ohne muslimischen Namen nichts mehr ging – na, da habe ich mir gleich zwei davon zugelegt!»[1]

Wie andere asiatische Handelszentren, etwa Bombay, Kalkutta und Hongkong, spielt auch Singapur seit langem seinen Part in der Geschichte der jüdischen Ansiedlung in Ostasien. Über den Mittleren Osten und Indien waren jüdische Händler bereits in vorchristlicher Zeit in die Region eingedrungen, und schon um 1100 entwickelte sich eine kleine, wahrscheinlich aus dem arabischen Raum eingewanderte Gemeinde chinesischer Juden.[2] Diese Gemeinde blühte mehrere Jahrhunderte lang. Als Kaufleute, Mandarine und Kleingewerbetreibende lebten die Juden vor allem in Kaifeng, der Hauptstadt des Sung-Reichs, einer Stadt, die um ein Vielfaches größer war als alle europäischen Hauptstädte jener Zeit.[3]

Anders als ihre abendländischen Brüder stießen die chinesischen Juden meist auf Toleranz bei der umgebenden Bevölkerung, mit der es nach und nach zu Eheschließungen kam. Infolge der bewußten Selbstisolierung des chinesischen Reichs waren sie jedoch von anderen Juden vollkommen abgeschnitten, und so starben die jüdischen Gemeinden auf dem chinesischen Festland bis zum Ende des 19. Jahrhunderts aus, allen verzweifelten Wiederbelebungsversuchen von Juden in Schanghai und New Orleans zum Trotz.[5]

Während die letzten Reste jüdischen Glaubens in China verschwanden, begannen irakische Juden ostwärts zu wandern. Sie kamen, um der Verfolgung unter Daud Pascha zu entgehen und um an der rapiden Ausweitung des Handels teilzunehmen, die die Expansion des britischen Kapitalismus mit sich brachte. Bis zu den vierziger Jahren des vorigen Jahrhunderts gab es Neugründungen irakojüdischer Kolonien von Kalkutta[6] bis Hongkong[7] und Schanghai[8], wo führende jüdische Kaufmannsfamilien wie die Kadoories und Sassoons Handelsniederlassungen errichteten. Die ersten Juden kamen kurz nach der Gründung eines britischen Handelsstützpunkts durch Stamford Raffles 1819 nach Singapur. Von Anfang an entwickelte sich die Stadt als multiethnischer Handelsplatz, der dem prosperierenden britischen Weltreich als wichtiger südostasiatischer Vorposten diente[9]. 1846 besaßen Juden sechs der achtzehn Handelshäuser in der aufblühenden jungen Kaufmannsstadt[10].

Verstärkt durch Einwanderer aus Indien, dem Mittleren Osten und Europa, zählte die jüdische Gemeinde Singapurs 1930 fast tausend Köpfe[11]. Die japanische Besetzung, die Wirren vor der Errichtung des singapurischen Staats 1960, Angst vor den örtlichen Kommunisten wie auch die Feindschaft der muslimischen Nachbarn drohten diesem jüdischen Vorposten den Garaus zu machen; die Folge war, daß seine Bevölkerungszahl um mehr als die Hälfte sank. In Schanghai, im kommunistischen Machtbereich, verschwand das jüdische Gemeinwesen praktisch vom Erdboden; seine Mitglieder setzten sich massenhaft nach den Vereinigten Staaten oder nach Israel ab[12].

Trotz aller Verheerungen gibt es heute nach wie vor eine jüdische Präsenz in Hongkong und Singapur. Die Hongkonger Gemeinde, wenn auch sehr klein, ist dennoch um ein Mehrfaches größer, als sie es nach 1930 war. Zugleich haben sich die Juden Singapurs eine geachtete Position in der Lokalpolitik erhalten. Der Sohn eines irakojüdischen Kaufmanns, David Marshall, spielte im Unabhängigkeitskampf des Stadtstaats eine entscheidende Rolle und diente der Stadt später als Chefminister[13] und als Botschafter in Frankreich[14].

Nichts deutet darauf hin, daß diese Gemeinde in den kommenden Jahren verschwinden könnte. Neben der örtlichen Synagoge bleibt der exklusive *Tanglin Club*, dem mehr als 60 Mitglieder aus jüdischen Familien angehören, betriebsamer, informeller sozialer Mittelpunkt, wo sich die Gespräche am Rand des Pools mit den Olympiamaßen rasch verwandtschaftlichen Beziehungen und aktuellen, bis nach Istanbul, San Francisco oder Johannesburg reichenden Geschäften zuwenden.

Wie in anderen Teilen der Welt sind Israelis auch in der singapurischen Diaspora geschäftlich aktiv. Israelische Unternehmer, die in malaysischen oder indonesischen Fabriken produzieren lassen, behalten wegen der politischen Empfindlichkeiten in diesen muslimischen Ländern ihren Standort im geistesverwandteren Singapur. Besonders sensibel, erklärt Khafi, seien israelische Waffenhändler und militärische Elitetrainingsteams, die sich zur Beschwichtigung der muslimischen öffentlichen Meinung in Singapur und den umliegenden Ländern den Einheimischen gegenüber als «Mexikaner» ausgeben.

Zu den weiteren Neuankömmlingen zählen die traditionelleren jüdischen Händler, Männer wie Sandy Schwartz, ein geborener New Yorker, der sich von Kleidern und Lebensmittelfarben bis zu chinesischen und indonesischen Kräutern in allen Handelssparten versucht. Er übt die traditionelle Kaufmannstätigkeit aus, in dem er Rohstoffe von einem asiatischen Land ins andere transferiert und asiatische Produkte in die Vereinigten Staaten verkauft. «Orchard Road war früher fest in jüdischer Hand, aber die Juden hielten (Premierminister Lee Kuan) Yew für einen Kommunisten und sind geflohen», erinnert sich der mobile Unternehmer, der Singapur als seinen Heimathafen betrachtet. «Aber nach und nach kommen sie wieder. Wissen Sie, warum? Weil man hier Geld machen kann.»[15]

In eigener Sache berichtet der fünfundvierzigjährige Geschäftsmann lebhaft, er stehe vor einem «Bombengeschäft» mit einer angeblich todsicheren indonesischen Kräutermixtur, die zu Gewichtsabnahme führe. «Es handelt sich um eine Geheimmischung aus Kräutern und Wurzeln. Ich schwör's Ihnen, damit nehmen Sie ab, egal was Sie essen. Ich selber teste sie gerade», erklärt der korpulente Händler, während er sich in einem kleinen Restaurant zwei Querstraßen von der Maghain-Aboth-Synagoge Pekingente und chinesisches Bier schmecken läßt.

«Eigentlich mach ich mir ja nichts aus Bier, aber die letzten drei Wochen habe ich massig Bier getrunken und mich mit Kuchen und Pasteten vollgestopft. Trotzdem sind jetzt 25 Pfund runter», setzt er hinzu und hält mir rasch ein Foto seines noch fülligeren Selbst unter die Nase. «Die einzige Schwierigkeit ist, daß man mächtig furzt.»

Wanderer, Incorporated

Sandy Schwartz und Savi Khafi handeln eingedenk eines langen Erbes als wandernde qualifizierte Arbeiter, Kaufleute und Arbitragehändler, als Mitglieder eines Stammes, dessen ökonomische Geschichte sich großenteils aus dem Umstand seiner globalen Verbreitung bestimmt. Mehr als jede andere große ethnische Gruppe in der Geschichte waren die Juden von Anfang an ein Volk von Vertriebenen, das den größeren Teil seiner Geschichte außerhalb seines Heimatlands verbracht hat. Die Juden, so der israelische Historiker Raphael Patai, entstanden aus einer «historischen Spaltung» zwischen dem gelobten Land Palästina und den beiden frühesten Zentren der abendländischen Zivilisation, Mesopotamien und Ägypten.[16]

Knapp vierhundert Jahre nach der Errichtung ihrer ersten Königreiche in Palästina waren die Juden zerstreut und ein großer Teil von ihnen nach Mesopotamien exiliert, wo viele auch nach der Wiederherstellung des israelitischen Königreichs blieben. Schon 500 v. Chr. hatten sich jüdische Kolonien bis nach Persien und Nordafrika ausgebreitet. Bereits im zweiten Jahrhundert vor Christus trat das Grundmuster der Diaspora – ihre enorme Ausbreitung, ihre Einzigartigkeit, das Verbot, in andere Völker einzuheiraten – zutage. Wie schon das sibyllinische Orakel prophezeit hatte: «Alle Meere und alle Lande sind voll von euch, und jedermann haßt euch, wegen eurer Gebräuche...»[18]

Zur Zeit von Christi Geburt hatte Palästina, obwohl stets geist-

licher Mittelpunkt der Juden, seinen Vorrang als wirtschaftliches
und wohl auch als geistiges Zentrum der Gemeinschaft schon
wieder eingebüßt. Gefördert durch rasche Bekehrungen, stellten
Juden nicht weniger als einen von elf Menschen im Römischen
Reich[19], wobei volle zwei Drittel von ihnen außerhalb der Grenzen Palästinas lebten.[20, 21] Allein eine Million lebte in Ägypten,
massiert in der blühenden Kultur- und Handelsmetropole Alexandria.[22]

Noch vor der Zerstörung des Jerusalemer Tempels durch die
Römer im Jahre 70 n. Chr. hatten diese «globalen» Bindungen die
Juden – mit den Worten des Anfang unseres Jahrhunderts lehren-
den deutschen Soziologen Ferdinand Tönnies – bereits «präde-
stiniert für die Vermittlung».[23] Oft mehrere Sprachen fließend
beherrschend, fungierten sie als Handelsherren und Finanziers[24],
zuerst unter den Römern, später unter den Byzantinern und Arabern. Um das Jahr 1000, auf dem Höhepunkt des muslimischen
Reichs, operierten jüdische Handelsgesellschaften von Spanien
bis China[25], wobei Mitglieder des Stammes als Weinhändler[26],
Bankiers und Ärzte neue Höhen erklommen.

Im zunehmend isolierten Westeuropa führten *Radaniten* ge-
nannte jüdische Unternehmer im achten Jahrhundert Handelsgeschäfte für die Einheimischen, wobei sie sich auf Sprachkenntnisse stützten, die mitunter auch Persisch, Latein, Arabisch,
Frühformen des Französischen und Spanischen sowie unterschiedliche slawische Dialekte umfaßten.[27] Als besonderes Plus
unter diesen versprengten Kaufleuten erwiesen sich auf gegensei-
tigem Vertrauen basierend kulturelle Gemeinsamkeiten, eine
Übereinstimmung in Wertmaßstäben und Verhaltensregeln, die es
erleichterte, Geschäfte per Handschlag abzuschließen.[28]

Mit dem Heraufkommen des Kapitalismus in Europa wurden
diese internationalen Verbindungen, die sich weitgehend an Berufe wie Münzhandel und Geldverleih knüpften, praktisch zur
einzigen sicheren Existenzgrundlage für die zersprengten und
häufig verfolgten jüdischen Gemeinschaften. Der Jude wurde,
wie der deutsche Soziologe Georg Simmel später bemerkte, «der

Fremde», der sich tiefgreifend von dem Einheimischen, dem «Bodenbesitzer», unterschied. Juden zahlten ihre Steuern nicht, wie die christlichen Bürger, «nach dem jedesmaligen Stande ihres Vermögens», sondern «ein für allemal festgesetzt... als Jude».[29] Sie waren vom Landbesitz und von der Mitgliedschaft in den Zünften ausgeschlossen. Wie der deutsche Rabbi Elieser ben Nathan im zwölften Jahrhundert klagte. «Heutzutage nähren wir uns allein vom Handel.»[30] Obwohl einige Juden in der Zeit der großen europäischen Ghettos reich wurden, reichte das jüdische Zinsprivileg natürlich nicht aus, um ein ganzes Volk zu erhalten, so daß ein Drittel der Juden auf Almosen angewiesen war.[31]

Für die seit Jahrhunderten zerstreuten Juden, die vor allem als Geldvermittler, Kleinhandwerker und Händler ihr Brot verdienten, war die Entwicklung des Kapitalismus wie ein warmer Regen, der ihren Fertigkeiten in Finanzwesen, Fernhandel und Börsengeschäft unmittelbar entgegenkam. Der grundlegende Rationalismus der neuen Ordnung zerbrach die feudalistischen Einschränkungen, die die Juden in Ghettos verbannt hatten, und, was noch wichtiger war, er erlaubte ihnen, ihre geistigen Gaben auch auf anderem als religiösem Gebiet zu entfalten. Die Juden, selbst weder Architekten noch Hauptnutznießer des neuen Systems, waren, wie sich herausstellte, in der besten Position, um von seiner Entwicklung zu profitieren. Der jüdisch-amerikanische Historiker Ellis Rivkin konstatiert: «... das Schicksal des Juden und des Judentums hing letztlich am Triumph der kapitalistischen Revolution und ihrem Vermögen, eine Gesellschaftsform herauszubilden, die den Wohlstand zuverlässig vermehrte, die Armut gewinnbringend beseitigte und durch ihre ureigenen Anforderungen das Individuum zur Freiheit erzog.»[32]

Ein Beispiel für die neu entstandenen Möglichkeiten bietet der Aufstieg des Franco-Clans, einer Familie iberischer *Marranen*, zwangsgetaufter Juden, die insgeheim aber ihrem Judentum treu blieben. Im 18. Jahrhundert führten sie ihre Geschäfte mit zwei Brüdern in Italien, zwei in London, einem fünften Bruder in Amsterdam, mit Cousins in Frankreich und Neffen in der Türkei.

Der – in den Worten des Historikers Leon Poliakov – weitge-
spannte «Nachrichtendienst» der Francos ermöglichte ihnen wie
wenigen anderen Gruppen, verwickelte kaufmännische Transaktionen von St. Petersburg bis Algier abzuwickeln.[33]

Die entscheidende Rolle der Juden beim Aufbau des Kapitalismus in der Neuen Welt hat unter anderem den deutschen
Nationalökonomen Werner Sombart dazu gebracht, die Juden
die Hauptarchitekten und -initiatoren dieses Wirtschaftssystems
zu nennen. Vielleicht sollte man richtiger sagen, die Vertreibung
der Juden und ihr relativer Mangel an nationalen Wurzeln ermöglichten ihnen, die lukrativen neuen Märkte schneller aufzu-
spüren und auszubeuten.

Jüdische Handelsherren operierten in Venedig, das das erste
große Epizentrum des wirtschaftlich wiedererstarkenden Europas werden sollte, lange bevor es im 13. Jahrhundert eine Vor-
machtsstellung errang.[35] Die Juden spielten eine entscheidende
Rolle bei der Expansion Spaniens und Portugals, wo die Zahl
spanischer Juden, der sogenannten *Sephardim*, etwa 200 000 betrug.[36] Selbst noch nach der Inquisition nahmen Juden, *Marranen*
wie echte Neuchristen, als bedeutende Investoren einen hervor-
ragenden Rang bei der Erschließung der Region ein, die Europa
als «die Neue Welt» bezeichnete. Manche beteiligten sich direkt
als Seeleute, andere zeichneten Landkarten für die ersten Entdek-
kungsreisen.[37]

Später, als die Unterdrückung der Juden in Spanien wuchs und
die wirtschaftliche Macht sich nach Norden verlagerte, wanderten jüdische Handelsherren und Finanziers erst nach Amsterdam,
dann nach London und schließlich nach New York ab. Der große
französische Historiker Fernand Braudel bemerkt dazu: «Die Juden als erfahrene Geschäftsleute drängten naturgemäß in wirtschaftlich florierende Gebiete. Ihre Ankunft in einem Land
bedeutete generell, daß die Wirtschaftslage dort gut oder anstei-
gend war. Zogen sie sich zurück, hieß das nicht immer, daß die
Wirtschaft am Boden lag, aber meist eben doch, daß die Geschäfte
nicht gut gingen.»[38]

Die Stärken der Juden wirkten da besonders nachhaltig, wo sie in kaufmännisches Neuland vordringen konnten, etwa nach der Entdeckung Brasiliens[39] oder in muslimischen Nationen, die den meisten christlichen Händlern verschlossen blieben. Das «Geheimnis» der Juden bestand nicht einfach in größerer Mobilität, sondern in ihrer aus dem kosmopolitischen Geist entstandenen notwendigen Bereitschaft, jede sich bietende Gelegenheit zu nutzen. Angesichts häufiger Bedrohungen ihrer Geschäfte durch die Bevölkerungsmehrheiten flüchteten die Juden, wie Poliakov hervorhebt, «in die dynamische Sicherheit, mit dem Wandel zu leben».[40]

Juden wurden oft ausgeschlossen oder an die Wand gedrückt durch die stärkeren Ressourcen der Christen. Unfähig, in den oberen Rängen des industriellen Kapitalismus mitzuhalten, konzentrierten sie sich auf Nischen in der entstehenden Weltwirtschaft, für die sie auch heute noch am besten bekannt sind, wie den Diamantenhandel, das Kommunikationswesen, Mode, Einzelhandel, den Unterhaltungssektor und die freien akademischen Berufe.

Diese Betätigungsfelder entsprachen außerdem ihrer kulturellen Vorliebe für berufliche Selbständigkeit. Wie die alte rabbinische Losung sagt: «Ziehe lieber einem Kadaver auf der Straße das Fell ab, als dich auf andere zu verlassen.»[41] Einfacher gesagt, Juden konnten normalerweise nicht darauf vertrauen, daß der Staat oder die größere Gesellschaft sie in einem «sozialen Netz» auffangen würden. Posten in Landwirtschaft, Regierung und Verwaltung oder in staatlich geförderten Institutionen blieben ihnen meist verschlossen.

Als Alternative blieb den Juden lediglich Selbsthilfe oder der private Sektor. Im ausgehenden 19. und frühen 20. Jahrhundert traten Juden immer wieder als herausragende Unternehmer und Innovatoren in Erscheinung. Im Deutschen Reich zum Beispiel stellten sie 1913 etwa ein Viertel aller Direktoren von Aktiengesellschaften, bei einem Anteil von 0,77 Prozent an der Gesamtbevölkerung.[42] Noch bemerkenswerter war vielleicht die Selb-

ständigenquote unter den deutschen Juden, die Anfang der
dreißiger Jahre 46 Prozent betrug und damit mehr als dreimal so
hoch lag wie der nationale Durchschnitt.[43] Juden waren besonders aktiv an der Berliner Börse, wo sie nicht weniger als vier
Fünftel der führenden Mitglieder stellten.[44]

In anderen europäischen Ländern sah die Situation ähnlich
aus. Ende der dreißiger Jahre besaßen die ungarischen Juden,
etwa fünf Prozent der Bevölkerung, mehr als 36 Prozent aller
Einzelhandelsgeschäfte, Großhandlungen sowie der Arzt- und
Anwaltspraxen.[45] Ohne die Anwesenheit der Juden, klagte Un-
garns faschistischer und vehement antisemitischer Regent, Admiral Miklós Horthy, müßten die Banken, die Kommunikationssy-
steme und die Gewerbebetriebe des Landes praktisch über Nacht
«zumachen».[46]

Juden nutzten ihre legendäre Findigkeit und ihre kosmopolitischen Verbindungen allerdings auch auf weniger ehrbare Art.
Von Arnold Rothstein und Meyer Lansky bis zu ihren modernen
Nachfolgern in Nord- und Südamerika, Israel oder der früheren
Sowjetunion haben jüdische Kriminelle von Auftragsmorden
über Schmuggel bis zur Gründung von Las Vegas kaum etwas
ausgelassen. Doch selbst bei krummen Dingern wurde, dem eigenen kulturellen Hintergrund entsprechend, mehr mit *sechel*
(Grips) gearbeitet als mit brutaler Gewalt.[47]

Auch nach dem Holocaust hat sich diese Tradition des jüdischen Unternehmertums – was Werner Sombart «die scheinbar –
aber doch eben nur scheinbar – sich widersprechenden Charakterzüge: opiniâtreté und souplesse», also «Hartnäckigkeit und
Anpassungsfähigkeit»[48], nennt – gegen alle Vorurteile durchgesetzt. Russische und andere osteuropäische Juden haben unter
allen großen ethnischen Gruppen der USA prozentual die meisten
Selbständigen, nämlich mehr als doppelt so viele wie der nationale Durchschnitt[49], ein Muster, das sich in Großbritannien und
auf dem europäischen Kontinent wiederholt.[50]

Doch trotz dieser bemerkenswerten Erfolge wirkt die europäische Tragödie nach. Sogar in England, dessen Gesellschaft sich in

den letzten hundert Jahren wohl als die toleranteste Europas erwiesen hat, «lebt in der jüdischen Gemeinschaft», so Christopher Longley, Kolumnist bei der Londoner *Times*, «noch immer ein Gefühl der Fremdheit fort».[51]

Um den jüdischen Aufstieg zu verstehen, glaubt der britische Unternehmer Harry Solomon, müsse man sich an die oft bitteren Realitäten des Ghettolebens erinnern. Dort galten Verhaltensmuster, die von Generationen umherziehender Händler übernommen worden waren – von Menschen ohne Heimatland, stets auf Wanderschaft, auf der Suche nach Nahrung. Als personifizierte Außenseiter, bemerkt Solomon, Chairman der Hillsdown Holdings, einer Einzelhandelsfirma mit fast zweihundert Filialen in Nordamerika, auf dem europäischen Festland und in Großbritannien[52], fühlten die Juden sich wohl dabei – und sahen sich oft gezwungen – zu experimentieren.

In seinem bescheidenen Bürotrakt in einer vorstädtischen Geschäftsstraße in Hampstead erinnert sich Solomon, Enkel eines verarmten, aus Polen eingewanderten Juden, dessen Vermögen 1989 auf an die 50 Millionen US-Dollar geschätzt wurde: «Wir standen in dieser Gesellschaft abseits, weil wir keine vorgefaßte Meinung hatten, keine Vorstellung davon, wie es hier im Geschäftsleben traditionell zugeht. Da war es leichter, wenn man eine bahnbrechende Idee hatte, sich einfach darauf einzulassen.

Für uns war es wichtig, überhaupt erst einmal Geld zu verdienen – das ist die Unsicherheit des Einwanderers in einem Land, das anderen gehört. Ständig versuchst du, etwas zu beweisen. Wir [Juden] sind alle Opfer unserer Herkunft.»[54]

Unternehmungsgeist in der Diaspora

Wie Harry Solomons Großvater kam auch Phil Weisel aus der Welt des osteuropäischen Schtetl. In der galizischen Kleinstadt Steinslaw am östlichen Rand der österreichisch-ungarischen

Monarchie ansässig, gehörte seine Familie kleiner Landbesitzer und Tabakhändler zu den wohlhabenderen der osteuropäischen Juden, die unter der relativ milden Herrschaft des letzten habsburgischen Kaisers Franz Joseph I. lebten.

Die Weisels waren nach New York gezogen, doch dann, nach einem Jahrzehnt in Amerika, taten sie etwas für Juden Ungewöhnliches: sie kehrten in ihre Heimat zurück, die inzwischen Teil der neu erstandenen polnischen Nation geworden war. Im freien Polen waren die Lebensbedingungen für Juden jedoch unsicherer als im alten Kaiserreich.

An einem warmen Sommerabend, in seinem geräumigen Heim in Woodmere am Stadtrand von New York, erinnert sich Weisel: «In Polen wurde es schwierig für uns. Es gab viele Antisemiten in Polen. Wir bemühten uns, so wenig wie möglich mit ihnen zu tun zu haben. Aber sie haßten uns so, daß oft nur noch das Wegrennen half. An Weihnachten und Ostern blieb man besser die ganze Zeit im Haus.»[55]

Binnen eines Jahres waren die Weisels zurück in New York. Phils Mutter, Celia, eine gebildete Frau, die Deutsch, Polnisch, Jiddisch und Russisch sprach, mußte nun in eine Kleiderfabrik arbeiten gehen. Wie viele Juden hatten die Weisels eine Menge verloren – ihren sozialen Status, ihr Eigentum, ihre gewohnte Lebensweise –, als ihre alte Welt zusammenbrach. Doch was sie behielten in Form von Wertmaßstäben, die die Bedeutung von Lernen, Familie und Sparsamkeit betonten, erwies sich als unbezahlbar.

Was Juden wie den Weisels ebenfalls zustatten kam, war der enge Zusammenhalt in ihren Familienverbänden. Denen, die wegen ihrer Jugend noch nichts gelernt hatten, ebnete meist ein Verwandter den Weg. Ein Cousin gab Phils Mutter ihre erste Stelle als *finisher*; der junge Phil trat ebenfalls in das Geschäft ein, erst als Reinigungskraft, dann als Packer, und schließlich lernte er, wie auch sein Bruder Herman, das Handwerk des Zuschneiders.

Im Endeffekt fanden Juden wie Phil Weisel in der Textilbranche ein außergewöhnlich gutes Auskommen.

Als Weisel Mitte der siebziger Jahre in den Ruhestand ging, besaß seine Firma *Jody Juniors*, die er mit einem Startkapital von 12 500 Dollar gegründet hatte, sechs Fabriken, beschäftigte 250 Menschen und erbrachte ein Betriebseinkommen von mehr als 3,5 Millionen Dollar.

Doch, wie Weisel selbst klarstellt, ist der Erfolg der Juden in der New Yorker Bekleidungsindustrie kein rein amerikanisches Phänomen. Er wurzelt zum großen Teil in ihrem Leben in Osteuropa, das, obwohl es in einer unsäglichen Tragödie endete, den Juden Kenntnisse und Einstellungen mitgab, die ihnen bei der Einwanderung in günstigere Regionen zugute kamen.

Entsprechend ihren eigenen Erfahrungen mit den zaristischen Verfolgungen im 19. Jahrhundert und den Schrecken des Holocaust neigen zionistische Theoretiker dazu, das Diaspora-Dasein ganz zu verurteilen. *Galut*, das Exil, so der zionistische Denker Jacob Klatzkin, sei «nicht erhaltenswert gewesen», da es nichts weiter darstellte als «ein Leben in Verkommenheit und Niedergang, eine Schande für die Nation wie für den einzelnen, ein Leben sinnlosen Kampfs und fruchtlosen Leidens, voller Zwiespältigkeit, Verwirrung und ewiger Ohnmacht»[56].

Doch in Wirklichkeit hatte selbst das Leben in der osteuropäischen Diaspora seine guten Seiten. Im 16. Jahrhundert, als ihre Brüder in Westeuropa noch dünn gesät und in Ghettos verbannt waren, boten sich den osteuropäischen Juden neue Chancen in weitgehend unterentwickelten Ländern, die ihre Fähigkeiten dringend brauchten und ihnen deshalb einen viel breiteren Aktionsradius einräumten.[57] Die jüdische Religion, anders als die christliche der umgebenden Völker, betrachtet Armut an sich nicht als Tugend. Wie der Talmud sagt: «Häusliche Armut schmerzt mehr als fünfzig Peitschenhiebe.»[58]

In vielen Teilen des polnischen Königreichs machte sich eine solche Einstellung, zumindest anfänglich, bezahlt. Der Wille der Juden, Gewinn zu machen, ließ sie nicht nur Hausierer und Wucherer werden, sondern auch massenhaft in den mittleren Bereich zwischen den bäuerlichen Massen und dem Adel vordringen.[59]

Als im späten 19. Jahrhundert die Industrialisierung Osteuropas einsetzte, vermehrten sich die Möglichkeiten für die expandierende jüdische Mittelschicht explosionsartig.[60] Zur Jahrhundertwende waren russische Juden doppelt so häufig wie die übrigen zaristischen Untertanen Inhaber kleiner Gewerbebetriebe und Industriearbeiter und fünfzehnmal so häufig Kaufleute. Um diese Zeit betrug der Bevölkerungsanteil der Juden in Galizien nicht mehr als ein Zehntel, während sie zugleich über die Hälfte der Kaufleute und ein Fünftel der gesamten Industriearbeiterschaft stellten.[61]

In dem wiedererstandenen Polen nach dem Ersten Weltkrieg setzte sich der Drang nach gelernter Arbeit, den freien akademischen Berufen und unternehmerischer Tätigkeit fort. Bei einem Bevölkerungsanteil von rund zehn Prozent entfielen auf die Juden 40 Prozent der Schuhmacher und 80 Prozent der Herrenschneider.[62] In Krakau stellten sie volle 60 Prozent der Ärzte und Anwälte.[63] Und 1931 waren sie unter Polens privaten Fabrikbesitzern bereits in der Mehrheit.[64]

Lokale Faschisten, die Nazis und Stalin nahmen den Juden die Möglichkeit, aus diesen Leistungen Kapital zu schlagen. Aber die dabei entwickelten Kenntnisse kamen den rund 2,5 Millionen osteuropäischen Juden, die um die Jahrhundertwende in die Vereinigten Staaten emigrierten[65] ebenso zugute wie den 200 000, die nach Großbritannien gingen.[66] In die Vereinigten Staaten kamen die Juden mit Qualifikationen, die den Anforderungen einer sich rapide industrialisierenden Industrie besser entsprachen als die anderer Immigranten; so waren um die Jahrhundertwende 75 Prozent der Neuankömmlinge aus Polen und Süditalien Bauern oder ungelernte Arbeiter, zwei Drittel der Juden aber gelernte Arbeiter.[67]

Die aus der «alten Heimat» mitgebrachten Fertigkeiten gaben das Tempo für den raschen Aufstieg der Juden in der Bekleidungsbranche vor. Wohin immer Juden in großer Zahl auswanderten, strömten sie in den *rag trade*. Schon 1860 bezeichnete sich der jüdische Schneiderbetrieb E. Moses and Sons in London als «das erste Haus der Welt, das in großem Umfang *Confectionskleidung* anfertigt».[68]

Ende der achtziger Jahre des vorigen Jahrhunderts hatten sich Juden, speziell Einwanderer aus Polen und Rußland, von London bis Glasgow als beherrschende Kraft des aufkommenden Fertigbekleidungsgeschäfts etabliert.[69] Oft waren die Arbeitsbedingungen selbst für den Handwerker oder Kleinunternehmer erniedrigend, aber die Fähigkeit der Juden, all ihr Können für ihr eigenes Vorwärtskommen einzusetzen, war ebenfalls bemerkenswert. So schreibt Beatrice Webb über den vornehmlich jüdischen «Sweater», den Zwischenhändler zwischen Heimarbeitern und Kleidergeschäften im Londoner East End des ausgehenden 19. Jahrhunderts: «Sein Einkommen ist schmal... Aber er genießt Gewerbefreiheit, und mit unermüdlichem Einsatz und einem gewissen Organisationsgeschick kann er sich vielleicht in die Reihen der großen Arbeitgeber vorarbeiten...»[70]

Um 1950 waren die Nachkommen dieser «Armeleuteschinder» zu führenden Herstellern von Herren- wie Damenkleidung geworden. Die Fähigkeit, Kleidung in Massen zu produzieren und in den Handel zu bringen, so der Autor Stephen Aris, wurde zur «charakteristischsten und hervorstechendsten Leistung» der jüdischen Einwanderer in Britannien.[71] Osteuropäische Flüchtlinge spielten in anderen Ländern der Diaspora, namentlich in Frankreich, eine ähnlich wichtige Rolle.

Mit jüdischen Überlebenden, die nach Israel einwanderten, kam auch die Bekleidungsindustrie, die eng mit europäischen und amerikanischen Juden zusammenarbeitete. In den sechziger Jahren wurde der Textilbereich zu einem von Israels ersten konkurrenzfähigen Massenproduktionszweigen, der schätzungsweise 50 000 bis 60 000 Arbeiter beschäftigte und 600 Millionen Dollar Umsatz machte und heute nur von der Elektronik übertroffen wird. Einer der führenden israelischen Textilindustriellen, Dov Lautman, Sohn polnischer Immigranten, studierte Produktionsplanung am Massachussetts Institute of Technology und arbeitete als Manager, bevor er sich 1967 mit einem französischen

Investor jüdischer Abstammung zusammentat. 1975 gehörte
Lautmans Firma Gibor bereits zu den größten Strumpfhosenher-
stellern der Welt. Inzwischen hat Lautman ein weiteres Unternehmen gegründet, Delta Ltd., eine Unterwäschefabrik, die 85
Prozent ihrer Produktion, vor allem nach Europa, exportiert.

Aber in Nordamerika – und vor allem in New York – fanden
die Juden ihre größte Chance. Zeit seines Bestehens war New
York Zentrum der amerikanischen Bekleidungsindustrie, und Juden leiteten das Kleidergeschäft. Beispielsweise besaßen Juden,
vor allem Juden aus Deutschland, schon 1895 nicht weniger als
97 Prozent aller Kleiderfabriken.[72] Schon in den ersten Jahren des
20. Jahrhunderts war die jüdische Dominanz im «Schneiderge-
werbe» praktisch lückenlos; der Anteil der Juden an der Gesamtheit aller Hutmacher, Kürschner, Näherinnen und Schneider in
den Vereinigten Staaten lag bei 50 bis 80 Prozent.[73]

Obwohl es auch in anderen Städten – wie Philadelphia, Boston
und Chicago – so florierende Industrien gab, hatte New York
schon in den siebziger Jahren des vorigen Jahrhunderts die Produktion seiner vier größten Konkurrenten überholt.[74] Es ist wohl
kein Zufall, daß New York, das 1930 mit zwei Millionen rund die
Hälfte aller Juden der USA beherbergte, zum beherrschenden
Zentrum der Branche wurde.[75] Trotz der «Scheu» einiger Intellektueller und mancher Politiker, die Auswirkungen unterschiedlicher ethnischer Kulturen, Traditionen und Kenntnisse auf die
Wirtschaftsentwicklung anzuerkennen, scheint der Zusammenhang offenkundig. Dazu der Soziologe Thomas Sowell: «Ein
akademischer Autor zum Beispiel konstatierte, die jüdischen Einwanderer, die im neunzehnten Jahrhundert in die Vereinigten
Staaten kamen, hätten Glück gehabt, gerade in dem Augenblick
einzutreffen, als sich in New York die Bekleidungsindustrie zu
entwickeln begann. Ich konnte nicht umhin zu denken, Hank
Aaron habe wohl ähnliches Glück gehabt – er war anscheinend
oft am Schlagen, wenn ein Home-Run angesagt war.»[76]

Schon in der Mitte der dreißiger Jahre besetzten die Juden
nicht nur die Mehrzahl der höheren Positionen im Schneiderge-

werbe, sondern errangen auch eine starke Stellung in praktisch allen Bereichen von Kleiderhandel, -entwurf und -endproduktion. «Wir waren in der Lage, alles selber zu machen. Ich fertigte meine eigenen Zuschnitte und Musterproben an. Jüdische Menschen erledigten das Verpacken, den Versand und den Verkauf», erinnert sich Phil Weisel. «Egal, an wen wir auch verkauften – J. C. Penney's, Macy's, Gimbel's –, das ganze Konfektionsgeschäft war in jüdischer Hand.»

Schon in den zwanziger Jahren ein Milliardengeschäft, brachte *the rag trade* eine ganze Generation wohlhabender Juden hervor[77] und gab in der New Yorker jüdischen Gemeinschaft nicht weniger als 40 Prozent der Frauen und 20 Prozent der Männer Arbeit.[78] Statt einer «modernen» Industrie mit einer kleinen Zahl leistungsfähiger Firmen war – und ist – die Bekleidungsbranche weitgehend dezentralisiert, ein Konglomerat kleiner, oft recht spezialisierter Betriebe. Statt großer, Neueinwanderern normalerweise unerreichbarer Kapitalressourcen sind rascher Instinkt, familiäre Netzwerke und ein Gespür für wechselnde Trends oft die wesentlichsten Erfolgsfaktoren, heute nicht anders als bei den Radaniten und anderen jüdischen Händlern im Europa der frühen Neuzeit.

«Der Hauptgrund, warum wir ins Kleidergeschäft gegangen sind, war, daß jeder Flüchtling seinen eigenen Betrieb haben wollte, und hier brauchte man nur ganz wenig Bargeld», erinnert sich Bernie Brown, dessen Familie russischer Einwanderer 1938 in Los Angeles *Koret of California* gründete, eine Firma, die noch immer zu den führenden Herstellern von Sportbekleidung für Frauen gehört. «Man hat Lieferanten und Spediteure, und die wickeln die Sache ab. Man braucht weder Riesenmaschinen noch einen Haufen Geld oder eine große Verwaltung. Solange man Material und etwas Ansehnliches anzubieten hat, geht alles klar.»[79]

Doch wie viele aus seiner Generation fragt sich Bernie Brown, wie lange die jüdische Vorrangstellung in der Industrie erhalten bleiben wird, während die jüngere Generation sich anderen, weniger anspruchsvollen und weniger riskanten Feldern zuwendet.

So sind zum Beispiel Schnittentwicklung und andere qualifizierte Bereiche schon heute anderswo höher entwickelt, vor allem in asiatischen Zentren wie Hongkong oder Singapur. Tatsächlich haben jüdische Unternehmer, etwa der im Irak geborene Jack Shamash und der in Hongkong ansässige Ira Dan Kaye eine entscheidende Rolle gespielt bei der Verlagerung der Produktion aus Nordamerika heraus, und beide gelten als Pioniere beim Aufbau einer asiatischen Textilindustrie.[80]

In immer größerem Maß, findet Doreen Gorman, die seit zwanzig Jahren im Kleidergeschäft arbeitet, konzentrierten Juden sich im «modischen» oder Einzelhandelsbereich der Branche, weiter und weiter entfernt von der Verfügung über die Produktionsmittel. «Den [aschkenasischen] Juden fehlt der Biß – sie sind nicht risikofreudig genug und wollen nichts investieren», glaubt Gorman, Designerin in Manhattan und inzwischen Spitzenmanagerin bei *Pinky Originals*, einem Wachstumsunternehmen in indischem Besitz. «Die Eltern wollen, daß ihre Kinder studieren. Aber die Asiaten haben das nötige Stehvermögen, um sich in diesem Produktionsbusiness zu behaupten. Deshalb werden mit der Zeit nur noch Inder, Ostasiaten und vielleicht ein paar Sephardim übrigbleiben.»[81]

Noch sind die Juden, wie Gorman andeutet, nicht ganz aus der Branche verschwunden. Ihr Sohn Jay, 25, hat bereits seine erste eigene Modekollektion auf den Markt gebracht. Ebenso wichtig ist, daß der allmähliche Exodus der osteuropäischen Juden teilweise durch Neuankömmlinge wie Israelis oder, in Frankreich und Nordamerika, durch nordafrikanische Juden wettgemacht wird. *Guess?*, das vielleicht erfolgreichste Blue-Jeans-Label der achtziger Jahre, ist das Produkt von vier algerischen Juden, die in Marseilles aufgewachsen, inzwischen aber in Los Angeles zu Hause sind.[82]

Syrische Juden, die sich vor allem in Brooklyn, New York, sammeln, sind ebenfalls als wichtiger Faktor in der Sportswear-Industrie hervorgetreten, namentlich mit Blue-Jeans-Marken wie Jordache oder Gitano. Wenn man so will, knüpfen diese Newcomer an eine noch weiter zurückliegende Tradition übernationaler jüdischer Geschäftsleute an. Geprägt von einer in ständigem Belagerungszustand lebenden Gemeinschaft, bereisen sie die Welt wie Nomaden des Jet-Zeitalters, über ihr unmittelbares Familienunternehmen hinaus kaum jemandem verpflichtet. «Grenzen gibt es heute nicht mehr», erklärt Charles Dayan von *Bonjour*, einer weiteren jungen syrisch-jüdischen Bekleidungsfirma. «China, El Paso oder Nashville – der einzige Unterschied ist doch, da brauchst du einen Paß und hier nicht.»[83]

Die Straße nach Ramat Gan

Steil ragen die Stahlbetontürme an Tel Avivs Jabotinsky Road aus der flachen Küstenebene am Ufer des Mittelmeers und bilden ein Wolkenkratzerpanorama ähnlich dem von Miami, Los Angeles oder Singapur. In einem von ihnen sind, am stahlbewehrten inneren Eingang zur israelischen Diamantenbörse, sogar die Wachen kosmopolitisch. Mit gleicher Sicherheit begrüßen sie die Eintretenden auf spanisch, englisch, französisch oder hebräisch, während diese Metalldetektorcheck, Durchsuchung und Ausweiskontrolle über sich ergehen lassen.

Im Diamantenzentrum lebt, ähnlich wie im New Yorker *Garment District*, das Vermächtnis der europäischen Diaspora ungebrochen weiter und hilft, Geld zu verdienen. Jenseits der Eingangstore, auf dem Weg zum Börsensaal, verflüchtigt sich das Gefühl, im Heiligen Land zu sein angesichts der profanen Hektik, mit der in globalem Maßstab Geschäfte getätigt werden. Keinesweg ein Hort zionistischer Kargheit, wimmelt es im *Diamond Center* von elegant gekleideten, juwelenbehängten Männern und Frauen, die sich ganz der jahrhundertealten Tradition emsigen Handelns und Feilschens hingeben.

In seinem Büro an der Spitze des Turms schaut Moshe Schnitzer, ein ergrauender Mann in einem offenen weißen Hemd, auf das im Dunst unter ihm ausgebreitete vorstädtische Ramat Gan hinunter – in so königlicher Haltung, wie man sie im frühen 19. Jahrhundert an der Londoner Börse, vielleicht bei Nathan Rothschild oder in der Frühzeit der Filmindustrie in Kalifornien bei einem Filmmogul angetroffen hätte. In seinem Wirkungskreis nicht weniger erfolgreich als jene jüdischen Unternehmer in dem ihren, haben Schnitzer und seine Diamantenhändlerkollegen Israel zum wichtigsten Diamantenhandels- und -schleifzentrum der Welt gemacht, in dem rund ein Drittel der Exporteinnahmen des Landes erzielt werden.

Wie die Kleiderhersteller in New York hatten auch die Großen der israelischen Diamantenindustrie Erfolg, weil sie auf die in der Diaspora entwickelten Fertigkeiten und Einstellungen setzten. Den neueren Anstoß zum Aufbau dieser Industrie gab die Emigration jüdischer Diamantenhändler von Holland und Belgien nach Palästina am Vorabend des Zweiten Weltkriegs. Bei ihrer Ankunft in Tel Aviv besaßen sie wenig mehr als ihre Fähigkeiten in Diamantenschleiferei und -handel. Doch wie bei Kleidern zählen auch in dieser Branche Können und *sechel* mehr als finanzieller Aufwand oder noch so exotische Verbindungen.

«In diesem Geschäft hängt alles vom Schleifen ab», erklärt Schnitzer, der 1944 selbst als Diamantenschleifer anfing. «Es ist eine Frage des handwerklichen Könnens. Ob man am Ende mit 45 oder 60 Prozent Abfall dasteht, ist weiß Gott ein Unterschied. Sachkenntnis ist alles – wie bei einem Chirurgen oder Konstrukteur.»

Die Männer, von denen Schnitzer sein Handwerk lernte, standen in einer jahrhundertealten Gewerbetradition. Die Juden als traditionelle Edelsteinhändler lieferten schon im 11. Jahrhundert Diamanten an die fatimidischen Kalifen in Kairo. Als man im 16. Jahrhundert größere Mengen von Schmucksteinen aus Indien beziehen konnte, packten jüdische Händler die Gelegenheit beim Schopf und avancierten, dank ihrer bereits vorhandenen Handelsbeziehungen zum indischen Subkontinent, in Sachen Vertrieb, Marketing und Reparatur zur beherrschenden Kraft in Europa.[84]

In Europa bot das – durch den Handel mit anderen Edelsteinen und Schmuck[85] – bereits vorhandene engmaschige Netz jüdischer Nachrichten- und Handelsverbindungen eine unübertreffliche Plattform für das Diamantengeschäft. So erwähnt die jüdisch-deutsche Witwe und Geschäftsfrau Glückel von Hameln an der Weser in ihren aufschlußreichen Erinnerungen Ende des 17. Jahrhunderts bereits ein hochgradig verzweigtes, von Holland bis Rußland reichendes Netz jüdischer Edelsteinhändler, die «Perlen und Edelsteine» kauften. Unter ihnen nutzten die geschickteren, wie Glückel, ihre Kenntnis solcher spezialisierten Märkte, um sich selbst im wirtschaftlich rauhesten Klima noch ein recht gutes Auskommen zu sichern.[86]

Hauptakteure waren jedoch die sephardischen Juden, die nach der Flucht aus Portugal und Spanien den Schwerpunkt des jüdischen Handels nach Amsterdam, Antwerpen und London verlagerten.[87] Trotz wiederholter Angriffe mächtiger Konkurrenten wie der British East India Company wurden Angebot wie Vermarktung weiterhin von den jüdischen Händlern beherrscht.[88] 1770 wurden annähernd vier Fünftel aller Diamantenimporte aus Indien von 28 jüdischen Handelshäusern abgewickelt.[89]

Die jüdische Schlüsselstellung in Marketing, Vertrieb und sogar bei den Minen wurde durch die Entdeckung von Diamanten in Südafrika weiter verstärkt. Bernie Barnato, ein aus dem Londoner Arbeiterbezirk East End stammender Prospektor, wurde zum Hauptkonkurrenten und späteren Partner des großen Imperialisten Cecil Rhodes, eine Verbindung, die zur Gründung des DeBeers-Syndikats führte.[90] Im Lauf der Zeit kamen Juden dann in leitende Stellungen bei DeBeers, das heute runde vier Fünftel der Weltproduktion an Rohdiamanten kontrolliert.[91]

Wäre nicht der Zweite Weltkrieg ausgebrochen, hätte sich die Diamantenindustrie wohl kaum aus der Diaspora wegbewegt. Für ehrgeizige junge Männer wie Moshe Schnitzer bedeutete der Gang der jüdischen Diamantenhändler nach Palästina jedoch eine einzigartige Chance. Sah der ältere Schnitzer doch schon jetzt voraus, daß die Auswanderung der Diamantenschleifer Pa-

lästina zum neuen Zentrum der Veredelungs- und Vermarktungs-
branche machen und eine Industrie hervorbringen würde, die fast
über Nacht von 200 auf über 4000 Arbeiter anschwellen würde.[92]

Bei Kriegsende schien die Industrie sich jedoch in Nichts auf-
zulösen. Viele der belgischen Händler – die traditionell kaum mit
jüdischen Schleifern arbeiteten – begannen sich aus dem Geschäft
zurückzuziehen[93], wodurch die Zahl der Beschäftigten bis 1948
auf weniger als ein Drittel des Stands von 1945 fiel.[94] DeBeers
folgte seinen alten Kunden und leitete seine Rohdiamantenliefe-
rungen flugs an den in Palästina sitzenden Emporkömmlingen
vorbei nach Belgien um.

Da witterte Moshe Schnitzer, inzwischen zum kompetenten
Schleifer geworden, seine Chance. Mit 300 Dollar – «Damit war
man in jener Zeit ein Großkapitalist», erinnert er sich lachend –
stellte der Quasi-Neuling drei Schleifer an und stürzte sich in das
scheinbar brotlose Unternehmen, der eingespielten Südafrika-
Europa-Connection Konkurrenz zu machen.

Wie die Diasporajuden aller Jahrhunderte vor ihnen, fanden
auch israelische Diamantenschleifer wie Schnitzer Auswege aus
ihren Beschaffungsschwierigkeiten. Manche orderten die Steine
einfach über Drittländer. Die unternehmenderen sicherten sich
neue Lieferungen aus Ghana, Sierra Leone, der Zentralafrikani-
schen Republik, Zaire und Guinea.[95] Als später Billiglohnländer
wie Indien und Thailand die Konkurrenz anheizten, investierten
die Israelis stärker in innovative Maschinen und Verfahren. Dadurch setzten sich die Israelis, die heute etwa die Hälfte des
globalen Angebots an Rohdiamanten von Schmucksteinqualität
schleifen und polieren, an die Weltspitze.[96]

Die kosmopolitischen israelischen Diamantenhändler schmie-
deten außerdem enge Verbindungen zu Handelspartnern und
Zulieferern rund um den Erdball. Trotz einiger Probleme durch
das Wiedererstarken der europäischen Konkurrenz in den fünfziger Jahren erneuerten sie ihre Geschäftsbeziehungen zu De-
Beers und zahlreichen, namentlich jüdischen Partnern in wichtigen Diamantenschleifzentren wie New York und Belgien.

Erstaunlicherweise kooperieren sie auch eng mit Diamantenhändlern und -veredlern in Ländern, die, wie Indien, den jüdischen Staat nicht anerkennen oder die sich lange Zeit dem
arabischen Boykott gegen Israel angeschlossen haben wie etwa
Japan[97], wo die israelische Diamantenindustrie heute ihren zweitgrößten Absatzmarkt findet.[98]

Während die Zeit der Zerstreuung in Israel immer noch gern
verächtlich gemacht wird, hat die Diamantenindustrie mit ihren
über 25 000 Beschäftigten gezeigt, daß die Juden ihren Geschäfts-
sinn nicht verlieren, wenn sie das Land der Verheißung erreichen.
«Aus Gefühlsduselei kommt keiner hierher. Wenn jüdische Geschäftsleute kommen, um hier an der Börse ihre Abschlüsse zu
machen, dann nicht, weil sie Juden sind, sondern weil wir hier
besser und billiger arbeiten», stellt Schnitzer fest und hält inne,
um an seiner Zigarette zu ziehen. «Für Sentimentalität ist im
Geschäftsleben kein Platz, auch nicht bei Juden.»[99]

Juden im Paradies

San Francisco, Frühstück in dem im viktorianischen Stil eingerichteten Restaurant des City Club: Mort Fleishacker paßt offensichtlich in diese Umgebung, fast wie die alten Möbel; wie ein
Fisch im Wasser fühlt er sich an diesem exklusivsten Treffpunkt
der Etablierten der Stadt. «Sie dürfen nicht vergessen», erklärt
Fleishacker, dessen Familie Mitte des 19. Jahrhunderts nach San
Francisco gekommen ist, «daß die Juden mindestens so früh hier
waren wie die übrigen Gruppen, mit Ausnahme vielleicht der
Indianer und Spanier... Die jüdische Gemeinschaft war mitbe-
teiligt an der Gründung San Franciscos. Wir sind nicht hergelau-
fene Bindestrich-Amerikaner, sondern San Franciscoer Bürger.
Wir haben nie das Gefühl gehabt, hier nicht herzugehören.»[100]

Fleishackers gelassene Überzeugung, zu Recht in San Francisco
zu Hause zu sein, markiert eine einzigartige Wendung in der Ge-

schichte der Juden. In Amerika haben sich die Juden zum erstenmal seit der Zerstörung des Tempels in großer Zahl an einem Ort niedergelassen – nicht als besondere Kaste von Händlern, *Schmatte*-(Kleider-)Herstellern oder Diamantenschleifern, sondern in vielerlei verschiedenen Tätigkeitsfeldern, von industriellen Pionieren bis zu tonangebenden Positionen in Naturwissenschaft, Kunst und Politik.

Dennoch lebt natürlich ein Rest von Voreingenommenheit weiter – noch Anfang der achtziger Jahre sagten in einer Untersuchung der Harvard Business School über 75 Prozent der befragten Führungskräfte, Judesein stelle beim Aufstieg in höhere Positionen der Firmenhierarchie ein «Handikap» dar.[101] Gemessen am durchschnittlichen Haushaltseinkommen sind die Juden in den USA trotzdem erfolgreicher als jede andere Religionsgruppe, einschließlich traditionell zur Elite zählender Glaubensgemeinschaften wie der Unitarier und der Episkopalkirche.[102] 1990 stellten Juden außerdem nicht weniger als ein Fünftel der 64 identifizierbaren individuellen Milliardäre in den Vereinigten Staaten, das ist mehr als die Gesamtzahl der Milliardäre in Großbritannien und Frankreich, von denen wiederum eine Reihe Juden sind.[103]

Von Anfang an war das jüdische Leben in Amerika von unverwechselbarer Eigenart. Unter den – holländischen und englischen – Kolonialregimen hatten die Juden teilweise unter denselben Einschränkungen zu leiden wie zuvor in Europa. Doch die Offenheit der jungen Kolonien, vor allem in der Zeit nach der Unabhängigkeitserklärung, gab einigen frühen Siedlern freie Bahn, ihre weltweiten Verbindungen nutzbringend einzusetzen, um das damals entlegene Nordamerika an die sich entwickelnde Weltwirtschaft anzubinden.[104]

In Amerika besaßen die Juden zum erstenmal in vielen Jahrhunderten das volle Bürgerrecht einer Nation, die ihnen fast uneingeschränkt und in einem in Europa seltenen Maß die Teilnahme an der Gesamtentwicklung des Landes erlaubte.[105] 1835 bekannte ein deutscher Immigrant in New York: «Wenn ich Amerika im allgemeinen betrachte, kann ich trotz seiner Nachteile wahrhaftig behaupten, daß es dort viel besser ist als in Europa; nicht bloß, weil es keinen Unterschied in den staatsbürgerlichen Verhältnissen der Juden und Christen gibt und jeder tun kann, was er will, sondern weil obendrein jeder, der sich ein wenig bemüht, leicht Arbeit finden kann und seine Anstrengungen in jedem Gewerbe Frucht tragen.[106]

In ihrer reinsten Form fand sich diese neue Freiheit vielleicht weniger an der bereits dicht besiedelten Ostküste als weiter westlich, in Richtung der Zivilisationsgrenze. Hier lebten die Juden in einer durcheinandergewürfelten Gesellschaft mit schwacher und manchmal nicht existenter Elite. In dem neu entstehenden Wirtschaftsraum am Mississippi gelang es Mitgliedern der jüdischen Gemeinschaft in New Orleans in den dreißiger Jahren des vorigen Jahrhunderts, sich in günstiger Position am Aufschwung der Stadt zu beteiligen – nicht nur als Kaufleute, sondern als Besitzer großer Plantagen.[107] Ein prominenter Jude aus New Orleans, Judah P. Benjamin, trat als erster seinesgleichen in ein nationales Kabinett ein, wenn auch nur im Dienst der glücklosen Konföderierten Staaten im Sezessionskrieg.

Weiter westlich unterschied sich die Situation noch viel drastischer von den gewohnten Mustern der europäischen Diaspora. Das Gebiet an der Siedlungsgrenze wurde zur Bühne, auf der die Juden jener Zeit nicht weniger Pioniergeist entfalteten als die späteren zionistischen Siedler im frühen zwanzigsten Jahrhundert in Palästina. In den USA kamen die Juden in eine Gesellschaft, in der es kaum vorgefaßte Meinungen gab. Wie allen Siedlern im amerikanischen Westen blieb auch ihnen ein breiter Spielraum, um ihren Eigenheiten und ihrem Ehrgeiz zu frönen.

In der Weite dieser neuen Welt standen den Juden Felder offen, die praktisch noch unbeackert waren. Von Dallas und Phoenix bis Salt Lake City konnten sie sich Stadt um Stadt in den wichtigsten Handelssparten etablieren.[108] Doch nirgends waren die Chancen größer als in Kalifornien. «Besonders einflußreich sind die Juden im Westen», schrieb schon Werner Sombart. «Kalifornien ist zum größten Teil ihr Werk.»[109]

Damit hat der deutsche Nationalökonom jedoch gar nicht so unrecht. Juden waren in San Francisco schon vor der Goldgräberzeit, und 1852 stachen, wie der bekannte Historiker Hubert Howe Bancroft beobachtet hat, in dem bunten «Rassen- und Nationalitätengemisch» der quirligen Boomtown «die allgegenwärtigen Hebräer» heraus.[110] Sie spielten eine führende Rolle bei der Versorgung der Goldgruben, wirkten bei der Finanzierung der Eisenbahnen mit und dominierten landauf, landab den Einzelhandel. Einige der aufstrebenden jüdischen Import- und Exportkaufleute, wie etwa die Seligmans und die Lazards, errangen nicht nur im lokalen Handelsgeschäft eine herausragende Position, sondern wurden auch als Kapitalvermittler zwischen europäischen Hauptstädten, der amerikanischen Ostküste und den kalifornischen Goldgräbern bekannt.[111]

Blaue Denim-Jeans, die «Uniform» des Goldrausches (wie darüber hinaus des ganzen amerikanischen Westens), verdanken ihre Entstehung und ihren populären Namen Levi Strauss, der zur Zeit des Goldrausches nach San Francisco einwanderte.[112] Mochte das gängige Vorurteil gegen die Juden auch weiterleben, wurde es im Wilden Westen von der alles beherrschenden Profitgier schlicht überrollt. Hier fand der zurückgestaute ehrgeizige Tatendrang einer globalen Gemeinschaft nun endlich freies Spiel. Wie ein zeitgenössischer Beobachter festhielt: «Noch nie seit ihrem Auszug aus Ägypten waren die Hebräer in ein Land gekommen, dessen Gesellschaft ihren Vorlieben und ihrem Charakter angemessener und dessen Bedingungen ihrem Fortkommen und ihrer Verbreitung günstiger gewesen wären als Kalifornien. Hier waren alle Nationen vertreten; Unterschiede der Hautfarbe und des Glaubens, Eigenarten des Äußeren, des Temperaments oder des Habitus fielen weniger ins Gewicht. Hier gab es Gold, und nicht anders als die Gojim liebten auch die Juden Gold. Ansonsten wünschten sie nur in Ruhe gelassen zu werden, und dieser Gefallen wurde ihnen hier gründlicher getan als in jedem anderen Land, in dem sie sich je aufgehalten hatten. Gold, goldene Möglichkeiten, Geld zu verdienen sowie Gedanken-, Rede- und Aktionsfreiheit, all das gab es hier in diesem irdischen Paradies der Juden.»[113]

In diesem «Paradies» fühlten sich die Juden als Teil des lokalen Establishments und wurden weithin auch so gesehen. In den sechziger Jahren des vorigen Jahrhunderts hatten Mitglieder des jüdischen Newmark-Clans im damals noch recht rauhbeinigen Los Angeles verschiedentlich Stellungen als City Attorney, City Councilman und County Supervisor inne.[114] Ein anderer Jude war an der Gründung der ersten Handelskammer der Stadt beteiligt.[115] Entsprechend saßen in San Francisco verschiedene Juden, einschließlich des wohlhabenden Großhändlers Samuel Fleishacker[116], in dem berühmten Committee of Vigilance von 1851. Um 1870 gehörten die Juden San Franciscos – inzwischen etwa 10 Prozent der Stadtbevölkerung[117] –, nach Ansicht zeitgenössischer jüdischer Beobachter zu den wohlhabendsten und einflußreichsten Mitgliedern ihrer Gemeinschaft in den USA.[118]

Dieses liberale Klima nutzten die kalifornischen Juden, um in Sparten wie das Handelsbankwesen vorzustoßen, das ihnen selbst an Orten wie New York noch weit bis ins 20. Jahrhundert hinein verschlossen blieb. So nahm das Banking in Los Angeles in den sechziger Jahren des vorigen Jahrhunderts praktisch mit der Familie Hellman seinen Anfang[119], die bereits 1920 nicht nur die *Farmer's and Merchant's Bank* in Los Angeles kontrollierte, sondern auch die *Wells Fargo* mit Sitz in San Francisco.[120] 1902 gründete Achille Levy in Ventura County, California, eine Bank, die noch heute seinen Namen trägt – die *Bank A. Levy*[121] –, während Kaspar Cohn, ein weiterer Neuling, die *Union Bank* errichtete, die jahrzehntelang als Los Angeles' hochkarätigste Mittelstandsbank galt.[122]

Aber, vielleicht am wichtigsten, die Juden im Paradies nutzten die Chance, sich in der noch in den Kinderschuhen steckenden Filmindustrie an die Spitze zu setzen. Paradoxerweise waren es aber weniger diejenigen, die sich in den Jahrzehnten zuvor als die führenden Banker und Kaufleute des amerikanischen Westens etabliert hatten. Die Begründer der Filmindustrie kamen, ähnlich wie die Kleiderfabrikanten, großenteils aus den Reihen der eben erst aus der osteuropäischen Diaspora eingetroffenen Einwanderer.

Diese teilten nicht die eher bürgerlichen Vorlieben ihrer in Kalifornien aufgewachsenen, assimilierten Brüder. Ganz im Gegenteil orientierten sich die jüdischen Unternehmer im Filmgeschäft wie in seinem Vorgänger, dem Volkstheater, an der explosionsartigen Ausbreitung des jiddischen Theaters. Sie war von Osteuropa ausgegangen, von rapid sich modernisierenden Städten wie Bukarest und Odessa. Dort wie auch später in Amerika dramatisierte das Theater die Kämpfe eines Volks, das sich zwischen seiner mittelalterlichen Vergangenheit und einer ungewissen Zukunft einen Weg suchte.

Manchmal auf traditionsreichen Purim-Spielen und Bearbeitungen jahrhundertealter Geschichten basierend, entwickelte sich das *Yiddish Theater* in Amerika zu einer Art frühem Massenmedium, das zur Zeit der Jahrhundertwende mit über 1100 Aufführungen jährlich schätzungsweise zwei Millionen Zuschauer erreichte.[123] Als Medium spielte es eine entscheidende Rolle bei der Akkulturation der neu ins Land geströmten jüdischen Massen. Der Historiker Moses Rishin dazu: «Die bunten *Greenhorn*-Revuen, die das naive Unverständnis der Neuankömmlinge, die Verwechslungen durch Aussprachefehler, das Herzeleid des Abschieds, die Tränen beim Wiedersehen mit den Liebsten aufs Korn nahmen, waren ständige Renner. Diese Vorstellungen, die vorübergehend die Einsamkeit draußen vergessen ließen, übten die Zuwanderer in den rauhen Umgangston des Großstadtlebens ein und machten sie augenzwinkernd mit dem Dschungel der Mietskasernen vertraut.»[124]

Es gab zwar auch Versuche, das jiddische Theater in eine ernsthafte Kunstform umzuwandeln, aber der Trend ging, wie Rishin bemerkt, auf Massenunterhaltung – Varieté-Szenen, Musicals und Komödien – und letzten Endes gewann das *Nickelodeon*, ein einfaches Varieté- und später auch Filmtheater, bei dem der Eintritt fünf Cent betrug, immer stärker an Boden.[125] Wie die

Kleiderherstellung war es so etwas wie eine ideale Immigranten-
Branche: bescheidenes Anfangskapital genügte, allgemeine Un-
kosten waren gering, der Markt war noch nicht in der Hand einer
anderen Gruppe.

Die jüdische Erfahrung im Einzelhandel und in der Versorgung
des Massenverbrauchers erwies sich ebenfalls als nützlich. Jah-
relange Erfahrungen als fliegende Händler, Ladenbesitzer und
Kleiderhersteller ermöglichte den Juden einen engen Kontakt
zum «Publikum» und eine einzigartige Kenntnis seiner wechseln-
den Vorlieben. Und wenn jüdische Unternehmer sich als Produzenten versuchten und nach Hollywood gingen, konnten sie sich,
wie die Radaniten bei der Belieferung leseunkundiger fränkischer
Stammesfürsten mit orientalischen Waren oder wie die Händler
in der rauhen Welt der kalifornischen Goldfelder, auf ihr Gespür
für den Geschmack ihrer Kunden verlassen, das die Pelzhändler
Marcus Lowe und Adolph Zukor bereits zu erfolgreichen Inha-
bern von *Vaudeville*-Theatern gemacht hatte.

In den Ghettostraßen und auf den klapprigen Bühnen der New
Yorker Bowery und Brooklyns zogen sie Talente heran, die, von
George Burns und Al Jolson bis Eddie Cantor und Milton Berle,
weltberühmt werden sollten.[126] Etwas später, als andere noch
über künstlerische Fragen nachdachten, verlegten sich Regisseur-
pioniere wie Carl Laemmle bereits darauf, «Filme wie Kleider zu
vermarkten»[127], was ihm, der aus dem *Schmate*-Geschäft kam,
nicht schwerfiel.

Bereits in den dreißiger Jahren zeichnete sich eine jüdische
Dominanz im Filmgeschäft ab. Juden leiteten sechs der acht größ-
ten Studios[128] und stellten, gemäß einer 1936 veröffentlichten
Untersuchung, fast zwei Drittel aller wichtigen Produzenten.[129]
Aus ihren Reihen kam auch ein großer Teil der Agenten sowie der
häufig unter anglisierten Namen auftretenden Schauspieler.[130]

Anfänglich waren die Juden nicht gerade versessen darauf, sich
mit ihrer ethnischen Herkunft zu identifizieren. Selbst auf dem
Höhepunkt ihrer Macht sprachen sie nur selten unverblümt über
ihre jüdische Identität; «ein Abgrund», so ein Regionalhistoriker,

trennte die Juden in Hollywood von der bereits fest etablierten jüdischen Gemeinde von Los Angeles.[131] Als der Drehbuchautor Ben Hecht David Selznick aufforderte, für die Bewaffnung jüdischer Soldaten in Palästina zu spenden, antwortete dieser in bezeichnender Weise: «Ich bin Amerikaner. Was gehen mich jüdische Milizionäre an?»[132]

Angesichts der wachsenden Bedrohung durch den «hausgemachten» Antisemitismus in den USA und den Ausbruch des Zweiten Weltkriegs beschleunigten die mehrheitlich jüdischen Filmmoguln bewußt ihre Assimilation und setzten die – von einem Filmhistoriker so getaufte – «De-Semitisierung» des Filmsektors in Gang. Jüdische Themen, Witze, Spracheigentümlichkeiten begannen aus Bild und Tonspur zu verschwinden. Sie kehrten erst nach dem Krieg zaghaft in den Mainstream der Filmindustrie zurück.[133]

Doch der Einfluß der Juden in Hollywood und ihre Fähigkeit, Träume nicht nur für Amerika, sondern für die ganze Welt zu gestalten, rührte aus dem Bewußtsein ihrer ethnischen Zugehörigkeit und den Erfahrungen ihres Volkes her. Wie viele ihrer Mitjuden in Amerika staunten auch sie über die relative Toleranz Amerikas und die offenen Horizonte, die sich ihnen hier boten. Irving Howe dazu: «Es grenzte an ein Wunder, und zugleich war es ein Witz. Sie waren aus der Ukraine, aus Polen und aus Österreich-Ungarn gekommen, sie redeten noch mit jiddischem Akzent – und trotzdem sprachen gerade sie, mehr als irgend jemand sonst, die Phantasie Amerikas, ja der ganzen Welt an. Hier zeigte sich eine Universalität des Geschmacks, die dem Jahrhundert das Gesicht gab und die die Juden geschickt ausbeuten konnten, weil sie von Haus aus an ihr teilhatten.»[134]

Heute, da der unmittelbare jüdische Einfluß in den Studios stark zurückgegangen ist, ist auch die ethnische Prägung der Filmindustrie schwächer geworden. Die jüdische Gemeinschaft im Großraum Los Angeles und in ganz Kalifornien hat sich jedoch während der siebziger und achtziger Jahre nicht nur verdoppelt[135], sondern gewinnt weiterhin an Einfluß und übt dadurch große Anziehungskraft aus auf Juden aus anderen Teilen der Vereinigten Staaten[136] und auf iranische, israelische und russische Immigranten. 1990 hatte sich die jüdische Bevölkerung von Los Angeles – das noch 1920 weniger jüdische Einwohner hatte als Buffalo, New York[137] – um mehr als 150 000 auf über 600 000 vergrößert[138] und die Stadt zum zweitgrößten Zentrum der Diaspora nach New York gemacht.[139]

In diesem Umfeld sind die jüdischen darstellenden Künstler, Produzenten und übrigen Medienschaffenden also Teil einer größeren Gemeinschaft, deren professionelle Basis weit über Hollywood hinausreicht.[140] Vor dem Hintergrund dieses breiteren jüdischen Lebens finden nur wenige etwas dabei, daß es eine *Synagogue of the Performing Arts* gibt oder daß jüdische Stars sich in Fragen wie dem Gedenken an den Holocaust oder für den Nahen Osten engagieren.[141]

Während der Film genau genommen keine «jüdische» Industrie mehr ist, spielen Juden in Hollywood und dem verwandten Showbusiness nach wie vor eine entscheidende Rolle. Obwohl inzwischen praktisch alle Studios von Aktiengesellschaften, ausländischen Investoren oder – mehrheitlich nichtjüdischen – individuellen Geldgebern aufgekauft worden sind, hört man immer noch Klagen über den angeblich starken jüdischen Einfluß in der Filmindustrie, und zwar von so unterschiedlicher Seite wie dem italienischen Filmzar Giancarlo Parretti oder dem schwarzen Regisseur Spike Lee und von Teilen der Bürgerrechtsorganisation *National Association for the Advancement of Colored People.*

Auch wenn die Juden nicht die Kontrolle über die Medien und die Unterhaltungsbranche haben, wie einige antisemitische Stimmen behaupten, sind sie faktisch im Filmgeschäft, im Verlagswesen, in der Werbung und am Theater unverhältnismäßig stark vertreten. In den Medien waren gemäß einer in den siebziger Jahren durchgeführten Untersuchung ein Viertel der führenden Persönlichkeiten Juden, das sind zehnmal soviel wie ihr Anteil an der Bevölkerung insgesamt erwarten ließe.[142] «Der jüdische Anteil an der amerikanischen Elite ist nur zum Teil eine Frage des

Geldes», bemerkt dazu der Historiker David Biale. «Weit eher dürfte er mit Kenntnissen und Können zusammenhängen.»[143]

In Hollywood geht es heute weniger um graduelle Unterschiede als um die Methode. Die jüdische Macht in Hollywood konzentriert sich nicht mehr in den Händen derjenigen, die die Studios besitzen, sondern bei diversen Agenten, unabhängigen Produzenten und Autoren, die die Industrie immer stärker dominieren, sowie bei Promotern wie etwa Arnon Milchan[144], Michael Ovitz und David Geffen, einem früheren Agenten und Schallplattenproduzenten, den das Wirtschaftsmagazin *Forbes* 1990 zum «reichsten Mann in Hollywood» erklärte.[145] Das traditionelle jüdische Geschick im Verkaufen, Vermarkten, Zusammenbringen der verschiedenen «Elemente», die zur Realisierung einer Produktion nötig sind, ist nach wie vor entscheidend.

Für immer verschwunden sind die großen jüdischen Namen wie Thalberg, die Mayers oder die Harry Cohns, die die goldene Ära des Filmgeschäfts beherrschten. Dennoch gehört die reale Macht in Hollywood – die Entscheidung darüber, was gemacht wird und was nicht – auch heute noch großenteils denen, die Talent beurteilen, rasch entscheiden, Marktchancen erkennen, Deals abschließen können. Dazu erklärt in ihrem Büro im San Fernando Valley Margo Bernay, Vertreterin einer Künstlergewerkschaft, deren Familie schon in den dreißiger Jahren begann, aus dem alten jüdischen Viertel von East Los Angeles nach Hollywood zu pendeln: «Wirklich etwas bewegen können in dieser Stadt die Agenten, die Produzenten, nicht die Studios. Früher hatten die Studios die Talente in der Hand, heute ist es umgekehrt. Wo die Kreativität ist, das Talent, der Glamour, die Macht, da findet man heute auch die Juden, da, wo es auf *Sechel*, den Durchblick, ankommt. Das ist der Teil des Business, wo es nicht die Einschränkungen wie in den großen Firmen gibt – da hast du den Spielraum, von dem man den Juden schon als Kind gesagt hat, daß du ihn dir erkämpfen mußt.»[146]

Zions Grenzen

Auch vier Jahrzehnte nach dem Wiedererstehen des jüdischen Staats in Palästina haben die Juden, einschließlich derer in Israel, ihren grundlegend übernationalen Charakter und ihre besondere Neigung zum Handel nicht aufgegeben. Das Judentum, das während des Zweiten Weltkriegs ein Drittel seiner Mitglieder verlor, ist seither von dem Tiefstand von elf Millionen wieder auf mindestens 13 Millionen angewachsen.[147] Ein paar kleinere und schwächere Diaspora-Gemeinden haben sich aufgelöst, während andere, wie die in Frankreich, Australien und den Vereinigten Staaten, wachsen und gedeihen.[148] «Die Realität des jüdischen Lebens bleibt vielgestaltig und komplex», so der israelische Historiker David Vital. «Das Judentum kennt keine formalen Grenzen, und seine informelle Festlegung unterliegt ständigem Wandel, ständiger Neudefinition.»[149]

Am aufschlußreichsten ist vielleicht, daß die Diaspora noch immer diejenigen anzieht, die sich, aufgrund von Verfolgung oder wirtschaftlichen Umständen, zur Auswanderung gezwungen sehen. Von den französischsprechenden Juden Nordafrikas unternahm nur ein Drittel die *Alijah* nach Israel[150], während eine viel größere Zahl sich dafür entschied, in ihr «Vaterland» Frankreich zu emigrieren.[151] Tatsächlich hat sich die jüdische Gemeinde Frankreichs, eine der ältesten der Welt, trotz der Verluste durch den Holocaust seit den dreißiger Jahren zahlenmäßig *verdoppelt* und gilt nun als die viertgrößte des Erdballs.[152]

Wichtiger noch, trotz wiederholter Vorhersage ihres demographischen Hinsterbens[153] hat sich die amerikanische jüdische Gemeinde weiter vergrößert; zwischen 1970 und 1990 wuchs – bei einem Ansteigen der Mischehen und niedriger Geburtenrate – die Zahl der Personen, die sich selbst als Juden bezeichnen, um 300 000.[154] Dieser leichte Zuwachs resultiert zum Teil aus der Masseneinwanderung von iranischen und südafrikanischen Diaspora-Juden. Am meisten fällt jedoch die Emigration von über 250 000 Juden aus der früheren Sowjetunion ins Gewicht[155]; 1991 warteten weitere 100 000 mit bereits erteiltem Visum darauf, ausreisen zu dürfen.[156]

Die Gründe für diese Bevorzugung des verhaßten *Galut*, des Exils, sind unterschiedlich. Bei manchen gab das Vorhandensein von Verwandten in den Vereinigten Staaten, wo die bei weitem größte Gruppe von Nachkommen russischer Juden lebt, den Ausschlag. Andere kamen schlicht aus ökonomischen Gründen; Amerika, wo die Juden die wohlhabendste aller großen ethnischen Gruppen sind[157], bietet den meist gutausgebildeten sowjetischen Juden ungleich bessere Chancen als das kleine Israel. Jedenfalls haben es diejenigen, die hierher gezogen sind, trotz der üblichen Eingewöhnungsschwierigkeiten ziemlich weit gebracht. Schon nach wenigen Jahren erzielt die durchschnittliche Familie sowjetischer Juden, laut einer kürzlich veröffentlichten bundesweiten Studie, ein höheres Jahreseinkommen als die durchschnittliche amerikanische Familie.[158]

Infolge dieser positiven Erfahrungen haben nur wenige Juden den Vereinigten Staaten wieder den Rücken gekehrt. Die jüdische Nomadentradition lebt jedoch in anderen Teilen des Volks weiter, allen voran paradoxerweise bei den Israelis. Anstatt zu den von den frühen Zionisten gepriesenen «Söhnen des Landes» zu werden, haben nicht weniger als 800 000 Israelis – Kinder eines kleinen, relativ armen und kriegsgeschüttelten Lands – anderswo nach besseren Lebenschancen gesucht.[159] In manchen Jahren, namentlich vor der Masseneinwanderung aus Rußland, hat die Zahl ausreisender Israelis die der Immigranten übertroffen.[160]

Obwohl man Israelis in so unterschiedlichen Ländern wie Finnland und Singapur findet, siedeln sie sich mit Vorliebe in den Vereinigten Staaten an, wo sich in den großen Kolonien von New York und Los Angeles nicht weniger als eine halbe Million von ihnen konzentrieren.[161] Andererseits lag die Gesamtzahl der nach Israel eingewanderten amerikanischen Juden in den vier Jahrzehnten nach 1948 nicht höher als 60 000, das ist weniger als die Hälfte der Israelis, die zwischen 1970 und 1987 in Amerika den vollen Immigrantenstatus beantragt haben.[162]

Wie andere jüdische Gäste kommen auch die Israelis hauptsächlich der wirtschaftlichen Möglichkeiten wegen in die Vereinigten
Staaten, häufig, um sich vom Filmemachen über Finanzgeschäfte
bis zur Kleiderproduktion intensiver in den Bereichen zu betäti-
gen, die seit Generationen die Eckpfeiler des jüdischen Erwerbs-
lebens bilden. Anders als die russischen Juden wollen sie sich
jedoch kaum auf Dauer in Amerika niederlassen. Bis 1990 hatte
nur ein Drittel der Schätzungen zufolge in den Vereinigten Staaten
ansässigen Israelis um den Immigrantenstatus nachgesucht. «Obwohl nicht wenige sich entschließen, für immer dazubleiben, ist
Los Angeles für die meisten Kibbutzniks eine Art Basislager»,
kommentiert einer von ihnen, der dreißig Jahre alte israelische
Immigrant Danny Ziskind. «Wir kommen, auf dem Weg zu ausgedehnten Besuchen in Fernost, hierher, um aufzutanken.»[163]

Diese Entwicklung entspricht der wachsenden Mobilität der
Mitglieder auch der anderen globalen Gemeinschaften, insbesondere derjenigen mit hohem Ausbildungsgrad, beruflicher Qualifikation für die zunehmend übernational operierenden Industrien
oder mit Kapitalressourcen. Wie Tausende ihrer irischen, britischen, indischen, chinesischen, palästinensischen oder sonstigen
Kollegen sind die «wandernden Israelis» heute beispielsweise in
die höheren Ränge der technischen und anderer gelernter Berufe
eingedrungen. Fast 20 Prozent von ihnen sind Techniker und Ingenieure[164]; geschätzte 13 000 arbeiten als Wissenschaftler, Ingenieure und sonstige Fachkräfte allein in der kalifornischen
High-Tech-Industrie[165], das entspricht etwa einem Drittel der im
Land geborenen Arbeitskräfte, die der technische Sektor Israels
beschäftigt.[166]

Unter diesen auf neue Art durch die Welt ziehenden Juden ist
außerdem ein unverhältnismäßig großer Prozentsatz früherer Regierungsbeamter, Bekleidungshersteller und Filmschaffender[167]
sowie ein mehrere Tausend zählendes Kontingent ähnlich qualifizierter, vor kurzem aus Rußland nach Israel eingewanderter
Juden.[168] Itzhak Kol, jüngst nach Los Angeles gekommen und als
früherer Präsident dreier in Israel führender Filmstudios zweimal

für den *Academy Award* vorgeschlagen, erklärt: «Es ist kein Geheimnis, daß man, wo man geht und steht, Israelis trifft – in New York, Thailand, Europa. Manchmal fragt man sich, wie viele von der alten Garde überhaupt noch in Israel sind. Wenn meine Mutter früher Kuchen backte, nahm sie Hefe dazu. War es die richtige Menge, gelang der Kuchen. In Israel gibt es, wenn man so will, zuviel Hefe. Wenn Juden in der Minderheit sind, bringen sie großartige Dinge zustande – als Produzenten, Regisseure, Autoren. Drängen sich aber zu viele von ihnen auf kleinem Raum, dann läuft nichts mehr, ein bißchen so wie in Israel.»[169]

Die fortdauernde Anziehungskraft der Diaspora, auch auf die Israelis, verweist auf die Abnutzung fundamentaler zionistischer Dogmen. Nach der Staatsgründung gingen viele Zionisten davon aus, daß die Diaspora-Juden früher oder später nach Israel einwandern oder aber in der Bevölkerung ihrer Gastländer aufgehen würden. Für Golda Meir waren die Kinder der Zerstreuung «bemitleidenswerte» Wesen, keineswegs auf einer Stufe mit den vitalen jungen Israelis, die «in der Wüste aufwachsen»[170]. In ähnlicher Weise prophezeite der französische Soziologe Georges Friedmann in seinem 1962 erschienen Buch über das Ende des jüdischen Volkes, die bloße Existenz Israels zerstöre die spezifisch «jüdische Persönlichkeit», die er als das Produkt von Antisemitismus und Gesetzestreue begriff.[171] «Das ‹jüdische Volk›», so Friedmann, «wird allmählich verschwinden und der israelischen Nation Platz machen.»[172]

Die anhaltende Migration der Israelis wie auch die gewaltigen Kosten, die die Aufnahme der in den letzten Jahren ins Land gekommenen russischen und äthiopischen Flüchtlinge verursacht hat, lassen jedoch vermuten, daß die Israelis ihre traditionelle Abhängigkeit von der Diaspora wohl kaum werden verringern können. Diese Entwicklung bestätigt ein Stück weit die Bedenken der frühen jüdischen Pioniere in Palästina und linksstehender Zionisten, die schon in den dreißiger Jahren fürchteten, der entstehende Judenstaat könne zu einer «Kolonie der reichen Juden Amerikas und Europas» werden.[173] Deswegen bemühten sich viele zionistische Vorkämpfer, in den Worten von A. D. Gordon, einem ihrer führenden Ideologen, um die Schaffung «eines auf einem gewandelten Judentum basierenden Staats, der weder eine Massenkolonie von Diaspora-Juden noch eine Fortsetzung des jüdischen Diaspora-Lebens in anderer Form»[174] werden sollte.

In diesem Prozeß würde der «alte Jude» – mitsamt dem aus der Diaspora überkommenen Erbe des Handelns mit Lumpen, Pfund Sterling, Diamanten oder Phantasien aussterben. Die «neuen» Juden ihrerseits würden zu «natürlichen» Arbeiten, vor allem in der Landwirtschaft, tendieren.[175] Für viele tonangebende Zionisten hieß das auch, daß Israel sich statt zum Kapitalismus, der die Juden aus ihrer mittelalterlichen Knechtschaft befreite, zu einem System des Staatsdirigismus (mamlachtiut) hinwenden sollte – ein Kurs, der dazu geführt hat, daß noch heute zwei Fünftel der gewerblichen Wirtschaft entweder vom Staat oder vom nationalen Gewerkschaftsverband Histadrut kontrolliert werden.[176] Statt von Unternehmern wird die Wirtschaft von einer alles übergreifenden staatlichen Bürokratie gelenkt, einer, wie der israelische Soziologe Baruch Kimmerling schrieb, «paternalistischen Körperschaft, die darüber befindet, was für die Bürger und das Gemeinwesen insgesamt gut ist»[177].

Es ist eine Ironie der Geschichte, daß das Streben nach Sozialismus – und später die ultranationalistische und ultraorthodoxe religiöse Politik des Likud – Israel immer abhängiger hat werden lassen von der jüdischen Diaspora und ihrem Einfluß im Ausland. Bis 1991 avancierte Israel – pro Kopf seiner Bevölkerung gemessen – zum weltweit größten Empfänger von Spenden, Zuschüssen und Hilfszahlungen, das meiste davon aus Amerika.[178]

Tatsächlich hat Israel, sieht man von ein paar aus der Diaspora übernommenen Industrien wie dem Diamantenhandel ab, vor der Aufgabe, sich eine eigene ökonomische Basis zu schaffen, jämmerlich versagt – gegen jedes Vorurteil, Juden in ihrem eigenen Land falle der wirtschaftliche Erfolg, auch ohne die stimulierende Wirkung des Diaspora-Daseins, quasi naturwüchsig zu. 1989, volle vier Jahrzehnte nach Erreichen der Unabhängigkeit, betrug Israels Handelsdefizit 10 Prozent des Bruttosozialprodukts[179] und war damit, prozentual gesehen, mehr als fünfmal so hoch wie das der USA und eines der höchsten der Welt.[180] Ausländische Investitionen, die in den achtziger Jahren um 50 Prozent zurückgingen[181], fielen auf ein Fünftel des Investitionsaufkommens eines noch kleineren Staats wie Singapur.[182] Selbst den großen Symbolen der zionistischen Vergangenheit – der Orangenindustrie[183], der Kibbuz-Bewegung, in einer Ära globaler militärischer Kürzungen sogar der berühmten Rüstungsindustrie – bläst inzwischen der Wind ins Gesicht.[184]

Manche im jüdischen Staat werten diese Realitäten, im Verein mit der Masseneinwanderung russischer Juden, als Zeichen dafür, daß Israel sich radikal umorientieren und seine Einstellung zur Diaspora ändern müsse. Aharon Dovrath, ein Vierteljahrhundert lang Präsident und Generaldirektor von Clal, einem von Israels größten Konzernen, ist der Ansicht, Israel könne seine Unabhängigkeit nur durch die Wiederentdeckung traditioneller, in der Diaspora gewachsener Werte wie Unternehmungsgeist und Selbsthilfe zurückgewinnen. Anstatt einen «neuen» Juden zu schaffen oder an die Schuldgefühle wohlhabender Juden draußen in der Welt zu appellieren, müsse Israel ein günstiges Investitionsklima erzeugen und an die Stelle der traditionellen zionistischen Betonung des Opfers oder des messianischen Ultranationalismus der israelischen Rechten das Diaspora-Ethos ökonomischer Wendigkeit setzen. «Die Juden in Israel haben da Erfolg, wo sie in der Diaspora versagten: in der Landwirtschaft, auf dem Bau- und dem militärischen Sektor, aber sie versagen ausgerechnet auf den Feldern, wo wir überall sonst führend sind. Effizient zu arbeiten wäre gegen den Zionismus gegangen. Deshalb haben wir wirtschaftlich gesehen nichts zustande gebracht.»[185]

Das nötige Umdenken, so Dovrath, fordere eine andersartige Expansion als die in der Likud-Ära übernommene Vorstellung vom jüdischen *Lebensraum** als einem «großen und mächtigen

---

* deutsch im amerikanischen Original, Anm. d. Ü.

Staat».[186] Er hebt hervor, daß ein Israel, das Frieden gemacht habe
mit seinen Nachbarn, speziell mit den Palästinensern, ökonomische Friedensdividenden genießen und an der Seite seiner erfolgreichen Diaspora-Vettern in eine keimende postnationale Wirtschaftsordnung eintreten könne.

«Es wäre gut, wenn wir durch die Diaspora mehr Flexibilität
bekämen», erläutert Dovrath, der selbst aus Argentinien eingewandert ist. «Wenn wir mehr Realitätssinn hätten, würden wir
den Arabern ihr Land zurückgeben. Wir sollten uns wie Juden
benehmen, nicht wie Preußen.»

Wie der israelische Ökonom Daniel Doron beobachtet hat, gibt
es in gewisser Weise schon Modelle eines solchen aufgeklärten,
globalen «Stammesdenkens», insbesondere bei den Chinesen
Hongkongs und Taiwans. In den vergangenen Jahrzehnten haben
die Chinesen – deren Identitäts- und Überlegenheitsbewußtsein
nicht weniger tiefverwurzelt sein dürfte als das der Juden – ver-
eint Kapital investiert und ihre unternehmerischen und technischen Fähigkeiten dazu eingesetzt, eine noch größere Zahl
mittelloser Landsleute einzugliedern als die Israelis. Und das mit
wesentlich geringeren Spendengeldern, ohne auch nur einen Fuß-
breit neu eroberten Territoriums, aber unter Erhöhung des
Durchschnittseinkommens.[187]

Die Juden haben das Urbild des über den Globus verstreuten
Volks geprägt. Sie, vor allem die Juden in Palästina, täten heute
gut daran, den wirtschaftlichen Aufschwung anderer globaler
ethnischer Gemeinschaften im Auge zu behalten, die, obwohl
weniger diasporaerfahren, weit klarer erkannt haben, daß nur
wirtschaftlicher Erfolg auf Dauer das Überleben garantiert. In
der Anpassung an die gewandelten Realitäten einer zunehmend
international operierenden Weltwirtschaft können die Juden ein
weiteres Mal den Erfindungsreichtum beweisen, der sie als ältesten und ausdauerndsten der Weltstämme durch die Jahrtausende
erhalten hat.

3 Erben des Empire

Als Justizminister, Berater Charles de Gaulles und Buchautor hat Alain Peyrefitte lange über die ungeheure Ausdehnung der britischen Diaspora und ihre fortdauernde Bedeutung für die Welt nachgedacht. Diese Frage beschäftigte vor ihm schon Generationen von Franzosen und anderen Europäern, die miterlebten, wie sich das Inselvolk und seine Abkömmlinge den Löwenanteil an Reichtum, Macht und Einfluß in der Welt sicherten.

Es gab gewiß keinen zwingenden äußeren Grund, so Peyrefitte, warum Britannien statt Frankreich eine so beherrschende Rolle zufallen sollte. Frankreich war von der Natur weit mehr begünstigt, verfügte über ein freundlicheres Klima und die ältere Kultur. Noch in den achtziger Jahren des 18. Jahrhunderts lag Frankreich im Handel mit den überseeischen Kolonien vor England[1], seine Einwohnerzahl war mehr als viermal so groß wie die des Rivalen, seine Industrie mindestens ebenso weit entwickelt.[2] Französische Lebensart und französische Sprache genossen überall in Europa höchstes Ansehen.

Trotzdem bildet heute die Diaspora der Briten, und nicht etwa die der Franzosen, Deutschen oder Italiener, den Kern der modernen Weltgesellschaft. Hundert Jahre sind vergangen seit der größten Machtentfaltung des britischen Empire, aber die Nationen, die es hervorbrachte – Vereinigte Staaten, Kanada, Australien und Neuseeland – stellen noch heute 13 der 15 weltgrößten Unternehmen[3], erwirtschaften mehr als die Hälfte des Bruttoinlandsprodukts der sieben führenden Industriestaaten[4] und halten mit Abstand die meisten Kapitalbeteiligungen im Ausland, mehr als Japan und Deutschland zusammen.[5] Entsprechend gehen auf das Konto der englischsprachigen Länder weitaus die meisten ausländischen Direktinvestitionen, bei denen die Erträge in die Ursprungsländer zurückfließen. Die «Anglos» besitzen die Kapitalmajorität an den Aktienbörsen der Welt.[6]

Auch im außerökonomischen Raum nehmen die Anglo-Amerikaner in Kultur und Politik, Naturwissenschaften und Technik nach wie vor eine zentrale Stellung ein. Ihr politisches Erbe – von der britischen und der amerikanischen Verfassung bis zum Marshallplan[7] und dem unter amerikanischer Führung vollzogenen Wiederaufbau Japans – hat die Ära des Kalten Kriegs überdauert und bildet einen Eckpfeiler der modernen Welt. Ihre kulturelle Hegemonie gewinnt, von Fast Food bis zu Hollywoodfilmen, gegenüber den begrenzteren nationalen Popkulturen Europas und Japans immer mehr an Boden.[8] Heute rangiert der Popkultur-Export der Vereinigen Staaten an zweiter Stelle ihrer Ausfuhrstatistik, direkt hinter der Raumfahrt.[9]

Selbst auf dem wissenschaftlich-technischen Sektor, wo die Leistungskraft der Asiaten immer deutlicher zutage tritt, führen die USA, laut einer 1991 im Auftrag der japanischen Regierung erstellten Studie, in mehr als 43 wichtigen Bereichen, darunter neue Werkstoffe, Umweltschutz und Pharmazeutika; die Japaner halten in 34 Sparten die Spitze, die Europäer folgen weit abgeschlagen.[10] In der Grundlagenforschung, wo Japan nach wie vor kaum in Erscheinung tritt, zeigt sich ein noch deutlicherer Vorsprung der Anglo-Amerikaner, die seit 1950 sechsmal so viele Nobelpreise erringen konnten wie alle kontinentaleuropäischen Nationen zusammen.[11]

Für Peyrefitte beruht dieser gewaltige anglo-amerikanische Triumph nicht etwa auf außergewöhnlichen technischen und Managementfähigkeiten noch auf der Existenz überlegener politischer Institutionen. Statt dessen fragt er nach den grundlegenden Motiven und Einstellungen, die die Briten zu globaler Ausbreitung trieben. Anders als seinem eigenen Volk und den übrigen europäischen Kolonialmächten ging es den Briten, so Peyrefitte, selbst auf der Höhe des Empire mehr um Profit als um Grandeur, eher um kaufmännische Gewinne als um einen Machtzuwachs für ihr Land. Vor einer Fotografie de Gaulles sagte mir der schlanke, grauhaarige ehemalige Staatsdiener in seinem Pariser Büro: «Briten und Amerikaner erfanden eine Gesellschaft, die ihrem Wesen nach vor allem merkantil war, auf den Handel abzielte. Wir Franzosen sind im Grunde ein Bauernvolk. Frankreich wählte seine Erde, England die Meere und den Handel. Wir fielen hinter die Engländer zurück und dachten selbst in Übersee nur daran, unsere Heimat wiedererstehen zu lassen.»[12]

Weltreich der Kaufleute

Nach Ansicht Alain Peyrefittes betrachteten die Franzosen, wie viele große Völker in der Geschichte, inklusive der Spanier, die koloniale Expansion in erster Linie als ein Mittel, um den Ruhm ihrer Nation zu mehren. Die Idee der *mission civilisatrice* inspirierte alle Aktivitäten des französischen Kolonialismus, mit seinem Beharren auf dem Französischen als allgemeiner Verkehrssprache und der Einbeziehung von «Eingeborenen» in das Kulturleben der Pariser Metropole.[13] Die Eingliederung von Vertretern der kolonisierten Völker in die politischen Institutionen Frankreichs bis hin zu ihrer Aufnahme in die Nationalversammlung verwandelte, so erklärte stolz der französische Staatsmann Poincaré 1923, eine Nation von 40 Millionen in eine weltumspannende Gemeinschaft mit über 100 Millionen Mitgliedern.[14]

Die Ziele der britischen Diaspora waren weniger grandios und dafür ungleich kommerzieller. Hier drehte sich alles um die Suche nach Absatzmärkten, Rohstoffquellen und Territorien, die geeignet erschienen, um dort wirtschaftlich lebensfähige Kolonien zu errichten. Freilich zog man auch in den Siedlungsgebieten immer einen klaren Trennungsstrich zwischen Mutterland und Peripherie. Der Gedanke, Delegierte aus Kanada oder Australien, von Ghana oder Nigeria gar nicht zu reden, nach Westminster zu schicken, wäre den meisten britischen Politikern absurd erschienen.

Die Briten, und später die Amerikaner, versuchten nicht, ihre Kultur zu exportieren, sondern konzentrierten sich in erster Linie auf geschäftliche Expansion. Für sie war kommerzieller Elan so etwas wie die Raison d'être, die «Berufung zur Einzigartigkeit». Männern wie dem englischen Wirtschaftspolitiker Richard Cobden, der sich Anfang des 19. Jahrhunderts glühend für die Idee des Freihandels einsetzte, erschien die produktive Ausweitung des modernen Handelsverkehrs und der Technik als ein Vorgang, der letztendlich im Interesse der gesamten Menschheit lag. «Handel heißt das Universalmittel, das, wie eine heilsame medizinische Entdeckung, allen Völkern der Welt ein gesundes, ausgleichendes Zivilisationsstreben einpflanzen wird. Es verläßt unsere Küsten kein Güterballen, der nicht den Keim intelligenten und fruchtbaren Denkens zu den Mitgliedern weniger fortgeschrittener Gemeinschaften bringt...»[15]

Geld, nicht Ruhm, trieb die Briten erst nach Süd- und Nordamerika und Indien und dann in die äußersten Ecken Chinas, Afrikas und in die menschenleeren Gegenden Ozeaniens. Selbst der große Imperialist Cecil Rhodes war, wie Hannah Arendt später feststellte, kein Abenteurer mittelalterlicher oder strikt nationalistischer Prägung, sondern ein «ehrgeiziger Geschäftsmann mit ausgesprochener Neigung zum Größenwahn».[16] Die nationale Flagge bedeutete ihm nicht ehrfurchtgebietendes Symbol, sondern «kommerzielles Aktivum».[17]

Ende des 19. Jahrhunderts erreichte dieses Expansionsfieber einen Gipfelpunkt: Die Briten besaßen das größte Weltreich der Geschichte, dreimal so groß wie das Kolonialreich ihres Erzrivalen Frankreich[18], und herrschten über ein Viertel der Erdbevölkerung.[19] «Expansion is everything», verkündete Rhodes. «... I would annex the planets if I could.»[20]

Der grenzenlose britische Expansionsdrang führte nicht selten zu den brutalsten Formen kommerzieller Ausbeutung. Entlang der chinesischen Küste machten britische Kaufleute, darunter auch ihrer kargen Felsenheimat entkommene Schotten wie die Jardines und Mathesons[21], vorzugsweise mit einem regen Opiumhandel glänzende Geschäfte[22], wobei es nicht ausblieb, daß fast jeder achte Chinese abhängig wurde.[23] Es überrascht nicht, daß die Urheber dieser Wohltat nichts Eiligeres zu tun hatten, als ihre Profite zusammenzuraffen und nach Hause, in ehrbarere Verhältnisse, zurückzukehren. Um es mit den Worten eines britischen Chinahändlers aus den vierziger Jahren des 19. Jahrhunderts zu sagen: «In längstens zwei bis drei Jahren hoffe ich ein Vermögen zu machen und hier wegzukommen... Von einem Mann in meiner Position kann keiner erwarten, daß er allein für die Nachwelt längere Zeit in einem so ungesunden Klima aushält. Wir sind nüchterne, praktisch denkende Geschäftsleute. Unsere Aufgabe ist es, möglichst schnell möglichst viel Geld zu verdienen – und dazu ist uns jedes Mittel recht, solange es gesetzlich ist.»[24]

Doch mit der Zeit errichteten die Opiumhändler und ihre Finanziers mächtige Handelshäuser und wurden zur Säule des lokalen Establishments. Quer durch den asiatischen Kontinent, von Aden über Bombay und Kalkutta bis nach Singapur und Hongkong, entstanden britische Enklaven, die von kleinen Eliten aus dem Mutterland dominiert und nach britischem Recht und Gesetz verwaltet wurden.

Obwohl durch Waffen, namentlich die der British Navy, geschützt, gründete das britische Weltreich nicht primär auf Schwert, Staatsgewalt und Religion. Seine eigentliche Macht, die weit über die Grenzen des Imperiums hinausreichte, beruhte auf seiner Stellung im Geld- und Warenhandel.[25] Der Historiker Karl Polanyi: «Die Pax Britannica regierte zeitweise durch eine unheilverkündend in Stellung gebrachte schwere Schiffskanone, häufiger noch durch rechtzeitiges Ziehen an den Drähten des internationalen Währungssystems.»[26]

Auf diese Weise schufen die Briten nicht nur ein Weltreich, sondern eine eigene Welt, ein erdumspannendes Netz, das es er-

laubte, nach vorwiegend britischen Methoden und Maßstäben
Karriere und ein Vermögen zu machen. Noch lange, nachdem der
Stern des Empire gesunken war, boten sich beispielsweise Ron
Carstairs, wie Generationen von Schotten vor ihm, im Geflecht
der britischen Handelsverbindungen einzigartige soziale Auf-
stiegschancen.

Carstairs, Enkel eines Farmarbeiters aus der Nähe von Edinburgh, hatte sich nach dem Studium am Saint Andrews College
durch die Ränge der Chartered Bank hinaufgearbeitet. Diese ver-
dankte ihre Existenz James Wilson, ebenfalls Schotte und Sproß
einer erfolgreichen Familie von Quäkern und Wollfabrikanten,
der die Wirtschaftszeitung *The Economist*, Bibel des britischen
Kapitalismus, mitbegründet hatte. Die Chartered Bank war 1852
als *Chartered Bank of India, Australia and China* entstanden, um
an dem wachsenden Markt zur Finanzierung des Handels zwischen diesen entfernten Weltregionen und England mitzuverdie-
nen.[27] 1990 befanden sich vier Fünftel der an die 30000 Angestellten der Bank[28] und fast drei Fünftel ihrer gesamten Aktiva
außerhalb Großbritanniens.[29]

Carstairs ermöglichte diese globale Präsenz einen Werdegang,
wie er sich ihm in England wohl kaum geboten hätte. Nach einer
kurzen Stippvisite in der Londoner Filiale der Bank arbeitete er
fast dreißig Jahre in Städten, die im Zug des britischen und
anglo-amerikanischen Expansionismus gegründet oder von ihm
geprägt wurden: Kuala Lumpur, Singapur, Los Angeles, Manila
und, zuletzt, Hongkong, wo er zum Generaldirektor aufstieg.

Schmal gebaut, mit korrekt gescheiteltem weißem Haar und
maßgeschneidertem Anzug – fast schon eine Karikatur des britischen *Man of Empire* – hält der 53jährige Banker das Andenken
der großen, kaufmännisch denkenden Eroberer Rhodes und Wilson hoch. Selbst in Hongkong, der Hochburg des asiatischen
Kapitalismus, besetzen, wie er unterstreicht, *Britishers* nach wie
vor die Schaltstellen des Business, während 30 bis 40 Prozent aller
an der Börse vertretenen Hongkonger Unternehmen noch immer
mit Portfolio-Investitionen aus Großbritannien arbeiten.[30] Diesen

Firmen, starrköpfigen Relikten des Empire, gilt Hongkong, trotz der für 1997 vereinbarten Übernahme durch China, weiterhin als bevorzugter Platz zum Leben und Geldverdienen.

Tatsächlich erklärte Carstairs, der nicht nach England zurückgehen mag, 1991 seinen Rücktritt bei Standard Chartered und übernahm statt dessen die Leitung einer ortsansässigen, in chinesischer Hand befindlichen Bank. Zu seinem Entschluß, in Hongkong zu bleiben, sagte er mir, während sein Blick zum Fenster des Büroturms hinausschweifte: «Wir Briten sind noch mit der Devise aufgewachsen: *Go east, go out, young man*... Wenn ich mir den asiatisch-pazifischen Raum anschaue, wo heute die großen Vermögen gemacht werden: Man bemüht sich hier um einen bestimmten Standard, und zwar um unseren. Nicht alles, was früher war, ist aus und vorbei. Es hat eine britische Asienwanderung gegeben, daran ist nicht zu rütteln. Davon ist immer noch eine Menge übrig.»

Der Triumph des Englischen

In gewisser Weise zeigte sich das wirtschaftliche Übergewicht der Engländer und später der Amerikaner jedoch weniger in ihrer technischen und Finanzmacht als im andauernden Einfluß ihrer Kultur und ihrer Sprache. Auch hier lohnt sich wieder der Vergleich mit der kulturellen und sprachlichen Hinterlassenschaft der Franzosen, deren Sprache im 18. Jahrhundert weiter verbreitet war als das Englische, während heute mehr als dreimal so viele Menschen Englisch sprechen wie Französisch.[31]

Entsprechend ihrer generellen Einstellung zu globaler Expansion waren die Franzosen, wie Alain Peyrefitte anmerkt, auch hier nicht bereit, den «partikularistischen Geist» und die Toleranz gegenüber bunter Vielfalt walten zu lassen, die den kommerziell orientierten Briten eigen war. Ihrer Ansicht nach forderte die «Universalität» der französischen Sprache und Kultur allgemeingültige Normen, die, selbstverständlich, durch die Académie Française in Paris festgesetzt und vor Verwässerung bewahrt werden mußten.[32] Obwohl mittlerweile in Europa etwa die Hälfte aller Geschäftsabschlüsse in englischer Sprache getätigt werden[33], widersetzte sich das französische Erziehungsministerium noch Anfang der neunziger Jahre allen Plänen, junge Franzosen zu mehrsprachigen Europäern zu erziehen, weil darunter angeblich ihr muttersprachlicher Standard leiden würde.[34]

Die Haltung der Briten und später der Amerikaner hätte nicht gegensätzlicher sein können. In den vielfältigen Wurzeln der englischen Sprache spiegelt sich die ethnische Entwicklung der Briten, die, nach Auffassung zumindest eines angesehenen Ethnologen, zu «den zusammengewürfeltsten Europäern gehören», einer Mischung, die durch Welle um Welle auf die Insel vordringender Kelten, Sachsen, Dänen, Flamen, Normannen und andere Einflüsse zustande kam.[35] 1701 schrieb Daniel Defoe in seinem Spottgedicht «The True-Born Englishman»:

> *All these the Barb'rous Off-spring left behind,*
> *The Dregs of Armies, they of all Mankind;*
> *Blended with Britons who before were here,*
> *Of Whom, the Welch ha' blest the Character.*
> *From this Amphibious Ill-born Mob began*
> *That vain Ill-natured thing, An Englishman.[36]*

Trotz ihrer buntscheckigen Ursprünge rangiert die englische Sprache, noch im 11. Jahrhundert Verständigungsmittel von ganzen eineinhalb Millionen Bewohnern eines entlegenen Eilands, mit 700 Millionen Sprechern heute an zweiter Stelle hinter dem Chinesischen.[37] Wichtiger noch, sie wird in mehr Ländern und auf mehr Kontinenten gesprochen als jede andere Sprache der Welt.[38] 1980 lernten weltweit fast 100 Millionen Menschen, drei Fünftel von ihnen Asiaten, eine Variante der Sprache Shakespeares.[39]

Dank der anglo-amerikanischen Spitzenposition in Technologie und Handel wurde Englisch zugleich weltweit zur unangefochten Wissenschaftssprache. Bereits 1970 erschienen fast drei Viertel aller naturwissenschaftlichen und über vier Fünftel aller Ingenieurzeitschriften auf englisch.[40] Drei Viertel aller Postsendungen und 80 Prozent aller in elektronischen Dateien gespeicherten Informationen sind heute auf englisch abgefaßt.[41] In den achtziger Jahren mußten selbst französische Wissenschaftler, da der französisch geschriebene Anteil an der Gesamtheit der naturwissenschaftlichen Publikationen weltweit auf unter fünf Prozent absackte, zum Englischen überwechseln.[42]

Dem Englischen gelang es, einen sprachlichen Standard zu entwickeln, der allseits anerkannt wurde. Es widerlegte damit die Unkenrufe zahlreicher Experten, so auch die eines Oxforder Sprachwissenschaftlers, der im 19. Jahrhundert warnte, durch seine Ausbreitung werde sich das Englische in mehrere, «wechselseitig unverständliche» Sprachformen aufspalten. Andere, der Schriftsteller Henry James etwa, lauschten auf die derben Töne des in der ärmlichen East Side gesprochenen New Yorker Dialekts und fragten bang, ob eine «Binnenassimilation» am Ende womöglich die Sprache und Kultur ihrer Vorväter zerstören würde.[43]

Dennoch ist das Englische, auch wenn es heute mit vielen verschiedenen Akzenten und teilweise mit abgewandelter Flektion gesprochen wird, im Kern eine einheitliche Sprache geblieben. Das unterschiedlich gefärbte Englisch eines indischen, singapurischen, amerikanischen oder britischen Sprechers mag den Ausländer verwirren, aber die großen Kommunikationsmedien, von den Fernsehsendern CNN und BBC über die *Straits Times* in Singapur bis zu der indischen, der Londoner, New Yorker oder japanischen *Times*, benutzen nach wie vor ein standardisiertes Idiom.[44] Wiewohl das Englische im Lauf seiner Entwicklung immer wieder durch Immigrantenströme, allen voran durch die Auswirkungen der irischen Migration, tiefgreifend beeinflußt wurde, hat es überlebt – wenn nicht als die reinste aller Sprachen, so doch als die am weitesten verbreitete.[45]

Vielleicht zeigt sich diese besondere «Gabe» des Englischen

nirgendwo deutlicher als in den Entwicklungsländern. In Ostasien, heute Brennpunkt der ökonomischen und technologischen
Entwicklung, ist Englisch international zum primären Kommunikationsmittel geworden. In Hongkong besuchen 90 Prozent
aller jungen Leute zweisprachige anglochinesische Schulen; Vorstöße, ein nach Sprachgruppen getrenntes, zweizügiges Schul-
system einzurichten, trafen auf den entschiedenen Widerstand
von Eltern, die befürchteten, mit Mandarin als einziger Sprache
seien ihre Kinder in ihren Berufschancen benachteiligt.[46] Beim
Erzrivalen Singapur ist Englisch nicht nur Geschäfts-, sondern
auch primäre Verkehrs- und Regierungssprache.

In Indien und einigen anderen früheren Kolonien wurde Englisch – einst als Instrument der Kolonialherrschaft verlacht – zu
einem der wichtigsten Hilfsmittel bei der Zusammenführung bislang durch unterschiedliche Sprachen getrennter Völker zu einer
gemeinsamen Kultur. «Im Englischunterricht», so ein indischer
Gelehrter, «begann die Wiedergeburt der indischen Literatur».
Ein afrikanischer Schriftsteller berichtet, das Englische habe
afrikanischen Ländern wie Nigeria eine Sprache gegeben, «in der
die Menschen miteinander sprechen konnten. Nicht daß sie im
Staat groß hätten mitreden dürfen, aber sie konnten sich wenigstens verständlich machen.»[47]

In Japan, wo das Deutsche einst eine große Anziehungskraft
ausübte, hat Englisch im Zuge der amerikanischen Okkupation
klar die Oberhand gewonnen. Ende der siebziger Jahre lernten fast
acht Millionen Japaner – fast so viele wie Englischlernende in ganz
Westeuropa[48] – Englisch, und die japanischen Unternehmen benutzen die englische Sprache in Werbebroschüren und Bedienungs-
handbüchern als internationales Kommunikationsmittel.[49] So
groß ist die Strahlkraft des Englischen, daß überall in Fernost
chinesische, koreanische und japanische Produkte als, wie es ein
Beobachter ausdrückt, «Statusanzeiger und magisches Zeichen
der Modernität» mit Hilfe des Englischen vermarktet werden. Bis-
weilen führt das allerdings auch zu Nonsense-Sprüchen wie «The
Good Feeling of Fine»[50] oder «I Feel Coke and Sound Special».[51]

Der Kontrast zu dem, was von der Sprache und Kultur anderer europäischer Kolonialvölker übrigblieb, ist auffallend. So warfen die Indonesier bei Erreichen der Unabhängigkeit ihre Kolonialsprache Holländisch sofort über Bord zugunsten des Englischen, einer, wie sie fanden, ungleich wichtigeren und leistungsfähigeren Sprache. Bis zu den achtziger Jahren hatte sich die indonesische Umgangssprache in etwas verwandelt, was ein französischer Linguist «Indonglisch» taufte.[52]

Irritierend ist die Übermacht des Englischen für viele Europäer auf dem Kontinent, die die Briten und stärker noch die Amerikaner lange Zeit als relativ ungehobelte Hinterwäldler einstuften. Doch während Kunst und Mode des Kontinents einst die wohlhabenden Parvenus in Manchester, London und New York bezauberten, halten ihre Schöpfer heute zunehmend im englischsprachigen Raum nach den neuesten kulturellen, wissenschaftlichen und politischen Trends Ausschau. Mag man auf dem Festland und namentlich in den Reihen der französischen Elite die Bedeutung der amerikanischen Kultur herunterspielen[53], gibt sie international gesehen doch den Ton an. Um mit der französischen Fernsehkommentatorin Christine Ockrent zu sprechen: «Die einzige wirklich paneuropäische Kultur ist die amerikanische.»[54]

Besonders ins Auge fällt der Triumph der englischen Sprache in der Popkultur. Zwischen 1980 und 1991 ging die europäische Filmproduktion um fast 30 Prozent zurück, während englischsprachige und speziell Hollywood-Filme ihren Marktanteil rapide vergrößerten und an den Kinokassen die höchsten Gewinne einspielten. Tatsächlich werden nur 15 Prozent der von einer üppig subventionierten heimischen Filmindustrie gedrehten europäischen Streifen je außerhalb der eigenen nationalen oder bestenfalls der europäischen Grenzen gezeigt; französische Filme kommen in anderen frankophonen Ländern gerade auf einen Marktanteil von vier Prozent, überall sonst liegt ihr Anteil noch weit niedriger.[55]

Versuche, diese Flutwelle zu stoppen, grenzten, vor allem in Europa, mitunter ans Lächerliche, etwa wenn man in Paris oder

Brüssel Millionen Dollar ausgab, um den britisch-amerikanischen Ansturm zu stoppen.[56] 1990 stellte der französische Kulturminister Jack Lang, der geglückten Invasion von Hollywoods «industrialisierter, internationaler Musik» überdrüssig, acht Millionen Dollar bereit, um die französische Rockmusik zu fördern. Doch haben die Träume des zwar inoffiziellen, aber wohlbestallten «Ministers für Rock and Roll» Bruno Lion offenbar nicht viel bewirkt, kamen doch ein Jahr später in Frankreich auf ein verkauftes französisches Rock-Video schon wieder vier englischsprachige.[57]

Andere Eliten außerhalb der britischen Diaspora haben sich ebenfalls bemüht, die anglo-amerikanische Kulturhegemonie zu brechen. Unter den japanischen Medien legte sich vor allem das staatliche NHK-Netz ins Zeug, um Alternativsysteme als Gegengewicht zu dem übermächtigen anglo-amerikanischen Einfluß zu schaffen, wobei sie aber, selbst in ihrem eigenen asiatischen Hinterhof, insbesondere in der Gunst der jungen Menschen weit abgeschlagen auf dem zweiten Platz landeten.[58] In einigen Entwicklungsländern, etwa in Indien, scheuten die Regierungen nicht davor zurück, ihre knappen Mittel zur Eindämmung der steigenden Welle «fremder» Satellitenübertragungen einzusetzen, die die Welt so zeigen, wie sie sich in London, Atlanta oder Washington darbietet.[59]

In den achtziger und frühen neunziger Jahren eroberten englischsprachige, vorwiegend amerikanische Nachrichten- und Informationssendungen rasch neue Märkte, und zwar nicht nur in Westeuropa und Ostasien, sondern auch in der früheren Sowjetunion, in Osteuropa und überall in der Dritten Welt.[60] Wie Rockmusik und Hollywood-Filme tragen auch diese Bilder der aktuellen Ereignisse die «Samenkörner» des anglo-amerikanischen Geistes, seine Sichtweisen und sein Erbe in alle Welt.

Auch die sich abzeichnende wirtschaftliche Einigung Europas dürfte wenig an der Führungsposition des Englischen ändern. Schon jetzt verwenden deutsche und französische Firmen das Englische als eine Art Lingua franca im internationalen Geschäftsverkehr.[61] Deutsch, immerhin die Sprache von Europas führender Wirtschaftsmacht, ist über die 100 Millionen Sprecher, die es bereits 1925 hatte, nicht hinausgekommen.[62] Selbst angrenzende Länder, wie Dänemark und die Niederlande, haben sich vom Deutschen abgewendet, das, nach Auffassung eines dänischen Linguisten, mit der «unaufhaltsamen Flut des Englischen» einfach nicht konkurrieren kann.[63]

Manche Deutsche sehen in der Einigung Europas und vor allem in der Befreiung Osteuropas die letzte Möglichkeit, wenigstens einen Teil des verlorengegangenen Terrains gutzumachen.[64] Allerdings entschieden sich 1991 in Ungarn, wo Russisch nun nicht mehr Pflichtfach ist und alle großen europäischen Sprachen angeboten werden, rund vier Fünftel aller Schüler für Englisch.[65]

Nicht viel anders verläuft die Entwicklung in der früheren Sowjetunion. So ziehen in der Russischen Republik die allermeisten Schüler und fast zwei von dreien in der Ukraine das Englische allen anderen Fremdsprachen vor.[66] Dr. Manfred Heid, Leiter des Osteuropaprogramms des Goethe-Instituts, der deutschen Stiftung, die sich die Verbreitung der deutschen Sprache und Kultur zum Ziel gesetzt hat, führt aus: «In Osteuropa war die russische populäre Kultur praktisch nicht existent – als wir dorthin kamen, war Englisch bereits die Sprache der jungen Leute. High-tech und die technologischen Finessen des Alltags kommen eben vor allem aus den Vereinigten Staaten. Natürlich versucht jedes Land, die eigene Sprache zu fördern, aber in Naturwissenschaft und Technik läuft eben nichts ohne Englisch. Sogar das Institute Pasteur in Frankreich publiziert englisch. Dieser Trend läßt sich nicht mehr umkehren.»[67]

Die calvinistische Diaspora

Die globale Vorreiterrolle der Briten wurzelte in weltanschaulichen und religiösen Überzeugungen, die bereits vor Englands Aufstieg zu einer konkurrenzlosen Weltmacht existiert hatten.

Nicht anders als Frankreich oder Spanien hatte auch England seine Säbelraßler und Großmachtträumer, aber der Anstoß zu seiner einzigartigen Expansion kam nicht aus dem Adel, sondern von praktischer denkenden Männern aus dem Mittelstand und sogar aus der Arbeiterschaft.[68] Viele von ihnen bekannten sich zu nonkonformistischen protestantischen Gemeinschaften wie den Presbyterianern, Methodisten und Quäkern, deren Glaubens-schwestern und -brüder auf dem europäischen Festland erbittert verfolgt wurden.

Diese Klasse protestantischer Kaufleute und Gewerbetreiben-der handelte aus einer Lebenseinstellung heraus, die der Entfal-tung kommerziellen Unternehmungsgeistes in idealer Weise entgegenkam. Wie der britische Ökonom R. H. Tawney betont, hielten sie nichts von der im Katholizismus und selbst in der anglikanischen Kirche implizit vorhandenen Vorstellung, die Ge-sellschaft sei «ein gestufter Organismus», ein hierarchisches Ge-füge, das durch die Glaubenslehren und Vorschriften einer in ihrem Zentrum stehenden Kirche zusammengehalten werde. Sie brachen mit dem traditionellen Muster, wonach ökonomische Zweckdienlichkeit und individueller wirtschaftlicher Aufstieg hinter dem moralischen Anspruch der Kirche zurückzustehen hätten.[69]

Protestanten, strenggläubige Calvinisten ebenso wie Methodi-sten, Quäker und andere von der Staatskirche abgespaltene Gruppen, lösten sich weitgehend von diesem feudalen Erbe und schlugen sich auf die Seite der allmählich entstehenden kapitali-stischen Ordnung. Für Calvin waren die Gewinne des Kleinhand-werkers, Händlers oder Spekulanten nicht weniger ehrbar als die Renten der alten landbesitzenden Aristokratie. Aus welchem Grund, fragte er, sollte das Einkommen aus einem Geschäft nicht höher sein als das Einkommen aus Landbesitz? Woher stammen denn die Gewinne des Händlers, wenn nicht aus seiner eigenen fleißigen Arbeit?[70]

Der Römischen Kirche mit ihrer festen geistlichen Hierarchie und ihren Bindungen an die alte Feudalordnung fiel es schwer, eine solche Sichtweise zu akzeptieren.[71] Doch in der protestantischen Gemeinschaft war der Finanzier nun nicht länger der Paria, sondern ein wichtiges Glied der Gesellschaft[72]; erfolgreicher Unternehmungsgeist galt als Zeichen von Frömmigkeit. Wie Tawney schreibt: «Geläutert in den eisigen Wassern der calvinistischen Theologie, bekam das Geschäft des Lebens, das bisher als eine Gefahr für die unsterbliche Seele gegolten hatte, eine neue Weihe. Arbeit ist nicht nur ein ökonomisches Mittel, Arbeit ist nun ein geistliches Ziel.»[73]

Wie die Juden, an deren alttestamentarischer Geschichte sie sich weitgehend orientierten, waren auch die Calvinisten bestens für ihre kommerzielle Rolle gerüstet. Als religiösen *Dissenters* blieb ihnen der Aufstieg in den noch immer überwiegend ländlichen britischen Adel verwehrt, so daß sie sich vornehmlich in Handel und Gewerbe betätigten. Streng, unduldsam, allem Blendwerk abhold, waren sie durch und durch pragmatisch. Sie glaubten nicht daran, daß der Mensch von Natur aus gut und die bestehende soziale Ordnung heilig sei und predigten statt dessen Disziplin und stetige Selbstvervollkommnung.

Durch die von Oliver Cromwell geführte, hauptsächlich von den Nonkonformisten getragene Revolution brach die einst so stolze Macht des konkurrierenden Feudalsystems zusammen. Auch als Cromwells Herrschaft ihrerseits gescheitert war, trugen die darauffolgenden, als Glorious Revolution in die Geschichte eingegangenen Kompromisse des Parlaments mit der englischen Krone zur Entstehung einer neuartigen politischen Ordnung bei, eines Systems, das der individuellen Initiative und dem privaten Kapital ungeahnte Freiheiten einräumte. Auf dieser Grundlage entstand bald darauf die ökonomische Lehre von der freien Entfaltung des individuellen Kapitaleigners, die auf weitgehendes Laissez-faire abzielende Nationalökonomie des Adam Smith.[74]

In England und später in Amerika wurde der auf eigene Verantwortung und mit Rückendeckung durch staatliche Handelsgesetze agierende einzelne Geschäftsmann zur wichtigsten Quelle eines explosiven Wirtschaftswachstums. Mitte des 19. Jahrhunderts konstatierte der französische Historiker Alexis de Tocqueville: «In Anbetracht der Wendung, die das politische Leben dem Menschengeist in England gegeben hat, angesichts des Engländers, der, im sicheren Schutz der Gesetze und im Vertrauen auf sich selbst, ohne irgendein Hindernis außer den Grenzen seiner eigenen Kräfte, ohne Einschränkungen handelt, ... beeile ich mich nicht zu fragen, ob die Natur selbst Häfen für ihn ausgehoben und ihm Kohle und Eisen geschenkt hat. Nicht darin liegt die Ursache seiner kommerziellen Prosperität, sondern in ihm selbst.»[75]

Die massive Einwanderung solcher Individualisten in neuentdeckte oder relativ gering entwickelte Gebiete setzte enorme Energien frei. Profithungrig, bereit, sich an neue Bedingungen anzupassen, setzten sich die Mitglieder der – in Max Webers Formulierung – «calvinistischen Diaspora»[76] in Handel und Gewerbe in einer Weise durch, die ihren zahlenmäßigen Anteil weit überstieg. Schon im frühen 17. Jahrhundert hatten puritanische Geschäftsbesitzer, die durch erweiterte Verwandtschafts- und Freundschaftsbeziehungen miteinander verbunden waren, überall in Neuengland und in den Hafenstädten der übrigen nordamerikanischen Kolonien umfassende Verbindungen geknüpft.[77]

Die Neue Welt erlebte jedoch nicht nur eine Wiedergeburt des nonkonformistischen Englands. Fern von den ehrwürdigen Bastionen des Adels und der Staatskirche konnten die Puritaner ihre Anschauungen noch ungehinderter ausleben. Den klarsten Ausdruck fand ihre Wirtschaftsgesinnung in den Schriften Benjamin Franklins, der das kapitalistische Ethos von Sparsamkeit und sorgsamer Anhäufung auf eine kurze Formel brachte: «Bedenke, daß *Zeit Geld* ist; wer täglich zehn Schillinge durch seine Arbeit erwerben könnte und den halben Tag spazierengeht oder auf seinem Zimmer faulenzt, der darf, auch wenn er nur sechs Pence für sein Vergnügen ausgibt, nicht dies allein berechnen, er hat neben dem noch fünf Schillinge ausgegeben oder vielmehr weggeworfen.»[78]

Im weiteren Verlauf des 19. Jahrhunderts beschleunigte sich der Transfer dieser Gesinnung – und ihre Weiterentwicklung unter neuen Bedingungen –, und die britische Prägung der Neuen Welt wurde noch stärker. Zwischen 1846 und 1932 kletterte die Zahl britischer Einwanderer auf das Vierfache der spanischen.[79] Dagegen schickte Englands Hauptrivale Frankreich trotz seines riesigen Kolonialreichs nur eine Handvoll Menschen nach Übersee. Auf 100 *Britishers* kamen noch nicht einmal zwei oder drei Franzosen[80], und spätestens 1880 war Frankreich eher zum Einwanderungsland geworden als selber Auswanderer in seine Kolonien zu schicken.[81]

Als andere Europäer – vor allem Deutsche und Italiener – in großer Zahl in die neuen Siedlungsgebiete zu strömen begannen, blieb fast vier Fünftel von ihnen nur die Wahl zwischen Ländern unter direkter Herrschaft der britischen Krone oder, wie im Fall der USA, einer englischsprachigen früheren Kolonie.[82] Nur die Briten verbanden massenhafte Einwanderung prinzipiell mit politischer und kultureller Dominanz in den Siedlungsgebieten. Dieses charakteristische Muster, vielleicht mehr als jeder andere Faktor, verlieh dem britischen Imperialismus eine globale Kraft, die seither von keiner anderen ethnischen Gruppe mehr erreicht wurde.

Ebenso wichtig war der Transfer von Wissen und Fertigkeiten aus der fortgeschrittensten Industrienation der Erde in Länder mit scheinbar unerschöpflichen Rohstoffen, den die britische Migration mit sich brachte. Dabei genügte es, so der Historiker Claudio Veliz, nicht, unterentwickelte Regionen wie etwa Südamerika lediglich europäischer Kontrolle zu unterstellen; ohne die die Industrielle Revolution tragenden *Einstellungen* brachte die Herrschaft weißer Männer in fremden Ländern – denken wir an Peru, Mexiko oder sogar Argentinien – keineswegs automatisch wirtschaftliche Entwicklung und Fortschritt.[83]

Wie der indische Techniker oder der israelische Filmemacher von heute war auch der britische Einwanderer des 19. Jahrhunderts zumeist ein Wirtschaftsmigrant, bestrebt, seine Fähigkeiten in einer günstigeren Umgebung zu nutzen. In den Jahren nach der amerikanischen Unabhängigkeitserklärung kamen diese Einwanderer zunehmend aus den industrialisierten Teilen Englands, und viele brachten beachtliche Qualifikationen mit.[84] Gegen Ende des 18. Jahrhunderts bestand schon die Hälfte von ihnen aus gutausgebildeten Kleingewerbetreibenden, Mechanikern und Handwerkern.[85] Hundert Jahre später hatte fast die Hälfte der britischen Arbeiter in der amerikanischen Textilindustrie in der alten Heimat bereits eine ähnliche Stelle innegehabt.[86]

Nach der landläufigen Vorstellung waren die britischen Zuwanderer in der Mehrzahl aufrechte *Yeoman Farmers*, Kleinbauern, die nach Freiheit strebten, aber tatsächlich bedeutete die Atlantiküberfahrt für viele Briten des ausgehenden 19. Jahrhunderts kaum mehr als ein Überwechseln von einem Teilgebiet der aufkommenden transnationalen industriellen Ökonomie in ein anderes. Als der Wechsel von Segel- zu Dampfschiffen die Härten der Überfahrt milderte, kehrten nicht weniger als zwei von fünf britischen Zuwanderern wieder nach Hause zurück: ein Beweis ihrer vorrangig merkantilen Denkweise.[87] «Wenn sie von der Freiheit in den Vereinigten Staaten sprachen», notiert die Historikerin Charlotte Erickson in einer Studie über Auswanderertagebücher, «meinten sie für gewöhnlich die dort geltenden niedrigen Steuern und das Fehlen des Zehnten.»[88]

Der atlantische Wirtschaftsraum

Ob die Briten nur auf Zeit oder als echte Einwanderer kamen, sie hinterließen in ihren Kolonial- und Einflußgebieten stets die spezifische Aura des industriellen Kapitalismus, den sie in ihrer Heimat entwickelt hatten. Wie die Rothschilds und andere Juden ihre kaufmännischen Talente vom europäischen Kontinent nach London verpflanzten, so brachten die britischen Einwanderer des frühen 19. Jahrhunderts die für eine rasche Industrialisierung nötigen technischen Fertigkeiten und unternehmerischen Denkweisen mit und lieferten damit die Transmissionsriemen zum Aufbau der – von dem Historiker Brinley Thomas so genannten – Atlantischen Ökonomie. Das ganze 19. Jahrhundert hindurch führten die beiden englischsprechenden Riesen die industrielle Revolution an. Auf ihr Konto ging rund die Hälfte der auf der Welt gemachten Erfindungen, wissenschaftlich-technischen Entdeckungen und Innovationen.[89]

Samuel Slater, Pionier der Textilindustrie Neuenglands, etwa stammte aus dem englischen Ort Belper und erlernte sein Handwerk bei Jedidiah Strutt, einem der fortschrittlichsten Industriellen Englands. Strutts Fabriken waren Musterbeispiele frühindustrieller englischer Effizienz. Die Arbeitszeiten der Maschinenarbeiter richteten sich nach dem Produktionsablauf, der wiederum von der Geschwindigkeit und den Gesetzmäßigkeiten der Maschinen bestimmt wurde. Selbstbeherrschung, Bibelstudium, Pünktlichkeit, Disziplin und die übrigen protestantischen Tugenden wurden den Arbeitern am Sonntag eingehämmert; die Teilnahme am Gottesdienst war Pflicht.[90]

Als Slater 1789 in die Vereinigten Staaten auswanderte, kannte er sich aus in den «Geheimnissen» des Textilgeschäfts: dem Mischen verschiedener Baumwollqualitäten, dem Reparieren der Maschinen, der Ausbildung zuverlässiger Arbeiter und der Aufrechterhaltung eines geregelten Fabrikalltags. Noch wertvoller waren seine Kenntnisse der mechanischen Spinnmaschinen, denn auf den Export von Maschinen wie auf das Auswandern erfahrener Mechaniker standen im damaligen England Geld- und Haftstrafen.

Slater verkaufte sein Wissen gegen eine Teilhaberschaft an der ersten Spinnerei in Pawtucket[91], deren Aufschwung Anfang des 19. Jahrhunderts den ganzen Nordosten der USA mit einem «Baumwollfieber» ansteckte.[92] Sein Rückhalt in einer reichverzweigten Quäkerfamilie sicherte ihm ständigen Kapitalzufluß und ein Netz qualifizierter Maschinenbauer und Werksleiter.[93] Als Slater 1835 starb, kontrollierte er oder hielt Anteile an mindestens zehn verschiedenen Spinnereien und beschäftigte über tausend Menschen in ganz Neuengland.[94]

Wie ihre britischen Vettern achteten auch die amerikanischen Fabrikanten auf ständige Verbesserung und Verfeinerung ihrer Produktion. Unter Anleitung eingewanderter Mechaniker bauten sie bald ihre eigenen Maschinen und zogen schon in den dreißiger Jahren des 19. Jahrhunderts technisch mit dem Mutterland gleich. Relativ hohe Arbeitskosten und ein expandierender heimischer Markt regten die Entwicklung neuer, stärker auf Massenproduktion abgestellter Techniken an. Zunehmend entstanden nun auch amerikanische Modelle der Fabrikorganisation. Bereits in den vierziger Jahren reisten Briten, darunter Charles Dickens, zur Besichtigung der Fabriken des Bostoner Großkaufmanns Francis Cabot Lowell an, der jetzt in Sachen Technik wie neuzeitlicher Unternehmensorganisation an der Spitze des Fortschritts marschierte.[95]

Neben Einwanderern und technischem Know-how versorgte England die USA auch mit lebenswichtigem Kapital, dem letzten noch ausstehenden Baustein zur Schaffung der Thomasschen Atlantischen Ökonomie.[96] Von 1870 bis 1914 zeichnete London 55 bis 60 Prozent aller ausländischen Investitionen in der aufstrebenden Nation, das entspricht etwa fünf bis sieben Prozent der *gesamten* amerikanischen Kapitalbildung[97], eine Quote, die die Gesamtsumme aller ausländischen Investitionen des Jahres 1990 übersteigt.[98]

Wirtschaftsbeziehungen dieser Art banden alle Siedlungsgebiete der britischen Diaspora immer enger aneinander. Am Vorabend des Ersten Weltkriegs flossen zwei Fünftel der enormen internationalen Finanzanlagen der Briten in englischsprachige Länder[99], die Vereinigten Staaten waren das größte individuelle Empfängerland. Frankreich dagegen lenkte weniger als ein Fünftel seiner Auslandsinvestitionen in sein eigenes Kolonialreich, es investierte – und verlor – am meisten in Rußland.[100]

Mit der Zeit kamen die anglo-amerikanischen Kapitalbeziehungen aus der Einbahnstraße heraus. Amerikanische Bankiers machten sich auf den Weg nach London. 1854 kam Junius Morgan aus Boston[101], was wohl zu der wichtigsten Verflechtung angelsächsischer Finanzinteressen quer über den Atlantik führte. Wahrscheinlich mehr als jeder andere individuelle Faktor verschweißten die Morgans die Finanzplätze New York und London immer enger miteinander, indem sie britischen Investoren den führenden Rang bei der Finanzierung der amerikanischen Eisenbahnen einräumten, während die jüdischen Häuser stärker auf kontinentaleuropäische Quellen setzten.[102] Durch ihre Bostoner und andere nordamerikanische Connections erlangten die britischen Investoren nach Auffassung der Historikerin Mira Wilkins Zugang zu «Informationskanälen», die ihnen bessere Erträge ermöglichten als etwa den Franzosen und anderen Europäern, die über weniger gute Beziehungen verfügten.[103]

Um die Jahrhundertwende begann sich die Beziehung zwischen New York und London drastisch zu ändern. Gestützt auf die enorme Wirtschaftskraft des jungen Landes, überrundeten die amerikanischen Aktienmärkte nun die der City, kletterten die amerikanischen Bankreserven auf die doppelte Höhe der englischen.[104] Das Kind schickte sich an, der Mutter über den Kopf zu wachsen, auch wenn England bis 1914 noch immer etwa sechsmal soviel Geld ins Ausland verlieh und damit seine heimische, keine gleichwertigen Kapitalerträge mehr versprechende Wirtschaft weitgehend vernachlässigte.[105]

Wie ihre britischen Vettern bevorzugten auch die amerikanischen Investoren des frühen 20. Jahrhunderts die englischsprachigen Länder. 1914 waren die Vereinigten Staaten bereits zum viertgrößten Anleger der Welt aufgerückt[106] und dehnten ihr Engagement rasch auf die britischen Besitzungen, vor allem auf Kanada und Großbritannien selbst aus.

Im industriellen Bereich war der Aufstieg der Amerikaner jedoch am imposantesten. 1870 erzeugte Großbritannien etwa ein Drittel der Weltindustrieproduktion; 1914 hatten die Amerikaner bereits diese Marke erreicht.[107] Die amerikanische Stahlerzeugung, 1880 etwa gleichauf mit der britischen, lag 1913 schon um ein Fünffaches höher.[108]

Die Handelsbeziehungen zeigten das gewandelte Verhältnis der beiden englischsprachigen Länder besonders deutlich an. Die Amerikaner hatten die Briten im Austausch gegen Fertigwaren lange Zeit mit Rohstoffen und Nahrungsmitteln beliefert. Nun fanden sie im britischen Mutterland den größten Abnehmer für die neuesten Produkte ihrer florierenden Industrie.[109] Unterm Strich exportierten die Vereinigten Staaten dreimal soviel in das Britische Empire, wie sie von dort importierten.[110] Selbst Kultur und Mode, lange Zeit Domäne der Londoner Metropole, gerieten zunehmend in die Hände der «amerikanischen Invasoren». So klagte bereits um die Jahrhundertwende der britische Journalist Fred McKenzie: «Sogar unsere Witze kommen inzwischen fix und fertig aus den Denkfabriken der New Yorker Verleger, bezieht doch fast jedes englische ‹Witz›blatt der billigeren Sorte seine Späße, oder was es dafür hält, allwöchentlich aus den Blättern von jenseits des Atlantiks. Wir füttern unsere Babys mit amerikanischem Brei und begraben unsere Toten in amerikanischen Särgen... Die Zeit rückt näher, da wir vor allem Sprößlinge unseres Adels über den großen Teich exportieren werden, denn die kann Amerika, dank der Einschränkungen in seiner Verfassung, ja nicht selber produzieren.»[111]

Amerikas gewaltige Wirtschaftsmacht löste in England vielerorts Beunruhigung aus, doch die zwischen beiden Gesellschaften bestehende fundamentale Übereinstimmung in Denkweise und Kultur band die beiden Länder immer enger aneinander. So heirateten britische Einwanderer ungleich häufiger in eingesessene amerikanische Familien ein als die Mitglieder anderer Zuwanderergruppen. Anders als die Polen, die Deutschen, die Juden und sogar die Iren sammelten sich Engländer und Schotten in den großen Städten Kanadas und der Vereinigten Staaten nicht in «eigenen» Bezirken.[112] Wie kommentierte der englische Philosoph John Stuart Mill im Jahre 1840? «Das amerikanische Volk als Ganzes gleicht in seinen guten wie in seinen schlechten Eigenschaften nichts mehr als einem Zerrbild unserer eigenen Mittelklasse.»[113]

Bis in die letzten Jahrzehnte hinein hat sich eine bemerkenswerte Affinität zwischen den englischsprachigen Nationen erhalten. Bis zur Reform der amerikanischen Einwanderungsgesetze Mitte der sechziger Jahre stellten Kanada und Großbritannien das größte Kontingent amerikanischer Neueinwanderer nach dem Zweiten Weltkrieg. In den darauffolgenden Jahrzehnten schickten diese beiden Länder immer noch schätzungsweise eine Million Einwanderer in die USA[114], worunter sich ein hoher Anteil von Naturwissenschaftlern, Ingenieuren[115], Künstlern, leitenden Angestellten der Wirtschaft und anderen akademisch Gebildeten befand.[116]

Zugleich sandte Großbritannien noch eine weitere Welle von Technikern, Akademikern und Managern – volle 200 000 in den fünfziger und frühen sechziger Jahren – nach Kanada.[117] Noch in den späten achtziger Jahren bildeten Briten und Iren zusammen, wie schon im 19. Jahrhundert, mit Abstand die größte westeuropäische Einwanderergruppe, und zwar nicht nur in den USA, sondern auch in Kanada[118], Australien und Neuseeland.[119]

Abgesehen von solchen fundamentalen Migrationsmustern bestehen zwischen den Nationen der britischen Diaspora, trotz des Beitritts der Briten zur Europäischen Gemeinschaft, nach wie vor außerordentlich enge Wirtschaftsbeziehungen. Vom französischen Kolonialreich leben nunmehr wohl nur noch Erinnerungen fort, während zwischen England und Amerika die meisten überseeischen Telefonverbindungen in das jeweils andere Land gehen[120] und jedes das bevorzugte Touristenziel des anderen ist.[121] Trotz seines relativ kleinen Wirtschaftsvolumens ist Großbritannien immer noch der größte europäische Markt der Amerikaner; umgekehrt bilden die Vereinigten Staaten den zweitgrößten Einzelmarkt für die Exporte der Briten.[122]

Ebenso entfällt auf Kanada, den mit Abstand führenden Handelspartner der Vereinigten Staaten, mehr als ein Fünftel des amerikanischen Handelsvolumens[123], während die Nationen britischen Ursprungs immer noch fast ein Drittel der amerikanischen Exporte aufnehmen.[124] Zugleich sind die Vereinigten

Staaten der größte nichtasiatische Absatzmarkt Australiens und Neuseelands und Abnehmer für zwei Drittel des gesamten kanadischen Exports.[125]

Die Richtung der Investitionsströme zeigt ebenfalls, wie lebendig die Bindungen innerhalb der frühen britischen Diaspora immer noch sind. Anfang der neunziger Jahre gingen zwei Fünftel aller amerikanischen Investitionen in der Europäischen Gemeinschaft nach Großbritannien.[126] Im Jahr 1988 zog England mehr als 38 US-amerikanische Industrieprojekte an, die größte Zahl in Europa und mehr als doppelt so viele wie die Bundesrepublik oder Frankreich.[127] Amerikanische Firmen erwirtschafteten vier Fünftel der Produktionserträge in Schottlands High-Tech-Gebiet «Silicon Glen».[128]

Allem Enthusiasmus für das zukünftige Europageschäft zum Trotz konzentrieren sich die britischen Finanzinteressen nach wie vor auf Englands frühere imperiale Besitzungen. In den achtziger Jahren konsolidierten britische Firmen ihre Spitzenstellung als führende ausländische Investoren in Nordamerika, wobei die Gesamtsumme ihrer Direktinvestitionen die Japans um zwei Drittel[129] und die Gesamtinvestitionen Großbritanniens in der Europäischen Gemeinschaft um 50 Prozent überstieg.[130] Auf amerikanische Holdings entfielen rund 30 Prozent der Erträge, die die an der Londoner Aktienbörse notierten Firmen 1992 erzielten.[131]

Maßstäbe setzen

Das wichtigste Erbe britischer Herrschaft reicht jedoch weit über materielle Vorteile und Investitionen hinaus. Als die Anglo-Amerikaner im 19. und frühen 20. Jahrhundert immer weitere Gebiete der Welt eroberten, stellten sie zugleich die wichtigsten Regeln auf, nach denen die Weltwirtschaft bis heute funktioniert. Die Ära der Atlantischen Ökonomie mag vorüber sein, aber die Techniken, Ideen und Methoden, die bei ihrer Entwicklung Pate standen, werden voraussichtlich auch die zukünftige Welt prägen.

Verglichen mit anderen Imperien, deren Erbe sich auf bestimmte Rassen, bürokratische Systeme oder große Religionen beschränkt, hinterließ die handfest-kommerziell ausgerichtete britische Diaspora feinere Spuren, die aber für das Leben in der modernen Gesellschaft vielleicht noch wichtiger sind. Von Buchführung und Werbung über Kultur und Naturwissenschaft bis zu Verwaltungspraktiken schufen die Angelsachsen auf vielen wesentlichen Feldern Maßstäbe – für ihre eigenen Völker und ihre Kolonien und damit für die gesamte moderne Welt. Selbst das Wort *international* taucht im 18. Jahrhundert zum erstenmal auf, und zwar in den Schriften des englischen Philosophen Jeremy Bentham.[132]

Die unübertroffene Industriemacht Englands und die Ausdehnung des Empires machten London, schon 1700 die größte Stadt der Welt[133], zum natürlichen Mittelpunkt eines entstehenden globalen Finanz- und Handelsreichs, das das von Whitehall aus regierte englische Kolonialreich an Größe und wohl auch an Macht weit übertraf. Schon 1832 konstatierte Nathan Rothschild: «Die Geschäfte der ganzen Welt..., die Transaktionen Indiens, Chinas, Deutschlands, Rußlands werden hierher geleitet und über dieses Land abgewickelt.»[134]

Bis ins letzte Viertel des 19. Jahrhunderts beherrschte Englands Industrie den Globus und realisierte ein Drittel des gesamten Handelsaufkommens der Welt.[135] Die Engländer bestimmten, wer Zugang zu neuen technischen Erfindungen wie Dampfschiff, Eisenbahn und Telegraph bekam, und sicherten sich dadurch einen uneinholbaren Vorsprung vor der Konkurrenz, vor allem in Asien. Sie und später die Amerikaner legten fest, wie die Menschen überall auf dem Globus in Zukunft reisen, miteinander kommunizieren, Unternehmen finanzieren und leiten würden.[136]

Wo England nicht als Hersteller oder Exporteur auftrat, diente es häufig als Zwischenhändler, Garant oder Finanzier. Am Vorabend des Ersten Weltkriegs fungierte es als Gläubiger von zwei Fünfteln der internationalen Schuldenlast der Welt[137], besaß etwa die Hälfte der weltweit vorhandenen Schiffstonnage[138] und kontrollierte über 60 Prozent des den Suezkanal passierenden Handelsverkehrs.[139] Wie die britische Ökonomin Lilian Knowles 1921 schrieb: «... das Vereinigte Königreich war bereits auf Welthandel eingerichtet, als andere Länder erst zu ihrer nationalen Einheit fanden.»[140]

Als unangefochtene Finanzherren der Welt legten die Briten folgerichtig auch das Fundament des Weltwährungssystems mit ihrem von der Bank of England gestützten soliden Sterling. Die «Old Lady of Threadneedle Street» gab über London hinaus in weiten Teilen der Welt den Ton an.[141] Nach dem Ersten Weltkrieg teilte sie sich diese Position mit dem Federal Reserve System, speziell mit dessen in New York beheimateter Bank.[142] Am Ende des Zweiten Weltkriegs übernahmen die Amerikaner die weltweite Führungsrolle[143], bis in den achtziger Jahren der stärker auf Zusammenarbeit angelegte G-7-Mechanismus geschaffen wurde.

Andere fortgeschrittene Nationen, denen, wie Japan und Deutschland, ein rascher technisch-industrieller Aufstieg gelang, standen nicht mehr vor der Notwendigkeit, globale Standards und Systeme zu errichten. Wie später die Japaner konnten auch die Deutschen des ausgehenden 19. Jahrhunderts, in den Worten Thorstein Veblens, «das wirtschaftlich-technische Erbe der Engländer antreten, ohne selbst zu den Denkweisen und den geistigen und geschäftlichen Gepflogenheiten beigetragen zu haben, die die Engländer zur führenden Handelsnation gemacht hatten.»[144]

Englands kommerzielle Führungsposition und seine Rolle als Pionier der industriellen Moderne regte naturgemäß andere Länder, und zwar nicht nur seine Kolonien oder früheren Kolonien, dazu an, britische Denkweisen nachzuahmen. So bekam etwa der populäre Autor und Vortragsreisende Samuel Smiles, wie andere Vorkämpfer der neuen Ethik, gegen Ende des 19. Jahrhunderts laufend Briefe mit Bitten um Rat aus vielen Ländern der Welt. Und die arabisch geschriebenen Inschriften an den Wänden des Khediven-Palasts in Kairo stammen nicht etwa aus dem Koran, sondern aus Smiles' grundlegender Schrift *Self-Help*.[145]

Vielleicht zeigen sich die Folgen dieser Entwicklung nirgends überzeugender als in Geschäftsfeldern wie dem Rechnungswesen. Die Regeln der modernen Buchführung wurden so gut wie alle zuerst in England und später in Amerika niedergelegt. Von den sechzehn Gründern der noch heute führenden Wirtschaftsprüfungshäuser der Welt waren zehn Engländer oder Schotten.[146] Selbstverständlich haben die Briten die Buchführung nicht erfunden. Andere, weiträumig Handel treibende Völker wie die Phönizier und die Italiener hatten sich gleichfalls die Grundlagen der Arithmetik und der doppelten Buchführung[147] angeeignet, um den Überblick über ihre weitgespannten Aktivitäten zu behalten. Auch Japan[148] und China rühmen sich einer hochentwickelten Buchhaltungstradition. Der im heutigen Shao-hsing-Bezirk Chinas gelegene Hui-chin-Berg heißt eigentlich «Berg der Buchführung», und tatsächlich ließ der Gründer der ersten chinesischen Dynastie hier die Tributzahlungen seiner Untertanen eintreiben und zählen.[149]

Doch es sollte noch eine Weile dauern bis zur Entwicklung moderner Buchführungsprinzipien. Im klassischen China, im Japan des Tokugawa-Shogunats oder im Italien der Renaissance waren die meisten Geschäfte in Familienbesitz, so daß keine Notwendigkeit bestand, zugunsten externer Geldanleger eine detaillierte Buchführung vorzunehmen. Gleichzeitig hatte die Frage von Gewinn oder Verlust für keine dieser Kulturen eine so weitreichende, fast religiöse Bedeutung wie für das England des 19. Jahrhunderts. Im italienischen Katholizismus wie im Tokugawa-Shogunat oder im Konfuzianismus stand man der Erwirtschaftung von Profit oder gar seiner genauen Berechnung bestenfalls zwiespältig gegenüber. Wie heißt es doch in einem konfuzianischen Spruch: «Der Geist des Erhabenen übt sich in Rechtschaffenheit; der Geist des Gemeinen übt sich im Erwerb.»[150]

Für die Begründer der noch heute bestehenden Wirtschaftsprüfungsfirmen wie etwa Edwin Waterhouse lagen Profit und Moral keineswegs diametral auseinander. Wie viele der frühen britischen Unternehmer wurzelte auch Waterhouse in der nonkonformistischen Tradition. Er war der Enkel eines der Quäkergemeinschaft angehörenden Baumwollgroßhändlers aus Manchester[151], der Musik, unterhaltende Lektüre, alles, was nach Leichtlebigkeit oder gar nach Anstößigkeit schmeckte, verabscheute. «Seine Erziehung hatte ihm wenig Sanftmut mitgegeben», sollte Edwin später schreiben, «und das enge Weltbild der Quäker förderte nicht sein Mitgefühl für andere.»[152]

Edwins Vater Alfred, obwohl selbst nicht mehr Mitglied in der «Gesellschaft der Freunde», hielt dennoch an der starren Lehre der Nonkonformisten fest und war streng, unduldsam, ehrlich und ein unermüdlicher Arbeiter. Bei den Waterhouses waren Musik und oberflächliche Lektüre verpönt.[153] Nach dem Studium am University College of London bekam der junge Edwin 1861 durch Vermittlung seines Vaters eine Stelle in einer Buchführungskanzlei unweit von Price Waterhouses heutigem Londoner Haupthaus am Themseufer. Vier Jahre später, inzwischen 24 Jahre alt, wurde er Teilhaber bei William H. Hollyland und Samuel L. Price, der sich 1849 selbständig gemacht hatte.[154]

Intelligent und ehrgeizig, beherrschte der junge Waterhouse bald die neugegründete Partnerschaft. Besessen von seiner Aufgabe, fand er neue Wege zur Erhöhung von Effizienz und Genauigkeit der von ihm abzunehmenden Rechnungslegung. Mit seinem peniblen Wesen und seinem Organisationssinn beeindruckte er viele Klienten aus ganz England.[155] Später trat er zwar der Church of England bei, wich aber nie von seiner von den Quäkern geprägten Sittenstrenge, der fast monomanischen Ausrichtung auf die Arbeit und dem Abscheu auch vor kleineren Lastern wie dem Rauchen.[156]

Aber die Entstehung der Waterhouse-Kanzlei und der übrigen, vor allem in England beheimateten Giganten der Wirtschaftsprüfungsbranche geht nicht nur auf die Tugenden des britischen Protestantismus zurück. Das rapide Wachstum der britischen Wirtschaft erzwang neue Vorgehensweisen in der Finanzbuchhaltung. Nun wurde mit einer Geschwindigkeit Geld verdient,

von der man sich noch in jüngster Vergangenheit nichts hätte
träumen lassen. «Wer sich mit Leib und Seele dem Gelderwerb
widmet», predigte Samuel Smiles, «kann gar nicht umhin, reich
zu werden. Dazu bedarf es noch nicht einmal besonderer Gei-
stesgaben.»[157]

Ein solches überschießendes Wachstum hatte es in der bishe-
rigen Geschichte des Kapitalismus noch nicht gegeben, was
natürlich zu Komplikationen führte. Spekulation mit Eisenbahn-
papieren beispielsweise versprach praktisch sofortige Gewinne
und verlockte dadurch zu massiven Betrügereien. Die Forderung
nach sorgfältiger Überwachung solcher Geschäfte trug entscheidend zum frühen Wachstum der britischen Buchprüfungsfirmen
bei, der Price Waterhouse, Deloitte und ihrem Vorgänger Peat,
Marwick.[158]

Der Ruf nach genauer Buchführung gewann zunehmend Ge-
setzeskraft. Beginnend mit dem 1844 beschlossenen *Joint Companies Act* legte eine Reihe neuer Gesetze allgemeine Regeln für
die moderne Aktiengesellschaft fest und schrieb, unter anderem,
eine unvoreingenommene Prüfung der Firmentätigkeit vor. Auf
der Grundlage von beschränkter Haftung und Pflicht zu öffentlicher Rechenschaftslegung wurde die neue Geschäftsform zum
Lieblingskind der Investoren, so daß die Zahl der so verfaßten
Gesellschaften von 1000 im Jahr 1858 auf mehr als 18 000 im Jahr
1894 stieg.[159] Die Notwendigkeit genauer Rechenschaftslegung
verwandelte das ziemlich regellose Gewerbe der Buchprüfer in
eine spezialisierte Tätigkeit mit immer anspruchsvolleren Zu-
gangsvoraussetzungen.[160]

Bis zum Ende des 19. Jahrhunderts hatte England eine unangefochtene Spitzenstellung im Bereich des Buchprüfungswesens
errungen, und die Kanzleien begannen, in die von England beherrschten überseeischen Gebiete vorzudringen. Schon 1874
etablierte sich Price Waterhouse in Sydney, 1890 in New York und
siebzehn Jahre später in Toronto. Binnen weniger Jahrzehnte übten britische Buchprüfer ihr Metier an so unterschiedlichen Orten
wie Indien, Australien, Südafrika, Brasilien, Argentinien, Japan

und Neuseeland aus.[161] 1895 eröffnete ein weiterer schottischer Buchprüfer, James Marwick, eine Kanzlei in New York.[162]

Wenn andere Länder sich zu industrialisieren begannen, übernahmen auch sie den von den Anglo-Amerikanern gesetzten Standard. Die Modernisierungsbestrebungen des Meiji-Tenno führten in Japan praktisch über Nacht zu einer Nachfrage nach den neuesten Buchhaltungslehrbüchern, wobei vor allem Briten und Amerikaner ihre Kenntnisse an ihre eifrigen japanischen Schüler weitergaben. 1875 wurde in Tokio die erste Handelsschule eingerichtet – ein Institut, aus dem später die Hitotsubashi-Universität werden sollte. Ende des 19. Jahrhunderts hatten schon 90 japanische Autoren Werke über Buchhaltung und Bilanzierung veröffentlicht.[163]

Die Chinesen, die das Rechnungswesen schon kannten, bevor es in England eine Schriftsprache gab, erlernten nach ihrer Revolution von 1911 ebenfalls von den Anglo-Amerikanern die moderne Buchführung.[164] Die anglo-amerikanische Buchführungstradition gibt heute praktisch auf der ganzen Welt den anerkannten Standard für Firmenveranlagung und -finanzprüfung vor. Kanzleien wie Price Waterhouse und Ernst and Young sind schon lange über ihr Heimatland und ihre traditionellen Hochburgen New York und London hinaus bis nach Asien, Kontinentaleuropa und in die Entwicklungsländer vorgedrungen.[165]

Als Konglomerat nationaler Kanzleien, die nur noch lose mit den angelsächsischen Stammhäusern verbunden sind, zeugen Firmen wie Price Waterhouse heute nicht mehr nur von der kommerziellen Expansion eines Volkes, sondern wirken als Instrumente einer globalen Wirtschaftsgesellschaft. Auch wenn gelegentliche Stürme wie der BCCI-Skandal oder die Forderung nach strengerer Regulierung England und Amerika erschüttern[166], gibt es dennoch niemanden, der es mit den Großen der Branche aufnehmen könnte. Hans Steskal, deutschstämmiger Flüchtling aus der Tschechoslowakei, der in den sechziger Jahren bei Price Waterhouse eintrat, arbeitete drei Jahre in São Paulo, wo er deutsche Klienten wie Mannesmann, Henkel und Volkswagen betreute.

Der heutige Seniorpartner der Münchener Waterhouse-Filiale:
«Vor 20 Jahren sah es noch so aus, als müsse alle Welt sich an die
angelsächsischen Normen halten, um überhaupt dazuzugehören.
Aber inzwischen sind diese Normen so etwas wie Esperanto geworden – alle haben sie übernommen. Ich bin jetzt also nicht
mehr Teil einer angelsächsischen Institution, sondern Mitglied
einer internationalen Gesellschaft, denn nichts anderes ist Price
Waterhouse, genau betrachtet.»[167]

Noch heute, wo die Meisterschaft in vielen Wirtschaftsdiszi-
plinen auf Asien übergegangen ist, bestimmen ursprünglich britische und amerikanische Firmen, *wie* weltweit Geschäfte getätigt und Unternehmen gemanagt werden. Für Pravin Ghatalia,
den ehrgeizigen indischen Teilhaber bei Price Waterhouse, sym-
bolisiert seine Stellung die Abkehr von den weniger schönen
Traditionen der indischen Gesellschaft, in der Familienbande und
politische Beziehungen oft über geschäftliches Kalkül triumphie-
ren.

Als Teil eines weltumspannenden Netzes, das aus 43 000 in 107
Ländern tätigen Angestellten besteht, meinen Ghatalia und weitere indische Teilnehmer bei Price Waterhouse ihren Klienten,
darunter vielen multinationalen Konzernen, garantieren zu können, daß ihre Firma in Sachen Wirtschaftsprüfung und -beratung
in Indien den Londoner und New Yorker Standard hochhält. In
seiner von Korruption, Regellosigkeit und Armut geprägten Umgebung schätzt Ghatalia die Price-Waterhouse-Kanzlei als eine
Insel der Stabilität, wo sachliche Sorgfalt und das Leistungsprin-
zip Vorrang genießen. In seiner Kanzlei in Bombay vertraute er
mir in einer Arbeitspause an: «Price Waterhouse fühle ich mich
fast mehr verpflichtet als meiner Frau und meiner Familie... Die
Firma ist das Wichtigste in meinem Leben, sie ist wirklich eine
großartige Organisation. Arbeite ich gut, steige ich auf, packe
ich's nicht, dann fliege ich raus. Ich brauche keinen, der mich
protegiert. Und wenn mein Sohn hier anfängt, kann er nur was
werden, wenn er eine bestimmte Leistung bringt. Das ist in Indien
eher die Ausnahme.»[169]

Seit die industrielle Revolution die Grenzen Europas über-
schritt, haben sich neben dem Rechnungswesen in den meisten
wichtigen Sektoren des Wirtschaftslebens angelsächsische Standards durchgesetzt. So richteten sich am Übergang vom 19. zum
20. Jahrhundert praktisch alle jungen Nationen beim Aufbau ihrer
Industrie in Organisationsfragen nach englischem oder amerikanischem Vorbild. Wenn auch Deutschland die fortgeschrittenere
Naturwissenschaft, Frankreich die größere Malerei, Italien die
bessere Musik hervorbrachten, lagen Briten und Amerikaner in
Sachen alltägliche Unternehmensführung klar an der Spitze.

Dieses Muster trat nach dem gewonnenen Zweiten Weltkrieg
noch deutlicher hervor. So prägten beispielsweise im Nachkriegs-
japan amerikanische Wirtschaftsautoren wie Peter Drucker,
James Burnham und W. Edwards Deming das Denken der auf-
steigenden neuen Angestelltenklasse. Wesentliche Säulen des japanischen Wirtschaftsaufschwungs – wie Qualitätskontrolle,
Automatisierung, strategische Planung – gehen letztlich auf amerikanische Quellen zurück.[170]

In Europa kam es nach dem Zweiten Weltkrieg zu einer ähnlichen Entwicklung. Zunächst durch die Besatzungsmächte, dann
durch die große Welle privater amerikanischer Kapitalanlagen
fanden neue Technologien und Managementstile Eingang in das
Wirtschaftsleben des Kontinents. Während die Märkte wuchsen,
technologischer Rückstand aufgeholt wurde und alte Klassen-
schranken zerbröckelten, tauchte auf einmal auf, was der Unter-
nehmenshistoriker Alfred Chandler «das ganze Drum und Dran
des modernen Managements» genannt hat: Berufsverbände,
Fachzeitschriften, Trainingsinstitute, Managementberater.[171]

Obwohl die Briten in neuester Zeit ihre klare industrielle Überlegenheit verloren, geben sie im Geschäftsleben über weite Strek-
ken noch immer die grundlegenden Standards vor. So rechneten
allein die Länder der britischen Diaspora 1990 rund ein Drittel
der weltweit erbrachten Unternehmens-Serviceleistungen ab,
worunter Wirtschaftsprüfung, Reiseorganisation, Kommunika-
tions- und Öffentlichkeitsarbeit und Werbung fallen.[172]

In den USA beheimatete Firmen wie McKinsey, Anderson Consulting, Bain, Booz Allen beherrschen das lukrative Feld der Unternehmensberatung, selbst auf so diffizilen Märkten wie Japan.[173] Von den zehn führenden Werbeagenturen der Welt waren 1990 sieben in amerikanischer oder britischer Hand.[174] Außerdem lebten die beiden führenden japanischen Agenturen fast nur von Inlandsaufträgen, während ihre größten angelsächsischen Konkurrenten ein sattes Drittel ihrer Einnahmen auf dem internationalen Markt erzielten.[175]

New York und vor allem London ist es gelungen, ihre Position als globale Zentren für Unternehmens- und Finanzdienste zu halten. Unter den führenden, weltweit operierenden Unternehmen im Bereich Wirtschaftsprüfung, Recht, Banken, Unternehmensberatung und Werbung unterhält nahezu jedes seine Weltzentrale oder zumindest eine wichtige Regionalniederlassung in einer dieser beiden Städte.

Daß London seine zu Zeiten des Empire errungene Führungsposition gehalten hat, ist besonders bemerkenswert angesichts der relativ marginalen Rolle, die England heute als Weltwirtschaftsmacht spielt. Die rund 900 000 Steuer- und Wirtschaftsprüfer, Juristen, Finanzleute und sonstigen im Unternehmens-Dienstleistungssektor Beschäftigten der Londoner City verdienen ihre Brötchen vor allem damit, ihr Fachwissen an die übrige Welt zu verkaufen.[176] Obwohl der Londoner Aktienmarkt viel kleiner ist als der von New York oder Tokio, liegt Londons Auslandsaktienumsatz über dem Umsatzvolumen sämtlicher Konkurrenzbörsen zusammen.[177] Auch im Devisenhandel und im Anteil internationaler Bank-Aktiva führt London vor allen anderen Finanzzentren.[178]

Direkte Ursache dieser Machtzusammenballung ist die Ausbreitung und der Zusammenhalt der britischen Diaspora. In ihren besten Zeiten in den fünfziger Jahren gewann die britische Hauptstadt ihre Stellung als Weltfinanzzentrum hauptsächlich durch die Transaktionen amerikanischer Geldleute zurück, die Großbritanniens beschränkte Geldmittel mit Vermögen ausglichen, die sie auswärts erzielt hatten, aber in und mit Hilfe der City anlegten.[179] Noch 1991 ging ein Drittel der in England ausgegebenen, schätzungsweise 50 000 *Work Permits* an Amerikaner und ihren Anhang, von denen ein großer Teil im Netz der anglo-amerikanischen Finanzinteressen in der Londoner City beschäftigt ist.[180]

Die Regionen der frühen «britischen Einflußsphäre», darunter die Länder des Mittleren Ostens, unterhalten auch heute noch ihre wichtigsten Finanzverbindungen mit London. In Großbritannien sind heute mehr als 85 arabische Banken registriert.[181] Durch Sprache, Herkunft und Handel an London gebunden, benutzen Institute wie die Commonwealth Bank of Australia, die Imperial Bank of India, die National Bank of South Africa, die Bank of South Africa, die Hong Kong and Shanghai Bank sowie Dutzende anderer die britische Hauptstadt als primäre Kapitalquelle und Arena für ihre internationale Geschäftätigkeit.

Selbst Geschäftsleute und Banker aus Ländern, die nie unter direkter britischer Herrschaft standen, empfinden London, und in kleinerem Maß auch New York, als idealen Platz, um Geschäfte abzuwickeln und globale Strategien für Marketing, Finanz-Transaktionen und Public Relations auszutüfteln. 1989 ging in London noch nicht einmal mehr ganz ein Fünftel aller internationalen Ausleihungen auf das Konto britischer Institute, das ist knapp die Hälfte des Anteils der Japaner, deren vier große Brokerhäuser den Eurobond-Markt der City beherrschen.[182] Entsprechend ist London heute wichtigstes Finanzzentrum Europas, in erster Linie aber die Finanzkapitale der die Weltwirtschaft dominierenden Weltstämme. Zusammengenommen tätigen Japaner, Chinesen, andere englischsprachige Länder und die früheren britischen Einflußgebiete im Mittleren Osten die absolute Mehrheit der internationalen Geschäftsabschlüsse in der City.[183]

Bei Gebäck und Tee erklärt mir ein Topmanager der Bank of England in seinem Büro, die fortwirkende Anziehungskraft Londons als Finanzplatz ergebe sich aus der konkurrenzlos großen Erfahrung, die durch das ständig wechselnde Aufgebot global denkender Geschäftsleute in der Stadt zusammenfließe. Man kritisiere ihre mangelnde Begeisterung für die hehren Pläne eines politisch geeinten Europa, aber für den japanischen Finanzexperten wie den indischen Aufsteiger, den arabischen Scheich, den jüdischen Flüchtling[184] oder den amerikanischen *Company Man* führten alle Wege immer noch nach London, der Stadt, die der modernen kapitalistischen Welt die Maßstäbe vorgegeben hat. Während er Zucker zum Tee nimmt, bekräftigt der Banker: «Der Rest des Landes ist zurückgefallen, aber wir haben den festen Willen, auf der globalen Bühne mitzuspielen. Enges nationales Denken, innereuropäische Gesichtspunkte haben hier nichts verloren. Wir sind mit der übrigen Welt verflochten, dort sitzen unsere Kunden. Selbstverständlich müssen wir auch europäisch denken und handeln, aber was London auszeichnet, sind seine überseeischen Verbindungen. Hier ist unser Kraft- und Nervenzentrum.»[185]

4 Die neuen Calvinisten

Der Nordosten von Ohio ist klassisches Amerika – eine Landschaft sanft rollender grüner Hügel, schmucker Amish-Bauernhöfe und alter Industriestädte aus rotem Klinker, die meistens schon bessere Zeiten gesehen haben. Wo viele Menschen nur das Schwinden einer großen industriellen Tradition beklagen, erblickte Vinny Gupta jedoch Möglichkeiten der Erneuerung.

«Das grundlegende Problem besteht darin, daß die meisten Menschen in Amerika vergessen haben, wie die Welt in Zukunft aussehen kann», sagte mir der in Indien geborene Unternehmer in seinem spartanisch eingerichteten Büro in der alten Industriestadt Canton. «Sie halten den Luxus für ihr Geburtsrecht. Wenn es aber hier aufwärts gehen soll, muß das Geschäftsleben auf eine andere Grundlage gestellt werden. Man muß die Ethik wieder einführen, die es früher gab.»

Für Vinny Gupta ist «Ethik» nicht der Stoff, aus dem die elterlichen Strafpredigten sind, sondern die Grundlage einer prinzipiellen Einstellung zur Arbeit, die es ihm ermöglicht hat, drei am Rand des Bankrotts stehende Gießereien im Mittleren Westen aus den roten Zahlen herauszuführen. Früher hätten die von Gupta gepriesenen Wertvorstellungen als typisch für Max Webers «calvinistische Diaspora» gelten können – allen voran die Sparsamkeit, die Bereitschaft zur aufgeschobenen Bedürfnisbefriedigung sowie die ausschließliche Konzentration auf den Aufbau eines Unternehmens. Heute jedoch wird man solche archetypischen Einstellungen eher bei geschäftstüchtigen Hindus oder

Flüchtlingen aus Südostasien antreffen als bei den «Eingeborenen», die ihren Wohlstand geerbt haben.

Vinny Gupta kam in den frühen siebziger Jahren an die Technische Universität von Michigan. Ihm ging es darum, die neuesten industriellen Fertigungstechnologien kennenzulernen. Nach seinem Abschluß wollte er nach Indien zurückkehren und seine neuerworbenen Kenntnisse in den kleinen Stahlbetrieb einbringen, der seiner Familie gehörte. Seine Frau Nita jedoch, die geduldig in Bombay auf seine Rückkehr gewartet hatte, wollte auch das Leben in Amerika kennenlernen.

Zunächst sah die Realität keineswegs vielversprechend aus. Als Gupta 1975 in die USA zurückkehrte, ließ die in Aussicht gestellte Doktorandenstelle an der Case Western Reserve University in Cleveland auf sich warten, so daß er völlig mittellos dastand. Das junge Paar war auf die Hilfe indischer Freunde angewiesen; ehemalige Kommilitonen liehen ihre Autos und besorgten sogar Kreditkarten. Nita trug zum Familieneinkommen bei, indem sie im Nobelviertel Shaker Heights als Putzfrau arbeitete, was sie sechs Monate lang ihrem Mann verheimlichte. Da sie kein Geld für Stiefel ausgeben wollte, stapfte sie oft in Hausschuhen durch den Schnee des Mittleren Westens.

Solche Erfahrungen, in Verbindung mit der feindseligen, ja oft schlichtweg rassistischen Haltung, der Gupta in der Welt der großen Firmen begegnete, bestärkten ihn nur in seiner Entschlossenheit, sich durchzukämpfen. Als er einmal bei der Gould Corporation damit beschäftigt war, einen Rettungsplan für einige ihrer von der Schließung bedrohten Gießereien auszuarbeiten, wurde er beauftragt, dem Verkauf eines Werks an eine Tochter der Firma Edison McGraw den Weg zu ebnen. Jahre danach erinnert sich Gupta: «Sie zogen regelrecht eine Schau ab, um uns zu zeigen, wie gut sie waren, wie groß sie waren. Also habe ich sie gefragt: ‹Sie sagen, daß Sie gut sind. Was ich wissen will, ist: machen Sie Gewinn?›

Dafür haben sie mich gehaßt. Der Vorsitzende der Gesellschaft kam später auf mich zu und sagte: ‹Wie geht's, Elefantenjunge?›

Heute nennt mich niemand Elefantenjunge, nicht einmal mein Vater.»[1]

Hinter den forschen rassistischen Sprüchen bemerkte Gupta jedoch eine Erosion der alten Werte, die von den Briten und Amerikanern früher hochgehalten wurden, als sie sich anschickten, die Welt industriell zu beherrschen. Als Fachmann für Metallurgie in Betrieben in Wisconsin und Saint Louis erkannte er, daß der Industriezweig von Großkonzernen beherrscht war, die sich entweder fieberhaft bemühten, aus der Branche auszusteigen, oder aber ihre Gießereien bis zum letzten Cent ausquetschen wollten. Sowohl bei Gould als auch bei Condec, einem weiteren Großkonzern, waren die «Topmanager in ihren Firmenjets» völlig desinteressiert an dem eigentlichen Produktionsablauf an der Basis.

Der Condec-Konzern mit Stammsitz in Connecticut war Eigentümer der Eisengießerei in Orrville, Ohio, bei der Gupta als Betriebsleiter arbeitete. Das alte Werk war nur Teil eines Konglomerats, zu dem Firmen für betriebliche Automatisierung, Regeltechnik und Militärelektronik gehörten, die bei der Konzernleitung erheblich höher im Kurs standen. «Die Manager in Connecticut verstanden gar nichts von diesem Industriezweig», erinnert sich Gupta, ein kleiner Mann von vierzig Jahren, dessen schwarze Haare lichter werden und mit Grau durchsetzt sind. «Es gab Treffen der Führungskräfte in Connecticut – alle hatten diese Pieper dabei –, und man ging in den Speiseraum, und ich kam gerade mal zehn Minuten dazu, übers Geschäft zu reden. Dann haben sie zwei Stunden Mittag gegessen. Dabei sprachen sie über Tauchsport und ihre Ferienpläne.»

In den frühen achtziger Jahren sah sich Condec einem Übernahmeversuch durch Bill Farleys Northwest Industries ausgesetzt und mußte dringend Finanzmittel flüssig machen. Mit einem jährlichen Verlust von einer Viertelmillion Dollar schien Orrville reif für die Abwicklung. Gupta erkannte die Gelegenheit, seine Prinzipien anzuwenden und dem Werk, das keiner haben wollte, seinen Stempel aufzudrücken. Mit seinen eigenen Ersparnissen, einer langfristigen Schuldverschreibung von Condec sowie Geld vom Investor Jerry Pollack aus Cincinatti und einigen indischen Geschäftsleuten erwarb er eine Mehrheitsbeteiligung am Betrieb.

Als er endlich selbst das Sagen hatte, setzte Gupta alle die Vorschläge in die Tat um, die er bis dahin bei den Condec-Managern nicht hatte durchsetzen können. Er räumte im Werk auf, wobei er oft selbst zum Besen griff. Statt den Betrieb zu «melken», investierte er, wo nötig, in neue Maschinen und suchte nach Möglichkeiten, Rohstoffe und Ausrüstung billig einzukaufen.

Zwischen 1984, dem Zeitpunkt des Erwerbs durch Gupta, und 1991 stiegen die Absatzziffern der neuen Firma, die jetzt Technocast heißt, von weniger als zwei auf fast zehn Millionen Dollar. Im gleichen Zeitraum vervierfachte sich die Produktivität der 125 Beschäftigten, steigerte sich die Qualität derart, daß die Firma eine lange Liste neuer, erstrangiger Abnehmer für ihre Gußteile vorweisen kann.

Inzwischen hat Gupta zwei weitere Betriebe gekauft, einen in Michigan und einen weiteren in Ohio, wo er versucht, seinen früheren Erfolg zu wiederholen. «Ich sehe es so: Gießereien sind eine dreckige Arbeit», bemerkte der lässig angezogene Gupta, als er mich in seiner neu erworbenen, hundert Jahre alten Gießerei in Ohio herumführte. «Und ich gehe davon aus, daß die Ausbildung in einem solchen dreckigen Industriezweig eine einmalige Fähigkeit darstellt. Viele gebildete Leute wollen eben nicht in einem dreckigen Geschäft arbeiten.»

Die Wiederkehr der Verdrängten

Neueinwanderer wie Vinny Gupta sind Teil eines Stroms kommerziell und technisch begabter Menschen aus Asien, die in der anglo-amerikanischen Metropole zunehmenden Einfluß gewinnen. Seit der Massenauswanderung der Europäer nach Nordamerika, Südafrika und Ozeanien – der Historiker Brinley Thomas nennt sie die «große Umschichtung»[2] – hat es keine vergleichbare Bewegung globaler Stammesgemeinschaften von einer Weltreligion in die andere gegeben.

Wie früher die Briten und die Juden bringen diese Neueinwanderer bestimmte gemeinsame Wertvorstellungen mit: Disziplin, Arbeitsethos und Genügsamkeit – sozusagen eine asiatische Form des Calvinismus. Bei den Indern liegen die Wurzeln hierfür in einem stark ausgeprägten Familiensinn und der Neigung, an traditionellen Werten und Bindungen festzuhalten.[3] Bei den Völkern Ostasiens – Japanern, Chinesen, Koreanern – vermittelt das Wertesystem des Konfuzianismus einige grundlegende Haltungen, die auch für die Calvinisten der frühen anglo-amerikanischen Industriellen Revolution kennzeichnend waren. «Es gibt eine Wertekongruenz zwischen dem Konfuzianismus und dem Ethos des Protestantismus», bemerkt der koreanische Soziologe Illsoo Kim, «insofern beide die Rolle der Selbstbeherrschung und Selbstverleugnung betonen.»[4]

Wie die Juden, Schotten und Nonkonformisten vor ihnen sind die asiatischen Einwanderer durch ihre «prekäre» Existenz als Außenseiter und Immigranten zur sparsamen Lebensführung gezwungen worden, so der Soziologe Thomas Sowell.[5] Nach dem klassischen calvinistischen Muster eines Benjamin Franklin sind viele von ihnen bereit, auf ein unmittelbares Vergnügen zu verzichten, um Besitz erwerben oder ein Geschäft gründen zu können, wobei sie das Kapital dafür oft aus dem Umkreis der erweiterten Familie oder mit Hilfe ihrer Beziehungen in die alte Heimat auftreiben. Wie es ein pakistanischer Makler in Nordengland ausdrückt: «Warum Miete zahlen für ein Haus, das einem nie gehören kann? Besser ist es, sein Geld zu sparen und ein Haus zu kaufen, in dem man wohnen und mit dem man gleichzeitig mehr Geld machen kann.»[6]

Viele Asiaten haben es mit Hilfe ihrer unternehmerischen und beruflichen Fähigkeiten geschafft, trotz der angeblich unüberwindlichen Barrieren des britischen Klassensystems gesellschaft-

lich aufzusteigen. Für männliche Inder und Pakistaner liegt die
Quote der Selbständigen um 60 Prozent höher als bei den Bürgern
weißer Hautfarbe und 300 Prozent höher als bei anderen nichtweißen Einwanderern. Unter den Führungskräften und in den
akademischen Berufen sind sie, gemessen an ihrem Anteil an der
britischen Arbeitnehmerschaft, ebenfalls überproportional repräsentiert.[7] David Cooksey ist ein enger Berater der Konserva-
tiven Partei und Vorsitzender von Advent International, der
führenden Finanzierungsgesellschaft für Risikokapital in Großbritannien. Er bemerkt dazu: «Die Briten sind an einem Punkt
angelangt, wo sie den sozialen Status vorweg haben wollen, aber
die Immigranten haben sich ihren Platz in der Gesellschaft erkämpfen müssen. Was den Ehrgeiz betrifft, so sind die Briten
ausgebrannt. Aber bei den Einwanderern lodert das Feuer
noch.»[8]

Ihre Anstrengungen sind in einem erstaunlichen Umfang vom
Erfolg gekrönt worden. Während der siebziger Jahre konnten
Inder und Pakistaner ihren sozialen Status dreimal so oft verbes-
sern wie Weiße oder andere Einwanderer.[9] In der Bereitschaft,
sich für ihr Unternehmen einzusetzen, ja aufzuopfern, ähneln
diese Menschen durchaus den englischen Rothschilds oder den
von den Vorträgen eines Samuel Smiles begeisterten viktorianischen Geschäftsleuten aus der Mitte des 19. Jahrhunderts. «Sie
müssen begreifen, wie sehr indische Geschäftsleute das Geschäft
lieben», sagt Sudhir Mulji von der Great Eastern Shipping Company. «Für sie ist das nicht nur ihre Arbeit, es ist ihr Leben, ihre
Leidenschaft.»[10]

Wie bei den Juden in Europa und Amerika tragen die Schwierigkeiten des Daseins als Einwanderer – und als ethnischer
Außenseiter – zur Ausprägung solcher unternehmerischen Haltungen bei. Es gehört fast zur Definition des Immigranten, daß er
einer unsicheren und fremden Welt gegenübersteht, deren Verhal-
tens- und Organisationsspielregeln er nicht kennt. Hinzu kommt,
daß Fremde in den meisten Gemeinwesen der westlichen Welt
nicht gerade enthusiastisch aufgenommen worden sind. In den

siebziger und achtziger Jahren intensivierte sich die Feindseligkeit gegenüber Einwanderern aus Asien in Großbritannien.[11] Nichtweiße Immigranten, einst willkommene Arbeitskräfte, sahen sich nun, in den Worten zweier britischer Experten, im öffentlichen Bewußtsein zu «Staatsfeinden» abgestempelt.[12] Eine 1990 durchgeführte Untersuchung ergab, daß die Wahrscheinlichkeit, Opfer eines Gewaltverbrechens zu sein, für Asiaten fünfzigmal höher liegt als für Weiße.[13]

Ein ähnlicher Prozeß hat sich in den Nationen der britischen Diaspora abgespielt. Bereits Ende der 80er Jahre äußerte der Führer der australischen Liberalen, John Howard, seine Besorgnis wegen eines möglichen «Verlusts des sozialen Zusammenhalts» durch den Zustrom zu vieler Asiaten.[14] In einer 1991 durchgeführten Umfrage sprachen sich fast zwei Drittel aller Australier dafür aus, die Einwanderung zu beschränken oder ganz zu stoppen.[15]

An der Westküste Nordamerikas, wo sich die asiatische Bevölkerung in den zwei Jahrzehnten zwischen 1970 und 1990 mehr als verdreifacht hat, führt die Angst vor weiterer Immigration zu offener Feindseligkeit. In Vancouver, wo der massive Zustrom von Chinesen aus Hongkong manche Alteingesessene veranlaßt, ihre Stadt «Hong Couver» zu nennen, wird den Neuankömmlingen die Schuld für alle Probleme in die Schuhe geschoben, von den steigenden Immobilienpreisen bis zur Abholzung der Urwälder an der pazifischen Küste.[16]

Weiter südlich, in Kalifornien, ist der Widerstand gegen die Einwanderer eher noch intensiver. Von allen Regionen Nordamerikas ist Kalifornien am stärksten von den Auswirkungen der Waren-, Kapital- und Immigrantenströme aus Asien betroffen. Bereits im Januar 1987 waren 57 Prozent aller Bürger in Südkalifornien der Meinung, es gäbe «zu viele Einwanderer» in der Region, deren Bevölkerungsmehrheit in spätestens zwanzig Jahren aus Menschen asiatischer oder lateinamerikanischer Abstammung bestehen wird. Ängste vor wirtschaftlicher Konkurrenz, Bandenwesen und den ökologischen Auswirkungen verstärkter

Einwanderung haben zu steigenden Spannungen zwischen den
ethnischen Gruppen geführt, deren verwirrende Vielfalt das Be-
völkerungsbild dieser Region prägt.[17]

Solche Vorurteile beeinflussen wiederum das Verhalten selbst
akademisch gebildeter Asiaten, die oft das Gefühl haben, ihre
Karrieremöglichkeiten seien durch einen «Glasdeckel» begrenzt,
der ihre Mobilität außerhalb eines engen Kreises technischer Arbeiten beschränkt. In der Tat ergab eine Untersuchung von 1985,
daß Asiaten *dreimal so häufig* in technischen und akademischen
Posten vertreten waren wie im Management.[18] Hochqualifizierte
Fachleute, die in Indien geboren wurden, verdienen 17 Prozent
weniger als ihre entsprechend qualifizierten Kollegen, die in
Amerika geboren wurden. Fachkräfte aus Großbritannien hingegen verdienen nur 4 Prozent weniger.[19]

Als Reaktion verzichten viele hochqualifizierte Immigranten
auf den Versuch, im Rahmen der vorgefundenen Ordnung Anerkennung zu finden und schaffen sich statt dessen außerhalb dieses
Rahmens einen selbstbestimmten Wirkungskreis, wobei sie sich
in der fremden Umwelt auf ihre Familienbindungen und ihre Kultur als Ressourcen stützen. Vor allem in der ersten Generation
entwickeln viele dieser eingewanderten Geschäftsleute ein System, das der Sozialwissenschaftler Ivan Light von der UCLA
«unternehmerischen Kollektivismus» nennt. Die rotierenden
Kreditgenossenschaften bei den Chinesen und Japanern, *kye* bei
den Koreanern und *susus* bei den Westindern haben alle den
Zweck, die Nachteile aufgrund von Diskriminierung oder man-
gelnder Kenntnis der örtlichen Begebenheiten überwinden zu
helfen.[20] Diese Unternehmen im Besitz ethnischer Minderheiten
funktionieren oft als Netzwerke, bei denen Läden und andere
Geschäfte von einem Gruppenmitglied auf ein anderes übergehen
und das Gesamtunternehmen auf diese Weise sozusagen «in der
Familie» bleibt. In den achtziger Jahren zum Beispiel fanden fast
30 Prozent aller Koreaner in Los Angeles Arbeit bei Firmen, die
ihrerseits Koreanern gehörten, obwohl solche Betriebe insgesamt
nur 1 Prozent aller Unternehmen in der Region ausmachten.[21]

Pioniere im Dickicht der Großstadt

Wie die fachlich qualifizierten jüdischen oder britischen Kaufleute des neunzehnten und frühen zwanzigsten Jahrhunderts kennen sich auch die Koreaner im komplexen Gefüge der Stadt und ihres Wirtschaftslebens bestens aus. Annähernd 70 Prozent aller koreanischen Ladeninhaber in Los Angeles haben einen Hochschulabschluß[22], und 50 Prozent stammen aus der Hauptstadt Seoul.[23] Zwar gelingt es ihnen oft nicht, eine ihrer Qualifikationen entsprechende Arbeit in den Vereinigten Staaten zu finden, doch für sie bedeutet die Umsiedlung nach Amerika nicht – wie für viele andere Einwanderer aus der Dritten Welt – zugleich auch den schwierigen Übergang vom bäuerlichen Dasein zum Leben in der Großstadt. «Die koreanische Einwanderung in die Vereinigten Staaten ähnelt der Binnenemigration von einer Stadt in die andere», bemerkt Illsoo Kim.[24]

Ähnliches gilt für viele Einwanderer aus anderen asiatischen Ländern. Fast vier Fünftel der zwischen 1965 und 1979 in die Vereinigten Staaten eingewanderten indischen Arbeitnehmer waren Akademiker, Techniker oder Führungskräfte. Weniger als 10 Prozent aller indischen Einwanderer in die englischsprachigen Länder waren unqualifizierte Arbeitskräfte aus der Industrie oder dem Dienstleistungssektor.[25]

Der besondere Charakter dieser Migrationsbewegung ist vor allem Ergebnis der tiefgreifenden und raschen Veränderungen, die Asien erfaßt haben. Viele Neuankömmlinge stammen aus Gebieten (wie etwa Hongkong, Taiwan, Korea und Singapur), in denen sich ein rapider Wechsel von einer arbeits- und rohstoffintensiven Produktion zur technologieintensiven Produktion vollzogen hat, bei der die Qualifikation der Arbeitskraft ausschlaggebend ist.[26] In allen diesen Gesellschaften wird der Wert einer guten Ausbildung, insbesondere im technischen und kaufmännischen Bereich, erkannt. Entsprechend hoch ist das allgemeine Bildungsniveau.

Andere Immigranten aus der Dritten Welt gehörten in ihren

Heimatländern zu jenen Minderheiten, deren früherer Erfolg bei
der Anpassung an die Sprache, Kultur, Technologie und Ge-
schäftsmethoden der Europäer sie mit den antikapitalistisch und
nationalistisch eingestellten postkolonialen Regierungen in Konflikt brachten. Als Ergebnis dieser Konflikte sahen sich Gruppen
wie die Chinesen in Vietnam, die Inder in Ostafrika oder die
Sindhi in Pakistan in den letzten Jahrzehnten massenhafter Enteignung und Vertreibung, ja manchmal regelrechten Pogromen
ausgesetzt. Und selbst innerhalb eines Landes wie Indien führen
Faktoren wie die allgegenwärtige Korruption, sozialistische Ex-
perimente und die zunehmende Bevorzugung der unteren Kasten
dazu, daß Angehörige der gebildeten wirtschaftlichen Elite ihr
Heil in den stabilen kapitalistischen Demokratien des Westens
suchen. Auch für Menschen, die einen solchen Druck nicht verspüren, bedeutet die Auswanderung in die ehemaligen imperialistischen Kernländer den Umzug aus einem Land beschränkter
Möglichkeiten in Gebiete, die ihren Fähigkeiten ein fruchtbares
Betätigungsfeld bieten – das Motiv vieler europäischer Auswanderer des neunzehnten Jahrhunderts.

In einer dramatischen Wanderungsbewegung emigrierten zwischen 1945 und den siebziger Jahren über eine halbe Million Inder
und Pakistaner mit Hilfe ihrer Commonwealth-Pässe nach Großbritannien.[27] Für viele Inder seiner Generation bot Großbritannien ein weit angenehmeres Leben als die Heimat, erinnert sich
J. S. Gill, der inzwischen von London aus ein Immobilienimperium beherrscht. Gills Vater diente als Sikh-Soldat, wurde im
Ersten Weltkrieg verwundet und kehrte mit Erzählungen aus seiner Zeit in einem Lazarett in Brighton nach Indien zurück. «Wir
haben über die Ehrlichkeit der Menschen gestaunt», erinnert sich
Gill beim Tee in seinem Büro, einem Souterrain im Londoner
Viertel Bayswater. «Niemand hat gestohlen.»[28]

Sikhs genossen ein besonderes Ansehen in Großbritannien, da
sie dem Land zunächst als Soldaten in seinen Kriegen gedient und
sich später, wie andere Inder auch, im ausgedehnten Verwal-
tungsapparat des Empire als unentbehrlich erwiesen hatten,

insbesondere bei der Polizei und der Armee.[29] Als der Zweite
Weltkrieg ausbrach, diente Gill als Sergeant und Schreibkraft bei
den Streitkräften Seiner Majestät in Hongkong. Als Kriegsgefangener der Japaner überlebte er im Lager, indem er Japanisch
lernte und in einer selbstgebauten Destille Whisky herstellte, mit
dem er die oft unberechenbaren Aufseher besänftigen konnte.

Als der Krieg vorbei war (und bald darauf das Empire zusammenbrach), kehrte Gill in seine Heimat zurück. Doch die einzige
Quelle des Reichtums im Pandschab war der Landbesitz, und das
Land wurde angesichts der Übervölkerung, die durch Flüchtlinge
aus Pakistan noch verstärkt wurde, immer knapper. Also beschloß Gill 1951, nach England auszuwandern, wo er mit sechs
Pfund in der Tasche ankam, einer von Tausenden Pandschabi, die
bald drei Fünftel aller in Großbritannien lebenden Inder ausmachten.[30]

Gill hatte Freunde, es gab ein Netzwerk von Sikh-Tempeln und
die Anfänge einer eigenen wirtschaftlichen Infrastruktur, doch
das Leben der Einwanderer war schwer. Asiaten wurden in der
Fabrik, auf dem Wohnungsmarkt, in den Pubs diskriminiert. Dennoch war Gill von einer grundlegenden Einstellung der Briten
beeindruckt, die er mit Fairness umschreibt. «Es war schwer für
einen Mann, der einen Turban trug», erinnert er sich. «Ich hatte
keine Qualifikationen. Ich wurde auch beschimpft, aber manchmal traf ich auch auf Veteranen, die sich an die Sikhs und ihre
Todesverachtung erinnerten. Sie redeten dann auf pandschabi mit
mir und spendierten mir ein paar Drinks.»[31]

Er fand Arbeit in einer Glasfabrik und machte bei jeder sich
bietenden Gelegenheit Überstunden. An den Wochenenden verkaufte er Hemden auf den Londoner Flohmärkten. Nach wenig
mehr als einem Jahr hatte er genug Geld gespart, um seine erste
Immobilie in London zu kaufen. Nach drei Jahren konnte er bei
der Glasfabrik kündigen und in Londons East End ein Großhandelsgeschäft für Strickwaren eröffnen, das er immer noch betreibt.

Doch wie viele Inder war Gill vor allem vom Immobiliengeschäft fasziniert. Bereits 1965 hatte er Immobilien im Wert von 85 000 Pfund akkumuliert, die meisten in oder um London. Heute besitzt Gill, der trotz seiner siebzig Jahre immer noch eine soldatische Haltung an den Tag legt, Immobilien im Wert von über 10 Millionen Pfund, darunter 105 Wohnungen in London und einen über 200 Hektar großen Privatflughafen bei Houston in Texas. Bei einem flotten Spaziergang durch die Straßen Londons, vorbei an den typischen weißgestrichenen Reihenhäusern, von denen viele ihm gehören, sagte mir Gill: «Für einen Inder war es logisch, hierher zu kommen. In Indien schien es überhaupt keine Sicherheit zu geben. Wenn man aber hier arbeitete, konnte man etwas sparen, und wir haben gern gearbeitet, auch Überstunden. Wenn die Briten nicht arbeiten wollten, bitte, wir waren dazu bereit. Hier konnten wir aus unseren guten Eigenschaften das Beste machen.»

Die Vertreibung von 74 000 Indern aus Uganda im Jahre 1972 durch den damaligen Präsidenten auf Lebenszeit Idi Amin führte zu einer weiteren Verstärkung des indischen Einflusses auf die britische Gesellschaft, da die Mehrzahl der Vertriebenen nach Großbritannien floh. Kaum aber waren die verzweifelten Flüchtlinge angekommen, als sich schon die Tore gegen einen weiteren Zuzug von Asiaten zu schließen begannen. Seither haben die Briten immer strengere Einwanderungsbeschränkungen erlassen.

Heute ist Großbritannien, wo über 1,5 Millionen Menschen indischer und pakistanischer Abstammung wohnen, nicht mehr das Hauptziel von Auswanderern aus dem Subkontinent.[32] Bereits in den siebziger Jahren taten sich neue Möglichkeiten auf, und zwar in den Nationen der britischen Diaspora, deren Einwanderungsbestimmungen bis dahin erheblich restriktiver gewesen waren als die des Mutterlandes.[33] Selbst das wegen seiner früheren Politik «ausschließlich weißer» Immigration berüchtigte Australien empfing in den späten achtziger Jahren 57 Prozent seiner Immigranten aus Asien.[34] Eine Mehrheit der «Geschäftsimmigranten» – Investoren und Unternehmer, die in den achtziger Jahren hereingelassen wurden, um die stagnierende Wirtschaft des Landes anzukurbeln – stammte aus Asien, nicht zuletzt aus den Ländern der chinesischen Diaspora.[35]

Von noch größerer Bedeutung ist die Entwicklung Kanadas zu einem Hauptziel für Einwanderer aus Asien. In den späten achtziger Jahren kamen bereits zweimal so viele Immigranten aus Asien wie aus den Ländern Europas, insgesamt zwei Fünftel aller Neuankömmlinge.[36] Untersuchungen zeigen, daß 40 Prozent der männlichen Einwanderer einen Universitätsabschluß vorweisen konnten – eine Quote, die fast doppelt so hoch liegt wie die für Männer, die in Kanada geboren wurden.[37] Für Asiaten, die zwanzig Jahre in Kanada geblieben sind, liegt die Wahrscheinlichkeit, inzwischen selbst zum Arbeitgeber avanciert zu sein, fast doppelt so hoch wie bei Einwanderern aus Großbritannien oder Menschen, die in Kanada geboren wurden.[38]

Die Vereinigten Staaten jedoch sind die für die Immigration bei weitem bedeutendste und von den Immigranten bevorzugte Nation. Außer Hawaii und den Philippinen besaß Amerika kein eigentliches imperiales Erbe in Asien, entwickelte jedoch nach dem Ende des Zweiten Weltkriegs außerordentlich enge Beziehungen zu einer Vielzahl asiatischer Länder. Zu ihnen gehörten Japan, Korea, Thailand, die dem Untergang geweihte Republik Vietnam und, nach dem Verlust der Macht auf dem Festland, die Rumpfregierung der Kuomintang auf Taiwan.

Für viele Menschen in diesen Ländern, insbesondere die Jugend, wurden die Vereinigten Staaten zu einer Art Ersatzmutterland, zum Rollenmodell für jene Teile Ostasiens, die nicht zum kommunistischen Machtbereich gehörten. Nachdem sie sich Konsumgüter wie Fernseher angeschafft hatten, stammte die kulturelle «Software» auf dem Fernsehschirm zu einem großen Teil aus amerikanischen Studios – bis zu 50 Prozent aller importierten Sendungen auf den Philippinen und 90 Prozent in Südkorea.[39]

Genauso wichtig war der Wunsch vieler dieser jungen Asiaten, in den Vereinigten Staaten zu studieren. Unterstützt wurden sie durch großzügige Stipendienprogramme, die sowohl von ihren Heimatländern als auch von amerikanischen Einrichtungen angeboten wurden. Zwischen 1955 und 1980 wuchs die Zahl asiatischer Studenten in den Vereinigten Staaten um das Zehnfache.[40]

Für einen jungen Mann wie Bob Chen, dessen Familie 1947 aus der chinesischen Provinz Hunan fliehen mußte, erschien die Gelegenheit, in Amerika zu studieren, wie die Erfüllung eines Wunschtraums. Chen erinnert sich an seine Kindheit im überfüllten, verarmten Taipei, wo «es erst besser wurde, das heißt: es gab überhaupt erst etwas zu essen, als die amerikanische Hilfe eintraf». Als sich die Gelegenheit zum Studium an einer Hochschule für Bergbau in South Dakota ergab, sagte Chen sofort zu, steckte das Stipendium ein und packte seinen Koffer: «Ich hatte keine Ahnung, wo South Dakota überhaupt lag, aber ich wollte unbedingt dorthin. Ich war sehr einsam, und man hielt mich für einen Indianer. Die Indianer wiederum begriffen überhaupt nicht, wer oder was ich war.»[41]

Wie 70 Prozent aller Studenten aus Taiwan blieb Chen nach dem Studium in Amerika und machte schließlich die Vereinigten Staaten zu seiner Heimat.[42] Sein Beispiel ist typisch für viele Studenten aus Asien. Zudem erblicken immer mehr Menschen aus Südasien, vor allem Inder und Pakistaner, in den Vereinigten Staaten eher als in Großbritannien ihr bevorzugtes Einwanderungsland. So nimmt es nicht Wunder, daß vier der fünf wichtigsten Herkunftsländer in Asien liegen[43]: aus ihnen kamen zwischen 1971 und 1981 über vier Millionen Menschen – zwei Fünftel aller legalen Einwanderer – in die USA.[44]

Innerhalb von nur zehn Jahren, zwischen 1980 und 1990, hat sich die asiatische Bevölkerung der USA fast verdoppelt, auf über sieben Millionen Menschen.[45] Bis zum Ende des Jahrhunderts sollen es über acht Millionen werden. Möglicherweise ist die Qualität dieser Immigration bedeutender, als es die bloßen Zahlen erahnen lassen, denn der Prozentsatz der Einwanderer mit einem Doktortitel oder vergleichbarer Qualifikation liegt zweieinhalbmal höher als bei den «Eingeborenen».[46] Seit den späten achtziger Jahren stellen Studenten aus Asien an amerikanischen Universitäten nicht nur die überwältigende Mehrheit aller ausländischen Doktoranden in den naturwissenschaftlichen und technischen Fächern[47], sondern überhaupt das Hauptkontingent der neuen amerikanischen Fachkräfte auf dem Gebiet der Technik und der Naturwissenschaften.[48]

Nirgendwo spürt man die Auswirkungen dieser Masseneinwanderung asiatischer Intelligenz stärker als in Kalifornien, wo etwa zwei Drittel aller Asiaten in Amerika zu Hause sind.[49] An der California State University, der mit Abstand wichtigsten Ausbildungsstätte für Ingenieure im führenden High-Tech-Staat Kalifornien, ist jeder dritte Hauptfachstudent in den technischen Fächern asiatischer Herkunft.[50] Und von den vielen Ausländern, die an der University of California in Los Angeles ein Postgraduiertenstudium der Ingenieurwissenschaften absolvieren, sind sieben Zehntel Asiaten.[51] Das Übergewicht der Asiaten an der UCLA ist so groß, daß weiße Studenten der Mathematik und Naturwissenschaften ihre Uni gelegentlich scherzhaft als «University of Caucasians Lost Among Asians» bezeichnen – «Universität der unter Asiaten verlorenen Weißen».

Im Ausland – vor allem Asien – geborene Fachkräfte spielen auch eine entscheidende Rolle bei amerikanischen Technologiefirmen. In Silicon Valley stellen Asiaten bis zu einem Viertel aller Arbeitskräfte und fast einem Drittel aller Ingenieure.[52] In einer Eliteforschungseinrichtung wie dem IBM-Labor in Yorktown Heights ist jeder vierte Wissenschaftler asiatischer Herkunft, in den legendären Bells Labs von AT&T sind es sogar zwei Fünftel aller Forscher.[53]

Zusammengenommen bilden die Asiaten wahrscheinlich die begabteste und am stärksten am Wirtschaftserfolg orientierte neue Einwanderergruppe seit dem massiven Zustrom von Juden am Anfang des zwanzigsten Jahrhunderts.[54] Die Parallelen fallen nirgendwo stärker ins Auge als in New York City, einer Stadt, deren Wirtschaftsleben bestimmt wurde und wird durch wiederholte Einwanderungsschübe und den entsprechenden Zustrom unternehmungslustiger Neuankömmlinge. Ähnlich wie in den zwanziger Jahren, als zwei Drittel der Bewohner New Yorks Einwanderer oder die Kinder von Einwanderern waren[55], ist die Stadt zu einem der wichtigsten Ziele für Immigranten aus Asien geworden – in den achtziger Jahren waren es etwa 280 000.[56]

Ob es die Koreaner sind, die einen Großteil des Kleinhandels und sogar einige Obst- und Gemüsegroßmärkte beherrschen, oder die Inder und Chinesen, die in der ehedem jüdisch beherrschten Konfektionsbranche inzwischen eine entscheidende Rolle spielen – Asiaten repräsentieren in zunehmendem Maße die aufstrebende Mittelschicht der Riesenstadt. Auch der wirtschaftliche Niedergang der Stadt in den frühen neunziger Jahren konnte den asiatischen Bevölkerungsgruppen nichts anhaben; die von ihnen beherrschten Wirtschaftszweige expandierten weiterhin kräftig.

Am erfolgreichsten ist wohl die stark wachsende Gruppe der inzwischen 300 000 Chinesen in New York. Allein im Chinatown-Viertel von Manhattan betrieben chinesische Unternehmer 1988 fast 600 Konfektionsbetriebe mit einer Gesamtlohnsumme von über 200 Millionen Dollar.[57] Zwar sind diese Betriebe überwiegend Auftragsnehmer im Bereich qualitativ wenig anspruchsvoller Arbeiten, doch stoßen bereits einige Firmen, vor allem aus Hongkong, in das Gebiet des Modedesigns und der hochwertigen Endfertigung vor. Andere chinesische Unternehmer kaufen Fabriken im mittleren Süden und anderen Niedriglohngebieten der USA auf, wobei ihnen New York als Zentrum ihrer Geschäfte in hochwertigen Bereichen wie Modezeichnung, Modellherstellung, Marketing usw. dient.[58]

Die Aktivitäten der Chinesen beschränken sich jedoch nicht auf die Bekleidungsbranche. Allein in Manhattans überfülltem Chinatown gibt es inzwischen achtundzwanzig Banken, gegenüber nur sechs in den siebziger Jahren[59], und im Stadtteil Flushing gibt es weitere einunddreißig. Viele dieser Banken können stolz auf ihre Verbindungen zur reichen chinesischen Diaspora in Übersee verweisen, für die New York nach Kalifornien den beliebtesten Investitionsort darstellt.[60] Gleichzeitig stehen diesen Banken die Ersparnisse chinesischer Einwanderer zur Verfügung, einer Gruppe, die bis zu 60 Prozent ihres Nettoeinkommens auf die hohe Kante legt.[61]

Gewiß, diese neuen Einwanderer, die jedes Jahr in die Großstadt strömen, bringen in ihrem Gefolge die uralten Probleme – Verbrechen, Bandenwesen, Ausbeutung, Armut.[62] Trotz dieser Probleme gehören ihre Kinder zu den leistungsstärksten im New Yorker Schulwesen, ist ihre Arbeitslosenquote gering, verfügen sie über ein Netzwerk von Kontakten zur Diaspora in Übersee und damit zu den am schnellsten expandierenden Kapitalmärkten der Welt. Der Wirtschaftswissenschaftler George Sternlieb, dessen Spezialgebiet die Region New York ist, drückt es so aus: «New York hat keine Probleme, die eine Million Chinesen nicht lösen könnten.»[63]

Die Deindustrialisierung beginnt im Kopf

Die Wiederbegegnung mit der anglo-amerikanischen Welt erfolgt für viele Immigranten zu einem Zeitpunkt, in dem die Metropole, die aus der Ferne so unüberwindlich erschien, ihre historisch begründete industrielle Vormacht und etwas von ihrem Selbstbewußtsein zu verlieren beginnt. Wenn Tirath Singh in seinem Honda durch die sanft rollende Hügellandschaft Yorkshires fährt, sieht er nicht nur die stolzen Gebäude der industriellen Vergangenheit, sondern wird auch an eine weniger glanzvolle Gegenwart erinnert – abgerissene junge Männer streunen durch die leeren Straßen, links und rechts die trostlosen Reihen heruntergekommener Sozialwohnungen.

Singh war elf Jahre alt, als er 1948 nach England zu seinem Vater kam, der wie Tausende andere Inder und Pakistaner in einer der zahlreichen Textilfabriken des Landes Arbeit gefunden hatte. In den Fabriken Nordenglands – Bestandteil einer Volkswirtschaft, die noch im letzten Viertel des 19. Jahrhunderts ein Drittel der Weltindustrieproduktion bestritten hatte[64] – lief die Produk-

tion immer noch auf Hochtouren. Dem Jungen aus dem Pandschab erschien es «fast wie ein Wunder», daß so viel auf so kleinem
Raum erzeugt werden konnte.

Heute stehen die Textilfabriken von Leeds größtenteils verlassen da. Die Kunden, die Singh in seinem Verbraucherabholmarkt
begrüßt, wo sie nach einem Schnäppchen kramen, stammen vorwiegend aus der englischen Arbeiterklasse. Viele von ihnen sind
schäbig angezogen. Anders als Singh, der zwei solche Discount-
läden besitzt, haben sie keinen Ersatz für die verlorengegangene
Arbeit in der Fabrik gefunden. Über seinen Erfolg – ein Haus in
einem grünen Vorort, drei Kinder mit guter Schulbildung, ein
ansehnliches Geschäft – kann Singh nicht klagen, doch er sieht,
was aus Leeds und Großbritannien geworden ist, und das beun-
ruhigt ihn: «Als ich hierher kam, beeindruckte uns die ganze
Industrie, die Kraft und Energie dieser Stadt, die Art, wie alles
funktionierte. Jetzt sieht es nicht mehr so gut aus. Damals, in den
Fabriken, war es anders, es gab viel Arbeit, und man konnte
seinen Weg machen.

Jetzt verstehe ich die Engländer nicht mehr. Hier gibt es keine
Werte mehr.»[65]

Für Singh erklärt dieser Niedergang der «Werte» den Verfall,
den er um sich herum sieht. Die Unwägbarkeiten der Wirtschaftspolitik sind für ihn zweitrangig. Doch die Ursprünge dieses
moralischen Verfalls reichen zurück in die Zeit, als Singhs Familie
noch im Pandschab das Land bestellte, am äußersten Rand der
größten industriellen Zivilisation, die die Welt bis dahin gesehen
hatte. Kaum hatte die neue Mittelschicht mit ihren calvinistischen Tugenden auf dem Weltmarkt triumphiert, als schon eine
zweite Generation mit ererbtem Reichtum die von Weber so genannten «ethischen Maximen»[66] des modernen Kapitalismus
ablehnte. Die Kultur der Jagd und der Muße, der Geist des Noblesse oblige waren schon dabei, jene rauhen und pragmatischen
Einstellungen abzulösen, die das britische Volk über alle anderen
Völker emporgehoben hatten. Bereits 1863 klagte Richard Cobden, einer der größten Sprecher der Unternehmerschicht: «Mitten

in der ihm feindlichen Entwicklung dieses Zeitalters von Watt, Arkwright und Stevenson verbreitet sich schamlos der Geist des Feudalismus! Ja, der Feudalismus gewinnt sogar im politischen und gesellschaftlichen Leben mehr und mehr die Oberhand. Seine Macht und sein Prestige sind so groß, daß ihm selbst jene Menschen huldigen, die einer neueren und besseren Zivilisation als natürliche Führer dienen sollten. Fabrikanten und Kaufleute scheinen in der Regel nur darum nach Reichtum zu streben, damit sie dem Feudalismus zu Füßen liegen können. Wie soll das alles enden?»[67]

Hätte Cobden das nächste Jahrhundert erlebt, so hätte er die Antwort erfahren können. Das von der Mittelschicht geprägte England, wo nach Samuel Smiles «alles jung war, vom Maschinenbau bis hin zu den politischen Einrichtungen»[68], war immer konservativer, der Lebensstil eines *Gentleman* war zum Ideal geworden. Schon 1909 ging ein Geistlicher in Hawick mit den Söhnen der örtlichen Tweedhersteller ins Gericht, weil sie von den alten protestantischen Werten abfielen. «Bei den Gründern vor allem fanden wir viele Männer, die vor harter Arbeit im Geschäft nicht zurückschreckten, das Vergnügen in seine Schranken wiesen, an ihren Posten blieben. In der *zweiten Generation* jedoch begegnet uns oft ein anderer Geist; der Geschäftsmann wird zuweilen verachtet, man äfft den feinen Herrn nach, man möchte sein, was man nicht ist... Müßiggang, Luxus, kein Mumm, kein Rückgrat.»[69]

Die Kosten dieser veränderten Haltung – die acht Jahrzehnte später offen zutage liegen – waren nicht sofort klar. Wie eine wachsende Zahl zeitgenössischer Soziologen und Wirtschaftswissenschaftler glaubte Max Weber, daß die «technischen und ökonomischen Voraussetzungen mechanisch-maschineller Produktion» die Aufrechterhaltung der alten «Askese», die den Geist des modernen Kapitalismus hervorgebracht hatte, überflüssig machten. Die Wissenschaft, die Technik, der ganze Mechanismus betriebswirtschaftlicher Rationalität würden sich ohne Unterstützung durch die alten Werte fortentwickeln.[70]

Die Erfahrung der dazwischenliegenden Jahrzehnte hat jedoch klar gezeigt, daß es eben diese *Werte* sind, die – ob in Europa, Asien oder Amerika – die einzigen verläßlichen Grundlagen für das Gedeihen von Handel und Industrie darstellen. Nirgendwo ist dies deutlicher geworden als in Großbritannien. Mit dem Verlust des moralischen Sendungsbewußtseins, das die Fabrikanten des frühen neunzehnten Jahrhunderts durchdrungen hatte, ging eine Denaturierung, Kodifizierung und Bürokratisierung einher, die vor den Grundlagen der industriellen Revolution selbst – Expansion, Effizienz, Suche nach neuen Märkten – nicht haltmachte. Parallel dazu führte das Schrumpfen unternehmerischer Möglichkeiten für ehrgeizige Neulinge innerhalb der Gesellschaft – ein Prozeß, der in den Vereinigten Staaten später und weniger umfassend einsetzte – dazu, daß die «alte Garde» nur langsam durch aggressivere Unternehmer abgelöst wurde.

Der Verfall einer unternehmerfreundlichen kulturellen Umwelt und die Verbreitung «aristokratischer» Werte unter den politischen und wirtschaftlichen Eliten hat schließlich, nach Ansicht des Historikers Martin Weiner, gerade die Motivationskräfte untergraben, die im neunzehnten Jahrhundert Großbritannien zur «Werkstatt der Welt» gemacht hatten.[71] Mit der Zeit wurde die britische Industrie – insbesondere Unternehmen im Maschinenbau und verwandten Bereichen – an den Rand der Gesellschaft gedrängt. Bei der Amtskirche [72], den Medien, den intellektuellen Eliten und den begabtesten Universitätsabsolventen wurde sie zunehmend unbeliebt, ein Opfer, so Weiner, der «psychologischen und intellektuellen Deindustrialisierung»[73]. Statt in die britische Industrie zu investieren, exportierten Londoner Finanziers Hunderte Millionen Pfund, während Industrien wie der Schiffbau, in dem Großbritannien noch in den fünfziger Jahren führend war, aus Mangel an frischem Kapital verkümmerten.[74] «Die Industriellen», so formulierte es damals ein verzweifelter britischer Fabrikant, «sind Aussätzige.»[75]

Solche Einstellungen durchdrangen die gesamte Gesellschaft – selbst die angeblichen industriellen Führungskräfte, die in vielen

Fällen ihre Firmen als bloße Familienerbstücke betrachteten. In den dreißiger Jahren, so John Maynard Keynes[76], dienten die Vorstandsposten in den meisten Unternehmen hauptsächlich als Köder, um die Patronage einflußreicher Leute zu erkaufen, die in der Regel zwar ein Adelsprädikat, aber wenig oder gar keine Ahnung vom eigentlichen Firmengeschäft hatten.[77] Hinter den eleganten Fassaden verbargen sich – selbst bei einer so renommierten Firma wie Jaguar – heruntergewirtschaftete Fabrikanlagen, antiquierte Maschinen und ein schlechtes Verhältnis zwischen der Leitung und der Arbeiterschaft. Hierzu bemerkt der Unternehmer Harry Salomon, dessen Holdinggesellschaft in den achtziger Jahren viele veraltete Betriebe in der Lebensmittelbranche aufgekauft hat: «Bei manchen Unternehmen war es über die Jahre dazu gekommen, daß die Traditionen wichtiger waren als das Geschäft. Wir haben Firmen gekauft, wo es vier verschiedene Speisesäle gab – einen für den Vorstand, einen für die leitenden Angestellten, einen für die mittleren Führungskräfte und schließlich eine Kantine für die Arbeiter. So etwas war für die Kommunikation unter den Beschäftigten nicht gerade förderlich. Und der Firmenleitung war es eigentlich egal. Wichtiger war es, zum richtigen Club zu gehören.»[78]

Diese Malaise hat inzwischen auch die Industriearbeiter erfaßt, nicht nur in Großbritannien, sondern auch in ganz Westeuropa. Im Vergleich mit ihren Konkurrenten in Asien gelten britische und europäische Arbeiter als unmotiviert; in der ganzen industrialisierten Welt halten sie den Rekord für Krankfeiern und Widerstand gegen die Anpassung an neue Technologien. Es überrascht nicht, daß diese Länder, allen voran Deutschland, unter den Folgen der nur langsamen Steigerung der industriellen Produktivität zu leiden haben.[79]

Einen ähnlichen Werteverfall erleiden auch die Vereinigten Staaten, wo die aristokratische Tradition schwächer und der calvinistische Impuls vielleicht noch stärker ausgeprägt war. In den achtziger Jahren wurden viele amerikanische Industrieunternehmen, wie in Großbritannien, von einer privilegierten Kaste geleitet, die ihre neuen Mitglieder nur noch aus den eigenen Reihen rekrutierte und sich Gehälter zuschanzte, die 500mal höher waren als der Verdienst eines Arbeiters in der Produktion – man vergleiche damit das japanische Verhältnis von 1 zu 10.[80] Gleichzeitig wurde immer weniger Kapital in die Erneuerung von Betrieben und Ausrüstung investiert; die jährliche Zuwachsrate bei Neuinvestitionen betrug nur die Hälfte, teilweise nur ein Drittel der Zahlen für Japan.[81]

Am Ende der achtziger Jahre hatten japanische Fabriken – die hauptsächlich von Ingenieuren geleitet werden, nicht von Juristen, Buchhaltern oder Leuten mit einem Abschluß in allgemeiner Betriebswirtschaft – den früher mit weitem Abstand führenden Amerikanern in Sachen Produktivität und Qualität den Rang abgelaufen, und zwar insbesondere in Schlüsselindustrien des Kernbereichs wie Stahl oder Automobilbau.[82] In der Folge sahen sich Ohio und andere Regionen im industriellen *Heartland* der USA außerstande, mit der wachsenden Bedrohung von außen fertig zu werden – dem Vordringen ausländischer Produzenten, vor allem aus Asien; der Konkurrenz aus weniger teuren Regionen der USA; und einer sich verändernden industriellen Struktur, aus der jüngere, innovativere Firmen ihren Vorteil ziehen.

Für diese mangelhafte Leistung wurden verschiedene Gründe angeführt, darunter Japans niedrige Löhne, protektionistische Politik und billiges Kapital. Selten jedoch hat sich die Schicht, die der Soziologe Pitirim Sorokin die «Aristokratie der Manager» nennt[83], die entscheidende Frage nach dem Verfall ihrer eigenen Werte gestellt. Das Gefühl, einer sinnvollen, in sich wertvollen Tätigkeit nachzugehen, ist den Besitzern, Managern und vor allem der Masse der Arbeitnehmer abhanden gekommen. Was übrigbleibt, ist in Sorokins Worten eine mechanistische und in hohem Grade unpersönliche, rein «dingliche» Beziehung zwischen Mensch und Unternehmen.

«Eine Mentalität, Ethik und Gesetzgebung, die in dem Menschen nur ein Sinneskonglomerat sieht, entkleidet ihn seiner göttlichen Gaben und der Gnade, reduziert ihn auf einen Kom-

plex von Elektronen und Protonen oder einen einfachen Reflex-
mechanismus, dem jeglicher Eigenwert, dem das Heilige abgeht.
Indem sie ihn vom ‹Aberglauben› kategorischer Imperative be-
freit, raubt sie ihm den unsichtbaren Panzer, der ihm selbst, seiner
Gottähnlichkeit und unverletzlichen Menschenwürde einen be-
dingungslosen Schutz gewährte... Nicht einmal mit dem Vieh
geht man derart zynisch um.»[84]

Ein Schulbeispiel solcher «Elektronen-Protonen-Mentalität» in
der Unternehmungsführung bot der Versuch amerikanischer Firmen, ihre Wettbewerbsprobleme durch massive Ausgaben für
neue Technologie zu lösen. In den achtziger Jahren gab General
Motors die ungeheure Summe von 80 Milliarden Dollar für die
Modernisierung ihrer Betriebe aus, doch ihr Marktanteil fiel weiter, wie der Marktanteil anderer amerikanischer Automobilbau-
er. Wie es sich herausstellte, waren ihre vollautomatisierten
High-Tech-Betriebe nicht das erhoffte Allheilmittel, und die japanischen Qualitätsstandards stiegen schneller als die selbst der
technologisch fortschrittlichsten amerikanischen Betriebe.[85] Das
ehrgeizige Projekt der General Motors produzierte letztendlich,
in den Worten des Industrieexperten W. Edwards Deming, nichts
weiter als «schlechte Qualität mit hohem Kostenaufwand»[86].

Der Grund für den Erfolg der Japaner, sagt Deming, liegt nicht
in der Technologie, sondern in der Art, wie das Engagement sowohl der Leitung als auch der Arbeiter im Produktionsprozeß
organisatorisch zur Geltung kommt. Tatsächlich gehörte zu den
erfolgreichsten Unternehmensteilen der General Motors ein technologisch vergleichsweise rückständiger Betrieb im kalifornischen Fremont. In diesem Joint-venture mit Toyota werden
japanische «Team»-Methoden der Betriebsführung angewendet.[87]
Die japanische Herangehensweise an die Fabrikarbeit hat Erfolg,
so Deming, weil sie wenigstens den Versuch unternimmt, an die
«innere Motivation» der Mitarbeiter zu appellieren. Das vorherrschende amerikanische System hingegen, das vor allem auf die
Erhaltung der «Aristokratie der Manager» und ihrer Privilegien
fixiert sei, «treibt so etwas den Menschen gründlich aus»[88].

Modell Asien?

Vor diesem Hintergrund des industriellen Niedergangs stellt das
Auftreten einer ausgereiften asiatischen Alternative zum westlichen Modell der Produktion und Leitung, für die Japan nur das
spektakulärste Beispiel bildet, eine historische Wasserscheide dar
– und das nicht nur für die globale Gemeinschaft der Anglo-
Amerikaner. Zum ersten Mal seit dem Beginn der Industriellen
Revolution wird die Überlegenheit westlicher Methoden der Organisation, Produktion und technologischen Entwicklung in Frage gestellt, und zwar durch den Erfolg einer unverkennbar
andersartigen Form des Kapitalismus.

In den frühen neunziger Jahren etwa galt die technologische
Überlegenheit Japans gegenüber Europa und auf einigen Gebieten selbst den Vereinigten Staaten – besonders in solchen Bereichen, die eine kommerzielle Anwendung versprachen – unter
Führungskräften in Industrie und Handel laut Umfragen als aus-
gemachte Sache.[89] Im öffentlichen Bewußtsein der Amerikaner ist
das Gefühl einer technologischen Überlegenheit der Japaner sogar noch ausgeprägter: Eine Umfrage in den neunziger Jahren
ergab, daß zwei Drittel aller Amerikaner der japanischen Technologie bessere Noten geben als der ihres eigenen Landes.[90]

Einige Beobachter und Industrielle im Westen haben, wie zu
erwarten war, auf diese Entwicklung geradezu paranoid reagiert.
In manchen Kreisen spielen die Japaner inzwischen die Rolle
einer Art schattenhafter «Herrenrasse», deren Ziel die Beherrschung der Weltwirtschaft sei. In den Vereinigten Staaten hat die
Angst vor einer drohenden «Japanisierung» dazu geführt, daß
sich Japan innerhalb eines Jahrzehnts aus einem hochgeschätzten
Verbündeten – mit etwa der Hälfte des Bruttosozialprodukts und
der Produktionskapazitäten der Vereinigten Staaten und einem
Lebensstandard, der weit unter dem der Amerikaner lag[91] – in das
Land verwandelt hat, das von den Amerikanern am meisten ge-
fürchtet wird.[92] 1990 meinten sieben von zehn befragten Amerikanern, es gebe bereits «zu viele» japanische Investitionen im

Land[93] – eine Ansicht, die sich auch in dem Country-Song «Working For The Japanese» von Ray Stevens niederschlägt, wo es heißt:

> *I ain't ever read The Wall Street Journal*
> *I ain't got no Ph.D.*
> *But this much I know*
> *We are all working for the Japanese.*[94]

Wenn immer mehr Journalisten in Europa und Amerika Verschwörungstheorien entwickeln, in denen Japan als eine Nation hingestellt wird, deren klares, zentrales Ziel die unumschränkte Weltherrschaft bleibt, so erinnert das an die gefälschten und desto eifriger zitierten «Protokolle der Weisen von Zion», aus denen im frühen 20. Jahrhundert die bevorstehende Machtübernahme des Weltjudentums abgeleitet wurde. Der einflußreiche Washingtoner Lobbyist einer großen Firma ist sich nicht zu schade, die Japaner absurderweise als «dritte politische Kraft» darzustellen, die einen überwältigenden Einfluß auf das politische System der USA gewonnen hätte.[95] Selbst Studienreisen amerikanischer Lehrer nach Japan erscheinen als Gefahr, da Hunderte, ja Tausende Amerikaner mit dem Bazillus einer Begeisterung für die japanische Gesellschaft und Lebensweise «infiziert» werden könnten.[96] Ähnlich ist die Reaktion in Australien, wo die von japanischen Investoren geplante Errichtung einer futuristischen Forschungsstadt zu einer Backlash-Bewegung geführt hat, die in diesem Projekt ein «Trojanisches Pferd» zur japanischen Invasion des Inselkontinents erblickt.[97]

In Europa sind solche Ansichten sogar noch weiter verbreitet. Führende europäische Politiker sehen ihr einziges Heil in der Errichtung einer großen Allianz gegen die Japaner, einer «gemeinsamen Front» gegen den bevorstehenden «elektronischen ‹Angriff auf Pearl Harbor›», wie es eine französische Parlamentariergruppe 1990 formulierte.[98] Die ehemalige Ministerpräsidentin Frankreichs und enge Vertraute des Präsidenten Mitterrand, Edith

Cresson, erklärte: «Wir sind vom außerordentlichen Wachstum und der Expansion Japans betroffen. Ihre Märkte sind geschlossen, ihre Konkurrenten vom Zugang zu Technologien ausgeschlossen. Japans Eroberungswille ist nicht zu befriedigen ... Wir sind zwar nicht von diesen Gedanken besessen, aber wir müssen begreifen, daß Europa unser Land ist und von uns geschützt werden muß. Die Briten sollten sich vor allem für Europa interessieren – der Kanal schützt sie nicht mehr.»[99]

Diese Furcht vor der Bedrohung durch asiatische Mächte ist im europäisch-amerikanischen Bewußtsein seit den Tagen Roms und Karls des Großen bis hin zu rassistischen Warnungen vor der «gelben Gefahr» latent vorhanden gewesen, führte im späten 19. und frühen 20. Jahrhundert zu Einwanderungsverboten für Asiaten in den USA, Kanada und Australien und kulminierte später in den hysterischen Versuchen Adolf Hitlers, ganz Europa zu unterwerfen und – trotz seines heuchlerischen Bündnisses mit Japan – für den seiner Meinung nach schicksalhaften «Lebenskampf gegen Asien» zu rüsten.[100]

Für andere jedoch erscheint der Aufstieg Japans nicht als Bedrohung, sondern als Auftreten eines neuen und attraktiven Modells der industriellen Organisation, der zukünftigen Führer einer neuen Weltgesellschaft. Geradezu begeistert ist etwa Sheridan Tatsuno, Unternehmensberater in Silicon Valley; für ihn sind die Japaner «die neuen Amerikaner – Pioniere der ersten Welle, angetrieben durch ihr Selbstbewußtsein und einen enormen Reichtum»[101].

Unter den Japanern selbst ist diese Perspektive inzwischen auch durchaus verbreitet. In gewisser Weise spiegeln sich darin ältere Vorstellungen, die vor dem Zweiten Weltkrieg unter fortschrittlichen Japanern verbreitet waren. In ihrer Gesellschaft erblickten sie das Modell für eine Weltgesellschaft. So wie Japan den Konfuzianismus mit dem eigenen Shintoismus und dem Buddhismus verschmolzen hatte, sagten sie, werde die Verschmelzung dieser Traditionen mit westlicher Wissenschaft und Technologie eine neue, höhere, aufgeklärte asiatische Gesellschaftsformation hervorbringen. 1921 etwa schrieben zwei japanische Akademiker, beide ehemalige Dozenten an der Universität von Chicago: «Es ist eine anerkannte Tatsache, daß die gegenwärtige japanische Zivilisation in weiten Teilen ein Produkt der Assimilation amerikanischer, französischer, deutscher und englischer Ideen durch den Geist Japans darstellt. Darin liegt die von vielen japanischen Denkern gehegte Hoffnung begründet, aus Japan ein neues Alexandrien zu machen, wo die in Jahrhunderten gewachsenen menschlichen Errungenschaften Asiens und Europas im Interesse der Vervollkommnung der Zivilisation zu einem harmonischen Ganzen verwoben werden könnten.»[102]

Mit dem Aufstieg Japans im letzten Viertel des 20. Jahrhunderts hat diese Vorstellung einer «Vervollkommnung der Zivilisation» neue Aktualität gewonnen. Drei Jahrzehnte eines wirtschaftlichen und industriellen Produktivitätszuwachses, der den der amerikanischen und europäischen Rivalen um das Doppelte übertrifft[103], die zunehmende technologische Führungsstellung und die Akkumulation von Devisenreserven, die zu den größten der Welt zählen[104], lassen die Vorstellung plausibel erscheinen, Japan könne als Modell für alle anderen Gesellschaften dienen – insbesondere bei jüngeren Menschen, die den Zweiten Weltkrieg nicht erlebt haben. Bereits 1986 schlug eine vom japanischen Ministerium für internationalen Handel und Industrie (MITI) eingesetzte Kommission von Akademikern vor, Japan sollte bei der Gestaltung des globalen ökonomischen und technologischen Fortschritts die Führung übernehmen, wobei Finanzhilfe und Investitionen als Hebel dienen sollten, andere Nationen zum Anschluß an die japanische Initiative zu bewegen.[105]

Shigekazu Matsumoto, geschäftsführender Direktor des Tokioter Instituts für Wirtschaft in Entwicklungsländern, sieht eine besondere Relevanz des japanischen Modells für die Nationen der Dritten Welt. Mit dem Zusammenbruch des Kommunismus hat sich die entscheidende Fragestellung für die sich entwickelnden Länder seiner Meinung nach verlagert: Ihnen gehe es nicht mehr um Alternativen zum Kapitalismus, sondern um die Wahl zwischen dem angelsächsischen Modell des Kapitalismus und der von Japan erprobten «regierungsgesteuerten, entwicklungsorientierten Marktwirtschaft», wie er sie nennt.[106]

So gesehen würde Japan jetzt die gleiche Funktion erfüllen wie einst die calvinistischen Unternehmer und ihre Propagandisten wie Samuel Smiles, die ihre Botschaft der Selbsthilfe und des Laissez-faire-Kapitalismus über den Erdball verbreiteten. Mit der Zeit, meint Kimindo Kusaka, führender Berater der japanischen *Long-term Credit Bank*, werden selbst die Menschen des Westens – angesichts des offenkundigen Versagens ihres eigenen Systems – die wesentliche moralische und ethische Überlegenheit der japanischen Herangehensweise anerkennen müssen. Bei einem entspannten Kaffeegespräch in seinem überfüllten Tokioter Büro sagte Kusaka: «Meiner Meinung nach besteht Japans Rolle darin, bestimmten Konzepten in der Welt zum Durchbruch zu verhelfen, [etwa] daß die langfristige Pflege menschlicher Beziehungen den wichtigsten Aspekt des Geschäfts darstellt. Wir wollen als Lehrer auftreten und Konzepte vermitteln, die zum Wohlstand der Welt beitragen können. Wir können über die Hardware hinausgehen und solche Dinge wie die Grundlagen einer Geschäftsbeziehung lehren.»[107]

Kusakas Thesen finden auch im Westen begeisterte Fürsprecher. Schriftsteller wie Ezra Vogel etwa, Autor eines provokativen Buchs mit dem Titel *Japan as Number One*, halten den Gesellschaften Europas und Amerikas – mit ihrer steigenden Kriminalität, ihren sinkenden Ausbildungsstandards, dem zunehmenden Versagen der Familie und einem fehlenden Grundvertrauen in die eigenen Fähigkeiten und Werte – den Wohlstand, die Effizienz, den hohen Ausbildungsstandard und die soziale Kohäsion entgegen, die sie in Japan erblicken.

Die schiere Wucht der japanischen industriellen Expansion nach Westen hat die europäische und amerikanische Weltsicht wohl am nachhaltigsten verändert. Früher haben britische oder amerikanische Produkte weltweit Maßstäbe gesetzt. In den neunziger Jahren jedoch sah man sich in Großbritannien, dem Geburtsland der Industriellen Revolution, auf japanische Investitionen angewiesen, um alte Industriezweige wie den Automobilbau und die Haushaltselektronik wiederzubeleben, die in den sechziger und siebziger Jahren so gut wie vollständig abgebaut worden waren.[108]

Mochten europäische Protektionisten wie Peugeots Vorstandsvorsitzender Jacques Calvert Großbritannien als «japanischen Flugzeugträger vor der Küste Europas» und «fünfte Insel Japans» beschimpfen[109]; in der britischen Presse ernteten die japanischen Manager nichts als Lob dafür, daß sie hochwertige Automobile in einem Land herstellten, dessen Automobilmarken vor nicht allzulanger Zeit geradezu als Synonym für schlechte Qualität und Unzuverlässigkeit galten.[110] «In der europäischen Automobilindustrie macht sich eine Resignation breit, daß Europa es einfach nicht schaffen kann», sagt John Cushingham, Produktionsleiter der Nissan Motor Manufacturing Ltd., und fügt stolz hinzu: «Das stimmt nicht. Wir haben es geschafft.»[111]

Eine ähnliche Entwicklung hat in Nordamerika stattgefunden, wohin etwa die Hälfte der gesamten japanischen Auslandsinvestitionen während der achtziger Jahre geflossen ist.[112] Nach dem Krieg war Japan zunächst im Grunde ein amerikanisches Protektorat, das fernöstliche Zentrum des «strategischen Systems» der USA.[113] Bis in die fünfziger Jahre hinein galt die japanische Wirtschaft als schwach und kaum in der Lage, die eigene Bevölkerung zu ernähren. Japan erschien den Amerikanern so wenig wettbewerbsfähig, daß der damalige US-Außenminister John Foster Dulles seinem japanischen Kollegen Mamoru Shigemitsu arrogant mitteilte, Japan werde im Handel mit den USA «immer» ein Defizit haben.[114]

Mitte der achtziger Jahre jedoch litten die Vereinigten Staaten ihrerseits nicht nur unter einem riesigen und scheinbar unüberwindlichen Handelsdefizit gegenüber Japan, sondern viele amerikanische Geschäftsleute sahen in den Japanern die letzte Rettung für eine Reihe amerikanischer Kernindustrien. Von Kalifornien bis Tennessee errichteten die Japaner neue Betriebe und produzierten dort ihre Autos schneller und mit weniger Fehlern als ihre amerikanischen Rivalen. 1990 rollten eine Million japanische Autos in amerikanischen Fabriken vom Band, und die Zahl soll sich bis 1995 verdoppeln.[115]

Gleichzeitig wurde in der gesamten amerikanischen Industrie die nagende Sorge zur Gewißheit, daß Japan in der Tat dabei war, die Produktionsschlacht zu gewinnen. 1991 gaben fast zwei Drittel der befragten Spitzenkräfte der amerikanischen Industrie zu, daß die Qualität amerikanischer Industrieprodukte niedriger war als die der japanischen Konkurrenz.[116] Ausgehend von der erkannten Überlegenheit japanischer Produktionsmethoden haben viele amerikanische Firmen inzwischen ihre langjährigen Traditionen aufgegeben und wenden japanische Methoden an, zum Beispiel strenge Qualitätskontrolle, «Teamarbeit» und ständige Produktverbesserung.[117] «Ich mußte mein Ego zurückstellen... und lernen, die Entscheidungsgewalt mit anderen zu teilen», gesteht Kevin Harris, der als Fertigungsleiter bei Goulds Pump arbeitet, einer Firma im Gebiet von Los Angeles, die das japanische Prinzip des «umfassenden Qualitätsmanagements» *(total quality management)* übernahm, um das drohende geschäftliche Aus abzuwehren.[118]

Zwar schneiden japanische Firmen weniger gut ab, wenn man konventionelle Meßlatten wie Rentabilität oder Profitabilität anlegt, doch ihre Fähigkeit, einen immer größeren Anteil des Weltmarkts zu erobern, hat bereits den Glauben an die letzte Gültigkeit der anglo-amerikanischen Maßstäbe erschüttert.[119] Selbst in Silicon Valley, der vielleicht festesten Burg des anglo-amerikanischen Kapitalismus, waren ehemals überhebliche Unternehmer und Anleger von Risikokapital in den frühen neunziger Jahren dabei, die Struktur japanischer Firmen zu imitieren. Manche sprechen inzwischen sogar davon, zusammenhängende Firmengruppen zu entwickeln, die Informationen und Ressourcen gemeinsam nutzen, um entscheidende Konkurrenzvorteile zu gewinnen: Ein Investor schlug etwa die Bildung eines «kleinen Perkins-*zaibatsu*» vor, das aus den verschiedenen mit dem Risi-

kokapital dieser Firma finanzierten Unternehmen bestehen sollte.[120]

Solche Versuche legen die Vermutung nahe, daß der Westen –
insbesondere die Anglo-Amerikaner – von den Erfahrungen der
Gesellschaften Asiens in den letzten hundert Jahren zu lernen
beginnt und begreift, daß Zivilisation, Kultur und Technik in
zwei Richtungen fließen können. Um in der Weltwirtschaft bestehen zu können, müßten westliche Firmen schnell das asiatische
Modell übernehmen, das ein größeres Gewicht auf den Konsens
und den Aufbau langfristiger Geschäftsverbindungen legt, glaubt
Rakesh Kaul, der als leitender Angestellter bei Beatrice Foods
und bei der vom japanischen Pharmaunternehmen Yamanouchi
aufgekauften Shaklee Corporation gearbeitet hat.

Kaul ist aus Indien in die USA eingewandert. Seiner Ansicht
nach ist es zu spät, Dämme gegen eine Flut zu errichten, die aus
der Überlegenheit asiatischer Stammeswerte gegenüber denen des
früher dominierenden Westens resultiert. In seinem Büro in einem
Wolkenkratzer mit Blick auf die Bucht von San Francisco erklärte
der hochgewachsene, elegant gekleidete Manager: «Im Westen
haben wir unter der Herrschaft des technokratischen Imperativs
gelebt. Wir haben an die Allmacht des Individuums geglaubt.
Dabei vergessen wir, daß es Einheiten gibt, die größer sind als das
Individuum – wie die Familie, die Sippe, die Firma; und Beziehungen, die über den individuellen Vertrag hinausreichen ins
Charismatische, also in die Gemeinschaft. Die Japaner und andere Asiaten wollen die westliche, vertragsmäßige Art, Geschäfte
zu machen, nicht übernehmen. Sie haben sie zurückgewiesen beziehungsweise sind dabei, sie in etwas Neues umzuwandeln.»[121]

5 Die geplante Diaspora

Yukio Ohtsubo ist Lehrer. Fern der Heimat sitzt er stoisch auf einem Holzstuhl in der alten Turnhalle. Ohtsubo trägt einen grauen Anzug; hinter ihm hängt schlaff eine etwas zerschlissene japanische Fahne herab. Irgendwo klimpern junge Japaner an ein paar elektrischen Gitarren herum, sonst aber stört kein Geräusch die spätnachmittägliche Ruhe.

Als Vorposten des wohl reichsten Finanzimperiums der Welt macht die London Japanese School in dem etwas heruntergekommenen bürgerlichen Vorort Acton einen nicht gerade überwältigenden Eindruck. Doch für Ohtsubo und für Tausende andere Japaner, die wie er fern der Heimat sind, repräsentiert das alte Backsteingebäude mit seiner blätternden Farbe und seinen antiquierten Labors etwas, das genauso wichtig ist wie die Banken, Filialbüros und Fabriken, die sie nach Großbritannien gebracht haben. In diesem Land allein haben die Japaner bis 1990 fast 16 Milliarden Dollar investiert, gegenüber 24 Milliarden Dollar in den restlichen 11 Ländern der EG[1], und hier gibt es die größte japanische Kolonie im Ausland: 40 000 Menschen.[2]

Für die Japaner in Großbritannien spielen ihre Schulen eine entscheidende Rolle, erklärt Ohtsubo, weil sie den Kindern ihre japanische Identität vermitteln. Wie die Juden während ihrer ganzen Geschichte empfinden die Japaner das wesentliche Bedürfnis, ihre rassische, ethnische und kulturelle Einmaligkeit zu wahren, gerade jetzt, da sich der Stamm faktisch in alle Weltgegenden ausdehnt.

«Wir müssen uns dieser neuen Kultur anpassen, aber unsere

Kinder sollen Japaner bleiben», erklärt Ohtsubo. Der dünne
Mann mit dem strengen Gesicht hat eine zwanzigjährige Erfahrung als Lehrer in Japan. «Unsere Arbeit zwingt uns, ins Ausland
zu gehen, aber wir wissen, daß ein Japaner schließlich doch nach
Hause kommen wird.»[3]

Seit Japan im späten 19. Jahrhundert in den Kreis der modernen Nationen getreten ist, hat seine einmalige demographische
und wirtschaftliche Struktur das Land gezwungen, den Blick
nach außen zu richten. In einem gewissen Sinn ähnelten die Japaner den Juden in ihrer Diaspora oder den Briten des 19. Jahrhunderts: ihre Ressourcen reichten nicht aus, um die eigene
Bevölkerung zu versorgen. Also mußten die Japaner ihre praktischen Fähigkeiten weiterentwickeln und wurden in hohem Maße
vom Außenhandel abhängig.

Gemessen an anderen Völkern blieben die Japaner allerdings
extrem verwundbar. Im Gegensatz zu Handelsnationen wie
Großbritannien, Holland oder Frankreich besaß Japan keinen
gesicherten Markt in Gestalt eines ausgedehnten imperialen Hin-
terlands. Anders als die Vereinigten Staaten etwa besaß Japan
kaum natürliche Ressourcen und mußte neben Lebensmitteln –
deren Einfuhr sich zwischen 1913 und 1925 fast verdreifachte[4] –
auch industrielle Rohstoffe wie Öl und Baumwolle importieren.
Darüber hinaus war das Land von einigen wenigen Exportgütern
abhängig, insbesondere Seide und Baumwolle, die Mitte der
zwanziger Jahre mehr als zwei Drittel des japanischen Gesamt-
exports ausmachten.[5]

Aber nicht nur Handelsinteressen zwangen die Japaner, ihren
Blick nach Übersee zu richten. 1925 war die Bevölkerungsdichte
Japans dreimal so hoch wie die Deutschlands oder Italiens[6], und
manche Beobachter sahen in einer Massenauswanderung die einzige Hoffnung auf eine bessere Zukunft. 1931 schlug der ange-
sehene Oxforder Gelehrte W. R. Crocker sogar vor, den Japanern
zur Entlastung ihrer übervölkerten Inseln Borneo oder Neuguinea zu überlassen.[7]

Im verzweifelten Versuch, aus dieser Zwickmühle auszubrechen, zogen japanische Geschäftsleute zu Beginn des Jahrhunderts aus, um neue Märkte zu suchen, nicht nur vor der eigenen Tür in Ostasien, sondern auch im Mittleren Osten, in Südafrika und Australien.[8] Im Zuge einer Auswanderungswelle verließen bis 1930 über eine Million Japaner ihre Heimatinseln und ließen sich vor allem in Japans asiatisch-pazifischer Einflußsphäre – Hawaii, Peru und den Philippinen – und in Kalifornien nieder.[9] Doch bereits zu Beginn des Jahrhunderts versuchten europäische Mächte, diese Stammesausdehnung zu unterbinden und den Japanern sowohl die Einwanderung als auch den Zugang zu neuen Märkten in ihren Einflußsphären zu verwehren.

Japans Eintritt in den Zweiten Weltkrieg stellte den Versuch der japanischen Führer dar, Japans Einflußsphäre in seinem unterentwickelten ostasiatischen Hinterland mit Gewalt auszudehnen. Die Niederlage 1945 warf die Japaner auf ihre Inseln zurück – erschöpft, am Rand des Verhungerns und außerdem durch die fünf Millionen Flüchtlinge belastet, die von den Vorposten des zusammengebrochenen Reichs der aufgehenden Sonne nach Hause zurückgekehrt waren.[10]

Der Triumph seiner anglo-amerikanischen Rivalen eröffnete dem Stamm jedoch schließlich einen neuen Weg der Expansion. Unter der von Amerika oktroyierten neuen politischen und wirtschaftlichen Ordnung standen die Märkte der Welt den Japanern offen, die sich nunmehr dramatisch ausdehnen konnten, ohne ein eigenes Weltreich aufbauen zu müssen. Anstatt sich auf Schlachtschiffe und den Kampfgeist des kaiserlichen Heeres als Mittel der Expansion zu verlassen, konnten sie mit Hilfe der vor allem von den Anglo-Amerikanern entwickelten Mechanismen – Düsenflugzeuge, moderne Telekommunikationsmittel und offene Finanzmärkte – ihre Handelsbeziehungen ausbauen und immer mehr Aktivitäten in immer mehr Ländern entfalten.

Auf diese Weise hat also die liberale anglo-amerikanische Nachkriegsordnung zur Entstehung eines neuartigen Stammesimperiums beigetragen, das sich nicht mehr auf permanente Auswandererkolonien stützt, sondern auf die Ausstrahlung eines

hochproduktiven Kerns. Das Vorkriegsnetzwerk der Handelsbeziehungen wurde in der offenen Welt wiederbelebt und erweitert,
wobei an den Schaltstellen rotierende Gruppen leitender Angestellter sitzen, die alle drei bis fünf Jahre ausgetauscht werden.

Diese einmalige Expansion – eine Art geplante Diaspora –
gehört zu den bemerkenswertesten Ereignissen in der Geschichte
der Weltwirtschaft. In wenig mehr als drei Jahrzehnten ist es
diesen Firmen-Samurai gelungen, ein globales Wirtschaftsimperium zu errichten, das mächtiger als das von den Juden in zwei
Jahrtausenden errichtete und viel weiter ausgedehnt als das der
Chinesen oder Inder ist. In knapp zwanzig Jahren – zwischen
1968 und 1988 – wuchs Japans Zahlungsbilanzüberschuß – der
Nettogewinn aus dem Handel mit Waren und Dienstleistungen
sowie das Einkommen aus Investitionen und anderen Transfer-
leistungen – vom drittgrößten zum mit Abstand größten der Welt,
größer als der kombinierte Zahlungsbilanzüberschuß der Bundesrepublik Deutschland und der erdölproduzierenden Länder.
Im gleichen Zeitraum exportierte Japan mehr privates Kapital
und bezog mehr Einkommen aus Investitionen im Ausland[11] als
irgendeine andere Nation der Erde.[12]

Im Zuge dieser gewaltigen Expansion sind die Japaner zu
einem allgegenwärtigen und zugleich auffälligen Wandervolk geworden. In den letzten drei Jahrzehnten haben sie sich auf
Schlüsselstädte wie New York, Los Angeles, Bangkok und London verteilt.[13] Die Anzahl dieser wandernden Japaner hat sich
innerhalb von weniger als zwanzig Jahren mehr als verdoppelt
und beträgt inzwischen fast 600 000[14], von denen die meisten zwei
bis fünf Jahre im Ausland bleiben. Im Zeitraum 1986–89 verdoppelte sich die Zahl der ins Ausland reisenden Japaner auf etwa
zehn Millionen[15]; sie sind inzwischen aus den Hotels, Flughäfen
und Ferienzentren der Welt nicht mehr wegzudenken. 1990 ver-
brachten fast neun Zehntel aller japanischen Brautpaare ihre
Flitterwochen im Ausland.[16]

Trotz ihrer Verbreitung über den ganzen Erdball halten die
Japaner eine gewisse Distanz zu anderen ethnischen Gruppen

aufrecht und bleiben in den Worten Harold Isaacs' «wie keine andere Nation der Erde sich selbst treu»[17]. Diese Absonderung wird durch ein weltweites Netz von Einrichtungen aufrechterhalten, die es japanischen Geschäftsleuten im Ausland ermöglichen, sich in eigenen Hotels oder Kuranlagen aufzuhalten, auf Golfplätzen zu spielen, die ihren Landsleuten gehören, und ihre Kinder auf Schulen wie die London Japanese School zu schicken – weltweit gibt es 230 ähnliche Einrichtungen, die von über 40 000 Schülern besucht werden.[18] Fast jede japanische Kolonie im Ausland hat ihre eigenen religiösen Einrichtungen, Kinos, Bücherläden, Restaurants, Bars und Lebensmittelgeschäfte.

Satoru Nakamura lebt als Gebietsleiter der riesigen Marubeni-Handelsgesellschaft in der Londoner Zweigstelle dieser globalen Infrastruktur. Ohne leitende Angestellte wie Nakamura könnte eine Gesellschaft wie Marubeni, die weltweit über 7000 Menschen in 450 Niederlassungen beschäftigt[19], keinen Augenblick überleben. Von London aus koordiniert er die Aktivitäten von mehr als zwanzig Filialbüros in Europa und dem Nahen Osten beim Handel mit so diversen Gütern wie Öl, Chemikalien, Maschinen und Gold.

Wichtige Entscheidungen aber, gibt Nakamura zu, werden fast ausschließlich im Stammesrahmen diskutiert und entschieden. In dieser Hinsicht ist es so, als wäre er immer noch gemütlich zu Hause in Japan, wie mir Nakamura beim Essen in einem modischen Sushi-Restaurant mit Blick auf die Themse sagte: «Mit den anderen Menschen haben wir eigentlich nichts zu tun. Jeden Morgen sagt mein Filialleiter den britischen Mitarbeitern ‹guten Morgen›, und am Ende des Arbeitstages ‹auf Wiedersehen›, aber das war es im Grunde schon. Das, was uns wirklich angeht, besprechen wir auf japanisch und unter Japanern.

Meine Familie hält sich hauptsächlich mit anderen japanischen Familien auf. Eigentlich ist es das gleiche Familienleben und das gleiche Geschäftsleben wie in Japan, nur eben zur Zeit in England. In einem gewissen Sinn sind wir immer noch in Japan.»

Das Großbritannien des Ostens

Die gewaltige Expansion der Japaner, wie die der Briten vor
ihnen, ist die Geschichte eines kleinen Inselvolkes, das sich in eine
globale Gemeinschaft von welthistorischer Bedeutung verwandelt hat. Da sie die ersten Asiaten waren, die sich erfolgreich die
westliche Technologie angeeignet haben, betrachten sich die Japaner seit geraumer Zeit als die natürlichen Führer des Kontinents. Wie es der Minister für Landwirtschaft und Handel, Baron
Makino, 1913 ausdrückte: «Unser Ziel ist es, im Osten die Rolle
zu übernehmen, die Großbritannien im Westen spielt.»[20]

Wie bei den Briten, ja eher noch wie bei den Juden, speist sich
der Aufstieg der Japaner auch aus einem Selbstbild, in dem ihr
Stamm mit seiner einmaligen Geschichte und Kultur als von Natur aus überlegen erscheint. Obwohl ihre ethnische Abstammung
gemischt ist und wahrscheinlich auf polynesische, chinesische,
koreanische und andere Wurzeln zurückgeht, betrachteten sich
die Japaner gemäß ihrer Shinto-Tradition als eine abgesonderte
Rasse, das sogenannte Yamato-Volk. In ihrer Mythologie waren
sie nicht nur ein ausgezeichnetes – oder wie die Juden auserwähltes – Volk, sondern die Abkömmlinge der Götter und damit die
«Wurzel der Welt».[21]

Was genauso wichtig war und wiederum an die Briten oder die
Juden erinnert, ist die Tatsache, daß die Japaner dieses mächtige Gefühl der «Berufung zur Einzigartigkeit» mit einer leiden-
schaftlichen Wissensgier verbanden. Der Historiker John Dower
bemerkt: «Die Japaner waren, wie die Briten, einerseits tradi-
tionsbewußt und konservativ, andererseits progressiv und kosmopolitisch.»[22]

Seit ihren ersten Kontakten mit dem Westen bis zu ihrem heutigen weltweiten Wirtschaftsimperium haben die Japaner diese
beiden Wesenselemente verbunden und hartnäckig die importierte westliche Kultur und Technologie umgeformt, um sie ihren
eigenen Zwecken dienstbar zu machen. Bereits 1869 war Lafca-
dio Hearn, einer der frühesten und weitsichtigsten Beobachter

der japanischen Gesellschaft, von dieser Fähigkeit beeindruckt: «Die Übernahme der westlichen Zivilisation ging keineswegs so reibungslos vor sich, wie es sich gedankenlose Menschen vorgestellt haben... So funktionieren industrielle Anlagen als Produkte westlichen Erfindungsgeists in japanischen Händen überall dort ausgezeichnet und erzielen hervorragende Ergebnisse, wo die Nation schon immer, zwar auf andere und altmodische Art, handwerkliches Geschick bewiesen hat – wo es schlicht und einfach darum geht, alte Fähigkeiten in neue und breitere Bahnen zu lenken.»[23]

Wie Hearn bemerkte, lagen die Wurzeln des Aufstiegs allerdings in den «alten Fähigkeiten», die sich in den Jahrzehnten herausgebildet hatten, als die Japaner höchstens sehr vage überhaupt von der Existenz westlicher Technologie und Kultur Kenntnis genommen hatten. Der Kernbereich traditioneller japanischer Haltungen und gesellschaftlicher Gewohnheiten war tatsächlich derart auf handwerklichen und kommerziellen Fleiß ausgerichtet, daß sich die Japaner in geradezu einmaliger Weise den Härten der modernen Weltwirtschaft gewachsen zeigten. Der Stamm der Japaner hatte also eine Geisteshaltung – und zwar aus eindeutig orientalischen Quellen wie der konfuzianischen Familienideologie, dem Shinto-Traditionalismus und dem Buddhismus – entwickelt, die sich als effektives asiatisches Äquivalent der calvinistischen Überzeugungen erwies, die der wirtschaftlichen Hegemonie der Briten letztlich zugrunde lagen.

Durch diesen kulturellen Wesenszug wurden viele Aspekte der späteren Geschäftskultur vorgeformt, die ihrerseits die Grundlage für den bemerkenswerten wirtschaftlichen Aufstieg Japans in den folgenden Jahrhunderten lieferte. Insbesondere während der fast 250jährigen Tokugawa-Ära erzwungener Abgeschlossenheit vom Rest der Welt entwickelte die japanische Wirtschaft systematisch eigene Produktionsmethoden und eine selbst im Vergleich zu anderen globalen Gemeinschaften besonders stark ausgeprägte Arbeits- und Erfolgsmentalität.

In die Tokugawa-Ära fällt insbesondere die Blütezeit einer

neuen Schicht kommerziell orientierter Außenseiter, die der
Wirtschaftskultur Japans ihren Stempel aufgedrückt hat. Bereits
im 17. Jahrhundert zum Beispiel ergriffen die japanischen Handwerker und *chonin* (Händler), wie die calvinistischen Kleinbür-
ger Europas, jede sich bietende Gelegenheit zur Bildung und
Ausbildung – eine massenhafte Bewegung, die sonst in Asien und
selbst in vielen Teilen des Westens ihresgleichen sucht. An den
sehr beliebten *terakoya* (Tempelschulen) konnten die Angehörigen dieser kommerziellen Schicht nicht nur die chinesischen
Klassiker studieren, sondern auch viele praktische Fähigkeiten
wie etwa den Gebrauch des Rechenbretts erlernen. Die bemerkenswerte Leistung einer Alphabetisierungsquote von bis zu
80 Prozent in der frühen Meiji-Periode beruhte zum großen Teil
auf dem Einfluß dieser frühen Volkserziehung.

Die Hochschätzung des Wissens trug auch entscheidend zur
Akkumulation spezieller Fähigkeiten im Rahmen des Handwerks
bei. Bereits in der frühen Tokugawa-Periode gab es gut entwik-
kelte Netzwerke kleiner Produktionseinheiten, eine hochqualifizierte Handwerkerschicht auch auf dem Land und ein ausgebau-
tes nationales Transport- und Verteilungssystem.[24]

Als Japan schließlich aus der Isolation hervortrat, wurde das
Land durch das Fehlen sowohl einheimischer Ressourcen wie
auch reicher Kolonien in Übersee zunächst gezwungen, in der
Leistungsfähigkeit der eigenen Arbeiter den entscheidenden
Wettbewerbsvorteil zu suchen. Japanische Manager sahen laut
Shigeo Shingo, der als Entwicklungsingenieur bei den effizien-
ten japanischen Produktionssystemen an entscheidender Stelle
mitgearbeitet hat, in ihren Arbeitern die «einzige Ressource» zur
Erzielung und Sicherung des Firmenerfolges und des nationalen
Wohlstands.[25]

Dieser Mangel an natürlichen Ressourcen und die Jahrhunderte der Isolation haben auch dazu beigetragen, daß japanische
Firmenbesitzer und ihre Beschäftigten, Zulieferer und Kunden
einen hohen Grad gegenseitiger Verpflichtung verspüren.[26] Im
Gegensatz zu den anglo-amerikanischen Ländern, wo solche Be-

ziehungen eher zur Konfrontation tendieren, zu Indien, wo die Kastenzugehörigkeit ausschlaggebend ist, oder zu China, wo Familienbindungen vorherrschen, betont die japanische Geschäftskultur die Stabilität dauerhafter Wirtschaftseinheiten, der *ie*. Obwohl sich der Begriff *ie* in der Regel auf die Familie oder Sippe bezieht, wird damit vor allem das breitere Konzept der Firma als Familie angesprochen. Mit diesem Konzept geht die Verpflichtung einher, die mit der Familie assoziierte Kontinuität nicht auf die Blutsverwandtschaft zu beschränken, sondern vor allem über den Dienst an den Kunden, Zulieferern und Mitarbeitern aufrechtzuerhalten. In der japanischen Gesellschaft, bemerkt der Soziologe John Pelzell, gilt das Anlagevermögen bei Firmen im Familienbesitz als Eigentum des *ie*, wobei die jeweilige Besitzerfamilie als «Treuhänder» fungiert.

Diese Vorstellung, meint Pelzell, erwächst aus der gemeinsamen Mythologie einer genetischen Homogenität aller Japaner, die wiederum einen entscheidenden Bestandteil ihrer «Berufung zur Einzigartigkeit» bildet. Für die Japaner, schreibt Pelzell, ist die «genetische Legitimität eine ethnische oder rassische» Frage «und wird durch den Mythos der gemeinsamen Abstammung aller Japaner von den Göttern gesichert». Wichtiger als die Blutsverwandtschaft sei «das mythische Konzept des dauerhaften Hauses», das mit allen Mitteln zu erhalten sei.[27] In der Tokugawa-Zeit führte dieses Konzept oft dazu, daß ein Adoptivsohn, meistens ein Verwandter oder qualifizierter Mitarbeiter, die Kontrolle der Firma anstelle des für unwürdig befundenen ältesten leiblichen Sohnes übernahm.[28]

Im modernen Japan lebt diese alte Tradition der «Firmenfamilie» in verschiedenen Formen weiter.[29] In vielen der wichtigsten japanischen Firmen – darunter der Gameboy-Riese Nintendo, der Faxhersteller Murata Machinery, der Reifenproduzent Bridgestone, die Suntory-Brauerei, Seiko Instruments und die Otani-Hotelkette[30] – bleibt das «dauerhafte Haus» wenigstens dem Namen nach unter der Obhut der Gründer oder ihrer Abkömmlinge. Andere Firmen, wie etwa nach dem Zweiten

Weltkrieg gegründete Aktiengesellschaften, unternehmen oft
großangelegte Versuche, eine «Firmentradition» zu dokumentie-
ren und das entsprechende Bewußtsein bei den Mitarbeitern zu
fördern.

Das japanische Wirtschaftssystem hat allerdings innerhalb des
ie erheblichen Raum für soziale Mobilität offengelassen.[31] Weit
davon entfernt, dem asiatischen Stereotyp einer rigiden Hierarchie zu gleichen, ähnelte die japanische Gesellschaft selbst in
früheren Zeiten eher einem Rad. Diese Analogie stammt von
Pater Maurice Bairy von der Sophia University in Tokio, einem
führenden Gelehrten auf dem Gebiet der japanischen Wirtschaft
und Gesellschaft. Im Zentrum sind die konformistischen Instink-
te stark, finden Veränderungen nur langsam statt. Außen jedoch
findet man die Erneuerer, Exzentriker und Unternehmer – Rand-
figuren zwar, die jedoch oft Veränderungen erzwingen.[32]

Dieses Muster der von Außenseitern erzwungenen gesellschaftlichen Veränderungen hat in Japan eine weit zurückreichende geschichtliche Tradition, bemerkt Hidetoshi Kato, einer
der führenden japanischen Gesellschaftswissenschaftler. Toyoto-
mi Hideyoshi zum Beispiel, der das Land im 16. Jahrhundert
einte, war der Sohn unbekannter armer Bauern. Die Architekten
der Modernisierung in der Meiji-Periode waren größtenteils nie-
dere Samurai. Und viele der japanischen Unternehmer der ersten
Stunde – die Mitsui, Iwasaki, Sumitomo – stammten aus Familien, die alles andere als aristokratisch waren.[33]

Am bemerkenswertesten ist vielleicht die Tatsache, daß einige
Samurai der Tokugawa-Ära auf ihren traditionellen höheren
Rang verzichteten, um die größeren Entfaltungsmöglichkeiten
wahrzunehmen, die ihnen das Wirtschaftsleben trotz seines niedrigen gesellschaftlichen Ansehens bot. 1616 etwa verzichtete
Hachirobei Mitsui auf seinen Samuraititel zugunsten des niedrigen Rangs eines *chonin*. Nachträglich erscheint Mitsuis Weitsicht
geradezu verblüffend. Ausgehend von einer Sake-Brauerei und
einer Fabrik für Sojasoße[34] bauten die Mitsuis über die nächsten
zwei Jahrhunderte wie andere große Geschäftshäuser ihr Netz

von Handels- und Industriebetrieben so aus, daß sie zur wirtschaftlich führenden Schicht des Landes gehörten.

Bereits im siebzehnten Jahrhundert hatten diese verschiedenen sozialen und kulturellen Faktoren zur Entstehung einer Wirtschaftsstruktur beigetragen, die trotz ihrer Abschottung zu den dynamischsten der Welt zählte. Weit davon entfernt, eine einfache, mittelalterliche Gesellschaftsstruktur auf der Basis des asiatischen Feudalismus zu besitzen, verfügte Japan in der Tokugawa-Ära über ein hochentwickeltes System handwerksorientierter Produzenten und Händler – Vorläufer der mächtigen industriellen Netzwerke von heute. Die Tokaido-Straße zwischen Osaka und der Tokugawa-Hauptstadt Edo gehörte zu den verkehrsreichsten Straßen der Welt – ein deutscher Beobachter fand sie voller als irgendeine ihm bekannte Straße Europas.[35]

Dieses Erbe sollte sich später bei der Entwicklung eines japanischen Kapitalismus als entscheidend herausstellen. Alles in allem liegt es nahe, die wirtschaftlichen Errungenschaften der Japaner weniger einer glücklichen Hand bei der Unternehmungsführung oder der staatlichen Lenkung zuzuschreiben als vielmehr einem bestimmten Stammesethos, der solchen geschäftlichen Entscheidungen durchgehend zugrunde liegt. In diesem Licht erscheinen die hohen Investitionsraten Japans – in den achtziger Jahren wuchsen sie mehr als doppelt so schnell wie die Europas und der Vereinigten Staaten[36] – als Ergebnis der Tatsache, daß japanische Manager kulturell bedingt bei ihren Entscheidungen von einer Verantwortung für das *ie* und für die Erhaltung eines «dauerhaften Hauses» ausgehen.

Auch als sich der westliche Handel und Wandel dem Inselvolk mit Gewalt aufdrängte, konnten sich die Japaner – mehr als jedes andere asiatische oder überhaupt nichteuropäische Volk – auf ihr eigenes Wertesystem als Grundlage eines zukünftigen Fortschritts beziehen.[37] Zwar fegte die Meiji-Restauration von 1868 die politischen Strukturen und viele äußere Merkmale der Tokugawa-Ära hinweg. Doch die Einstellung zum Handwerk, die ausgebaute Vernetzung der Produktionsstätten und das Ethos des dauerhaften Hauses blieben unangetastet. Der Historiker William Hauser bemerkt in einer Studie zur Wirtschaft der Tokugawa-Ära: «Die moderne Entwicklung Japans als ‹Wunder› bezeichnen..., heißt, die Realitäten im Falle Japans zu übersehen.»[38]

Von bloßen Nachahmern zur gelben Gefahr

Das bereits existierende und fest etablierte eigene Wirtschaftssystem erwies sich als entscheidende Stütze Japans bei der Abwehr des westlichen Imperialismus, der so viele andere Nationen in Asien, Afrika und anderen Teilen der nichtweißen Welt überwältigte. Während sie einerseits technisches Wissen aus dem Westen importierten[39], arbeiteten die herrschenden Eliten Japans andererseits eifrig daran, wie der Historiker G. C. Allen später zeigte, «ihr kulturelles Erbe vor dem zersetzenden Einfluß des Westens zu schützen»[40]. Die Modernisierung sollte stattfinden, doch sie sollte eine ausgesprochen *japanische* Gestalt annehmen.

In anderen Gebieten Asiens, wie etwa China, erfolgte der Kontakt mit dem Westen auf eine eher organische Art, so der Historiker Dr. Hsu Shih, mit dem Ergebnis einer freiwilligen Anpassung beziehungsweise eines «allmählichen Eindringens der Ideen und Praktiken» des Westens. Chinesische, indische und andere asiatische Geschäftsleute übernahmen sehr schnell nicht nur die Sprache, sondern auch die geschäftlichen Standards und Umgangsformen Europas. Im Gegensatz dazu habe Japans Modernisierungsprozeß die grundlegenden Normen des Geschäftslebens weit weniger in Frage gestellt oder gar umgeformt.[41]

Entscheidend war auch die Tatsache, daß die Regierung in Japan – im Gegensatz zu China mit seiner schwachen Zentralregierung oder dem kolonial unterjochten Indien – in der Lage war, die organisatorische und finanzielle Schubkraft zu liefern, die den Schlüssel zur frühen industriellen Entwicklung darstellt: im späten 19. Jahrhundert lag die einheimische Kapitalbildung zu zwei Fünfteln in den Händen des Staates. In den ersten Jahrzehnten des Wirtschaftswachstums sorgten Regierungsaufträge und Schutzzölle[42] dafür, daß sich die industrielle Entwicklung vor allem zugunsten solcher Firmen auswirkte, deren kulturelle Grundlage japanisch war.[43]

Infolgedessen hat die weltweite Expansion der japanischen Wirtschaft in einem auffällig abgeschotteten Rahmen stattgefunden. Japans Führer waren entschlossen, dem westlichen Eindringling in den einheimischen Wirtschaftsraum einen Riegel vorzuschieben. So wurde westliches «Wissen», wie früher das Wissen der Chinesen und Koreaner, begierig aufgenommen; sobald jedoch die einheimischen Firmen dieses Wissen absorbiert hatten, wurden die *gaijin* (Ausländer) daran gehindert, irgendeine entscheidende Rolle in der japanischen Binnenwirtschaft zu spielen. Andere große Weltstädte – wie etwa London, New York und Hongkong – verdanken ihre finanzielle Grundlage verschiedenen Völkern; Tokio ist vielleicht die einzige führende Weltmetropole, bei der dies entschieden nicht der Fall gewesen ist.

Das deutlichste Muster der Japanisierung liefert die Entwicklung der japanischen Industrie. Zunächst war sie von technologischen Fachkräften aus Großbritannien abhängig, die von der in Hongkong ansässigen Firma Jardine Matheson ins Land geholt wurden[44], doch mit der rapiden Gründung neuer technischer Hochschulen auf allen Inseln wuchs auch der Grundstock einheimischer Wissenschaftler und Techniker[45], und es waren die Absolventen dieser Schulen, die ihrerseits als Gründer neuer Unternehmen beziehungsweise bei der Modernisierung alteingesessener Firmen in Schlüsselbereichen wie der Petrochemie und der Elektroindustrie schließlich die führende Rolle spielten.[46]

Der Druck, dem sich diese neuen Führungskräfte – die Ahnherren der gegenwärtigen «geplanten Diaspora» – ausgesetzt sahen, war enorm. Die unaufhaltsam steigende Geburtsrate und die damit einhergehende Steigerung des Verbrauchs führten zu einer raschen Zunahme der Einfuhren und der daraus folgenden Notwendigkeit, neue Märkte für den Export zu erschließen. Die

Auswanderung, die sich als Schlüssel zur Reduzierung eines solchen Überdrucks in Europa erwiesen hatte, kam für Japan so gut wie gar nicht in Frage, denn zu Beginn des 20. Jahrhunderts hatten die Haupteinwanderungsländer wie die Vereinigten Staaten[47], Kanada[48] und Australien ihre Tore für Japaner verschlossen. Nur in Brasilien, wo bis Ende der dreißiger Jahre 137 000 Japaner eingewandert waren, fanden sie eine halbwegs wohlwollende Aufnahme.[49]

Da ihnen der konventionelle Weg der Bildung einer eigenen globalen Diaspora versperrt war, konzentrierten die Japaner ihre Aufmerksamkeit auf andere Mittel und Wege, ihren Einfluß in der Weltwirtschaft auszudehnen. Zu den entscheidenden Trägern dieser Expansion gehörten die *sogo shosha*, die Handelsgesellschaften. Manche, wie etwa der Mitsui-Clan, waren aus den Handelsnetzen der Tokugawa-Ära hervorgegangen. Als der Handel mit der Außenwelt möglich wurde, gehörten die Mitsuis zu den ersten Gesellschaften, die ihre Leute ins Ausland schickten. Schon drei Jahre nach der Errichtung der neuen Ordnung befanden sich sowohl Familienmitglieder als auch vielversprechende Firmenangestellte zur Ausbildung in Übersee, darunter eine kleine Gruppe, die in den Textilfabriken von Lowell (Massachusetts) die Technik der industriellen Fertigung studieren sollte.[50]

Die ersten Schritte dieser Auslandsexpansion waren klein und schlecht koordiniert. Da sie über keinerlei Marktkontakte verfügten, wurden die ersten Auslandsgeschäfte – etwa von Mitsui – über die japanische Botschaft in London abgewickelt. An vielen anderen Orten waren die Sprachkenntnisse und Handelskontakte der Japaner so begrenzt, daß sie chinesische Mittelsmänner beschäftigen mußten, die wenigstens etwas Englisch sprechen und die von den Japanern verwendeten chinesischen Schriftzeichen erkennen konnten.[51]

Schon um die Jahrhundertwende jedoch konnten Mitsui und andere bedeutende *sogo shosha* – darunter Mitsubishi und Sumitomo – ihre eigenen Emissäre sowohl in den Westen als auch in die wichtigsten Hafenstädte Asiens entsenden.[52] Diese als *zaiba-*

tsu bezeichneten Riesenunternehmen mit ihren industriellen und finanziellen Tochtergesellschaften kontrollierten ein Viertel des gesamten japanischen Firmenvermögens und drei Viertel des industriellen Anlagevermögens.[53] Gemeinsam bildeten sie die Speerspitze einer bemerkenswerten Exportoffensive, die zur Verdreifachung der japanischen Ausfuhren zwischen 1895 und 1905 fuhrte.[54]

Bereits in den 30er Jahren lebten fast eine halbe Million Japaner als sogenannte «Wandervögel» vorübergehend im Ausland, darunter die Vertreter der *zaibatsu* sowie unabhängige Händler und Studenten.[55] An der Spitze dieses weltweiten Netzwerkes stand eine neue Managergeneration – Männer mit Hochschulausbildung wie Hikojiro Nakakamigawa von Mitsui, Heigoro Shoda von Mitsubishi und Saihei Hirose von Sumitomo, die dazu beitrugen, die Familien-*zaibatsu* alten Stils in moderne Weltfirmen zu verwandeln. Unter ihrer Leitung schufen die *honsha* oder Stammhäuser ein breites Netz assoziierter, aber oft völlig selbständiger Firmen, deren Produkte oder Dienstleistungen vom Stammhaus finanziert und mittels seines globalen Netzwerks verteilt wurden.[56]

Wenn auch die Händler und *zaibatsu*-Vertreter als Elite der Diaspora das Gesicht Japans für die Außenwelt prägten, verdankten sie ihren wachsenden internationalen Einfluß vor allem der zunehmenden Effizienz des einheimischen industriellen Apparats. Diese Entwicklung wurde damals von fast allen westlichen Beobachtern übersehen[57], die in der Regel die Japaner abschätzig als reine Nachahmer betrachteten, denen in der Weltwirtschaft eine eher komische Rolle zukomme. G. C. Allen, der in den zwanziger Jahren als Lehrer an eine Schule in Nagoya kam, schrieb später über diese Einstellung: «Nur Menschen westlicher Herkunft, so glaubte man damals, wären in der Lage, Hebel und Ventile zu bedienen.»[58]

Im Gegensatz zur «Selbstgefälligkeit», die er bei den Europäern und Amerikanern konstatierte, konnte Allen beobachten, daß japanische Firmen dabei waren, ein eigenes Produktionsmodell

zu entwickeln, das sich weitgehend auf kleinere Firmen und damit auf die in der Tokugawa-Ära entwickelten Fähigkeiten und
Einstellungen stützte.[59] Selbst auf dem Höhepunkt der *zaibatsu*-
Vorherrschaft, als die Regierung die Entstehung großer Fabriken
nach europäischem Muster förderte und subventionierte, blieb
die Mehrheit der japanischen Arbeitskräfte in den buchstäblich
Tausenden von Kleinbetrieben beschäftigt, wo in «mechanisierter
Heimarbeit» nach wie vor der größte Teil der Inlandsproduktion
entstand.[60]

Angesichts der von ihm beobachteten Flexibilität und Reak-
tionsschnelligkeit solcher Betriebe, die oft als wichtigste Zulieferer der großen Unternehmen funktionierten, meinte W. R. Crok-
ker einen neuen, spezifisch japanischen Weg des industriellen
Fortschritts auszumachen, dessen materielle Grundlage kleinere
Produktionseinheiten seien, zusammengehalten durch ein gemeinsames Ethos der gegenseitigen Hilfe. Japan sei dabei, «eine
bis heute völlig unbekannte Form der Industriegesellschaft» zu
entwickeln.[61]

Solche Kleinbetriebe gediehen auch neben den größeren Industrieunternehmen in den Großstädten. In den zwanziger Jahren
staunte Allen über die Energie und den Fleiß der kleinen Handwerksbetriebe Nagoyas. Fünf Jahrzehnte später erinnerte er sich:
«Ein Großteil der Arbeit wurde mit der Hand verrichtet, wobei
die Handwerker Geräte benutzten, die mir völlig fremd waren.
Da es überall elektrischen Strom gab, verwendete man allenthal-
ben kleine Elektromotoren, um die Kleinstmaschinen anzutrei-
ben. Es gab zahlreiche kleine Metallwerkstätten und Maschinen-
baubetriebe, die aus zwei oder drei Räumen bestanden, in denen
jeweils zwei oder drei Bohrmaschinen oder Drehbänke standen.
Überall wurde offensichtlich bis spät in die Nacht gearbeitet.»[62]

Solche kleinen Handwerksbetriebe erwiesen sich als entscheidende Stütze bei den Bemühungen größerer japanischen Firmen,
mit der Katastrophe der Weltwirtschaftskrise fertig zu werden,
die zu einem schlagartigen Rückgang der japanischen Exporte
auf weniger als die Hälfte des Standes von vor 1929 führte. Unter

dem Zwang der Kostenreduzierung bei gleichzeitiger Verbesserung ihrer Produkte blieb die relative Zahl sowohl der Firmenbankrotte als auch der Entlassungen bei diesen kleinen Betrieben und ihren größeren Abnehmern weit unter den entsprechenden Zahlen für die Vereinigten Staaten oder andere westliche Länder.

Diese Firmen reagierten auf die schwierige Situation, indem sie ihr Produktangebot erweiterten. Statt einfacher Textilien boten sie jetzt eine breite Palette hochwertiger Güter an, oft zu erheblich niedrigeren Preisen als ihre westlichen Konkurrenten. In den USA hergestellte Mikroskope zum Beispiel, die im Großhandel 7,50 Dollar kosteten, sahen sich plötzlich der Konkurrenz durch japanische Geräte ähnlicher Qualität ausgesetzt, deren *Ladenpreis* weniger als zwei Dollar betrug.[63]

Selbst auf dem Höhepunkt der Weltwirtschaftskrise, als ein Großteil der Handelsflotten der Welt müßig vor Anker lag, waren japanische Handelsschiffe auf den Weltmeeren höchst aktiv. Neue Rohstoffquellen und neue Märkte wurden aufgetan. «Unsere unternehmungslustigen Händler finden heute den Weg in die entferntesten Winkel der Erde», schrieb Ginjiro Fujihara von der Firma Oji Paper. «So anstrengend das Klima auch sein mag, diese modernen Pioniere fahren überallhin, wenn es gilt, japanische Güter zu verkaufen.»[64]

In Verbindung mit der beständigen Verbesserung der Qualität japanischer Produkte führten solche Anstrengungen bald dazu, daß Japan seinen Hauptkonkurrenten in einigen wichtigen Bereichen wie der Seidenproduktion den Rang abgelaufen hatte.[65] Mochten die Hersteller in Europa jammern, vor allem in Italien, das lange Zeit als Produktionszentrum für hochwertige Seide galt; *Fortune* bemerkte jedoch 1936: «Während die italienische Presse etwas von gelber Gefahr und Sozialdumping und Europa erwache schrie, hat Italiens Regierung zugegeben, daß der wirkliche Grund für die Verkaufserfolge japanischer Seide in einem Land, das selbst Seide herstellt, darin liegen könnte, daß die japanischen Maschinen und die japanische Organisation einfach besser sind.»[66]

Japans Griff nach der Weltmacht

Der Widerstand gegen die wirtschaftliche Expansion Japans in Nordamerika, Europa und den Kolonialreichen der westlichen Länder zwang Japan zu einer allmählichen Neuausrichtung seiner Wirtschaftsstrategie. Während japanische Firmen weiterhin versuchten, ihre Marktanteile im Westen auszubauen, verlagerte sich der Schwerpunkt ihrer Expansion immer mehr nach Ostasien, wo der wirtschaftliche und politische Widerstand erheblich geringer war.

Bereits in den achtziger Jahren des 19. Jahrhunderts hatten japanische Händler mit der Erschließung der nahegelegenen Gebiete, insbesondere der koreanischen Halbinsel, begonnen. 1894 hatten japanische Agenten einen Aufstand in Korea provoziert, der einen willkommenen Vorwand lieferte, das unglückliche Land dem schwankenden chinesischen Reich zu entreißen. Innerhalb eines knappen Jahres konnten die Japaner die Halbinsel unter ihre Kontrolle bringen und ließen sich obendrein bei den Friedensverhandlungen ihren Anspruch auf Formosa und die wertvolle Liaotung-Halbinsel bestätigen.[67]

Mit dem spektakulären Sieg des japanischen Militärs im Russisch-Japanischen Krieg 1904/5 wurde Rußland als Hauptkonkurrent Japans in der riesigen und an Rohstoffen reichen Mandschurei ausgeschaltet. Die auf dem Papier noch zum chinesischen Reich gehörende Provinz wurde japanisches Einflußgebiet, Basis für eine imperialistische Expansion, die nach Ansicht der japanischen Nationalisten und Militaristen sowie der hinter ihnen stehenden und sie finanzierenden Wirtschaftskreise den einzigen Weg darstellte, Japan auf die gleiche Ebene wie die anderen großen Wirtschaftsmächte zu heben.[68] Schon 1906 begann der einflußreiche spätere Premierminister Koki Hirota als Mitglied der imperialistischen Geheimgesellschaft «Schwarzer Drache» den Gedanken einer «asiatischen Monroe-Doktrin» zu propagieren: die Welt wäre demnach in europäische, amerikanische und japanische Einflußsphären aufzuteilen, wobei Japan die uneingeschränkte Verfügungsgewalt über die Mandschurei und den größten Teil des übrigen Ostasiens zufallen sollte.[69]

Mit der Einrichtung des Marionettenstaats Mandschukuo 1931 begann diese japanische Monroe-Doktrin in der Wirklichkeit Gestalt anzunehmen. Angespornt durch die Entwicklungsprojekte wichtiger *zaibatsu* wie Mitsubishi oder Mitsui[70], wurden über eine Million japanische Staatsangehörige – meistens koreanischer Nationalität – in der ehemaligen chinesischen Provinz angesiedelt, deren Bevölkerung in drei Jahrzehnten um das Dreißigfache zunahm.[71] In Fuschun errichteten sie die größte Steinkohle-Tagebauzeche der Welt und beuteten die nahe gelegenen großen Eisenvorkommen aus.[72]

Das junge Kolonialreich wurde bald zur Pflanzstätte für neue Schlüsselindustrien, wie zum Beispiel Kunstdünger, der zur Ernährung der wachsenden Bevölkerung Japans dringend gebraucht wurde.[73] Die natürlichen Ressourcen Koreas und später der Mandschurei – vor allem der billige Strom aus Wasserkraft – eröffneten den japanischen Unternehmen bisher ungeahnte Möglichkeiten, ihre Tätigkeit zu erweitern und mit neuen Technologien zu experimentieren. Für Japan spielten China und Korea die Rolle eines *Frontier*, wurden zu Ländern unbegrenzter, neuer und gewaltiger Entwicklungsmöglichkeiten.[74]

Als die Westmächte gegen Japans Vorgehen protestierten, waren offizielle Kreise in Tokio der Meinung, wie es ein amerikanischer Beobachter 1925 formulierte, daß «die anderen Mächte, die ohnehin schon alles besitzen, was sie haben wollen, in dem Augenblick einen moralischen Anfall bekommen und nicht mehr mitspielen wollen, als Japan ein Talent für das Raffen entwickelt»[75]. Auch der Amerikaner Milton van Slyck, Redakteur der Zeitschrift *Business Week*, gab zu, daß der Konflikt um China in erster Linie wirtschaftliche Gründe habe; den späteren Krieg im Pazifik bezeichnete er als «einen Krieg, bei dem es letztendlich um Kohle und Erz geht». Die «Habenichtse», Länder mit geringen Rohstoffvorkommen wie vor allem Japan und Deutschland, hätten Gebiete in Rußland und Asien unter ihre Kontrolle gebracht,

um mit den Briten und Amerikanern gleichzuziehen, die in Nordamerika beziehungsweise den Kolonien über riesige Rohstoff-
reserven verfügten.[76]

Obwohl der Profit ihre wichtigste Triebkraft bildete, wurde die
japanische Expansion in Asien auch auf breiter Ebene ideologisch
untermauert. Viele Japaner, sowohl im privaten Sektor als auch
in der Regierung, sahen in ihrem Land den vom Schicksal bestimmten Vorkämpfer «asiatischer Wurzeln und asiatischer Solidarität» gegen die Vorherrschaft des Westens.[77] Schon um die
Jahrhundertwende hatte Japan asiatischen Nationalisten wie Sun
Yat-sen als Stätte des Asyls und der weiteren Ausbildung gedient.[78] Später, bei der Versailler Konferenz, kämpfte die japanische Delegation gegen Teile des Vertragswerks, die wesentliche
Rassenvorurteile und -vorteile festschrieben.[79]

Auch viele Asiaten unterstützten – zunächst jedenfalls – die
Japaner in ihrer selbsternannten Führungsrolle. Als erste nichtweiße Nation mit Weltmachtstatus mußte Japan für seine Nachbarn eine besondere Faszination ausüben. Entscheidender war
die Wirkung der Siege über die Russen 1904/5 und über die Anglo-Amerikaner und ihre Verbündeten Anfang der vierziger Jahre
auf solche bedeutenden asiatischen Nationalisten wie den Inder
Subhas Bose, der im Zweiten Weltkrieg Japan unterstützte und
schließlich dorthin floh.[80] Auch der frühere indonesische Außenminister Mochtar Kusumaatmadjah meint: «Eine ganze Generation erinnert sich mit Dankbarkeit an die Japaner... Mit den
Weißen war es vorbei, als wir sie als Kriegsgefangene sahen.»[81]

Vor diesem ideologischen Hintergrund betrachteten Hunderttausende von Japanern die Auswanderung in die Länder ihrer
expandierenden asiatischen Einflußsphäre als eine Art *Manifest
Destiny*, nicht viel anders als die angloamerikanischen Siedler,
die Texas und Kalifornien schließlich der Herrschaft Mexikos
entrissen. Wenn sich die japanischen Aussiedler den «Eingeborenen» überlegen fühlten, und das taten die meisten zweifellos, so
ähnelten sie auch insofern vielen Siedlern des amerikanischen
Westens, als sie das Gefühl hatten, lediglich von einem Teil des

naturgegebenen Herrschaftsbereichs ihrer Nation in einen anderen zu ziehen.

Ichiro Momosakas Familie verließ um die Jahrhundertwende die südliche Insel Kiuschu und wanderte nach Pusan aus, einer aufstrebenden Hafenstadt in Korea. Unter der japanischen Oberhoheit expandierte die koreanische Wirtschaft stark, und Momosaka betrachtete sich nie als Eroberer in einem fremden Land, sondern als Pionier, der in einem relativ unterentwickelten neuen Land Fuß faßte. Noch heute blickt der noch rüstige Mann, Chef einer kleinen Import-Export-Firma in der südjapanischen Stadt Fukuoka, mit Wehmut zurück: «Ich wurde wie viele Japaner in Korea geboren, und ich sah die Koreaner nicht als minderwertig an. Sie waren meine Freunde. Wir arbeiteten zusammen. Wir gingen gemeinsam mit ihnen in die Schule. Wir hatten gemeinsame Werte und ein gemeinsames Leben. Mir kam das nicht unnatürlich vor, und ihnen vielleicht auch nicht.»[82]

Ein solches gesamtasiatisches Bewußtsein durchdrang auch die Spitzen der Regierung und der Wirtschaft. In den dreißiger Jahren betrachteten viele japanische Führer die Yamato-*minzoku* (Yamato-Rasse) nicht als imperialistische Herrenrasse, sondern als eine Art «auserwähltes Volk» Asiens, dessen Bestimmung es wäre, die asiatischen Brüdervölker vom Joch der europäisch-amerikanischen kulturellen und wirtschaftlichen Herrschaft zu befreien.[83] In gewisser Hinsicht waren solche Vorstellungen nicht weniger idealistisch als die der Briten, die zusammen mit dem eroberten Reichtum gerne auch «die Bürde des weißen Mannes» schulterten. Zwei Jahre vor dem Angriff auf Pearl Harbor (1941) skizzierte General Kenkichi Uyeda, Kommandant der Kwangtung-Armee in der Mandschurei, die Grundelemente dieser Vision: «Ich glaube fest daran, daß unsere Macht als Stabilisierungsfaktor in Ostasien weiter gestärkt werden muß und daß damit eine neue, ganz eigene und in ihren Ursprüngen östliche Zivilisation geschaffen werden muß, um die westliche Zivilisation abzulösen und eine geistige Wende herbeizuführen, die unter allen Menschen auf der ganzen Erde verbreitet werden soll.»[84]

Uyeda sprach von der Errichtung einer «neuen Ordnung in Asien», um diese Ziele zu erreichen; innerhalb eines Jahres sollte diese Ordnung als «Großostasiatische Wohlstandssphäre» Gestalt annehmen. Nach diesem Plan wollten die Japaner alle Länder von Japan bis Südostasien in eine einheitliche und autarke Wirtschaftszone zusammenfassen. Bis 1950 sollten nach den Vorstellungen des japanischen Ministeriums für Gesundheit und Soziales etwa 12 Millionen Japaner in diesem Gebiet, von Neuseeland im Süden bis Korea im Norden, angesiedelt werden.[85]

Ähnlich wie die von ihnen geschmähten Kolonialisten aus Großbritannien und anderen europäischen Ländern nahmen die Japaner in dieser neuen Ordnung einen bevorzugten Platz ein. Die nicht zur «Familiennation» Japan gehörenden Völker Asiens galten als jüngere Brüder oder Seitenlinien der Hauptfamilie. Für die meisten von ihnen kam etwa eine höhere Schulbildung, so die japanischen Propagandisten, genausowenig in Frage wie etwa für die Zöglinge eines Kindergartens. Selbst die japanisch ausgebildeten und völlig «nipponisierten» Eliten dieser Völker hätten der Yamato-Rasse nichts beizubringen.[86] Schließlich sollten nach den Vorstellungen japanischer Regierungskreise die neuen japanischen Aussiedler in den Ländern der Großasiatischen Wohlstandssphäre selbst die örtliche Elite bilden, in eigenen *Nipponmachi* («Japan-Städten») wohnen und Mischehen tunlichst vermeiden.[87]

Solche rassistischen Haltungen, die schon die Kolonialvölker gegen die Europäer aufgebracht hatten, erwiesen sich für die Japaner auch bald als Bumerang. Manche örtlichen Eliten, die – wie in Indonesien – direkt von der japanischen Besatzung profitierten, unterstützten sie weiterhin, doch Millionen andere Menschen, die von den Japanern zur Fronarbeit an riesigen Konstruktionsprojekten gezwungen wurden und aufgrund der Zwangsrequirierung von Reis hungerten, wandten sich voller Zorn gegen ihre neuen Herren.[88] Selbst einige der ergebensten asiatischen Anhänger Japans, wie etwa der Burmese Ba Maw, denunzierten schließlich ihre «Brutalität, Arroganz und rassistische Anmaßung»[89].

Doch die schwerwiegendste Fehlkalkulation der Japaner lag wohl in der unter Intellektuellen und Militaristen gleichermaßen verbreiteten Annahme, die Amerikaner und Engländer würden nach ihrer militärischen Niederlage die von Japan proklamierte «neue Ordnung» in Asien widerstandslos hinnehmen. Anstatt die Stärke ihrer Gegner nüchtern einzuschätzen, zogen es viele japanischen Führer vor, die Überlegenheit ihres nationalen Kampfgeistes gegenüber den materiell besser ausgestatteten Anglo Amerikanern zu betonen. Noch im Sommer 1944 meinte ein japanischer Admiral: «Auf dem Gebiet militärischer Operationen ist Entschlossenheit wichtiger als Stärke.»[90]

Als Gefangene ihrer eigenen Rhetorik war die weitgehend aus dem Militär und rechtsextremen Kreisen rekrutierte japanische Führung weder von ihren Kenntnissen noch von ihren analytischen Fähigkeiten her in der Lage, das Wesen der Gegner zu erfassen, deren Zorn sie auf sich gezogen hatten. Wie ein altes japanisches Sprichwort sagt: «Der Frosch im Brunnen weiß nichts vom Ozean.»[91]

Das Wunder wird wiederholt

Der Krieg zertrümmerte die Traumwelt der japanischen Führer und vernichtete etwa ein Viertel des Nationalvermögens.[92] Doch die entscheidenden kulturellen Faktoren, die den japanischen Erfolgen der Vergangenheit zugrunde gelegen hatten, wurden nicht zerstört – die aggressive Aneignung von Fähigkeiten und Fertigkeiten, die Beibehaltung kultureller Eigenarten, die durch *ie* und gegenseitige Abhängigkeitsbeziehungen gekennzeichnete Geschäftskultur.

In gewisser Weise waren die Architekten der japanischen Nachkriegserfolge durch widrige Umstände wie den Mangel an Ressourcen sogar gezwungen, sich noch mehr als die Imperialisten der dreißiger Jahre auf diese kulturellen Faktoren zu stützen.

Obwohl sie der Gewalt abgeschworen hatten, blieben die neuen
Führer Japans dem traditionellen Ziel treu, die Unabhängigkeit
ihrer Nation gegenüber fremder Beeinflussung und Beherrschung
um jeden Preis zu wahren.

Am deutlichsten kam dieses Ziel in der Politik des Finanzministeriums zum Ausdruck. Obwohl nach dem Zweiten Weltkrieg
eine schmerzliche Kapitalknappheit herrschte und amerikanische
Investitionen der Wirtschaft Westeuropas und, nach 1950, vieler
asiatischer Länder auf die Beine geholfen hatten, weigerten sich
japanische Regierungsbürokraten und Wirtschaftsführer – unter
Ausnutzung der traditionellen Angst vor fremder Beherrschung –
konsequent, einen ähnlich massiven Zustrom ausländischen Kapitals zuzulassen.

Statt dessen entwickelte die japanische Führung ein einmaliges
System der Finanzierung, das, wie der Wirtschaftswissenschaftler Masasuke Ide von der Nomura School of Advanced Management nachgewiesen hat, vor allem dazu diente, den Aufbau
der Industrie voranzutreiben. Das System förderte auch die Entwicklung von Arbeitgeber-Arbeitnehmer-Kapitalsammelstellen[93]
und sorgte durch den Erlaß von Schutzmaßnahmen und Anreizen
dafür, daß japanische Unternehmen mit Gewinnspannen überleben konnten, die um mehr als zwei Drittel unter denen ihrer
westlichen Konkurrenten lagen.[94]

Dieses System, so Ide, erlaubte japanischen Firmen Praktiken,
die vom westlichen Standpunkt aus geradezu «räuberisch» erscheinen: etwa das Einstecken langfristiger Verluste auf ausländischen Märkten, um Marktanteile zu halten, oder die Investition
riesiger Kapitalmengen in neue Produkte und Innovationen fast
ohne Rücksicht auf kurzfristige finanzielle Gewinne. Die Zulässigkeit niedriger Profitraten spielte nach Ides Meinung eine entscheidende Rolle bei der Herausbildung des für Japan kennzeichnenden «effizienzorientierten Managements» und der Schaffung
günstiger Bedingungen für die gewaltige äußere Expansion des
Stammes.[95] In den späten achtziger Jahren wurden im Rahmen
des Systems die Preise für japanische Anlagewerte dergestalt in

die Höhe getrieben, daß die japanische Wirtschaft trotz erheblicher Liberalisierung im Vergleich zu anderen bedeutenden Industrieländern für ausländische Direktinvestitionen effektiv geschlossen blieb. Im Durchschnitt investierten ausländische Direktanleger in Deutschland viermal, in Frankreich zehnmal, in Großbritannien fünfundzwanzigmal soviel wie in Japan.[96]

Doch können diese politischen Maßnahmen für sich genommen den wirtschaftlichen Erfolg Japans kaum erklären. In den vergangenen fünfzig Jahren haben die Regierungen vieler Länder – darunter so diverse wie Argentinien, Indien, Mexiko und sogar Frankreich – versucht, industrielles Wachstum durch finanzielle Kontrollen und in manchen Fällen erheblich stärkere Regierungsinterventionen als in Japan zu fördern. Aber keinem dieser Länder ist auch nur annähernd ein solcher globaler Erfolg beschieden worden wie Japan.

Tatsächlich liegt das Geheimnis dieses verblüffenden Aufstiegs nicht so sehr in den Maßnahmen der Regierungsbürokratie als vielmehr in der Wiederbelebung der traditionellen japanischen Wirtschaftskultur. Wie in der Tokugawa-Ära, in der Meiji-Periode – und wieder in den Jahren vor dem Krieg im Pazifik – haben die Japaner es geschafft, ihre eigene Wirtschaftsweise neu zu erfinden, um sie den neuen Herausforderungen anzupassen.

Wie so oft im Verlauf der japanischen Geschichte stammen viele der Unternehmer, die diesen Prozeß in den Nachkriegsjahren vorantrieben, ursprünglich vom Rande des von Maurice Bairy beschriebenen Rads, oft aus den Reihen des kleinen Handwerks oder der Zulieferer. Wie viele Unternehmer der Meiji-Ära kamen einige dieser neuen Industriellen aus ländlichen Gebieten und verfügten nur über eine minimale Bildung; in einer Harvard-Studie von 1955 über Metallgießereien heißt es, daß die meisten Firmenchefs aus bäuerlichen Verhältnissen oder aus den Reihen des traditionellen Handwerks stammen.[97]

Die früheren *zaibatsu* waren ihrerseits kaum in der Lage, diesen neuen Aufschwung anzuführen. Viele ihrer herausragenden Kräfte – darunter die Vorstände von 245 führenden japanischen

Firmen – waren von den amerikanischen Besatzungsbehörden
aus wirtschaftlichen oder politischen Leitungsfunktionen hinaus-
gesäubert worden.[98] Gleichzeitig lagen die Fabriken, in denen so
viel Kapital investiert worden war, in Trümmern, ganz zu schweigen vom Verlust der Tochtergesellschaften im früheren Reichs-
gebiet, von denen sie in den dreißiger und vierziger Jahren
zunehmend abhängig geworden waren.[99]

«Die Auflösung der *zaibatsu* schuf in Japan ein marktwirt-
schaftliches System freier Konkurrenz», schreibt der Wirtschaftswissenschaftler Ken-ichi Imai von der Hitotsubashi University.
Während sich die älteren Gruppierungen wieder untereinander
zusammenschlossen, blieben die neuen, jüngeren Führer flexibler, unabhängiger vom Zentrum und seiner Kontrolle. Diese
neue «Demokratie in der Wirtschaft» mit ihren kleineren Einheiten und flexibleren, weniger hierarchisch gegliederten Beziehungen war laut Imai entscheidend für die sprunghafte Entwicklung
der Wirtschaft nach dem Krieg.[100]

Imais These stellt einige der herkömmlichen Vorstellungen
über die Entwicklung des modernen Japan in Frage. Viele Beobachter – wie etwa der frühere Beamte im US-Handelsministerium
Clyde Prestowicz oder der Autor Karel van Wolferen – sehen
Japans wirtschaftlichen Aufstieg als Ergebnis einer engen Zusammenarbeit zwischen den japanischen Riesenunternehmen und der
mächtigen Regierungsbürokratie, insbesondere dem Ministerium für Außenhandel und Industrie *(Ministry of International
Trade and Industry MITI)*. «Die wenigen großen Firmen, die
noch von starken Unternehmern geführt werden, gelten heute als
mehr oder minder nebensächlich für die eigentliche Macht in der
Wirtschaft», schreibt van Wolferen in seinem monumentalen
Werk *Vom Mythos der Unbesiegbaren* – entscheidend seien die
riesigen industriellen Zusammenschlüsse, die Regierungsbürokratie und die Institutionen der Hochfinanz.[101]

Die Nachkriegsära hat jedoch – ganz im Gegensatz zu dieser
Sicht der Dinge – die kleinen Produzenten keineswegs an den
Rand gedrückt, sondern hat ihnen neue, noch nie dagewesene

Möglichkeiten eröffnet. Zwar blieben Kernindustrien wie Textilien, Stahl und Schiffbau nach wie vor in den Händen der Überreste der alten *zaibatsu*. Während sich die Riesen also diesen traditionellen und kapitalintensiven Bereichen zuwandten, wagten sich unabhängige Firmen[102] wie Sony auf neues, technisch fortgeschrittenes Terrain. Nicht die alten Riesen haben Japans Aufstieg nach dem Krieg gestaltet, sondern in erster Linie Männer aus dem Randbereich, wie zum Beispiel ein fast unbekannter Toyota-Zulieferer aus der ländlichen Gegend von Shizuoka namens Soichiro Honda, der als erster die technische Überlegenheit Japans zunächst beim Bau von Motorrädern, später in der Automobilbranche demonstrierte, oder der exzentrische Unternehmer Konosuke Matsushita aus Osaka, der eine der größten Firmen der Welt für elektrische Haushaltsgeräte gründete.

Als unabhängige Unternehmer mit nur wenigen Beziehungen zu den traditionell herrschenden Gruppen paßten sie nicht in das hierarchische, zentral geplante Modell, das die oft von ihren Erfahrungen bei der Organisation der japanischen Kriegsproduktion geprägten Regierungsbürokraten bevorzugten.[103] Ein MITI-Beamter beschrieb Hondas Ausbau der Motorradproduktion nach dem Krieg als Versuche, «die an Wahnsinn grenzen». Doch Unternehmer wie Honda überwanden schließlich den hartnäckigen Widerstand der Regierungsbürokratie, die noch 1960 Hondas Auftreten auf dem Automobilmarkt mit dem Argument verhindern wollte, das Feld sollte lieber den größeren und etablierten Marken wie Toyota und Nissan überlassen bleiben.[104]

In einem Interview, das er einige Jahre vor seinem Tode im Jahre 1991 gab, wurde der alte Unternehmer sichtbar ungehalten, als er auf das westliche Vorurteil eines von MITI-Bürokraten fachmännisch gezüchteten japanischen Wirtschaftswunders zu sprechen kam: «Die japanischen Bürokraten haben uns bei jedem neuen Schritt ein Bein zu stellen versucht. Ohne MITI wären wir noch erfolgreicher gewesen. MITI konnte keine Automobile bauen. Ich schon.»[105]

Ein solcher hartnäckiger Unternehmergeist charakterisiert

nicht nur Honda, sondern auch den riesigen Bereich kleiner, spezialisierter Firmen. Im Rahmen eines vernetzten Systems der
Zusammenarbeit, das auf die Tokugawa-Ära zurückgeht, bilden
diese Firmen das entscheidende Wurzelwerk der einmaligen Wirtschaftsstruktur Japans. Das System der Zusammenarbeit zwischen Regierung, großen und kleinen Firmen[106] läßt sich weder
als einfache, quasisozialistische «Kommandowirtschaft» noch
als «freie Marktwirtschaft» westlicher Prägung definieren. Das
System ähnelt vielmehr, wie es ein Beobachter formuliert hat,
einem Spinnengewebe ohne Spinne, mit starken horizontalen und
vertikalen Verbindungen, jedoch ohne kontrollierendes Zentrum.

Solche Netzwerke überwiegend kleiner Firmen haben, so David Friedman in seinem epochemachenden Buch *The Misunderstood Miracle*, den Japanern bei der Konkurrenz mit den
traditionellen industriellen Großmächten des Westens den entscheidenden Vorteil verschafft. Zwischen 1954 und 1977 wuchs
die Zahl der Fertigungsbetriebe mit weniger als 300 Beschäftigten
in Japan von 430 000 auf 720 000, während sie in den Vereinigten
Staaten stagnierte. Während die japanische Industrieproduktion
in die Höhe schnellte, nahm die Durchschnittsgröße der japanischen Industriebetriebe sogar ab, erreichten die Kleinbetriebe
einen Anteil am Wert der Industrieproduktion, der mehr als 50
Prozent über den amerikanischen Vergleichszahlen liegt.[107]

Diese kleineren Betriebe spielen eine entscheidende Rolle, indem sie es den größeren Firmen – etwa in der japanischen
Automobilbranche – ermöglichen, flexibel zu reagieren und insbesondere ihre Produkte schnell zu modifizieren.[108] Da sie 70 bis
80 Prozent ihrer Teile von Zulieferern beziehen, fast doppelt
soviel wie der Prozentsatz bei General Motors etwa, können die
großen japanischen Autofirmen mit *lean production* ernst machen. Toyota zum Beispiel produzierte 1989 in Japan mit 68 000
Beschäftigten vier Millionen Autos, während General Motors in
Amerika fünf Millionen Autos produzierte – mit *siebenmal so
vielen* Mitarbeitern.[109]

Kuniyasu Sakai, ein Unternehmer aus Osaka, der mehrere kleinere Industriebetriebe besitzt, erläutert das System: «Die großen Industrieunternehmen sind das nur dem Namen nach. Weder entwickeln sie ihre eigenen Produkte, noch stellen sie diese her. In Wirklichkeit ähneln diese Riesenunternehmen mehr den früheren ‹Handelshäusern›. Das heißt, anstatt ihre eigenen Produkte zu entwerfen und herzustellen, koordinieren sie in Wirklichkeit einen komplexen Entwurfs- und Produktionsprozeß, an dem Tausende von Kleinbetrieben beteiligt sind.»[110]

Zwar sind manche der von Sakai beschriebenen Firmen abhängige Zulieferer geblieben. Viele kleinere Industriefirmen haben jedoch ein enormes technologisches Know-how entwickelt. In zunehmendem Maße übernehmen solche ambitionierteren Kleinbetriebe auch die Entwicklung ihrer Produkte, stellt Banri Asunama von der Kyoto University fest, wodurch sie eine größere Kontrolle über ihre Produktion erlangen und außerdem höhere Profite erzielen.[111]

Während frühere japanische Wettbewerbsvorteile – niedriger Yen-Wechselkurs, relativ billige Arbeitskräfte und billiges Kapital – wegfallen und viele größere Firmen und ihre Zulieferer ins Ausland drängen, haben kleinere Firmen ihren Anteil an der Gesamtbeschäftigungszahl in der Industrie weiter ausbauen können. Zwischen 1975 und 1988 wuchs die Zahl der Industriearbeiter in Firmen mit weniger als 300 Beschäftigten 50 Prozent schneller als die der Arbeiter in größeren Firmen, während der Anteil der kleineren Firmen am industriellen Mehrwert von weniger als der Hälfte auf fast drei Fünftel anstieg.[112]

Im Verlauf der achtziger Jahre erhöhte sich die Konzentration solcher neuen Industrieunternehmen im Bereich der Hochtechnologien dramatisch[113], stellt der Wirtschaftswissenschaftler Tadao Kiyonari fest. In einer durch niedrige Stückzahlen und verstreute Marktnischen charakterisierten Ära werden sie die Speerspitzen der technologischen Entwicklung Japans bilden. «Die Ära der Massenproduktion ist vorbei, und das wird unser industrielles System von Grund auf verändern», sagt der weißhaarige Kiyonari voraus, der lange als Berater des MITI gearbeitet hat. «Die Entwicklung zielt auf eine besondere Form hoch-spezialisierter quasihandwerklicher Betriebe. Der japanische Schlüsselbetrieb der Zukunft wird nicht mehr als 100 bis 150 Beschäftigte haben und spezielle Produkte mit spezialisierter Technologie herstellen.»[114]

Anfang der neunziger Jahre bildete das System der Wechselbe-ziehungen zwischen innovativen kleineren Firmen und den be-kannten großen Markennamen den entscheidenden Wettbe-werbsvorteil Japans auf dem Weltmarkt. Während andere Länder versuchen, japanische Leitungsmethoden zu übernehmen oder sich mit niedrigen Lohnkosten möglichen Investoren anzudie-nern, bleiben sie weiterhin von japanischen Firmen als Lieferan-ten entscheidender Bauteile abhängig. Mitte der achtziger Jahre etwa importierte Südkorea gut ein Drittel seiner elektronischen Bauteile, im Wert von 75 Prozent des Ladenpreises der fertigen Produkte, aus Japan.[115]

Firmen wie Fuji Electronic Industries haben in der ersten Hälf-te der neunziger Jahre mit den neu industrialisierten Ländern Asiens wie Südkorea und Taiwan Bombengeschäfte gemacht. Während Fließbandarbeiten an Produzenten in diesen und ande-ren Ländern verlorengehen, ist Fujis Vorsitzender Ryonosuke Kirishima nach wie vor davon überzeugt, die Niedriglohnländer als Kunden für hochspezialisierte Produkte wie die zum Einbau von komplexen elektronischen Bauteilen in Faxgeräten, Video-kameras und PCs verwendeten Clip-Kontakte erhalten zu kön-nen.

In den letzten zwei Jahrzehnten ist es der Firma immer wieder gelungen, ihre Bauteile in dem Maße zu schrumpfen, wie Haus-halts- und andere elektronische Geräte kleiner wurden. Durch hohe Investitionen in neue Technologie – finanziell und techno-logisch unterstützt von der Sumitomo-Gruppe, einer wichtigen *keretsu* mit großen Beteiligungen in der Metall- und Elektronik-branche[116] – ist Fuji inzwischen in der Lage, Bauteile zu produ-zieren, die tatsächlich nirgendwo sonst auf der Welt hergestellt werden können. Fuji gehört zum Beispiel zu den wenigen Firmen, die Kontakte für den Walkman herstellen können, dessen Verkaufszahlen sich in den achtziger Jahren verfünffachten.[117] Unter dem Schutz dieses technischen Vorsprungs konnte nicht einmal der «Schock» der schnellen Yen-Aufwertungen dem Absatz der Firma etwas anhaben, der sich zwischen 1987 und 1990 auf 16 Millionen Dollar verdoppelte.

Bei grünem Tee in einem mit neuen Firmenprodukten geschmückten Konferenzraum erklärte mir der grauhaarige und mit einem einfachen blauen Kittel gekleidete Kirishima, daß die zur Herstellung solcher Produkte erforderliche besondere Sorgfalt nur in Japan zu finden wäre. Indem er als Beispiel eine wie feinster Schmuck zusammengeschweißte Kette goldfarbener Verbindungselemente hochhielt, sagte er: «Unabhängig vom hohen Kurs des Yen: niemand sonst kann diese Güter herstellen. Ganz gleich, wie hoch der Preis: man muß bei uns kaufen. Zusammenbauen kann man überall, aber bislang kann niemand außerhalb Japans solche Produkte herstellen. Das Material und die Maschinen findet man nur hier.

Die Japaner haben einen Sinn für feine Präzisionsarbeit. Im Westen bekommen Sie diese großen Ideen. Aber japanische Firmen haben den Mut, die kleinen Sachen als Herausforderung anzunehmen, an die sich sonst niemand heranwagt. Das ist der Unterschied.»[118]

Pazifische Träume

Dem rücksichtslosen Antrieb solcher Industriellen wie Kirishima verdankt Japan eine wirtschaftliche Vormachtstellung, wie sie selbst den Militaristen im Zweiten Weltkrieg unvorstellbar erschienen wäre. Ohne Unterstützung durch Flotten oder Armeen hat sich der wirtschaftliche Einfluß Japans über alle Kontinente verbreitet, wird Japans wirtschaftliche Leistung von Völkern auf dem ganzen Erdball bewundert.

Es könnte aber sein, daß sich der abgeschlossene Charakter des japanischen Wirtschaftswunders – seine Abhängigkeit von engen Verbindungen zwischen den verschiedenen Ebenen von Produzenten und Zulieferern – als Hauptbegrenzungsfaktor für die zukünftige Expansion des Stammes erweist. Mohammed Raees wohnt seit dreißig Jahren in Japan und hat diese gewaltige industrielle Expansion von innen beobachten können. Der in Pakistan geborene Biochemiker bewundert vorbehaltlos die Leistungen und kulturellen Stärken der Japaner, hat als leitender Angestellter in einigen der renommiertesten japanischen Firmen gearbeitet, hält Vorträge und veröffentlicht Artikel auf japanisch.

In Kobe, einer der kosmopolitischsten Städte Japans, bekennt Raees ein tiefes Gefühl der Entfremdung gegenüber seiner Wahlheimat. Im Gegensatz zu seinem Bruder, der sich dem Leben im US-Bundesstaat Maryland ohne Schwierigkeiten angepaßt hat, fühlt sich Raees immer noch als Außenseiter in der japanischen Gesellschaft, die sich seiner Meinung nach als grundsätzlich unfähig erweist, den *gaijin* als wirklich gleichberechtigt anzuerkennen. Raees erklärte: «Ich denke auf japanisch, ich schreibe auf japanisch, aber ich könnte nie als Japaner akzeptiert werden. Von einer Internationalisierung der japanischen Gesellschaft zu sprechen ist einfach Unsinn. Japaner sind Experten in Sachen Japanisierung, nicht Internationalisierung. Sie akzeptieren alles, was aus dem Ausland kommt – alles außer einem menschlichen Wesen. Auf der Ebene gibt es eine Mauer.»[119]

Die meisten Japaner, glaubt Raees, legen zweierlei Maß an, je nachdem, ob sie mit Japanern oder anderen Menschen zu tun haben. In ihren gegenseitigen Beziehungen können Japaner unendlich verständnisvoll sein und einen bemerkenswert engen Grad der Zusammenarbeit erreichen. Im Vergleich dazu, so Raees, bleibt das japanische Bild der Ausländer – selbst solcher Menschen, die sich ausführlichst mit japanischer Sprache und Kultur beschäftigt haben – weitgehend selbstzentriert, befangen in den gängigen, von der Schule, den Medien und ähnlichen Instanzen vermittelten Stereotypen.

In dieser Hinsicht spiegeln sich in den Japanern von heute nach Ansicht des Gelehrten Masao Yamaguchi immer noch viele grundlegende Merkmale der uralten japanischen «Dorfkultur», etwa ihre engstirnigen Vorurteile, denen selbst die Bewohner benachbarter Städte als «Außenseiter» galten.[120] Die Japaner sind jedoch längst keine Nation von Dorfbewohnern mehr, sondern eine globale Gemeinschaft, und solche traditionellen Ansichten, die zu Hause ihre Funktion haben mögen, können sich auf der Weltbühne als geradezu selbstmörderisch erweisen.

Die Fortdauer dieser «Dorfkultur» unterstreicht die wesentlichen Unterschiede zwischen den Erfahrungen der Japaner und denen anderer bedeutender globaler Gemeinschaften. Anders als die Juden und die Briten – und später die Chinesen und Inder – erlangten die Japaner ihre globale Vormachtstellung ohne fortgesetzte und enge Beziehungen mit anderen Völkern. Anders als die Juden, die auf eine über zwei Jahrtausende lange Geschichte der Interaktion mit anderen Kulturen zurückblicken können, oder die Briten, die sich über den ganzen Erdball verbreitet und sich mit vielen anderen Rassen vermischt haben, begegnen die Japaner der globalen Gesellschaft immer noch im Kontext einer außerordentlich beschränkten Stammeserfahrung.

Historisch betrachtet war diese Absonderung größtenteils ein Produkt der geographischen Isolierung Japans. Sie wurde verschärft durch die erzwungene Abschließung Japans unter der Tokugawa-Herrschaft von der Mitte des 17. bis zur Mitte des 19. Jahrhunderts, eine Politik, die wesentlich von der Furcht vor der Ansteckung durch westliche Ideen, insbesondere das Christentum, und der Eroberung durch westliche Waffengewalt diktiert wurde.[121] Die Europäer, so erzählten die fremdenfeindlichen Beamten des Schogunats ihrem Volk, seien im Grunde «Barbaren» und stammten aus einem «Land der Tiere, die bloß wie Menschen aussehen».[122]

Zwar wurde in der Meiji-Ära die Fremdenfeindlichkeit abgemildert, doch der Krieg im Pazifik und seine Vorbereitung war, wie der Historiker John Dower gezeigt hat, von einer Wiederbelebung solcher Vorurteile begleitet. Die Amerikaner wurden unter anderem als «irregeleitete Hunde», als brutale, wilde Tiere, Dämonen und Teufel bezeichnet. Als «Rasse» seien sie «geldgierig, unmoralisch, skrupellos, eingebildet, arrogant, Anhänger des Luxus, verweichlicht, ekelerregend, oberflächlich, dekadent, intolerant, unzivilisiert und barbarisch»[123].

Diese grundlegende Antipathie, die dem Bewußtsein der Japaner während des Krieges eingehämmert wurde, überdauerte den Krieg und hat sich nach manchen Berichten in den letzten Jahren sogar verstärkt. Japanische Führer, wie zum Beispiel die Premierminister Miyazawa und Nakasone, haben die Amerikaner als im Kern faul und ohne Sinn für innere Werte verhöhnt.[124] Nakasone, der fest an die Überlegenheit Japans und den «Untergang der europäischen Rassen» glaubt, hat die Vermischung der Rassen als Erklärung für den Niedergang des Westens und insbesondere der Vereinigten Staaten ins Feld geführt. «Die Japaner haben sich seit zwei Jahrtausenden deshalb so gut behauptet, weil es hier keine fremden Rassen gibt», behauptet er.[125] 1990 wurden solche Ansichten von etwa zwei Fünftel aller Japaner geteilt, die laut Umfrage Amerikas Probleme auf die Anwesenheit zu vieler Minderheiten zurückführen.[126]

Solange solche Haltungen weit verbreitet bleiben, wird selbst ein verstärktes japanisches Engagement im Ausland, das einst als Lösung des Problems der chronischen Überschüsse in der Handelsbilanz Japans mit seinen wichtigsten Partnern angesehen wurde, am Ende nur die existierenden Spannungen weiter erhöhen. Neben ihren oft ausgezeichneten Produktionsmethoden führen japanische Firmen oft das weniger attraktive Gepäck des «Firmenegoismus» und des «Gruppenegoismus» mit sich ins Ausland, so der Autor Hiroshi Komai. Das Ergebnis ist die Errichtung einer Doppelmoral, die sich effektiv gegen Ausländer richtet. Infolge der Expansion des japanischen Wirtschaftsimperiums, so Komai, «entstehen überall auf der Welt Enklaven einer japanischen Gesellschaft, die sich durch Gruppenegoismus und Ausschluß alles Fremden auszeichnen»[127].

Diese Haltung schlägt sich auch darin nieder, daß japanische Tochterfirmen im Ausland ihren eigenen Bedarf mit Vorliebe durch Importe aus dem Mutterland decken. Eine Untersuchung aus dem Jahre 1988 ergab zum Beispiel, daß japanische Firmen in Australien mindestens vier Fünftel ihrer Betriebsausrüstung aus Japan bezogen, während amerikanische oder europäische Firmen in weit höherem Maße australischen Zulieferern oder Firmen aus Drittländern den Zuschlag gaben.[128] Ein 1991 veröffentlichter Bericht der Wirtschaftsberater des amerikanischen Präsidenten stellte fest, daß japanische Firmen in den Vereinigten Staaten im Schnitt achtmal so viel Ausrüstung importierten wie amerikanische Multis im Ausland.[129]

«Firmenegoismus und der Ausschluß alles Fremden» wirken sich auch in der alltäglichen Geschäftsarbeit solcher Tochterunternehmen aus, selbst in hochentwickelten Ländern. So werden Führungspositionen in japanischen Tochterfirmen in der Regel zehn- bis zwanzigmal häufiger als bei ihren nordamerikanischen oder europäischen Konkurrenten mit Managern aus dem Mutterland besetzt.[130] Oft hat es den Anschein, als ob japanische Manager Ausländern nicht einmal die einfachsten Leitungsaufgaben zutrauen; selbst in angeblichen Führungspositionen werden sie oft von japanischen «Schattenmanagern» übergangen, die bei allen wichtigen Entscheidungen das Sagen haben[131], und in manchen Fällen dürfen sie nicht einmal die Zentrale in Tokio kontaktieren, ohne sich vorher mit einem japanischen Mitglied der Firmenleitung abzusprechen.[132] Bruce Fane arbeitete in leitender Stellung bei einer Bank in Los Angeles, die von der Mitsui-Gruppe aufgekauft wurde. Er erinnert sich daran, wie es unter japanischer Oberaufsicht zuging: «Es wurde das ganz bestimmte Gefühl vermittelt, daß sie sich für etwas Besseres hielten – ich sah das daran, daß Amerikaner von jeder wirklichen Entscheidungsfindung ausgeschlossen wurden. Niemand hat gesagt, daß wir dumm seien, aber es lag ein Gefühl in der Luft, daß man die Amerikaner kontrollieren müßte und ihrem Urteil nicht trauen dürfte.»[133]

Im schlimmsten Fall kann diese Geringschätzung in engstirnigen und kaum verdeckten Rassismus ausarten, insbesondere wenn es sich um andere Asiaten handelt, die in den Augen vieler Japaner den Euro-Amerikanern von Natur aus unterlegen sind. Koreaner zum Beispiel sind – sowohl innerhalb wie außerhalb Japans – seit Generationen als Menschen zweiter Klasse behandelt worden, wurden als Sklavenarbeiter in Bergwerken und bei anderen gefährlichen Tätigkeiten eingesetzt, durften die japanische Staatsbürgerschaft nicht erwerben – und in einigen Fällen sogar bei schulischen Sportveranstaltungen nicht gegen japanische Kinder antreten.[134] Der Versuch, für die in Hiroshima getöteten koreanischen Arbeiter ein Denkmal zu errichten, wurde von der Stadtverwaltung hintertrieben, obwohl eine ähnliche Tafel an herausragender Stelle der Hunde, die als Märtyrer der Atombombe starben, weiterhin gedenkt.[135]

Die überwältigende Mehrheit der Japaner ist denn auch keineswegs von der Idee begeistert, weitere Asiaten in ihr Land hereinzulassen, obwohl der Arbeitskräftemangel sich geradezu als Zwang auswirkt, zusätzliche ausländische Arbeitnehmer – bis 1990 sollen es nach einigen Schätzungen etwa 300000 gewesen sein[136] – einsickern zu lassen.[137] «Sie könnten die Harmonie unserer Gesellschaft stören», argumentiert etwa der Autor Hajime Yamamoto, einer der führenden Kritiker der neuen Einwanderung. «Die niedrige Verbrechensrate und das Fehlen größerer sozialer Konflikte gehören zu den tragenden Säulen unserer Gesellschaft. Werden wir diese Maßstäbe weiterhin aufrechterhalten können?»[138]

Die Haltung der Japaner gegenüber ihren asiatischen Nachbarn wird oft von solchen ethnozentrischen Vorstellungen bestimmt. Ähnlich wie ihre Vorgänger in der ersten Hälfte dieses Jahrhunderts betrachten heutige japanische Nationalisten wie Shintaro Isihara die Region als «Japans Absatzgebiet»[139] und natürliche Einflußsphäre. Sie verweisen auf Japans führende Rolle als Asiens größte Quelle für Auslandshilfe und Investitionen[140] – deren Gesamtumfang sich zwischen 1985 und 1990 versechsfacht

hat und die Leistungen Amerikas um das Dreifache übertrifft –
als Beweis für ihre wachsende Vorherrschaft. Ein Beamter der
japanischen Planungsbehörde ging sogar so weit, einem Reporter
gegenüber die verschiedenen Volkswirtschaften Asiens mit einer
«Gänseschar» zu vergleichen, die dem in Tokio angesiedelten
«Gehirn» Asiens hinterherliefen.[141]

Nur wenige Asiaten – mit der bemerkenswerten Ausnahme der
malaysischen Regierung – scheinen jedoch geneigt, eine derart
entwürdigende Vorstellung der «wirtschaftlichen Führung»
durch Japan zu akzeptieren.[142] Für Mohammed Raees sind die
Japaner einfach zu ethnozentrisch in ihren Ansichten, um mit
anderen Asiaten wirklich solidarisch sein zu können. Er erinnert
sich zum Beispiel daran, wie seine Kollegen – die zu Hause in
Japan ihre Untergebenen in der Regel höflich behandelten – bei
der Ankunft in Bangladesch von ihren Vorgesetzten die Anwei-
sung erhielten, sich gegenüber den *mushikera*, den «Würmern»,
wie sie die Bangladeschi nannten, eines Kommandotons zu be-
fleißigen.

Als Raees seine Vorgesetzten davon zu überzeugen versuchte,
daß sie wenigstens vor gebildeten Bangladeschi einen gewissen
Respekt an den Tag legen sollten, hieß es, ein solches Verhalten
wäre destruktiv und würde die Aufrechterhaltung der Aura japanischer Überlegenheit gefährden. Raees berichtet, daß seine
japanischen Kollegen bei den meisten Bangladeschi «wegen ihrer
Haltung verhaßt» waren, was kaum verwunderlich ist.[143]

Obwohl japanische Firmen in Asien nicht immer so rücksichts-
los vorgehen, sind sie mindestens ebensowenig bereit wie westliche Firmen, Einheimische am Kernmanagement zu beteiligen.
Die Yaohan Company etwa ist stolz auf ihr langfristiges Engagement in Asien, doch Hiroshi Takahashi, der die Zweigstelle der
Firma in Kuala Lumpur leitet, beklagt sich offen über die gewaltigen Probleme bei der Ausbildung von Angestellten für seine
Vorzeigegeschäfte, angefangen beim Absingen des Firmenlieds.
Selbst die Kunden hätten lernen müssen, wie sie sich in einem
modernen Superkaufhaus japanischen Zuschnitts zu benehmen

hätten. In seinem spartanisch eingerichteten Büro im weitläufigen Yaohan-Komplex erinnert sich der durchaus umgängliche Manager an die Vorbereitungen zur Eröffnung des Kaufhauses 1987: «Wir mußten den Leuten alles beibringen. Wir mußten ihnen beibringen, wie man die Rolltreppen benutzt. Wir mußten sie an die Hand nehmen und mit ihnen die Rolltreppen herauf- und herunterfahren. Wir mußten den Leuten beibringen, wie man die Einkaufskörbe benutzt und sich an der Kasse verhält.»[144]

Es überrascht nicht zu hören, daß Takahashi die Einheimischen noch nicht für fähig hält, führende Positionen im Management zu bekleiden. Zwar sind aufgrund der strengen Visumpolitik der malaysischen Behörden von den 1400 Beschäftigten Yaohans in Malaysia nur 15 Japaner; alle Schlüsselpositionen verbleiben jedoch in ihrer Hand. Nicht einmal der *bumiputra* – malaysische – Partner bei dem Joint-venture Yaohan Malaysia hat viel zu sagen. «Das Management von Yaohan Malaysia ist 100 Prozent japanisch», gibt Takahashi zu. «Der *bumi* Partner nimmt nur etwas vom Geld.»

Unqualifizierte Arbeiter scheinen zwar mit diesem Stand der Dinge verhältnismäßig zufrieden zu sein[145], doch liegt die Frustrationsrate laut Untersuchungen des Asian Productivity Center aus den späten achtziger Jahren bei den besser ausgebildeten und aufstiegsorientierten Beschäftigten erheblich höher, da sie innerhalb der japanischen Firmenorganisation wenig Möglichkeiten sehen, beruflich fortzukommen. Amerikanische oder europäische Firmen galten bei den meisten dieser Menschen, auch bei denen, die noch für japanische Firmen arbeiteten, als viel offener gegenüber einheimischen leitenden Angestellten. Nach einer Studie des Mitsui Bank Research Institute aus dem Jahre 1990 mußte ein typischer einheimischer Manager im Schnitt zwölf Jahre warten, bis er selbst auf einen verhältnismäßig niedrigen Leitungsposten befördert wurde, dreimal so lange wie bei anderen ausländischen oder einheimischen Firmen.[146] Auch nach drei Jahrzehnten in Thailand beschäftigte die Toyota Motor Company zum Beispiel erst im vierten Glied des Spitzenmanagements einen

Thailänder (als außerordentliches Verwaltungsratsmitglied).[147] Eine Thailänderin mit Hochschulausbildung, etwa Mitte Dreißig, beklagt sich: «Ich habe viele Bekannte, die für Joint-venture-Firmen mit japanischer Beteiligung arbeiten. Die meisten sind frustriert, weil sie nicht befördert werden, auch wenn sie sehr begabt sind. Auf leitende Posten kommen nur Japaner.»[148]

Für viele Asiaten sind solche Erscheinungen Ausdruck einer ethnozentrischen, ja geradezu imperialistischen Haltung gegenüber der Region.[149] In ganz Asien konzentrieren sich japanische Tochtergesellschaften vor allem auf die Billigproduktion auf möglichst niedrigem technologischem Niveau und mit einer entsprechend geringen Entwicklung der örtlichen Qualifikationsstruktur.[150] Von anderen Asiaten wird darauf hingewiesen, daß japanische Firmen selten dazu bewegt werden können, Forschungs- und Entwicklungseinrichtungen in ihren Ländern anzusiedeln[151] und einem Technologietransfer nur dann zustimmen, wenn es sich um völlig veraltete Produktionsverfahren handelt.

Diese Haltung führt gerade bei denjenigen asiatischen Völkern zu ausgeprägten Ressentiments, die sich, wie die Koreaner oder Überseechinesen, als potentielle globale Rivalen Tokios betrachten. Diesen Gruppen, die über beträchtliche eigene finanzielle und technologische Resourcen verfügen, erscheint Japans selbsternannte Rolle als «Gehirn» Asiens schlicht wie eine Wiederholung früherer imperialistischer Arroganz.

Das Bild eines im Grunde engherzigen, egoistischen und in sich geschlossenen japanischen Wirtschaftsexpansionismus wird dadurch verstärkt, daß Japans Märkte ihrerseits selbst den auf dem Weltmarkt konkurrenzfähigsten Produkten Ostasiens, wie Fahrrädern, Möbeln, Spielzeug und Siliciumscheiben, verschlossen bleiben.[152] Unter allen Handelspartnern Japans litten in den neunziger Jahren gerade diese Volkswirtschaften – die in die ganze restliche Welt erfolgreich exportierten – unter den schlimmsten Handelsdefiziten, die sich obendrein am rasantesten vergrößerten.[153]

Als Ergebnis dieser Entwicklungen begannen viele asiatische

Firmen Anfang der neunziger Jahre, der Suche nach japanischen Partnern weniger Gewicht beizumessen und sich dafür den flexibleren amerikanischen und europäischen Firmen zuzuwenden, von denen sie sich größere Entwicklungsmöglichkeiten versprachen. In Bereichen wie der Halbleiter- und Computerindustrie, die an der Speerspitze der technologischen Entwicklung stehen, machten Firmen aus Taiwan die Erfahrung, daß amerikanische Partner in der Regel innovativer, einfacher und zum Kauf taiwanesischer Produkte eher bereit waren als die mehr abgeschottete japanische Konkurrenz.[154] In seinem Büro in Hongkong erklärte der führende chinesische Finanzier für Risikokapital Cyrus Hui: «Die Japaner sind nicht bereit, Menschen aus einem anderen Kulturkreis zu akzeptieren... In der japanischen Gesellschaft scheint alles um einen Verhaltenskodex herum aufgebaut zu sein – eine echte Freundschaft, wie sie im Westen oder China bekannt ist, gibt es dort gar nicht. Wenn sie mit uns als Menschen nicht umgehen können, wie wollen sie mit uns Geschäfte machen?»[155]

In den kommenden Jahrzehnten könnten solche Vorbehalte seitens vieler Asiaten eine stärkere Schranke als jede potentielle Konkurrenz aus dem Westen darstellen[156], zumal die stärksten Wirtschaftsgruppen – vor allem die Koreaner und Überseechinesen – nach Strategien suchen, einer vermeintlichen japanischen Hegemonie entgegenzuarbeiten. Als Korea zum Beispiel 1991 mit der Öffnung seiner Finanzmärkte begann, wurden die vier führenden japanischen Effektenhäuser mit Absicht ausgeschlossen, während amerikanische, britische und in Hongkong ansässige Firmen zur Beteiligung aufgefordert wurden.[157]

Ähnliche Ressentiments liegen dem Proteststurm zugrunde, der von dem Versuch der Mass Transit Railway in Hongkong ausgelöst wurde, neben chinesischen und englischen auch japanischen Zugansagen einzuführen. Den Rückzug begründete ein Eisenbahnbeamter in der Kolonie, die in bezug auf japanische Investitionen das zweitgrößte Empfängerland mit einer der höchsten Zuwachsraten darstellt[158], wie folgt: «Die Menschen meinten, Hongkong sei keine japanische Stadt und wir sollten uns nicht um die Wünsche einer Minderheit kümmern oder den Status der Japaner weiter aufwerten.»[159]

Kann Japan normalisiert werden?

Anfang der neunziger Jahre stand Japan infolge seiner ständigen Handelsbilanzüberschüsse mit fast allen Handelspartnern, seines abgeschotteten Managementsystems und einer immer offener zur Schau gestellten Haltung ethnischer Überlegenheit unmittelbar vor dem Abgrund weltweiter Isolation. Manche politische Führer im Westen beginnen – nach dem Zusammenbruch ihres langjährigen sowjetischen Feindes – den Thesen einer «revisionistischen» Schule von Akademikern Gehör zu schenken, die das «japanische Paradigma» als die größte Bedrohung für die westliche Zivilisation darstellen.[160]

Bei einem Treffen der Revisionisten unter der Schirmherrschaft des CIA 1991 wurde in einer an ähnliche Versuche der Herstellung rassistischer Stereotypen – etwa gegen die Juden in Europa oder gegen die Anglo-Amerikaner bzw. die Japaner im Zweiten Weltkrieg – erinnernden Weise von der «hochgradig zielgerichteten Kultur» der Japaner gesprochen, deren gemeinsames Endziel es sei, den Westen und insbesondere die Vereinigten Staaten zu schwächen, um ihrerseits die globale Hegemonie auszuüben. Nur die volle Mobilisierung aller westlichen Länder biete die Möglichkeit, einen derart entschlossen vordringenden Feind einzudämmen.[161]

Erst spät haben einige Japaner begonnen, die Berechtigung eines Teils der gegen sie gerichteten Kritik anzuerkennen und über ihr problematisches Verhältnis zum Westen nachzudenken. Nach einer ausgedehnten Reise in westliche Länder 1992 gestand Akio Morita, Gründer der Sony Corporation und entschiedener Apologet Japans: «Japanische Firmen müssen sich darüber klar-

werden, daß die Bereitschaft der Europäer und Amerikaner, sich
mit dem jetzigen Zustand abzufinden, an ihre Grenze stößt...
Japanische Firmen müssen begreifen, daß ihre ausschließliche
Konzentration auf wirtschaftliche Effizienz und Markterfolg
nicht länger toleriert wird.»[162]

Der sich in Asien und im Westen formierende Widerstand gegen die drohende japanische Hegemonie stellt die japanische
Expansion auf lange Sicht vor grundlegende Fragen; angesichts
der politischen und wirtschaftlichen Faktoren, die sie zur rapiden
Ausweitung ihrer Präsenz im Ausland zwingen, muß eine Nation,
die eine fundamentale Abneigung gegen die Zusammenarbeit mit
anderen besitzt, notwendig scheitern.[163] Der Stamm der Japaner
steht im Grunde vor der Wahl zwischen zwei Strategien: er kann
versuchen, wie es einige Ultranationalisten vorschlagen, gegen
enormen Widerstand eine Art globale Hegemonie zu errichten;
oder er kann nach einem Weg suchen, seine Beziehungen mit dem
Rest der Welt zu normalisieren und sich mit einer zwar wichtigen,
aber keineswegs beherrschenden Rolle in der sich entwickelnden
Weltwirtschaft zufriedengeben.

Einen direkten Anreiz, einen Kurs der Normalisierung zu steuern, bietet die Herausforderung durch andere Völker Asiens, vor
allem durch die Chinesen, die als zweite von konfuzianischen Haltungen zur Arbeit und zu familiären Pflichten geprägte globale
Stammesgemeinschaft in die Weltwirtschaft eintreten.[164] Den Chinesen stehen sogar weit überlegene Informationsnetzwerke zur
Verfügung, dank ihrer permanenten Siedlungen nicht nur im gesamten ostasiatischen Raum, sondern auch in Nordamerika, ganz
zu schweigen von den starken natürlichen Bindungen zum chinesischen Festland. Anfang der neunziger Jahre zeigte es sich, daß die
Überseechinesen alle diese Faktoren höchst wirkungsvoll einzusetzen verstanden und als größte Investoren und Besitzer von
Geschäftsvermögen in der aufstrebenden ostasiatischen Region
bereits die «geplante Dispora» der Japaner überflügelt hatten.[165]

Es gibt andere klare Anzeichen dafür, daß die globale Ausdehnung Japans bereits ihre Grenzen erreicht haben könnte. Anfang

der neunziger Jahre zogen sich erstmalig führende japanische Finanzinstitute – die von Nationalisten wie Shintaro Ishihara sowie westlichen Beobachtern[166] als bereits auf dem Wege zur Weltherrschaft dargestellt wurden[167] – in bedeutendem Umfang aus Märkten sowohl in Asien wie auch im Westen zurück.[168] Betrug der Jahresdurchschnitt der ins Ausland fließenden japanischen Investitionen Ende der achtziger Jahre 100 Milliarden Dollar, erlebte Japan 1991 zum erstenmal seit über zehn Jahren den Schock eines Nettoüberschusses an importiertem Kapital in Höhe von 36 Milliarden Dollar.[169]

Diese Finanzkrise offenbarte zudem eine tiefsitzende Schwäche der insularen japanischen Wirtschaft. Zunächst mit Hilfe gesetzlicher Regelungen, später durch die subtile Diskriminierung ausländischer Investoren, ja selbst gegenüber Außenseitern innerhalb des Landes, war es der eng verflochtenen japanischen Geschäftswelt gelungen, den Preis ihrer Vermögenswerte in astronomische Höhen zu treiben. Eine Zeitlang schien es so, als ob Japan dank dieser ungeheuren Vermögenswerte von den Schocks und Turbulenzen verschont bleiben könnte, die fast alle anderen kapitalistischen Volkswirtschaften heimsuchten.

In den frühen neunziger Jahren zeigte diese Idylle jedoch erste Zeichen des Zusammenbruchs. Durch die Bedingungen des internationalen Marktes – beispielsweise die Forderung an die Banken, ausreichende Deckung für ihre Kapitalauslagen nachzuweisen – wurde dem finanziellen System Japans eine straffere Disziplin auferlegt. Als Ergebnis verloren Bank- und andere Aktien an Wert, stürzte der Nikkei-Index zusammen mit den Grundstückspreisen fast ins Bodenlose.[170] Hatten die japanischen Banken bislang trotz der im Verhältnis zu ihren wichtigsten internationalen Rivalen «entsetzlich niedrigen» Renditen aus Aktien und Investitionen[171] (so eine Studie) gedeihen können, so sahen sie sich jetzt außerstande, ihren inländischen Kunden weiterhin jene billigen und schier unbegrenzten Kredite einzuräumen, die lange Zeit einen entscheidenden Konkurrenzvorteil bei deren globaler Expansion dargestellt hatten.[172]

Die Erosion ihrer finanziellen Vormachtstellung ist jedoch möglicherweise nicht die größte Herausforderung, der sich die Japaner stellen müssen. Entscheidender noch sind wahrscheinlich die sich verändernden Einstellungen unter den Japanern selbst, besonders unter jungen Menschen. Manche Revisionisten lehnen es natürlich ab, auch nur die Möglichkeit einer Entwicklung der Japaner weg vom Schreckbild eines einheitlich militanten und aggressiven Volkes in Betracht zu ziehen. Japan, so die Autoren des Berichts *Japan 2000*, «ist und bleibt wahrscheinlich von Veränderungen unberührt»[173]. Revisionisten und andere Japanologen lehnen die Vorstellung, die japanischen Baby-Boomer oder die Generation der noch nicht Dreißigjährigen – im Volksmund *shinjinrui* oder «neue Rasse» genannt – könnten sich in irgendeiner bedeutenden Hinsicht wesentlich von ihren Eltern unterscheiden, rundweg ab. So zu denken, betont der Autor Ezra Vogel, heißt lediglich, auf eine «Public Relations»-Masche hereinfallen, die zugunsten der Ausländer ausgedacht wurde.

Das hoffen auch viele japanische Nationalisten alter Schule, die darauf setzen, daß eine harte Ausbildung und die von der Schule eingeimpfte Disziplin auch zukünftig jede Regung abweichenden Denkens einebnen wird. «Steck den *shinjinrui* in einen Anzug und behalte ihn zehn Jahre in der Firma, dann wird er genauso wie die Alten», sagt Nobuhiko Kawamoto, leitender Angestellter bei Honda.[174]

Es bleibt aber eine Tatsache, daß Japan – und insbesondere die neue Generation – immer weniger der Nation aggressiver Arbeiter ähnelt, die der vom CIA gesponserte Bericht *Japan 2000* als «getrieben von Stolz, Nationalismus und schlichter Irrationalität» darstellt. Laut einer 1991 vom MITI durchgeführten Umfrage beispielsweise ist die gegenwärtige japanische Generation im Vergleich zu den Zeitgenossen in zehn anderen bedeutenden Industrieländern *am wenigsten* bereit, für ihr Land zu sterben – und auch am wenigsten geneigt, auf die Firmen ihres Landes stolz zu sein.[175]

Diese postnationalen Einstellungen sind am tiefsten verwurzelt unter der Jugend Japans, einer Gruppe, die sich außerhalb des Gesichtskreises der meisten westlichen Journalisten und Intellektuellen bewegt. Als erste Generation, die im Wohlstand aufwächst, muß sie mit einem von Takeshi Umehara, Generaldirektor des International Center for Japanese Studies, so genannten «kulturell entleerten Wohlstand» fertig werden, der weder der Menschheit außerhalb Japans noch den eigenen Nachfahren viel zu bieten habe.[176]

Ein klares Indiz ist die schwindende Identifikation mit dem japanischen Nationalstaat. Wenige junge Menschen wollen zum Beispiel ihrem Land in den sogenannten Selbstverteidigungsstreitkräften dienen; auf 70000 Werbebriefe, die 1990 an potentielle Rekruten herausgeschickt wurden, gab es nach Angaben eines hohen Werbeoffiziers so gut wie keine Antworten.[177] In einem guten Monat, so ein Werbeoffizier in Tokio, bekomme er vielleicht vier bis fünf Rekruten, in der Regel junge Menschen, die ihre Schulausbildung abgebrochen haben.[178]

Hinzu kommen Entwicklungen in der Gesellschaft, insbesondere die endlos scheinende Folge der Korruptionsskandale, in die führende Geschäftsleute und prominente Politiker verwickelt sind, die dazu geführt haben, daß viele Japaner, und auch hier vor allem die Jugend, grundlegende Aspekte der politischen Ökonomie der Nachkriegszeit ablehnen. Ihre Eltern mögen einen niedrigen Lebensstandard klaglos hingenommen haben, während Japans Unternehmen zu den reichsten der Welt avancierten; aber die gewaltige Mehrheit der heute sechsundzwanzig bis fünfunddreißig Jahre alten Japaner bezeichnet ihre Gesellschaft laut einer Umfrage des Dentsu Institute for Human Studies als eine, in der «nur Firmen reich sind» und sich Ehrlichkeit und harte Arbeit nicht auszahlen.[179]

Dieser Wandel der Grundeinstellungen ist weitgehend unberücksichtigt geblieben, zum Teil deshalb, weil er im Kern apolitisch ist, die logische Reaktion darauf, daß Japan im Grunde ein von korrupten, mit dem System verwachsenen alten Politikern beherrschter Einparteienstaat ist. «Der Individualismus ist ein

Produkt der Veränderungen in der Gesellschaft», sagt Marketing-
expertin Yohko Abe, die über die Einstellung von Jugendlichen
geforscht hat. «Es handelt sich weniger um eine Rebellion gegen
die Gesellschaft als vielmehr darum, daß sie einen Wandel, eine
neue Stufe unserer Entwicklung zum Ausdruck bringt. Es ist keine dramatische Veränderung, dafür aber vielleicht dauerhafter,
weil es hier um die grundlegenden Werte geht.»[180]

Nirgendwo kommt der Unterschied in den «grundlegenden
Werten» der alten und neuen Generation deutlicher zum Ausdruck als in der Haltung zur Arbeit. Viele junge Japaner legen
genau auf jene Dinge wert, wie etwa eine befriedigende Arbeit
oder genügend Zeit für Familie und Freunde, die ihren Eltern
verwehrt wurden. Insbesondere lehnen sie die Bedingungen am
Arbeitsplatz ab, die dazu geführt haben, daß japanische Arbeiter
einer Umfrage des Asian Productivity Council von 1990 zufolge
zu den unzufriedensten Gruppen in den entwickelten Industrieländern gehören.[181]

Tsunehiro Suzukis Vater war ein klassischer Japaner alter
Schule, Geschäftsführer einer kleinen Firma, die in der Präfektur
Kanagawa, etwa eine Eisenbahnstunde westlich von Tokio,
Schrauben herstellte. Das Familienleben schien dem älteren Suzuki fast gar nichts zu bedeuten, und er nahm sich nie Zeit für
seinen Sohn. «Mit meinem Vater habe ich leider nie reden können», sagt der gutaussehende, gut angezogene Siebenundzwan-
zigjährige ein wenig traurig. «Sein Hobby war die Arbeit.»[182]

Als Reaktion auf solche Erfahrungen stellen immer mehr junge
Leute wie Suzuki die für die Elterngeneration typische ausschließliche Konzentration auf die Arbeit und die Firma in Frage. Laut
einer vom Büro des Premierministers 1979 durchgeführten Umfrage betrachteten zweimal so viele junge Japaner wie Amerikaner die Arbeit als Mittelpunkt ihres Lebens.[183] 1990 hingegen sah
es so aus, als ob junge Japaner – im schroffen Kontrast zu früheren Generationen – weniger arbeitsorientiert und mehr selbst-
orientiert waren als ihre Altersgenossen in den USA. Auf die von
Dentsu gestellte Frage nach dem wichtigsten Lebensinhalt wurde

die Arbeit von jungen Menschen unter dreißig Jahren in Tokio weniger oft genannt als von den Altersgenossen in New York oder Los Angeles. Hingegen wurde die persönliche Weiterentwicklung, um die sich in der «ich-orientierten» Gesellschaft Südkaliforniens angeblich alles drehen soll, von jungen Japanern zweimal so oft als wichtigste Priorität genannt.[184]

Es war abzusehen, daß einige Japaner die «neue Rasse» als Produkt einer schleichenden westlichen, insbesondere amerikanischen kulturellen Unterwanderung betrachten würden. Sosuke Kato zum Beispiel, der eine kleine Kochschule im Norden Japans betreibt, beklagt bei seinen – in der Regel aus Arbeiterfamilien stammenden – Studenten das Fehlen «konfuzianischer Werte», die den legendären japanischen Tugenden wie Treue, harte Arbeit und Respekt vor älteren Menschen zugrunde liegen. «Die heutige Jugend bekommt die falsche Botschaft aus den USA», klagt der Dreiundsechzigjährige bitter. «Faul sein, Spaß haben, das Leben genießen – das soll gut sein, aber schwitzen und arbeiten sind out.»

In Wirklichkeit jedoch sind diese neuen Haltungen weniger ein Produkt ausländischer Beeinflussung als vielmehr Ergebnis der besonderen Geschichte Japans, insbesondere seiner wirtschaftlichen Entwicklung nach dem Krieg. Die heute herrschende Klasse wuchs zwischen den Trümmern der Niederlage auf und betrat den Arbeitsmarkt, als Japans wirtschaftlicher Aufstieg nach dem Zweiten Weltkrieg gerade einsetzte. Die damalige japanische Wertestruktur stellte die Nation an erste Stelle, dann die Firma, dann erst die Familie und ganz zuletzt das Individuum. Vor allem aber war die Arbeit knapp, und die Menschen waren froh, überhaupt ihren Lebensunterhalt irgendwie verdienen zu können.

Die heutige Generation hingegen wächst unter Bedingungen auf, die in fast jeder Beziehung das genaue Gegenteil darstellen, vor allem auf dem Arbeitsmarkt, wo sich in absehbarer Zukunft die Arbeitskräfteknappheit weiter verschärfen dürfte.[185] 1990 gab es im Schnitt zwei offene Stellen für jeden Schulabgänger und sogar drei für jeden (männlichen) Hochschulabsolventen; allein bei Technikern in der Forschung und Entwicklung wurde die Lücke zwischen Bedarf und Angebot auf 200 000 geschätzt.[186]

Diese neuen Bedingungen erlauben es jungen Japanern, solchen ungewohnten Genüssen wie zum Beispiel dem häufigen Stellenwechsel zu frönen. Eine von der wirtschaftlichen Planungsbehörde 1990 durchgeführte Umfrage unter Studenten ergab zum Beispiel, daß nur 15 Prozent der Studenten in den höheren Semestern vorhatten, nach Abschluß ihrer Studien dem traditionellen Muster lebenslanger Anstellung bei der Firma zu folgen.[187] Unter den Beschäftigten kleiner und mittelgroßer Firmen waren Menschen unter dreißig zwei- bis dreimal so häufig bereit, die Arbeitsstelle zu wechseln, als es die über vierzigjährigen Mitarbeiter waren.[188]

Genauso bezeichnend ist der von vielen jüngeren Japanern geäußerte Unwille, eine Karriere in den traditionell wichtigen Zweigen der japanischen Wirtschaft wie der Elektronik- oder Automobilindustrie anzustreben, wohingegen immer mehr nach «kreativeren» Berufsmöglichkeiten im künstlerischen Bereich oder in den Medien Ausschau halten.[189] All diese neuen Einstellungen werden, so Mitsuko Shimomura, eine der einflußreichsten Beobachterinnen der sozialen Entwicklung Japans, zu einer Schwerpunktverlagerung innerhalb der japanischen Gesellschaft führen, weg von der gegenwärtigen, geradezu zwanghaften, ausschließlichen Beschäftigung mit Wirtschaftswachstum und Expansion. Als Produkt der gewaltigen, durch den frenetischen Wirtschaftsboom der Nachkriegsjahre hervorgerufenen sozialen Verwerfungen, insbesondere in den Familien, mangelt es nach Ansicht Shimomuras der nächsten japanischen Generation, insbesondere den Männern, an der grundlegenden psychologischen Stärke, die es der vorangehenden Generation ermöglichte, die Welt herauszufordern und dabei gewaltige Anstrengungen und Härten auf sich zu nehmen.

Die von den Männern alleingelassenen japanischen Mütter – die traditionell solche Aufgaben mit den Männern geteilt hatten –

übernahmen die alleinige Kontrolle über die Erziehung der Kinder, wodurch laut Shimomura eine Generation «mutterfixierter Neurotiker» entstanden ist. Wie sie es ausdrückt: «Leider ist die Mutter, die immer da ist, kein Mythos. Sie ist immer da – das ist eben zu viel! Die Mutter richtet nicht nur ihre ganze Energie auf die Kinder, sie reagiert auch ihre ganze Frustration an ihnen ab. Sie klebt geradezu an ihnen, Tag und Nacht. Mütter benutzen ihre Kinder als Ersatz für ihre Männer, die immer bei der Arbeit sind.»[190]

Das Resultat, behauptet Shimomura, ist eine Generation, die nur schlecht darauf vorbereitet ist, mit dem Streß des Arbeitslebens in den Unternehmen einer wirtschaftlichen Supermacht fertig zu werden, und eine tiefe Sehnsucht danach hat, der Verantwortung zu entrinnen. Am Arbeitsplatz sind diese Menschen oft unentschieden und passiv; ein früherer Manager bei IBM Japan nennt sie die «Goldfischgeneration», weil sie mit allem gefüttert werden müssen.

«Es fällt mir auf, daß viele meiner jüngeren männlichen Kollegen unfähig sind, Entscheidungen zu treffen», bemerkte Shimomura. «Sie sind brillant, enorm talentiert und gut ausgebildet; aber sie schaffen es nicht, sich zusammenzureißen und ihr eigenes Leben zu führen. Sie haben sich derart daran gewöhnt, daß ihnen alles gereicht wird, bevor sie auch nur darum bitten, daß sie nicht einmal eine Quelle auftreiben oder eine Alternative finden können, wenn die Person, die sie um ein Interview gebeten haben, nein sagt. Sie geben einfach auf und wissen nicht, was sie als Nächstes tun sollen.»

Vielleicht am wichtigsten sei, so Shimomura, daß sich die neue Generation als unwillig erweisen könnte, Risiken und Härten auf sich zu nehmen, insbesondere in Verbindung mit den internationalen Aufgaben, die mit der Expansion mittels der «geplanten Diaspora» einhergehen. Viele junge Japaner, die sich im bequemen Ersatzkosmopolitismus von Tokio und Osaka wohl fühlen, betrachten eine Versetzung nach Übersee eher als Unannehmlichkeit denn als Chance.

In die gleiche Kerbe schlägt Tsuneo Iida, Wirtschaftsprofessor am International Institute for Japanese Studies in Kyoto, wenn er bemerkt, daß die Kader, die zur Leitung und Durchführung einer etwaigen globalen Eroberungsstrategie nötig wären, wahrscheinlich nicht dasein werden. Die Firmensamurai der achtziger Jahre hätten sich nach und nach in die genießerischen Konsumenten und Touristen der neunziger Jahre verwandelt. «In meiner Jugend war Japan sehr arm, also wollten wir raus, wollten in die Vereinigten Staaten und nach Europa. Vor zehn oder zwanzig Jahren bedeutete ein Posten im Ausland eine Ausbildung für die Elite, aber heute sieht das anders aus ... Für junge Japaner ist die Welt ein Urlaubsort, kein Arbeitsplatz.»[191]

Einige Japaner deuten diese Veränderungen als Zeichen dafür, daß der Stamm seine Kräfte erschöpft hat und unmittelbar vor dem Untergang steht. Aber für den Autor und Risiko-Finanzier Hiroshi ist diese Verwandlung eine entscheidende Vorbedingung dafür, daß Japan in der kosmopolitischen Weltwirtschaft akzeptiert wird, die notwendige Korrektur einer durch die ausschließliche Konzentration auf wirtschaftliche Expansion verzerrten Kultur. In der Rückbesinnung auf traditionelle Werte wie die Familie und andere nichtpekuniäre Aspekte des Lebens erblickt Kato die ersten Stufen einer Normalisierung, die für einen globalen Stamm, der seine größtmögliche Ausdehnung bereits erreicht haben könnte, von entscheidender Bedeutung sei.

Statt des vielgefürchteten hyperindustrialisierten Japan sieht Kato eine ausgeglichene, wohlhabende Nation entstehen, die Verwandlung der am meisten gefürchteten Wirtschaftsmacht der Erde in ein geachtetes und produktives Mitglied der Weltgesellschaft. Gestützt auf ihre handwerklichen Traditionen und ihre unübertroffenen industriellen Netzwerke werden die Japaner, so Kato, mit Sicherheit weiterhin eine bedeutende Rolle spielen, auch wenn sich andere asiatische Stammesgemeinschaften – vor allem die Chinesen – bereits jetzt auf die Übernahme der Hauptrolle vorbereiten.

Entscheidend sei aber, daß sich diese Normalisierung schnell und effektiv vollzieht, bevor es den hartnäckigen Nationalisten gelingt, die Japaner in eine Paria-Rasse zu verwandeln, die weder in Asien noch im Westen integriert werden kann. «Wir müssen ein normales Land werden. Ein Land, das Geld akkumuliert hat, wie England in den fünfziger Jahren», sagte mir Kato in seinem Büro mit Blick auf das Zentrum Tokios und das niedrige Gebäude des japanischen Parlaments. «Das Arbeitsethos wird normaler sein, die Sparquote wird sich normalisieren. Vielleicht sagen uns diese Kids: ‹Genießt das Leben, euer Zuhause und das Geldausgeben.› Was ist dagegen einzuwenden?»

6 Die Raumfahrer sind gelandet

Beim Mittagessen in einem unauffälligen Bürogebäude hinter dem Holiday Inn in Torrance, Kalifornien, erläutert mir Denny Ko seine Vision des nächsten großen asiatischen Wirtschaftsimperiums. Im letzten Jahrzehnt des 20. Jahrhunderts sieht Ko ein neues Netzwerk chinesisch geleiteter Technologieunternehmen entstehen, hervorgegangen aus kalifornischen Eliteuniversitäten und High-Tech-Forschungslabors. Dieses kommende Imperium, meint Ko, sei in der Lage, die japanischen Weltherrschaftspläne in Frage zu stellen und schließlich zu durchkreuzen.

1976 gründete Ko seine eigene Consulting-Firma, «Dynamics Technology»; seitdem arbeitet der in Amerika ausgebildete Ingenieur an der Verwirklichung seiner Vision. Er hat sich mit so verschiedenen Technologiebereichen vertraut gemacht wie elektronischer Bilderfassung, Mikrowellenübertragung und zivilem Flugzeugbau – 1991 unternahm er den Versuch, sich bei den in Kalifornien ansässigen McDonnell-Douglas-Werken einzukaufen. Im Rahmen dieser entstehenden chinesischen Wirtschaftsmacht hat auch seine Wahlheimat, so der einundfünfzigjährige Absolvent der Universität in Berkeley und des California Institute of Technology, eine Rolle zu spielen: «Kalifornien ist wie ein Grillanzünder. Hier entstehen Ideen, mit denen die Kohlen geheizt werden, und wenn sie brennen, kommen sie woanders hin. Und dann wird der Grill wieder mit einer neuen Idee angezündet.»[1]

Chinesen wie Ko bilden nur einen kleinen Teil des entstehenden chinesischen Netzwerks. Verteilt auf mehr als ein Dutzend Länder im gesamten pazifischen Raum, kontrollieren die Überseechinesen ein von Natur aus multinationales «Imperium», das eigentlich mehr ein Archipel entscheidender Knotenpunkte darstellt, mit Zentren in ganz Südostasien bis hinauf nach Taiwan, Hongkong und den Küstenprovinzen Chinas und Außenposten unter anderem in Kanada, Kalifornien, New York und Großbritannien.[2]

Taiwan ist Denny Kos wichtigste Finanzquelle und das wohl bedeutendste Zentrum dieses Wirtschaftsimperiums. Der winzige Inselstaat mit nur 20 Millionen Einwohnern hat sich zu einem der wirtschaftlich erfolgreichsten und technologisch am weitesten entwickelten Länder Ostasiens gemausert. Noch in den späten sechziger Jahren galt Taiwan vor allem als Billiglohnland für Billigprodukte. Heute jedoch wird das Land zunehmend als Zentrum für Design, High-Tech und Forschung anerkannt. In der Weltrangliste der Hersteller von Computern und Peripherieprodukten steht Taiwan an sechster, in Asien an zweiter Stelle.[3] Nach manchen Schätzungen zählt Taiwan bei der Produktion von PCs sogar zu den drei Spitzenproduzenten.[4]

Dank dieser enormen Produktivkraft ist Taiwan zu einem der reichsten Länder der Welt geworden; angesichts gewaltiger Devisenreserven, die manchen Marktbeobachtern zufolge nur denen Japans nachstehen, entwickelt sich Taiwan mit raschen Schritten zu einem finanziellen Kraftwerk erster Ordnung.[5] Taiwan stellt jedoch nur eine Komponente der wachsenden chinesischen Wirtschaftskraft dar. Das Vermögen der Chinesen in Südostasien und Hongkong allein wird auf 250 Milliarden Dollar geschätzt, was nicht minder beeindruckend ist. Angesichts der schwierigen Situation amerikanischer, europäischer und japanischer Banken seit Anfang der neunziger Jahre[6] sieht es so aus, als ob die Chinesen mit ihren Bargeldreserven eine einmalig günstige Ausgangssituation besitzen.

Schon in den frühen neunziger Jahren hatten sich Hongkong, Singapur und Taiwan – die entscheidenden Zentren der chinesischen Diaspora also – zur wichtigsten Quelle ausländischen Kapitals für die schnell wachsenden Volkswirtschaften Südostasiens entwickelt. Ihr gemeinsames Investitionsvolumen übertrifft inzwischen das der Amerikaner um ein Mehrfaches und liegt in vielen Schlüsselnationen wie Indonesien, Malaysia und den Philippinen auch über dem der anstürmenden Japaner.[7] Die Chinesen sind auch die größten Investoren in Vietnam, das sich im kommenden Jahrzehnt zu einem weiteren asiatischen «Drachen» entwickeln könnte.[8]

Überall in dieser Region, dem am schnellsten wachsenden Markt der Welt für Konsumgüter[9], haben sich chinesische Firmen starke Positionen auf so diversen Gebieten wie Firmendienstleistungen, Nahrungsmittel- und Spielzeugherstellung erobert und fordern die Japaner zunehmend auch bei Fernsehern, der Telekommunikation und im Computerbereich heraus. Firmen aus Hongkong, Taiwan und anderen Zentren der chinesischen Diaspora bilden auch mit Abstand die größte Quelle ausländischen Investitionskapitals in Festlandchina selbst, das seinerseits eine fast unerschöpfliche Quelle billiger Arbeitskräfte und Rohstoffe und potentiell einen riesigen Absatzmarkt darstellt.[10]

Die chinesische Expansion greift auch über Asien hinaus. Auf der Suche nach Märkten und potentiellen Zufluchtsorten für sich und ihr Kapital sind chinesische Investoren in einigen entwickelten westlichen Ländern zunehmend aktiv geworden, vor allem in den Vereinigten Staaten, Kanada, Australien und Großbritannien. Seit Anfang der neunziger Jahre dehnen chinesische Unternehmer, hauptsächlich aus Taiwan und Hongkong, ihre Tätigkeit auch in den Ländern Lateinamerikas aus, darunter in Panama, Guatemala, Costa Rica, Honduras[11] und vor allem Mexiko.[12]

Im Vergleich zu den Japanern weist die globale Ausdehnung der Chinesen ein auffällig anderes Muster und grundlegend verschiedene Charakterzüge auf. Im Gegensatz zu den engen Bindungen zwischen den japanischen *salarymen* im Ausland und den Heimatinseln besitzt das weltweite Netzwerk der Chinesen keinen festgelegten nationalen Ausgangspunkt, kein zentrales «Gehirn». Industriezweige mit starkem chinesischem Einfluß – wie Bekleidung, Spielzeug, Uhren und zunehmend auch Computer[13] – werden von Managern kontrolliert, die in Thailand und Indonesien, Taiwan, Hongkong oder Kalifornien zu Hause sind.

Statt den strategischen Entscheidungen großer Institutionen zu folgen, befindet sich das chinesische Kapital in der Regel in den Händen privater Investoren und zirkuliert frei von Land zu Land, wobei es oft in der Hand verschiedener Zweige ein und derselben Familie bleibt. Gelder können diese Woche in Malaysia investiert werden und nächste Woche bereits in Thailand oder Kanada, wobei die Tarnung durch Scheinfirmen es fast unmöglich macht, der Spur der Scheine zu folgen.[14] Genauso wichtig ist es, daß die Chinesen – anders als die Japaner, deren Manager wie devote Missionare ihres Firmenvatikans kommen und gehen – sich oft dort permanent niederlassen, wo sie ihre Geschäfte machen. Kalifornien zum Beispiel hat etwa eine Million chinesische Bewohner[15] und stellt die größte Diaspora-Siedlung außerhalb Asiens dar. Viele der Spitzeningenieure und -wissenschaftler Kaliforniens – allein 12 000 in Silicon Valley[16] – sind wie Denny Ko chinesischer Abstammung.

Und ihre Zahl dürfte in den kommenden Jahren kaum abnehmen. 1990 wurde an amerikanischen Universitäten ein Drittel aller Doktorate im Bereich der Technik und Naturwissenschaften von Studenten chinesischer Abstammung errungen – eine Steigerung um das Dreifache in wenigen Jahren und eine Leistung, mit der sich keine andere ethnische Gruppe messen kann.[17] An der University of Southern California, einer Elitehochschule, stellen Chinesen zwei Fünftel aller ausländischen Absolventen im Bereich der Natur- und Ingenieurwissenschaften.[18]

In zunehmendem Maße wollen diese Ingenieure mehr sein als bloßes technologisches Futter für amerikanische Firmen. Hunderte von ihnen haben, ähnlich wie Denny Ko, ihre eigenen Unternehmen gegründet, die oft über finanzielle Verbindungen und Produktionsstätten innerhalb der von Chinesen beherrschten Volkswirtschaften Ostasiens oder auf dem chinesischen Festland verfügen. Mit ihren ständigen Reisen zwischen nordamerikanischen Zentren wie Los Angeles und verschiedenen chinesischen Bastionen in Asien stellen diese transpazifischen Nomaden – in Taiwan *tai kung fei jen* genannt, «Raumfahrer» – einen neuen Menschenschlag dar, eine moderne Variante der früheren Wanderjuden Europas, die an verschiedenen Orten leben und ihren Geschäften nachgehen.

Für chinesische Raumfahrer wie Denny Ko bedeutet eine solche geteilte Existenz keinen Loyalitätskonflikt. Viele Raumfahrer sind, wie Ko, ihrerseits Produkte früherer Migrationen. Kos Vater war reicher Landbesitzer in der Provinz Fukien, der sich während der japanischen Aggression gegen China nach Hongkong absetzte, wo Denny geboren wurde. Nach dem Krieg kehrte die Familie Ko in die Heimat zurück, war aber bald wieder auf der Flucht, diesmal vor den Kommunisten. Als sie Taiwan erreichten, war Kos Vater mittellos, setzte aber alles daran, seinen Kindern eine gute Ausbildung zu ermöglichen, vor allem in den Vereinigten Staaten. Kos Familie stammt also aus China, er selbst verbrachte seine Kindheit in Hongkong und Taiwan, hat aber den Großteil seines Erwachsenenlebens in Kalifornien verbracht, wo er auch eine Familie gegründet hat.

Mit einem solchen Hintergrund sind Denkkategorien wie Nationen oder Staaten für Raumfahrer wie Ko weniger einsichtig als die Vorstellung eines nahtlosen globalen Netzwerks, das Gemeinschaften miteinander verbindet, die trotz ihrer räumlichen Entfernung eine gemeinsame ethnische Identität besitzen. Wo er wohnt, arbeitet, sein Geld investiert – das ist für Ko eine Frage pragmatischer Überlegungen. In Taiwan läßt sich weiterhin am besten Geld verdienen, von dort aus lassen sich die Geschäfte am besten leiten, aber seine Kinder möchte Ko dort nicht großziehen. Er erklärt: «Wer die Unterschiede in der Lebensqualität kennengelernt hat, will in Kalifornien bleiben. Ich kenne sie sehr gut. Von zehn, die hierher kommen, geht vielleicht einer auf Dauer zurück. Während sie ihre Geschäfte machen, sagen sie, daß sie in Taiwan leben, aber ihr privates Leben führen sie hier.»

Solche scheinbar unaufrichtigen Äußerungen stellen in Wirklichkeit einen entscheidenden Vorteil der Chinesen im Kampf gegen ihre japanischen Rivalen in Asien dar, betont Ko. Als Bewohner und Bürger verschiedener Länder lernen die chinesischen Raumfahrer seiner Meinung nach viel mehr als die rotierenden japanischen *salarymen* über die Länder, in denen sie leben, und sind dementsprechend in der Lage, mit ihren Geschäftspartnern kooperativer und flexibler umzugehen. Die in den USA angesiedelten Forschungs- und Entwicklungseinrichtungen, die für fast alle chinesischen Technologieunternehmen außer einigen in Taiwan von entscheidender Bedeutung sind, werden von Managern – oft Familienmitgliedern – geleitet, die in Amerika ausgebildet wurden, fließend Englisch sprechen und seit langen Jahren in den Vereinigten Staaten leben.[19] Japanisch kontrollierte Firmen im Ausland sind hingegen wie Vorposten, die von rotierenden leitenden Angestellten bemannt werden, deren Maßstäbe aus den Heimatinseln mitgebracht werden und deren ausländische Handlanger in der Regel zur Einflußlosigkeit verurteilt sind.

Chinesische Unternehmer hingegen bleiben – darin den großen jüdischen Geschäftsleuten wie den Rothschilds ähnlich, deren Familie sich in zahlreichen europäischen Metropolen niederließ – im Kern Arbitrageure, Vermittler von Geschäften, und ihre Verteilung über den Globus bietet ihnen eine entscheidende Handhabe, gute Geschäftsmöglichkeiten herauszufinden und die Mittel zu ihrer Realisierung aufzutreiben. Die Diaspora selbst – kein Nationalstaat oder Firmenkonglomerat – liegt der Entwicklung der chinesischen Wirtschaftsmacht zugrunde. Wie Denny Ko bemerkt: «Wo immer man sie antrifft, bilden die Chinesen eine enge Gemeinschaft. Im Verlauf der letzten vierzig Jahre haben sie untereinander Verbindung aufgenommen. Manchmal hat es den Eindruck, als ob jeder mit jedem verwandt ist. Ich kenne jemanden in Taiwan, und er kennt wieder jemanden in Hongkong, und man bringt sie miteinander in Verbindung, und es ergibt ein Netzwerk, und man entdeckt eine Geschäftsmöglichkeit. So funktioniert das.»

Die Juden des Ostens

Schon bei ihren ersten Versuchen, in die Märkte Südostasiens vorzudringen, fiel den Europäern die Anwesenheit einer Rasse ins Auge, die ursprünglich nicht aus der Region stammte, ihre kulturelle Eigenart beibehalten und zugleich eine wirtschaftliche Vormachtstellung errungen hatte. Bereits 1621 beschrieb der britische Reisende Thomas Herbert die örtlichen chinesischen Händler als «judenähnlich»: indem sie sich wie «Ährenaufleser» um die kleinsten Geschäftsmöglichkeiten kümmerten, machten sie auch unter den schwierigsten Bedingungen Profit. Im ausgehenden 18. Jahrhundert beschrieb der holländische Admiral Splinter Stavorinus die unter chinesischer Leitung arbeitenden Zuckerraffinerien Javas und fühlte sich ebenfalls an die Aktivitäten der Juden in seiner holländischen Heimat erinnert.[20]

Die Anfänge der chinesischen Einwanderung in Südostasien liegen noch vor der Vertreibung der Juden aus ihrer von den Römern verwüsteten Heimat. Anders aber als bei den Juden, die im Grunde Asylsuchende waren, begann Chinas «Marsch auf die Tropen», wie es ein Autor genannt hat[21], als Ausdruck imperialistischer Ambitionen, nicht als Flucht vor der Unterdrückung. Von den an Expansion interessierten Kaisern wurden chinesische Händler ermuntert, selbst im fernen Afghanistan Handelsposten einzurichten, und chinesische Seidenartikel fanden ihren Weg nach Rom, wo sie bei den Oberschichten einen guten Ruf genosse.[22] Später konnte China mit seinem wirtschaftlichen auch seinen politischen Einfluß weiter ausdehnen, bis nach Vietnam, Malaysia, Kambodscha und Java.[23]

Im 16. Jahrhundert jedoch waren nur einige wenige kleine Kolonien im großen Bogen der südostasiatischen Länder übriggeblieben.[24] Einen nennenswerten Einfluß auf ihre Gastländer hatten lediglich einige Mittelsmänner, die sich in Sumatra und Java etabliert hatten, sowie im Königreich Siam, wo eine Handvoll Chinesen Posten in der Regierung erlangen konnten.[25] Der Einfluß Indiens wirkte weiterhin kulturell bestimmend.[26]

Anfang des 17. Jahrhunderts jedoch beschleunigte sich die chinesische Einwanderung. Auf der Flucht vor der Unterdrückung durch die Mandschu-Kaiser und vor der zunehmenden Armut suchten Millionen Chinesen ein besseres Leben in den inzwischen europäisch beherrschten Ländern Südostasiens.

Wie die Juden in Polen und anderswo in Europa beherrschten die Chinesen in Südostasien bald viele wichtige wirtschaftliche Nischen als Händler, Handwerker und gelernte Arbeiter, oft auch als «Mittelsmänner» zwischen der herrschenden Elite – den europäischen Händlern, Plantagenbesitzern und Kolonialbeamten – und der Masse der einheimischen Bauern. Da sie von ihrer Heimat abgeschnitten waren, blieb ihnen, ähnlich wie den Juden, wenig übrig, als sich Aktivitäten wie dem Handel und dem Geldverleih zuzuwenden. Rustam Sani, der als Wissenschaftler am Malaysian Institute for Strategic and International Studies arbeitet, erklärt: «Es blieb ihnen nichts anderes übrig, als sich im Geschäft, im Handel eine Stellung zu verschaffen. Die Malaien konnten auf das Land zurückkehren, weil ihnen das Land gehörte. Sie konnten in ihre Dörfer zurückkehren. Aber den Chinesen blieb außer dem Geschäftsleben keine Wahl... Dort setzten sie sich fest.»[27]

In Malaysia haben sich die Chinesen, die ein britischer Kolonialbeamter als «unermüdliche Geldjäger»[28] beschrieb, derart gut etabliert, daß sie die Einheimischen – die *bumiputras* oder «Söhne der Erde» – ins wirtschaftliche Abseits zu drängen schienen. «Ich habe sehr viel über die Chinesen geschrieben und sehr wenig über die Malaien, denen das Land nominell gehört», schrieb die britische Autorin Isabella Bird. «Aber man kann sagen, daß die Chinesen überall sind, die Malaien nirgends.»[29]

Bis zum späten 19. Jahrhundert hatten die Chinesen ihre Rolle im Nanjang, wie sie Südostasien nannten, weiter ausgedehnt – nicht nur als Kleinhändler, sondern auch als Verwalter europäischer Plantagen und Kreditgeber für landwirtschaftliche Projekte.[30] Schneller und umfassender als die einheimischen Malaien oder Thais paßten sich die Chinesen unter europäischer Herrschaft den neuen Bedingungen an und konnten bald mit den vom Westen aufgepfropften Sprachen, Sitten und Standards umgehen. Obwohl die Beziehungen zu den Europäern durch Rassenvorurteile und gelegentliche Gewaltausbrüche gestört wurden, betrachteten viele Kolonialverwaltungen die Chinesen als Schlüsselfaktoren für die wirtschaftliche Entwicklung ihrer Gebiete. 1920 schrieb der in Malaysia stationierte britische Kolonialbeamte Frank Swettenham über die Chinesen: «Ihre Energie und ihr Unternehmungsgeist haben die Malaiischen Staaten zu dem gemacht, was sie heute sind. Man kann nicht oft genug betonen, wie sehr die malaiische Regierung und das malaiische Volk diesen fleißigen, geschickten und gesetzestreuen Fremden zu Dank verpflichtet sind ... Sie stellten das ganze Kapital zur Verfügung, als die Europäer das Risiko scheuten.»[31]

Diese Bewunderung wurde nicht immer von den Einheimischen geteilt, die sich häufig von den Chinesen ausgebeutet und verdrängt fühlten. Als sie der König von Siam, Rama VI., 1914 als «Juden des Ostens» etikettierte, war das keinesfalls als Anerkennung ihrer Intelligenz oder ihres Fleißes gemeint; vielmehr wollte er auf ihre weniger positiven, angeblich «jüdischen» Eigenschaften hinweisen, wie übertriebenes Konkurrenzdenken, Habsucht und Betrügerei.[32] Die Chinesen, so beschwerte sich der König, würden «wie Ratten leben» und «für den menschlichen Verzehr unzumutbare Speisen» zu sich nehmen, um ihre Konkurrenten preislich unterbieten zu können.[33]

Schlimmer noch war, daß die Chinesen – so klagten Rama und andere – auch nach ihrer Einbürgerung nur sich selbst und ihrer Heimat gegenüber loyal blieben.[34] Sie seien also bereit, mit europäischen Kolonialisten und jedem anderen noch so unappetitlichen Partner zusammenzuarbeiten, wenn er ihnen nur Gewinn versprach. Ein asiatisches Sprichwort drückt es so aus: «Dem Chinesen ist es gleichgültig, wer die Kuh hält, solange er sie melken kann.»[35]

Tatsächlich zogen es die Chinesen vor, ähnlich wie die Juden in Europa, eine getrennte Gemeinschaft zu bilden, mit einer eigenen wirtschaftlichen Infrastruktur, eigenen Einrichtungen und eigenen Führern sowie den unvermeidlichen kriminellen Banden. Vielen Beobachtern erschien das Leben dieser parallelen Gesellschaft vitaler als das anderer Gruppen. James Lyng beschrieb als Leutnant der britischen Armee in der Kolonie New Britain auf Neuguinea das Chinesenviertel der Stadt Rabaul 1919: «Es ist, als ob eine kleine ostasiatische Stadt durch irgendeinen Zauber nach New Britain verpflanzt worden wäre... Es gibt dort ein halbes Dutzend Geschäfte, einige Restaurants, Schneidereien, Wäschereien, Wettgeschäfte, Fleischer, Bäcker, Tischler, Mechaniker usw....

Vor allem aber ist Chinatown das quirlige, unordentliche Viertel Rabauls – wo die Menschen früh aufstehen – immer auf Achse sind – und spät ins Bett gehen. Im europäischen Viertel wird es nach Sonnenuntergang ruhig, die Straßen sind leer und wirken wie verlassen; doch das Leben im chinesischen Viertel geht weiter – intensiv – schnell – und verrucht.»[36]

Wenn auch die Auslandschinesen das Leben der Heimat nicht in jeder Einzelheit unverändert rekonstruieren konnten, so behielten sie doch ein starkes Gefühl ihrer ethnischen Identität. Wo immer sie sich niederließen, vom wilden Hinterland Borneos bis zum aufstrebenden Handelshafen Singapur, entstanden chinesische Schulen. Wie die religiösen Einrichtungen der Juden sollten diese Schulen der nachfolgenden Generation ein Bewußtsein ihrer Wurzeln und die in den Schriften des Konfuzius niedergelegten entscheidenden kulturellen Werte vermitteln. Das Erziehungsideal, so der bekannte Soziologe D. Stanley Eitzen, war die Formung guter *Chinesen* – in zweiter Linie erst guter Bürger der jeweiligen Aufnahmeländer.[37]

Einige Beobachter glaubten, die Chinesen würden in der Diaspora bald ihre kulturelle Eigenart verlieren[38], so wie es verschiedentlich von den Juden erwartet worden war. Aber die Chinesen haben nicht nur über die Jahrhunderte ihre Identität beibehalten – in den späten achtziger Jahren wurden Länder wie Thailand und Singapur, wo die Tendenz zur Assimilierung am weitesten fortgeschritten war, Zeugen eines wiederauflebenden Interesses an chinesischer Kultur. Bemerkenswert ist die Renaissance des Konfuzianismus, der früher von Chinesen und Westlern gleichermaßen als Quelle der Rückständigkeit und des Aberglaubens verhöhnt wurde, aber jetzt als bedeutende ethische Grundlage des wirtschaftlichen Erfolgs der heutigen Chinesen sowie der Koreaner und Japaner zu Ehren kommt.

Selbst die – von Chinesen dominierte – Regierung Singapurs, die lange Zeit der englischen Sprache gegenüber ihrer Muttersprache den Vorzug gegeben hatte, initiierte 1990 eine Kampagne für die chinesische Mandarin-Hochsprache unter der Parole: «Wenn Sie Chinese sind, sagen Sie es auf mandarin.» Manche nichtchinesische Bürger Singapurs beschwerten sich[39], doch die Kampagne wurde von dem jungen Mitglied der herrschenden People's Action Party Ow Chin Hock mit den Worten verteidigt: «Ein Mensch wird nur von anderen respektiert, wenn er sich selbst, seine eigene Kultur und seine eigene Sprache respektiert.»[40]

Tatsächlich definieren sich die Chinesen durch ihr Festhalten an diesen kulturellen Faktoren – an der Sprache, dem kulturellen Erbe, einem bestimmten Wertesystem. Der große revolutionäre Führer Sun Yat-sen versuchte zwar, die Chinesen als «eine einheitliche Rasse aus einem Blut» zu definieren, doch trifft dies für die Chinesen genausowenig zu wie für die Engländer, die Juden oder die Japaner; je nach ihrer sehr diversen Rassenherkunft unterscheiden sich auch heute die Chinesen von Region zu Region in bezug auf Körpergröße, Hautfarbe und Knochenbau.[41]

Andererseits unterscheidet sich der Glaube der Chinesen an ihre «Berufung zur Einzigartigkeit» radikal von dem der Juden. Da sie ursprünglich aus einem kleinen, politisch relativ unbedeutenden Land stammten, leiteten die Juden das Bewußtsein ihrer Einmaligkeit aus der besonderen religiösen und historischen Erfahrung der Diaspora ab. Im Gegensatz dazu bezieht der Stamm der Chinesen seine Inspiration aus den gewaltigen *materiellen* Leistungen und in der Welt einmaligen Traditionen des Reichs. Die Juden behaupteten, das «auserwählte Volk» Gottes zu sein, und Abraham, Isaak und Jakob sind religiöse Gestalten; die chinesische Mythologie hingegen geht auf Führer wie den «Gelben Kaiser» Huang Ti zurück, den Begründer der ersten Dynastie, dessen Gattin Seidenraupenzucht und Seidenweberei erfunden haben soll.[42]

China ist aber nicht nur eine Nation, wie Frankreich, Deutschland oder Großbritannien. Es ist auch, wie der Historiker Maurice Freedman betont, *t'ien hsia* – «alles-unter-dem-Himmel, eine Zivilisation (nach eigener Einschätzung *die* Zivilisation), die auch ihre Nachbarn umfaßt, ohne ihnen ihre Kultur aufzuzwingen»[43]. Dieses Selbstbewußtsein war zu einem großen Teil Ergebnis der Tatsache, daß das «Reich der Mitte», wie die Chinesen es nannten, über Jahrhunderte zu den stabilsten, größten und mächtigsten Reichen der Erde gehörte und überdies technisch am weitesten fortgeschritten war. Ob in der Landwirtschaft oder der Medizin, von der Erfindung des Papiers und des Schießpulvers bis hin zu frühen Entwürfen für Dampfmaschinen – in allen Bereichen war China fast allen anderen Gesellschaften voraus.[44] Marco Polo, der um die Wende vom 13. zum 14. Jahrhundert aus Venedig nach China reiste, fand die dortigen Städte «ohne Zweifel die schönsten und großartigsten der Welt»[45].

Anders als die Japaner, deren Haltung gegenüber der Außenwelt zwischen Abschottung und Aggression geschwankt hat, sind die Chinesen in der Regel von der zentralen Rolle und natürlichen Überlegenheit ihrer Zivilisation wie selbstverständlich ausgegangen. Dieses Selbstbewußtsein und der alles überragende Wunsch, die Kontinuität ihrer Kultur aufrechtzuerhalten, liegen ihrer «Berufung zur Einzigartigkeit» zugrunde. Wie Harold Isaacs schrieb: «Die Chinesen sind auch im Besitz einer Großen Vergangenheit, ja ihrer oft keineswegs bescheidenen Meinung nach der Größten aller Vergangenheiten ... In ihren Augen sind sie ohnegleichen, stehen über allen anderen Völkern der Erde, weit über den Japanern etwa, deren Traditionen sie als wesentlich jünger und in allen entscheidenden Ausgangspunkten von der chinesischen abgeleitet betrachten.»[46]

Die neuen Chinesen

Jahrhundertelang wirkte dieses starke Gefühl gemeinsamer Identität als hemmender Faktor einer Massenauswanderung, insbesondere im Zusammenhang mit dem Anwachsen geschäftsfeindlicher, neokonfuzianischer Tendenzen unter den späten Ming- und frühen Mandschu-Kaisern.[47] Während sich winzige europäische Nationalstaaten wie Portugal und Holland an der Peripherie Asiens festzusetzen begannen, führte die Wiederbelebung des Traditionalismus dazu, daß die chinesischen Regierungsbehörden hochnäsig jeden Kontakt oder gar Handel mit den Neuankömmlingen ablehnten.[48]

Die nur nach innen schauenden Mandarine hofften ihr Volk dadurch isolieren zu können, daß sie die Chinesen im Grunde genommen in ihrem Land einsperrten. Mitte des 17. Jahrhunderts verbot die Tsching-Dynastie jede Auswanderung zum Zwecke des Handels oder der Neuansiedlung; 1712 befahl sie sogar allen im Ausland lebenden Chinesen die Rückkehr in die Heimat.[49] Solche Maßnahmen konnten sich auf traditionelle chinesische Werte stützen, insbesondere auf die Ahnenverehrung und die damit zusammenhängende Pflicht zur Pflege der Familiengrabstätten, die den Reiz der Auswanderung ohnehin erheblich einschränkten.[50]

Als Ergebnis bildete sich die Vorhut der chinesischen Expansion nach Südostasien und darüber hinaus – die zukünftigen Träger des chinesischen Kapitalismus – unter den Menschen heraus, die an der Peripherie des wankenden Reichs der Mitte lebten, wo die Interessen und die Einflußmöglichkeiten der kaiserlichen Zentralgewalt am schwächsten waren. Von den ersten Anfängen westlicher Kolonienbildung an, beginnend mit den Portugiesen in Macao 1519[51], versuchten die chinesischen Behörden, die Handelsbeziehungen mit dem Westen auf solche Gebiete wie die südöstliche Küstenregion zu beschränken, die allgemein als so wenig zum Kernland gehörig empfunden wurden, daß der direkte Kontakt mit den *kweilos* oder fremden Teufeln nicht weiter schaden könnte. Viele dieser Gebiete waren erst nach dem dritten vorchristlichen Jahrhundert von den Chinesen besiedelt worden[52] und galten im Vergleich zu den älteren Siedlungsgebieten nördlich des Yangtse als kaum zivilisiert.

Noch weiter abseits des Hauptstroms chinesischer Kultur lag Taiwan. Die ursprünglich von Malaien besiedelte Insel hieß noch im dritten Jahrhundert *I-chou*, d. h. «Barbareninsel»; die chinesische Einwanderung – hauptsächlich aus der benachbarten Provinz Fukien – setzte erst im 16. Jahrhundert massiv ein, und auch dann galt die Insel kaum als Bestandteil des chinesischen Reichs[53]; so unbedeutend war sie, daß die Errichtung kolonialer Außenposten durch andere Mächte, vor allem die Portugiesen und Holländer, kaum einen Protest hervorrief.[54] Erst nach dem Sturz der Ming-Dynastie durch die Mandschus 1644 gelang es China, seinem Anspruch auf Taiwan Geltung zu verschaffen; bis kurz vor der Abtretung der Insel an Japan 1895 blieb sie jedoch ein Herd sozialer Gärung, Gesetzlosigkeit und Unruhe.[55]

Die Südchinesen ihrerseits nutzten das Chaos ihrer Umgebung aus, um den Gesetzen und Verordnungen der Reichsverwaltung, die ihre Hauptbasis im Norden hatte, die Stirn zu bieten. Kaiserlichen Edikten zum Trotz profitierten sie vom illegalen Handel und ließen sich auch dann im Ausland nieder, als Auswanderer oder *hua qiao* geradezu als «Staatsfeinde» galten.[56] Später, als sich die Auswanderung aus China verstärkte, bildeten Südchinesen drei Fünftel aller Auswanderer nach Südostasien und darüber hinaus einen Großteil derjenigen, die es nach Nordamerika und Ozeanien zog.[57]

Die von diesen scheel angesehenen «Südstaatlern» und Küstenbewohnern gegründeten neuen Städte – Hongkong, Singapur, Schanghai – ermöglichten die «Verwandlung chinesischer Bauern-Unternehmer in ein Stadtvolk», so der in Singapur beheimatete Investor Ong Beng Seng.[58] Unter dem Einfluß neuester Technologien und Geschäftspraktiken aus Europa, Japan und Amerika entstand dem Historiker Rhoads Murphey zufolge «ein neuer Typus von Chinesen».[59] Diese neuen Chinesen waren kosmopolitisch orientiert und kommerziell auf der Höhe der Zeit, hielten jedoch gleichzeitig an ihrer grundlegenden Stammesidentität fest.

Diese Chinesen waren denn auch die ersten, die alte Denkweisen ablegten, sich den Zopf (das Symbol der Unterwerfung unter die verhaßten Mandschus) abschnitten und europäische Kleidung anzogen.[60] Genauso wichtig war es, wie der Soziologe Ambrose King anmerkt, daß diese neuen Chinesen – weit entfernt von den Zentren der «großen konfuzianischen Tradition» – einige der überlieferten Glaubenssysteme zu modifizieren begannen.[61] Im Schmelztiegel der neuen chinesischen Städte entwickelte sich der Konfuzianismus laut King zur «Kultur eines rationalistischen Traditionalismus», einer Kombination traditioneller Familien- und Gruppentugenden mit einem durch die neuen Bedingungen der Konkurrenzgesellschaft geformten Pragmatismus.[62]

Im scharfen und entscheidenden Gegensatz zu ihren späteren Rivalen in Japan, deren Insularität auch nach der Modernisierung der Meiji-Ära – sowohl was ihre Einstellungen als auch was ihren Kundenkreis betraf – erhalten blieb, war die Entwicklung der neuen Chinesen kosmopolitisch geprägt. Anders als die Japaner konnten sich diese Chinesen nie auf einen großen und geschützten Binnenmarkt stützen.[63] Anders als die Japaner konnten sie nicht zuerst den Binnenhandel entwickeln, um dann von etablierten Geschäftszentren wie Osaka oder Tokio aus weiter zu expandieren.

Statt dessen blieben die Chinesen, wie die Juden in der europäischen Diaspora, ohne feste Wurzeln in ihren neuen Heimatländern, flexibel und geographisch mobil. Ähnlich wie die Juden in Rußland oder Polen nahmen sie in der Regel die westliche Technologie und Philosophie schneller an als die sie umgebende einheimische Bevölkerung, so daß sie aus der Verbreitung des westlichen Kapitalismus entscheidende Vorteile zogen.

In ihren frühen Phasen folgte die globale Ausbreitung der Chinesen, so der japanische Wirtschaftswissenschaftler Yoshihara Kunio, fast ausschließlich den Pfaden der europäischen Mächte, vor allem der Briten. Das Kapital, die Technologie sowie die «institutionelle und Rechtsordnung» der Europäer ermöglichten es Kunio zufolge den Überseechinesen, sich in einer Weise zu entwickeln, die fast allen Festlandchinesen versagt bleiben mußte, die eine Abfolge politischer Katastrophen – von der reaktionären Willkür der Tschings über das Chaos des Bürgerkriegs und die japanische Besetzung bis hin zur kommunistischen Machtergreifung – über sich ergehen lassen mußten.[64]

Der Aufstieg der Chinesen beruhte aber nicht nur auf einer blinden Übernahme westlicher Maßstäbe, sondern bedeutete vielmehr die Anwendung traditioneller Wertmaßstäbe in einer radikal veränderten Situation. Indem der Konfuzianismus den Wert des Lernens nachdrücklich unterstrich, leistete er den Chinesen einen vergleichbaren Dienst wie die talmudische Tradition den Juden – er schuf ein kulturelles Umfeld, das zur schulischen und akademischen Leistung geradezu prädestinierte. Wie der chinesische Philosoph Tu Wei-ming betont, legt der Konfuzianismus großen Wert auf die Suche nach Wissen und auf die Weiterbildung, selbst unter den schwierigsten Umständen[65]: «... auch wenn das Gemeinwesen noch nicht in Ordnung ist und unter dem Himmel kein allgemeiner Friede herrscht, sollte die anstrengende Aufgabe der Selbstvervollkommnung nicht unterbrochen werden. Das Lernen [hsueh] ... verlangt unwiderrufliche und ernsthafte Hingabe.»[66]

In den westlich beeinflußten Teilen Asiens verlegten die neuen Chinesen Ambrose King zufolge einfach den Schwerpunkt der Bildung; aus einem Mittel der Erlangung eines höheren gesellschaftlichen Rangs wurde eine «Voraussetzung materiellen Wohlstands».[67] Die traditionelle vornehmliche Beschäftigung mit der klassischen Überlieferung des Stammes wurde umgeleitet in die modernen Kanäle der örtlichen Handelsschulen, Hochschulen und Universitäten.[68]

Daß sich ein neuer, technologisch versierter Typus des chinesischen Stammes herausgebildet hatte, wurde zuerst in Singapur und Penang fühlbar, wo die Chinesen in den dreißiger Jahren des

19. Jahrhunderts bereits die absolute Bevölkerungsmehrheit darstellten.[69] Von Anfang an entwickelten die im Malaiischen Archipel ansässigen Chinesen enge Verbindungen zu den Briten und
erkannten schnell, wie wichtig es war, die englische Sprache zu
beherrschen und englische Standards anzuwenden. Bereits Ende
des 19. Jahrhunderts schickte die erstarkende chinesische Mittelschicht Singapurs ihre Kinder auf die örtliche «Raffles Institution» zur Schule – und gelegentlich sogar nach Cambridge auf die
Universität.[70]

Diese aufstrebenden Chinesen besaßen in den Worten des Historikers Michael Godley «eine erstaunliche Bereitschaft zur
Persönlichkeitsspaltung» zwischen britischen und chinesischen
Eigenschaften. Der Finanzmagnat Foo Choo Choon etwa sah
kein Problem darin, britischer Staatsbürger und zugleich Beamter
der Tsching-Dynastie zu sein. Ein weiterer «anglochinesischer
Gentleman», der Geschäftsmann Lee Bok Boon, kehrte aus Singapur nach China zurück, um sich mit seinem Reichtum ein
hohes Amt in der Tsching-Bürokratie zu kaufen[71]; er sorgte aber
dafür, daß der in Singapur zurückgelassene Sohn eine englische
Erziehung genoß.[72] Lees Urenkel Lee Kuan Yew wurde in den
sechziger Jahren Führer des neuen unabhängigen Staates Singapur. Als hervorragender Absolvent der Universität Cambridge,
mit europäischen Sprachen und Sitten sowie der europäischen
Kultur bestens vertraut, war Lee stolz darauf, dank seiner erst-
klassigen britischen Erziehung mit britischen Führern wie dem
Premierminister Harold MacMillan «als Gleicher zu Gleichen»
reden zu können.[73]

Später lösten die Vereinigten Staaten Großbritannien als
Hauptausbildungsplatz der neuen Chinesen ab. Bereits Ende der
achtziger Jahre gab es etwa 90 000 chinesischsprechende Studenten in den USA, womit sie die bei weitem größte ethnische
Minderheit auf dem Campus darstellten.[74] Die Taiwanesen allein
stellten jeden vierten Kandidaten für einen Doktorhut auf dem
Gebiet der Elektrotechnik in den Vereinigten Staaten.[75]

Mit der Zeit förderte diese leidenschaftliche Lernbereitschaft und die Erfahrung fremder Kulturen die Herausbildung einer bemerkenswerten neuen Elite unter den Chinesen, die mit wachsendem Selbstbewußtsein auf dem Weltmarkt auftrat. Da sie mit den einheimischen Kulturen viel besser vertraut waren als die Europäer, konnten die Chinesen die wirtschaftliche Vormachtstellung des Westens bald in Frage stellen, insbesondere im Zuge der Weltwirtschaftskrise.[76] Nach dem Zusammenbruch des Finanzsystems und vieler Firmen in den USA gelang es der aufstrebenden chinesischen Minderheit auf den Philippinen zum Beispiel, fast vier Fünftel des Einzel- und Binnenhandels der Kolonie unter ihre Kontrolle zu bringen.[77]

Unter dem Einfluß solcher Entwicklungen sagte Arnold Toynbee in den frühen dreißiger Jahren voraus, die Chinesen würden bald die «schwächeren und weniger effizienten Völker» Südostasiens beherrschen und schließlich auch die Europäer ablösen. Damals gab es etwa acht Millionen Überseechinesen, die meisten von ihnen kleine Händler, Handwerker und Arbeiter[78]; und doch spürten schon überall, von Singapur bis zum Dschungel Neuguineas, die europäischen Händler den Druck des «John Chinaman».[79] Toynbees Bemerkungen haben sich als weitsichtig erwiesen.

Heute beherrschen die *hua qiao* – weltweit sind es etwa fünfzig Millionen – in der Tat die Volkswirtschaften Südostasiens, wo sie mit einem Bevölkerungsanteil von weniger als 10 Prozent knapp zwei Drittel des Einzelhandels kontrollieren.[80] In Thailand, zum Beispiel, wo sie ebenfalls weniger als ein Zehntel der Bevölkerung ausmachen, befindet sich mehr als die Hälfte des gesamten Betriebsvermögens in chinesischer Hand; in Indonesien, wo sie nur 5 Prozent der Bevölkerung darstellen, kontrollieren sie sogar 75 Prozent des gesamten Betriebsvermögens[81], wobei ein chinesisches Firmenkonglomerat, die Salim Group, allein schon 5 Prozent des Bruttoinlandsprodukts erwirtschaftet.[82] Die fünf Milliardäre in beiden Ländern sind alle chinesischer Abstammung.[83]

Selbst in Malaysia, trotz einer Regierungspolitik aktiver Rassendiskriminierung gegen Nichtmalaien, stellen die Chinesen bei einem Bevölkerungsanteil von gut einem Drittel[84] allem Anschein nach den überwiegenden Teil der sich herausbildenden technischen und kommerziellen Elite. Und es ist abzusehen, daß sie die High-Tech-Zukunft Malaysias beherrschen werden: obwohl es ungefähr genauso viele Malaien wie Chinesen an den Universitäten des Landes gibt, überwiegen die Chinesen die *bumiputras* bei den naturwissenschaftlichen Fächern im Verhältnis acht zu eins – und bei den Ingenieurwissenschaften im Verhältnis fünfzehn zu eins.[85]

Im Geschäftsleben müssen die Chinesen oft Tricks anwenden, um ihre Kontrolle des Wirtschaftslebens zu verdecken und aufrechtzuerhalten, indem sie Malaien als Strohmänner anstellen, um die notwendigen Betriebserlaubnisse und den unabdingbaren politischen Einfluß zu erlangen – eine Praxis, die als «Ali-Babaismus» bezeichnet wird.[86] Allen Anstrengungen der Regierung zum Trotz bleiben die Durchschnittseinkommen der Chinesen doppelt so hoch wie die der Malaien, und man geht davon aus, daß sie über ein sechsmal größeres Betriebsvermögen verfügen.[87] Der malaysische Premierminister gab einmal freimütig zu: «Was wir auch immer können, die Chinesen können es besser und billiger.»[88]

Die Flüchtlingsmentalität

Wie bei den Juden hat der bemerkenswerte Erfolg der Überseechinesen in den vergangenen hundert Jahren immer wieder Verfolgungen nach sich gezogen. In fast jedem Land der Diaspora mußten sie Diskriminierungen und politische Unterdrückung, ja zuweilen regelrechte Pogrome über sich ergehen lassen. Auch hundert Jahre nach der Auswanderung aus China bietet die Diaspora in den Worten des Gelehrten David Wu nur «eine höchst unsichere Existenz».[89]

Diese «höchst unsichere» Lebensweise ist nach dem Niedergang der großen europäischen Kolonialreiche in Asien noch unsicherer geworden. In den von den Japanern besetzten Ländern wie Malaysia, Singapur, den Philippinen und Indonesien wurden die Chinesen von der Besatzungsmacht und ihren einheimischen Verbündeten sowohl wegen ihrer Verbindungen zu China als auch wegen ihrer Geschichte der wirtschaftlichen Zusammenarbeit mit den Europäern denunziert. Führende Chinesen wurden der Sympathie mit den Alliierten verdächtigt, besonders brutal behandelt oder zur Abschreckung hingerichtet.[90] Obwohl die Briten sich nach Kräften bemühten, die örtlich ansässigen Europäer zu retten, unternahmen sie nur wenig, um die Chinesen vor der japanischen Machtübernahme zu evakuieren.[91]

Das japanische Bild der Überseechinesen ähnelte dem stereotypen europäischen Zerrbild der Juden als durch und durch amoralisches Volk, das in einer gesunden Gesellschaft keinen Platz beanspruchen könne.[92] Auch nach dem Krieg waren bei den ehemals besetzten Völkern solche Ansichten noch virulent, und chinesische Bürger wurden weiterhin enteignet und bedroht. In Burma, Indonesien und Vietnam wurden die Chinesen hingemordet oder zur Flucht gezwungen[93]; fast eine halbe Million kehrten auf das verarmte Festland zurück, das sie wenigstens mit offenen Armen aufnahm.[94]

Die Emigration, sowohl von Menschen als auch von Kapital, bleibt für die Chinesen in Nanjang eine Konstante. Selbst in Singapur führt das autokratische Gehabe des Regimes – zum Teil erklärbar durch die Angst vor einer Invasion durch die benachbarten muslimischen Staaten – zum Wunsch nach Emigration: allein 1989 wurden 14 000 Auswanderungsvisa beantragt.[95] Bei den Chinesen, die noch in den islamischen Staaten Asiens wohnen, hat die Furcht vor Enteignung[96] einige prominente Geschäftsleute – wie etwa Robert Kuok, Oberhaupt der vielleicht wichtigsten chinesischen Unternehmerfamilie Malaysias[97] – bewogen, Gelder ins Ausland zu transferieren und Firmenstandorte zu verlegen, insbesondere nach Nordamerika, Ozeanien und – vorübergehend jedenfalls – Hongkong.[98] Die strengen Zulassungsquoten an den malaysischen Universitäten zwingen die meisten Chinesen aus der dortigen Mittelschicht überdies, ihre Kinder zum Studium ins Ausland zu schicken.[99]

Jahrhunderte nach ihrer ersten Ansiedlung leben viele Chinesen in Südostasien immer noch eine Art Weder-noch-Dasein: Teil der örtlichen Szene zwar, doch nicht voll akzeptiert. Cheah Kean Huat, Enkelsohn eines Immigranten aus Südchina und Gebietsleiter von Hewlett Packard in Malaysia, erklärt: «Als Chinesen haben wir diese Realität als Bedingung unseres Lebens in Malaysia akzeptiert. Wir wissen, daß es niemals einen Premierminister aus den Reihen der malaysischen Chinesen geben wird. Das gehört zu unseren Existenzbedingungen hier. . . .

Es gibt ein unterschwelliges Gefühl bei den Malaien, daß sie die Einheimischen seien und ein Recht auf den ganzen Reichtum des Landes haben. Sie fragen sich, weshalb ein Fremder das Recht haben soll, ins Land zu kommen, das Land zu besitzen.»[100]

Bei den Chinesen, die in größerer Nähe zum chinesischen Festland leben, herrscht ein noch intensiveres Gefühl der Unsicherheit, selbst bei der größtenteils gutsituierten Bevölkerung Taiwans. Die «Rückkehr» von etwa 500 chinesischen Unternehmern nach Taiwan zwischen 1985 und 1991 fand große Beachtung in der westlichen Presse[101], doch im gleichen Zeitraum wanderten jährlich ungefähr 50000 Taiwanesen aus – größtenteils in die Vereinigten Staaten, nach Kanada und Australien. Einer Umfrage zufolge erwog 1991 bereits jeder zehnte Angehörige der taiwanesischen Mittelschicht die Auswanderung.[102]

Bis zu einem gewissen Grad entstammt diese Auswanderung dem Wunsch mancher Chinesen, der Überbevölkerung und Umweltverpestung sowie der wachsenden Verbrechensrate zu entkommen, die dazu geführt haben, daß die Insel in den Worten der *Commercial Times* ein «Paradies fürs Geschäft», aber «zum Leben die reine Hölle» darstellt.[103] Pi Cheng Wang jedoch, stellvertretender Aufsichtsratsvorsitzender der *United Daily News* und ältester Sohn des Zeitungsgründers und marktbeherrschenden taiwanesischen Verlegers Tih-Wu Wang, sieht in diesem fortgesetzten Exodus weniger eine Ablehnung Taiwans als vielmehr eine Reaktion auf tiefsitzende Ängste. In seinem elegant eingerichteten Büro in Taipei erklärte mir Wang, der an der University of Tennessee seinen Abschluß in Chemietechnologie machte und für General Motors gearbeitet hat: «Der Paß ist ein Werkzeug, ein Hilfsmittel, falls man in Schwierigkeiten gerät. Jeder Mensch will China helfen, aber auch meine leitenden Angestellten, die ja wissen, wie grausam die Kommunisten sind – auch sie fühlen sich unsicher. Sie wollen immer noch in die USA.»[104]

In Hongkong ist dieses Gefühl der Unsicherheit noch spürbarer. Allein 1989 flossen fünf Milliarden Dollar – etwa 1000 Dollar pro Kopf der Bevölkerung, Kinder eingerechnet – aus der Kolonie in sichere Zufluchtsorte. 1991 begannen sogar Firmen vom chinesischen Festland aus Angst vor den Konsequenzen der Übernahme Hongkongs durch ihre eigene Regierung im Jahre 1997, weitere Milliarden ins Ausland zu schicken, insbesondere in die Vereinigten Staaten.[105]

Mehr ins Gewicht fallen jedoch die Hunderttausende, die einfach ihre Sachen gepackt und Hongkong verlassen haben – 1990 hatte die jährliche Auswanderungsrate 50 000 erreicht.[106] 40 Prozent aller Bewohner und über die Hälfte aller Freiberufler der Kolonie planen einer Umfrage zufolge ihre Emigration.[107] Manche verzweifelte Menschen bezahlen Unsummen, um die Staatsbürgerschaft devisenhungriger osteuropäischer Staaten[108] oder von Staaten der Dritten Welt zu erwerben – zu den letzteren zählt auch der Staat Corterra im Südpazifik, der aber, was seine Freunde und Förderer zu erwähnen vergaßen, gar nicht existiert.[109]

Ein beliebter Trick, um eine andere Staatsbürgerschaft wenigstens für die Kinder zu erwerben, besteht für Mütter aus Hongkong darin, zur Entbindung nach Nordamerika zu fahren. «Wenn die Leute in Hongkong eine Frau fragen, wo sie ihr Kind zur Welt bringen will, meinen sie nicht: in welchem Krankenhaus?» schrieb der Lokalkolumnist Frank Chin. «Sie meinen: in welchem Land?»[110]

Die meisten Chinesen jedoch – ob aus Hongkong oder Taiwan – wollen mit der Emigration keineswegs ihre Bindungen zur Heimat kappen, genausowenig wie Wanderer aus Israel aufhören, Juden zu sein, wenn sie sich in Amerika niederlassen. Als Beleg des bei ihnen besonders ausgeprägten Geistes opportunistischer Ambivalenz mag gelten, daß viele Bewohner Hongkongs, nachdem sie sich einen alternativen Paß gesichert haben, in die Heimat zurückkehren, um bei ihrer Familie zu sein oder einfach Geld zu machen; zu ihnen gehören viele der schätzungsweise 35 000 bis 40 000 «kanadischen» Staatsbürger, die 1991 als Einwohner der Kolonie gezählt wurden.[111] Auch der Beamte, der im Auftrag der britischen Administration die Auswanderungsstatistiken zusammenstellt, ist ein Beispiel für den «perfect Hong Kong man» – auf dem Festland geboren, Bürger Neuseelands, mit erstem Wohnsitz in der Kronkolonie.[112]

Diese Suche nach einem fremden Paß – oder einem Zufluchtsort – ist mehr als nur eine paranoide Anwandlung. Gerade für die Unternehmerschichten war die kommunistische Machtübernahme eine Katastrophe, in deren Verlauf Eigentum vernichtet und Unternehmen zerstört wurden, die in manchen Fällen über Jahrhunderte aufgebaut worden waren. Für viele der erfolgreichsten Familien Chinas, wie zum Beispiel die Familie Denny Kos, bedeutete der Sieg des Kommunismus den Sturz aus dem Wohlstand in die völlige Armut, den Zwang, sich im überfüllten, verarmten Taipei das Nötigste zum Leben zusammenzukratzen. Mehr als vierzig Jahre später blickt Ko zurück: «Wir fielen von einem Extrem ins andere. Wir waren sechs Kinder, mit Kindermädchen, mit allem. Unsere Eltern sahen wir einmal die Woche. Dann hatten wir nichts.

Für meine Mutter war das Leben am Rande des Existenzminimums am schwierigsten zu verkraften. Wir lebten zu siebt in einem Zimmer. Es war äußerst primitiv, und meine Mutter wußte nicht einmal, wie man Wasser kocht – sie konnte nicht einmal Tee zubereiten.»

Als Ergebnis dieses Exodus wurde Hongkong von einer

Flüchtlingswelle – jährlich mehr als 100 000 Menschen in den ersten zwei Jahrzehnten nach der Revolution – überschwemmt, die zu einem Anwachsen der Bevölkerung von 800 000 vor dem Zweiten Weltkrieg auf über drei Millionen führte, von denen die Hälfte Flüchtlinge waren.[113] Darunter waren auch an die 50 000 obdachlose Waisenkinder.[114]

Angesichts der entsetzlichen Verhältnisse in den Flüchtlingssiedlungen neigten die meisten westlichen Beobachter, einschließlich der britischen Behörden, zur Verzweiflung. James McGregor jedoch, der damals als kleiner Kolonialbeamter im Referat für Handel und Industrie der Hongkonger Verwaltung arbeitete, staunte über das Durchhaltevermögen der Flüchtlinge. Sie hätten zwar in Hütten oder auf heruntergekommenen Booten gewohnt, erinnert sich McGregor, doch unmittelbar nach der Ankunft hätten die Chinesen kleine Läden oder Werkstätten eröffnet und jede Gelegenheit ergriffen, sich einen noch so kargen Lebensunterhalt selbständig zu verdienen. McGregor wurde später Vorsitzender der Hongkonger Handelskammer und danach Spitzenmanager einer von Chinesen gegründeten Bank. Er erinnert sich: «Die Stadt hat mich fasziniert. Wir hatten hier anderthalb Millionen Flüchtlinge. Sie kampierten auf den Hügeln und auf den Dächern. Wir konnten sie nicht aufhalten. Es war zum Verzweifeln, aber die Chinesen haben, wo sie nur konnten, sich selbst geholfen. Da habe ich die Fähigkeiten der Chinesen erkannt. Sie wurden auch mit der Korruption der kleinen Beamten fertig. Das waren Menschen, die in der Lage waren, alles zu schaffen, wenn man ihnen die Gelegenheit dazu gab.»[115]

Irgendwo in diesen wuchernden Slums lebte ein junger Arzt aus Kanton namens P. S. Hui, der 1957 mit seinen fünf Kindern aus dem Machtbereich der Kommunisten geflohen war. Da die Briten sein chinesisches Diplom nicht anerkannten, durfte er zunächst nicht als Arzt praktizieren, sondern studierte nachts für sein britisches Diplom, während er sich tagsüber als medizinischer «Berater» um seine Patienten in den Slums von Kowloon kümmerte.

Nach zweieinhalb Jahren hatte er sein Medizinstudium an der University of London erfolgreich abgeschlossen und konnte eine Praxis eröffnen. Sein Sohn Steve erinnert sich, daß die Familie bald besser dastand. Doch die Erfahrung der Entwurzelung und des Zwangs, von vorn anzufangen, hat in ihm, wie er sagt, eine «Flüchtlingsmentalität» hervorgerufen. Steve Hui wanderte 1975 nach Kalifornien aus und ist heute Vorsitzender der Computerfirma Everex Systems. Er erklärt: «Ich wurde so erzogen, daß ich harte Zeiten als Gelegenheit empfinde: wenn wir härter und entschlossener sind, werden wir die Nase vorne behalten. Das ist die Sichtweise der Entwurzelten. In einem solchen Leben gibt es keine endgültigen Niederlagen, nur Rückschläge».[116]

Statt auf die Unterstützung des Staates oder der Gesellschaft zu setzen, meint Hui, akzeptierten Familien wie die seine Schwierigkeiten als selbstverständlichen Bestandteil des Lebens, etwas, das es aus eigener Kraft oder mit Hilfe der Familie und Verwandtschaft zu überwinden galt. Unter Bedingungen chronischer Unsicherheit, nicht unähnlich den Lebensverhältnissen der Juden in Europa, legten die Überseechinesen den allergrößten Wert auf jedes Hilfsmittel, das ein Element der Selbständigkeit versprach – sei es in Form eines Geschäfts, eines gehorteten Bargeld- oder Goldvermögens, einer Immobilie oder einfach einer ausreichenden Geldsumme, um den Kindern die Ausbildung zu bezahlen, damit sie sich nützliche und wirtschaftlich verwertbare Fähigkeiten aneignen.

Solche Haltungen bestimmen das Wirtschaftsverhalten der Überseechinesen in der ganzen Welt. Taiwan zum Beispiel hat eine der höchsten Sparquoten der Welt, im Durchschnitt etwa 30 Prozent des Bruttoeinkommens.[117] Wenn sie nach den Gründen für ihren Erfolg gefragt wurden, zitierten ältere Chinesen aus New York, so Wirtschaftsforscher Bernard Wong, immer wieder den Spruch: *«Kan kim hay ka»*, d. h. «Sparsamkeit ist der Schlüssel zum Erfolg» – durchaus vergleichbar den Merksätzen eines Samuel Smiles oder Benjamin Franklin.[118]

Selbst in Silicon Valley, Kalifornien, wo auf den Parkplätzen

neugegründeter Firmen ein Porsche neben dem anderen steht,
versuchen chinesische Unternehmer wie Steve Hui, nach den alten Grundsätzen zu leben. Als Chef einer Firma, die in den
Vereinigten Staaten 1700, weltweit 2700 Menschen beschäftigt,
lehnt es Hui ab, einen Assistenten einzustellen und besteht darauf, selbst bei langen transpazifischen Flügen zweite Klasse zu
fliegen. Und als 1991 stark rückläufige Verkaufszahlen für Computer das bis dahin im Aufwind fliegende Unternehmen erstmalig
in die roten Zahlen trieben, lehnte es Hui charakteristischerweise
ab, die Mittel für Forschung und Entwicklung zusammenzustrei-
chen, sondern kürzte sein eigenes Gehalt um 50 Prozent, wobei
das eingesparte Geld den in der Rezession gekündigten Mitarbeitern zugute kommen sollte.

«Der Unterschied [zwischen Chinesen und «Anglos»] ist nicht
so sehr einer des Einsatzes als vielmehr einer der Einstellung»,
erklärte mir Hui, während er schnell ein Nudelgericht zum Mittagessen verschlang: «Wir kommen aus einer Kultur der Härte
gegen sich selbst. In der chinesischen Kultur gibt es die Tradition,
daß man eine lange Lehrzeit unter den schlechtesten Bedingungen
durchlaufen muß, um erfolgreich zu sein.»

Das Reich der Guanxi

Als Auswanderer, Bürger ehemaliger Kolonien oder isolierter
kleiner Staaten wie Taiwan oder Singapur haben die Überseechinesen eine einmalige transnationale Wirtschaftsform entwickelt,
die weitgehend auf einem Gefühl persönlicher Verantwortung
und Verpflichtung beruht. Weder der westliche Kapitalismus mit
seinem ausgetüftelten Vertragssystem und hochentwickeltem
Wohlfahrtsstaat noch der mit Japan assoziierte Kult der Firma
liefern das Vorbild für diese chinesische Wirtschaftsgemeinschaft,
die größtenteils durch informelle Bindungen unter den individuellen Gemeinschafts-Mitgliedern aufrechterhalten wird. Die

westliche Beobachterin Catherine Jones schreibt: «Der wirtschaftliche Erfolg ist das Hauptziel, ja der Lebensinhalt, im Interesse aller... Vorstellungen wie die eines Wohlfahrtsstaats oder der sozialen Dienste überhaupt genießen kein Prestige; ganz im Gegenteil. Disziplin und Pflichtgefühl dienen, wie die Familienambition, ausschließlich dem Streben nach Wohlstand.»[119]

Der Erfolg in diesem System hängt von der Fähigkeit des chinesischen Geschäftsmannes ab, das Vertrauen derjenigen zu gewinnen, die ihm gesellschaftliche Beziehungen – *guanxi* – vermitteln können. Wie die verstreuten Juden oder die calvinistischen Unternehmer Großbritanniens und Amerikas im 19. Jahrhundert stützen sich die Chinesen hauptsächlich auf Netzwerke zur wechselseitigen Unterstützung, die in der Regel aus Freunden, Verwandten und Geschäftspartnern bestehen und bei Unternehmensgründungen Startkapital sowie andere Hilfen beisteuern.

Steve Hui zum Beispiel erhielt maßgebliche finanzielle Unterstützung von der Wong's Group, einem Familienkonzern der Elektronikbranche. Ausgehend von einer winzigen Fabrik mit zehn Beschäftigten in Hongkong 1962, hatte die Wong's Group 1990 einen Umsatz von über 200 Millionen Dollar. Michael C.Y. Wong, zweitjüngster der vier Söhne des Firmengründers Wong Wah San, traf Hui 1973, als dieser für einen Elektronikvertrieb als Vertreter tätig war. Wong war von Huis Aufrichtigkeit und Tatendrang beeindruckt und überzeugte einige Jahre später die Familie, das Unternehmen Everex mitzufinanzieren. In seinem hell erleuchteten Büro, das auf eine graue, mit Abfall übersäte und etwas bedrohlich aussehende Nebenstraße Kowloons blickt, erklärte Wong: «Seine Persönlichkeit, sein Charakter – seine Art, Geschäfte zu machen – das hat mich beeindruckt. Ich habe unbedingtes Vertrauen zu ihm. In der Aufbauzeit arbeitete er achtzehn Stunden am Tag, schlief auf dem Boden in seiner Fabrik. Er arbeitete zwar in Amerika, aber er hatte die Einstellung eines richtigen Chinesen.»[120]

Im Verlauf der letzten hundert Jahre hat eine solche informelle und subjektiv bestimmte Art der Finanzierung eine große Rolle

bei der Entwicklung eines chinesischen Kapitalismus gespielt.
Viele kleinere Firmen erhalten das benötigte Kapital durch ge-
meinschaftliche *huis*, eine Art Kreditgenossenschaft, die auf
informellen Beziehungen wie Verwandtschaft, Freundschaft oder
Patronat beruhen. In der Regel wird eine kleine Summe von jedem Mitglied der Gruppe investiert und gemeinschaftlich über
die Kreditvergabe zur Gründung oder Erweiterung eines Unternehmens entschieden.[121]

Das Entstehen solcher Hilfsvehikel zur Unternehmensfinanzie-
rung war in der Regel eine Antwort auf die häufig ungünstigen
Bedingungen in den Ländern, wo sich die Chinesen niederließen.
In Nordamerika weigerten sich manche Banken, mit Chinesen
zusammenzuarbeiten[122], so daß Unternehmer auf die Unterstützung durch die Gemeinschaft angewiesen waren. In den sich
entwickelnden Ländern des Nanjang andererseits waren alternative Finanzierungssysteme wenig oder gar nicht ausgebildet und
die Regierungen oft korrupt, so daß der Versuch, auf konventio-
nellem Wege Kredit zu beschaffen, weniger attraktiv erschien, als
sich auf die *guanxi* der etablierten chinesischen Kapitalisten zu
stützen.

Dort, wo sich Chinesen dauerhaft niedergelassen haben, wurden solche Stammesverbindungen oft durch eher formelle Organisationen wie Handelsvereinigungen oder Handelskammern
unterstützt. Bereits 1851 gründeten chinesische Einwanderer in
San Francisco die Chinese Company. Diese Organisation hatte
den Auftrag, chinesische Neuankömmlinge zu begrüßen und zu
beschützen und Arbeit für sie zu finden; ähnliche Gruppen organisierten jüdische Einwanderer in Amerika und später sowohl in
Frankreich als auch in Palästina.[123] Auch heute noch spielen solche Vereine in kosmopolitischen westlichen Städten wie New
York, London oder Los Angeles eine Vermittlerrolle und versuchen, den Neuankömmlingen die Integration in die örtliche
Gemeinschaft zu erleichtern.[124]

Regionale Netzwerke derjenigen Chinesen, die einen gemeinsamen Dialekt sprechen und aus dem gleichen Gebiet stammen,

spielen ebenfalls eine große Rolle. Manche Netzwerke, wie die der Südchinesen aus Hokkien oder Yünnan, verbinden Menschen über nationale Grenzen hinweg in Indonesien, Singapur und auf der anderen Seite des Pazifik.[125] Aber das bei weitem wichtigste Netzwerk bildet die erweiterte Familie, die lange Zeit die Basis der chinesischen Gesellschaft darstellte.

Im Rahmen dieses Systems – das der Autor Siau-kau Lau «utilitaristischen Familismus» nennt – hat die Sorge um die Familie und ihren langfristigen Besitz – nicht um die Firma oder die Heimat – die entscheidende Priorität. Auf die Frage, was ihnen wichtiger sei, die Familie oder die Gesellschaft, nannten Chinesen in Hongkong zum Beispiel in einer Umfrage aus dem Jahr 1980 mehr als fünfmal so häufig die Familie wie die Gesellschaft.[126]

Sich auf die Familie zu verlassen bedeutet aber nicht nur ein Festhalten an traditionellen Werten, sondern erfüllt auch einen praktischen Zweck, zumal in einer Atmosphäre ständiger Unsicherheit: Familienmitglieder bilden zuverlässige, motivierte und vertrauenswürdige Mitarbeiter und Manager.[127] Noch in den achtziger Jahren rekrutierten annähernd drei Fünftel der größeren Firmen und die Hälfte der kleinen Firmen Hongkongs wenigstens einen Teil ihrer Beschäftigten aus der Verwandtschaft der Firmengründer und einen weiteren großen Teil aus Menschen, die einen ähnlichen Dialekt sprechen oder aus dem gleichen Gebiet stammen.[128]

Die Orientierung auf die Familie führt dazu, daß die Chinesen im Unternehmertum auch ein Mittel sehen, das Vermögen ihrer nächsten Verwandten zu sichern. Wie die Lehren des Talmud den Wert der Selbständigkeit und Unabhängigkeit unterstreichen, so betont auch die Kultur der Überseechinesen den Wert des Besitzes, was auch in dem beliebten Spruch zum Ausdruck kommt: «Lieber der Kopf eines Huhns [sein] als der Schwanz eines Ochsen.» Die Rate der Unternehmensgründungen im Verhältnis zur Bevölkerungszahl lag 1980 in Hongkong doppelt so hoch wie in Amerika; die meisten dieser Firmen hatten weniger als hundert Beschäftigte.[129] Und obwohl die Bevölkerung Taiwans weniger als halb so groß ist wie die Südkoreas, hat die Insel fast zehnmal so viele Handelsgesellschaften und fast dreimal so viele sonstige Firmen, von denen alle außer einer Handvoll im Familienbesitz sind oder von einer Familie kontrolliert werden.[130] Umgekehrt stammen acht der hundert größten Firmen Asiens aus Südkorea; nur eine ist in chinesischer Hand.[131]

Auch chinesische Kapitalisten mit globalem Einfluß richten sich noch heute nach diesem allgemeinen Geschäftsmuster. Familiennetzwerke kontrollieren weiterhin einige der potentesten Unternehmen des Stammes: so die Ruoks in Malaysia, die Riadys in Indonesien, Y. K. Pao und Li Ka-sheng aus Hongkong oder Y. C. Wang, dem die Firma Formosa Plastics und das weltweite Wang-Verlagsimperium gehören.

Die Effektivität dieser familiengestützten Unternehmensform ist vielleicht nirgends so deutlich wie in der Bekleidungsindustrie. In den Chinatowns der ganzen Welt spricht man von der Bekleidungsbranche neben Wäschereien und Restaurants als *wah yan sam yong* – den «Berufen der Chinesen». Diese Entwicklung war in gewisser Hinsicht natürlich, da die Chinesen – wie die Juden, die im späten 19. und frühen 20. Jahrhundert in London und New York ankamen – eine lange Tradition der Bekleidungsherstellung hatten, insbesondere in Verbindung mit dem Seidenhandwerk.[132]

Die Rolle der Chinesen in der Bekleidungsbranche wurde durch die Ankunft chinesischer Kapitalisten in Hongkong, Singapur und anderen Zentren der Diaspora nach der kommunistischen Machtübernahme auf dem Festland 1947 erheblich verstärkt. Diesen Kapitalisten, unter denen sich viele befanden, die eigentlich aus höherentwickelten Branchen wie der Schwerindustrie stammten, fehlte das Kapital zur Neugründung ihrer früheren Firmen. Sie konzentrierten sich auf die Bekleidungsindustrie, und zwar hauptsächlich aus den gleichen Gründen – geringe Kapitalauslagen und die Existenz eines ausreichenden Zustroms billiger, disziplinierter Arbeitskräfte – wie die Juden, die um die Jahrhundertwende scharenweise nach New York gekommen waren.

Exemplarisch ist der Fall des Unternehmers C.Y. Tang, der früher eine der führenden Textilfabriken Schanghais besaß und bei der kommunistischen Machtübernahme praktisch sein ganzes Vermögen verlor. Zwar hatte er bei der Ankunft in Hongkong kein Geld in der Tasche, doch er wußte, worauf es ankommt: Marktkenntnis, unternehmerisches Geschick und *guanxi* – Beziehungen zu alten Freunden unter den Flüchtlingen aus Schanghai, die zu diesem Zeitpunkt fast ein Viertel der Bevölkerung Hongkongs ausmachten.[133]

Wie mir Tangs Enkel Henry Y.Y. Tang erklärte, beschränkte sich das Familienunternehmen bei seiner Gründung in den fünfziger Jahren weitgehend auf die «primitiven» Funktionen der Stoff- und Garnherstellung. Die zweite Generation aber, vertreten durch Henrys Vater Winston Tang, behauptete sich aggressiver in der Branche und expandierte in die Konfektion. In den neunziger Jahren betrug der Jahresumsatz des Textil- und Bekleidungsimperiums der Familie mehr als 300 Millionen Dollar. Längst ist das Unternehmen den engen Grenzen Hongkongs entwachsen und hat neue Fertigungsstätten in Großbritannien, Kalifornien und vor allem in der Nachbarprovinz Guandong in Betrieb genommen.

Tang behauptet, daß chinesische Familienunternehmen in der Modebranche einmalige Vorteile besitzen. Wenn einige Familienmitglieder in den Vereinigten Staaten wohnen und andere in den verschiedensten Ländern ausgebildet worden sind, genießt das Unternehmen alle Vorteile eines kosmopolitischen Informationsnetzes ohne die tote Last einer Firmenbürokratie. In seinem Büro in einem unfreundlichen, grauen Industriegebiet bemerkte der elegant gekleidete Tang: «Es kann sich mit der Zeit ändern, aber in dieser Branche hat der chinesische Weg seine Vorteile. Als Familie können wir schneller und flexibler reagieren, weil eine Person entscheidet. Niemand außer mir hat recht – nur ich habe recht. Man tut, was man tun muß, um zu überleben. Und es funktioniert.»[134]

Die Bekleidungs- und Textilindustrie ist denn auch die erste

Branche, in der die Chinesen mit ihrem Modell des weitgestreuten Familienunternehmens weltweit die Führung übernommen haben. Schon in den siebziger Jahren hatte Hongkong Italien als größter Exporteur von Bekleidung abgelöst.[135] In der Textilindustrie exportieren die chinesischen Produktionszentren China, Taiwan und Hongkong zusammengenommen genausoviel wie die führenden Hersteller der Nachkriegszeit Deutschland und Italien zusammen, und dreimal so viel wie Japan oder die Vereinigten Staaten. Wichtiger noch ist die Tatsache, daß der Marktanteil der chinesischen Betriebe weit schneller gewachsen ist als der anderer Länder: zwischen 1982 und 1988 konnten die Chinesen ihren Weltmarktanteil verdoppeln, und der Trend soll bis weit ins nächste Jahrhundert hinein anhalten.[136]

Chinesische Unternehmen sind inzwischen dabei, ihre Aktivitäten rasch auf andere asiatische Länder auszudehnen, von Sri Lanka und Thailand bis nach Indonesien. Ihnen kommt zugute, daß Asien der am schnellsten wachsende Markt der Welt für Bekleidung geworden ist.[137] Zunehmend reduzieren sich die Wettbewerbsvorteile europäischer Textil- und Bekleidungsfirmen auf ihre traditionellen Stärken im Bereich des Modedesigns und des Marketing. Aber auch hier holen die Chinesen auf, zum Beispiel mit eigenen Markendesignern wie Eddie Lau aus Hongkong[138] oder Jenny Su aus Taipei[139].

Möglicherweise liegt jedoch das zukünftige Zentrum chinesischer Modedesigner in solchen aufstrebenden Zentren der Bekleidungsindustrie wie Kalifornien. Nicht zuletzt als Ergebnis der Masseneinwanderung von Chinesen und anderen Asiaten (darunter Vietnamesen, Filipinos und Koreaner), die 1990 drei Fünftel aller Vertragsnähereien in diesem Bundesstaat betrieben[140], hat Kalifornien inzwischen New York als wichtigstes Zentrum der amerikanischen Bekleidungsindustrie überholt.[141] In zunehmendem Maße beherrschen die Chinesen auch die wachsende Modebranche Kaliforniens; 1990 bildeten sie die größte ethnische Gruppe unter den Studenten der Abteilung Modedesign am Los Angeles Fashion Institute.[142]

Für die neue Generation chinesischer Unternehmer in der Bekleidungsindustrie könnten sich diese kalifornischen Modedesigner als entscheidender Faktor beim Sturm auf die letzten Bastionen der europäischen Mode erweisen. Bereits Anfang der neunziger Jahre verfügten führende Markenproduzenten aus Kalifornien wie PCH oder Bugle Boy, die in der Hand chinesischer Unternehmer sind, über ein Netz von Betriebsstätten, Modedesignern, Spediteuren und Vertretern im ganzen pazifischen Raum und Kalifornien.

Bill Mow, Gründer der Firma Bugle Boy, ist der Sohn eines ehemaligen Generals der Kuomintang-Luftwaffe, der sich nach 1949 mit seiner Familie in New York niederließ. Mow glaubt, daß Firmen wie seine aufgrund des riesigen Produktionspotentials Festlandchinas, wo 1990 bereits 20 Prozent seiner Ware hergestellt wurden[143], in Verbindung mit einem Netz hochqualifizierter Produzenten in ganz Ostasien und den Design-Ressourcen Kaliforniens gegenüber europäischen Herstellern einen fast unüberwindlichen Marktvorteil besitzen. In seiner ultramodernen Firmenzentrale, einem Bürokomplex im Vorort Thousand Oaks bei Los Angeles, sprach ich mit Mow, der Bugle Boy 1975 gründete und immer noch – bei einem Jahresabsatz 1990 von über 500 Millionen Dollar – größtenteils allein besitzt. Der entspannt wirkende Mow erklärte: «In Südostasien ist jeder, den man in der Bekleidungsbranche antrifft, Chinese. Wenn er nicht Chinese ist, dann ist er auch nicht im Geschäft. Die Chinesen haben eine Affinität für diese Branche – hier wie dort. ... Die Menschen blicken vielleicht nach Europa, aber das Zentrum der Inspiration verlagert sich hierher, und wir haben außerdem das Arbeitsethos, und wer das Arbeitsethos besitzt, wird siegen.»[144]

China wird zurückerobert

Für Bill Mow bedeutet das Festland jedoch weit mehr als nur eine
Möglichkeit, Geschäfte zu machen. Selbst für assimilierte Chinesen wie Mow bleibt Festlandchina die Schatzkammer, in der fast
das gesamte kulturelle Erbe seines Stammes lagert.

In der Geschichte der chinesischen Diaspora ist diese hartnäk-
kige emotionale Bindung an die Heimat eine Konstante geblieben, auch wenn kaiserliche Beamte jahrhundertelang die Überseechinesen entweder als potentiell subversive Kräfte oder als
yu-min abtaten – unproduktive Vagabunden, die niemand ver-
missen würde.[145] «Kein Chinese verläßt die Heimat ohne Hoffnung auf eine Wiederkehr», schrieb ein britischer Beobachter in
den achtziger Jahren des 19. Jahrhunderts. «In der Regel hofft er,
als reicher Mann zurückzukommen und nach seinem Tod bei
seinen Ahnen begraben zu werden.»[146]

Selbst die erfolgreichsten Auswanderer hielten mit einem Auge
nach einer Möglichkeit Ausschau, nach Hause zurückzukehren.
Ein Finanzier für Risikokapital in New York, dessen Vater in den
zwanziger Jahren illegal in die Philippinen einwanderte, erinnert
sich daran, wie sein Vater sich auch nach drei Jahrzehnten als
erfolgreicher Kaufmann in Mindanao weigerte, dort ein Grund-
stück zu kaufen: «Land hat er nie gekauft», erklärte der Sohn.
«Eine Kokospalme hat tiefe Wurzeln; wenn man eine kauft, wird
man nie nach China zurückkehren.»[147]

Trotz solcher starken emotionalen Bindungen begann das chinesische Kaiserreich erst Ende des 19. Jahrhunderts, seinerseits
eine gewisse Verantwortung für die wachsende Diaspora anzuerkennen. Konsulate wurden in Zentren der Diaspora wie Singapur, San Francisco, Manila und New York eröffnet[148], und die
kaiserliche Regierung unternahm einige Versuche, die Rechte der
oft mißhandelten Auslandchinesen zu schützen.[149] Gleichzeitig
unternahm die Regierung erste Versuche, das Wissen und Kapital
der Überseechinesen anzuzapfen: man bat sie, in die Heimat zurückzukehren, um – frei von der Aufsicht durch die verhaßten

kweilo[150] – einheimische Gewerbezweige wie die Weinkelterei oder den Bergbau[151] zu entwickeln.

Unter den Überseechinesen waren zwar einige bereit, den Tsching-Kaisern bei ihrer Modernisierung zu helfen; andere jedoch meinten, die Modernisierung Chinas wäre nur durch den Sturz des kaiserlichen Regimes selbst zu erreichen. Als bedeutendste Gestalt der Revolution brachte Sun Yat-sen einen Großteil seiner Karriere nach der erzwungenen Flucht vor den kaiserlichen Behörden damit zu, in den Siedlungszentren der Überseechinesen Anhänger zu rekrutieren und Geld aufzutreiben – von Hongkong, Malaysia und Yokohama bis nach Hawaii, Kalifornien und New York. Wie bei den zionistischen Organisatoren in der ersten Hälfte des 20. Jahrhunderts stellte die chinesische Diaspora eine Brutstätte der revolutionären Bewegung dar. «Wo auch immer ich hinkam», schrieb Sun Yat-sen 1903, «wurde ich von den Überseechinesen herzlich empfangen.»[152]

Sun reiste viel innerhalb der Vereinigten Staaten und besuchte auch die Städte Los Angeles, San Francisco und Sacramento[153], wo es aktive revolutionäre Unterstützergruppen gab. Beim Ausbruch der Revolution 1910 hielt sich Sun im Brown Palace Hotel in Denver auf, wo er weitere Geldmittel aufzubringen hoffte.[154] «Die Diaspora», sagte er später, «ist die Mutter der Revolution.»[155] Lilli Lee ist Grundstücksmaklerin in Los Angeles. Sie erinnert sich daran, wie ihr Großvater, der im Chinesenviertel einen Kräuterladen besaß, es für selbstverständlich hielt, Dr. Sun zu unterstützen: «Als Dr. Sun nach Los Angeles kam, half ihm meine Familie, Geld aufzutreiben, und versteckte ihn im Chinesenviertel von L. A., damit die kaiserlichen Behörden seinen Aufenthaltsort nicht herausfinden konnten. Für Chinesen ist es selbstverständlich, anderen Chinesen zu helfen, auch wenn wir in Kalifornien leben.»[156]

Nach der Revolution wurde die Solidarität, die zu Suns Lebzeiten ein so hervorragendes Merkmal der Überseechinesen gewesen war, durch den Bürgerkrieg, die japanische Invasion und die kommunistische Machtübernahme größtenteils zerstört. Die

Überseechinesen zerfielen in Anhänger des Kuomintang-Regimes auf Taiwan, Unterstützer der Kommunisten und – wahrscheinlich die größte Gruppe – Menschen, die nichts weiter wollten, als in ihrer neuen Heimat möglichst voranzukommen.

Der Sturz der maoistischen Hardliner Ende der siebziger Jahre hat einem Prozeß erneuter Annäherung sowohl unter den verstreuten Chinesen als auch zwischen ihnen und ihren Brüdern und Schwestern auf dem Festland den Weg gebahnt. Hatten die Auslandschinesen bis dahin als hoffnungslos durch den Kapitalismus korrumpiert gegolten, so wurden sie plötzlich als Brüder und als Bürger seit kurzem befreundeter Länder wie der Vereinigten Staaten zu Hause willkommen geheißen.[157]

Die Festlandchinesen hatten für die Zuwendung zur Diaspora durchaus pragmatische Gründe: Maos Wirtschaftspolitik hatte ein verarmtes, unterentwickeltes Land ohne moderne Infrastruktur hinterlassen. Die Überseechinesen besaßen das Geld, die Technologie und die Geschäftstüchtigkeit, die nötig waren, um die chinesische Volkswirtschaft anzukurbeln; anders als etwa bei japanischer oder amerikanischer Hilfe entfiel dabei die Bedrohung einer Neuauflage neokolonialer Kontrolle durch ethnische Außenseiter.

Die Chinesen der Diaspora ihrerseits hatten zahlreiche Gründe, in China zu investieren. In jedem der wichtigsten Zentren der Überseechinesen – Hongkong, Taiwan und Singapur – hatten Wohlstandsprobleme und das Fehlen eines zusammenhängenden Glaubenssystems begonnen, das Arbeitsethos zu gefährden, dem sie ihr Wirtschaftswunder verdankten. In Gesellschaften, wo rasch kletternde Aktienkurse und steigende Immobilienpreise leichten und schnellen Reichtum versprachen, fanden sich immer weniger Menschen bereit, in trüben Fabrikgebäuden Überstunden zu schieben und einen Großteil ihrer Einkommen auf die hohe Kante zu legen. «Die Mehrheit der Aktionäre in Taiwan will sofort reich werden», beklagt sich Emily Shen, die bei der Import-Export-Firma Yangming Resources in Taipei als stellvertretende Direktorin arbeitet. «Die Chinesen waren einmal die fleißigsten

Menschen der Welt. Jetzt sind die fleißigen Menschen anscheinend alle verschwunden.»[158]

Wie bei den *shinjinrui* ist die Haltungsänderung unter der neuen Generation von Chinesen in Städten wie Taipei und Hongkong Ausdruck einer moralischen Krise, Ergebnis wachsenden Wohlstands beim gleichzeitigen Fehlen eines starken moralischen oder politischen Ethos. In seinem Büro in Taipei gestand mir der Anwalt Paul Hsu, der aus einer der einflußreichsten Familien Taiwans stammt: «Man sieht das Geld. Man sieht Kleidung und Juwelen, aber wenn wir keinen Ersatz finden für das, was wir verloren haben, wenn wir nicht nach einem höheren Prinzip streben, einem nichtmateriellen Wertesystem, dann sind wir verloren. ... Ich war gestern abend auf einer Hochzeitsfeier, es ging dort zu wie in Schanghai 1937 oder kurz vor dem Untergang Roms.»[159]

Für Hsu liegt die beste Hoffnung, zu einem «nichtmateriellen Wertesystem» zu gelangen, möglicherweise in der Verbindung mit dem Mutterland und der erneuten Betonung der grundlegenden Einheit der chinesischen Kultur und Wirtschaft. «Das wäre etwas Neues, eine Pionierleistung», behauptet Hsu. «Die alte Regierungsideologie der Nationalstaaten wird zunehmend altmodisch... Die Regierung kann bei dieser Aufgabe nicht vorangehen. Bis Ende der siebziger Jahre lag die Initiative bei der Regierung, jetzt aber führt der private Sektor und schafft etwas Neues, diese neue chinesische Volkswirtschaft.»

Wenn sie wirklich entstehen soll, wird der Hauptimpuls zur Schaffung der «chinesischen» Volkswirtschaft, von der Hsu spricht, wahrscheinlich nicht aus einer inneren Suche nach dem Sinn des Lebens kommen, sondern aus eher pragmatischen, ökonomischen Überlegungen. Sowohl politische Führer als auch Unternehmer in den wichtigsten chinesischen Staaten erblicken in einer solchen Stammesallianz das wichtigste Mittel, um zu verhindern, daß sie zukünftig in einem von Japan dominierten «Yen-Block» die zweite Geige spielen müssen. Für prominente Sprecher der taiwanesischen Wirtschaft wie Felix Chen, Vorsit-

zender der Firma Sampo, bietet das chinesische Festland für
Taiwan und andere Diaspora-Chinesen ein wirtschaftliches Eli-
xier, das sie bitter nötig haben: den Zugang zu einer unerschöpflichen Quelle billiger Arbeitskräfte und natürlicher Ressourcen
sowie einem potentiell riesigen Absatzmarkt. Chen sieht die Zukunft so: «Es ist ganz einfach: Japan wird Asien dreißig bis
fünfzig Jahre lang beherrschen, wenn China nicht aufwacht. China bildet den größten Teil dieses Kontinents. Wenn wir in Singapur, in Malaysia, Hongkong, Taiwan eine Politik der Zusammenarbeit befolgen, könnten wir die nächste Großmacht sein.»[160]

Diese «nächste Großmacht» nimmt schon Gestalt an. In eini-
gen arbeitsintensiven Industriezweigen – Spielzeuge, Bekleidung,
Uhren und Schuhe – zeigt sich bereits das Energiepotential dieser
Zusammenarbeit. Für den Schuhfabrikanten Chin Hsien Tang
zum Beispiel war die Verlagerung der Produktion nach China
ziemlich der einzige Weg, das von seinem Vater 1969 mit zehn
Mitarbeitern gegründete Unternehmen zu retten. Der Wirtschaftsboom Taiwans und der zunehmende Arbeitskräftemangel
– Taiwan hatte 1990 eine Arbeitslosenquote von weniger als zwei
Prozent[161] – trieben die Produktionskosten seiner Fabrik in Tachiya, einer Kleinstadt am Fuß des Bergs Paukau in Taiwan, jährlich
um zehn Prozent in die Höhe.

Angesichts des drohenden Verlusts des Familienunternehmens
investierte Chin, der keine Verwandten in China besitzt, zwei
Millionen Dollar in eine neue Fabrik in der Nähe Kantons. Die
Löhne in der neuen Fabrik betragen ein Zehntel von den in Taiwan bezahlten, so daß Chin jetzt mit Fabriken in anderen Entwicklungsländern konkurrieren kann; außerdem hat er jetzt
Zugang zu einem potentiell riesigen Absatzmarkt. In seinem bescheidenen Büro in Tachiya erklärte mir der Unternehmer:
«Lohnkosten und Arbeitskräftemangel – in Taiwan will niemand
mehr mit ehrlicher Arbeit sein Geld verdienen, schon gar nicht in
einer Schuhfabrik. Kommt man aber nach China, sind die Sitten,
die Sprache, die Tradition die gleichen. Für mich ist es wie Taiwan
früher – aber es ist jetzt.»[162]

Auch nach dem Massaker auf dem Tiananmen-Platz und trotz
der weitverbreiteten Furcht der kommunistischen Behörden vor
dem korrumpierenden Einfluß der Überseechinesen, von denen
viele die Demokratiebewegung offen unterstützt hatten, hat sich
diese Form der Zusammenarbeit immer rascher weiterentwik-
kelt. Amerikanische und andere ausländische Firmen mochten
sich entsetzt vom brutalen Regime distanzieren, doch die Überseechinesen, darunter an die 3000 Unternehmer aus Taiwan[163],
haben sogar ihr Investitionstempo beschleunigt.[164]

Der Handel mit dem Festland, der Anfang der achtziger Jahre
in Taiwan so gut wie illegal war, macht inzwischen bis zu zehn
Prozent des gesamten «Außen»handels der Insel aus. Im Handel
mit Festlandchina wird sogar *ein Drittel* des weltweiten Handels-
bilanzüberschusses Taiwans erwirtschaftet.[165] In China selbst,
insbesondere in der südlichen Küstenregion, scheinen die örtlichen Beamten mehr Wert darauf zu legen, die Beziehungen zu
ihren kapitalistischen Brüdern zu pflegen, als ihren Herren im
fernen Peking gefällig zu sein. «Ich mache mir darum keine Sorgen», erklärt S. C. Ho, Vorsitzender von Yuen Foon Yu Paper
Manufacturing, einem der führenden Papierherstellungskonzer-
ne Taiwans. «Die Leute in Guangdong sagen einfach: ‹Beijing gibt
Anordnungen heraus, aber wir interpretieren sie.›»[166]

Überseechinesen wie Ho investierten 1990 bereits *zehnmal so
viel* in China wie die Japaner[167] und haben bereits die südlichen
Küstenprovinzen Guangdong und Fukien, aus denen die Ahnen
der meisten Überseechinesen stammen, in den vielleicht am
schnellsten wachsenden Wirtschaftsraum der Erde verwandelt.
Kapitalisten aus Hongkong beschäftigen allein in der Provinz
Guangdong über zwei Millionen Arbeiter, und fast ein Drittel der
Zahlungsmittel der Kolonie hat dort bereits zirkuliert. Die jährliche Wachstumsrate lag in den achtziger Jahren bei über zwölf
Prozent; im gleichen Zeitraum verdreifachten sich die Exporte
der Provinz. Die Produktionsleistung pro Beschäftigten betrug bis
zu viermal mehr als im nationalen Durchschnitt.[168]

Mit einer Bevölkerung von über siebzig Millionen zieht die

Provinz Guangdong etwa die Hälfte aller Auslandsinvestitionen
in Festlandchina an; darüber hinaus hat sich ein Netz einheimischer privater Unternehmen entwickelt, so daß der Anteil der
Volkswirtschaft, der unmittelbar durch die zentrale Planung beeinflußt wird, auf ganze 15 Prozent zusammengeschrumpft ist.
«Existiert dort noch der Sozialismus?» fragt Martin Barrow, Vor-
standsmitglied der alten schottischen Handelsgesellschaft Jardine Matheson. «Südchina führt ein Eigenleben.»[169]

Bis 1992 hatten siebenundzwanzig weitere Provinzen, in der
Hoffnung, etwas von diesem warmen Investitionsregen abzube-
kommen, «Komitees für die Angelegenheiten der Überseechinesen» gegründet, und in zig Städten und Gemeinden waren
Zweigstellen dieser Komitees eifrig dabei, sich beim Kampf um
Investitionen und technische Hilfe aus der Diaspora gegenseitig
Konkurrenz zu machen. In manchen Fällen nutzen Überseechinesen gemäß der altehrwürdigen Tradition der Patronage ihre
Finanzkraft, um den Status ihrer Verwandten auf dem Festland
durch die Vergabe von Managerposten in ihren neuen Betrieben
zu erhöhen.[170]

Anfang der neunziger Jahre gab es sogar erste Versuche, diesen
wachsenden transnationalen Bindungen einen formalen Rahmen
zu geben. Bei einem Treffen in Hongkong 1992 schlug eine Gruppe von Wirtschaftsexperten aus China, Taiwan und Hongkong
die Bildung einer «Großchinesischen Wirtschaftszone» durch
ihre Länder vor. Ein solcher Block – der neben China, Taiwan
und Hongkong auch noch Singapur umfassen könnte – würde
über zweieinhalbmal so viele Devisenreserven verfügen wie Japan und wäre nach dem Inselreich die zweitgrößte Industriemacht Asiens.[171]

Dieser langsame Prozeß wirtschaftlicher Integration mit den
Vettern aus dem kapitalistischen Ausland könnte den Kommuni-
sten auf lange Sicht mehr schaden als die Demokratiebewegung.
So ging Chinas Wirtschaftsaufschwung in den achtziger Jahren
Hand in Hand mit einem Niedergang seiner sozialistischen Struk-
turen: der Anteil der Staatsbetriebe an der Industrieproduktion

etwa sank von vier Fünftel auf kaum die Hälfte. 1990 gingen 70 Prozent des gesamten industriellen Wachstums auf das Konto privater Unternehmen; und der Ausstoß derjenigen Betriebe, an denen ausländische Investoren, vor allem Überseechinesen, beteiligt waren, wuchs fast zwanzigmal so schnell wie die Produktion der Staatsbetriebe.[172]

Als genauso gefährlich für die kommunistische Ordnung könnte sich der zunehmende persönliche Kontakt zwischen den Menschen auf dem Festland und den Brüdern und Schwestern in der Diaspora erweisen. Wenn allein schon 300 000 Taiwanesen das Festland jährlich besuchen[173], kann es nicht ausbleiben, daß immer mehr Festlandchinesen die enormen Fortschritte zur Kenntnis nehmen, die von den Chinesen in Taiwan oder Nordamerika erzielt worden sind, obwohl Generationen von Festlandchinesen lernen mußten, die Regierungen dieser Länder zu verabscheuen.

«Es handelt sich um einen langsamen Prozeß, aber wir stellen hier die Verbindungen zum Festland her», sagt der taiwanesische Ingenieur Steve Lu. Er arbeitet in einer Gruppe mit, die von ihrer kalifornischen Zentrale aus geschäftliche und technische Kontakte benutzt, um antikommunistische Informationen zu verbreiten. «Wenn es soweit ist, [das Regime zu stürzen,] haben wir den direkten Kontakt. Und der direkte Kontakt ist die Achillesferse der Kommunisten.»[174]

Entscheidend ist auch, daß die früheren riesigen kulturellen Unterschiede – was die Einstellungen, das Arbeitsethos, sogar das Aussehen betraf – zwischen Festland- und Überseechinesen nach und nach verschwinden. Der Unternehmer M. C. Tam staunt über das Tempo der Veränderungen, die er seit der Gründung 1985 in seinem Kleinbetrieb in Shekou, etwa eine Stunde Schiffsreise von Hongkong entfernt, beobachten konnte.

Tam stammt aus Macao, einem der ältesten Vorposten des europäischen Imperialismus, und arbeitete früher für die kalifornische Ampex Corporation. Mit diesem Hintergrund sah sich Tam in der Gründungsphase seines Betriebs, das Teile für Computerlaufwerke herstellt, vielen Frustrationen ausgesetzt. Der Versuch, den Betrieb nach den im Westen oder Hongkong üblichen Standards zu führen, scheiterte zunächst an den Mitarbeitern, die sich seit Jahren an kommunistischen Schlendrian und niedrige Qualitätsmaßstäbe gewöhnt hatten, faul und schlecht motiviert waren.

Bis 1991 jedoch hatte sich die zwischen dem Standard in Hongkong und Tams Fabrik auf dem Festland klaffende Lücke so gut wie geschlossen. Mit einem Umsatz von über 100 Millionen Dollar hält Tam seinen Betrieb in Shekou mit inzwischen 2000 Beschäftigten für genauso leistungsfähig wie die besten Fabriken Hongkongs oder Taiwans. Beim Rundgang durch die saubere, moderne Anlage sprach Tam immer noch im Ton der Verwunderung über seine Beschäftigten, die in ihrer Mehrzahl junge Frauen sind: «Als wir hier anfingen, war die Produktivität sehr niedrig. Nach dem Mittagessen haben sie sich oft hingelegt. Manchmal haben sie sich unter die Werkbank zum Schlafen hingelegt.

Jetzt arbeiten sie effektiv. Sie tragen Make-up. Man kann keinen Unterschied mehr erkennen zwischen den Mädchen in Hongkong und ihnen.»[175]

Das Potential Chinas geht nach Tams Meinung weit darüber hinaus, eine Quelle billiger, disziplinierter Arbeitskräfte zu sein. China stellt seiner Fabrik und anderen Betrieben der aufstrebenden Küstenregion ein stets wachsendes Kontingent von Facharbeitern, Wissenschaftlern und Ingenieuren zur Verfügung. Nach der Zerstörung der Hochschulstrukturen durch maoistische Exzesse schnellen die Studentenzahlen inzwischen wieder in die Höhe. Zwischen 1980 und 1986 verfünffachte sich die Zahl der Studenten[176], und 1986 schlossen in China mehr zukünftige Wissenschaftler und Ingenieure ihr Studium ab als in der Bundesrepublik Deutschland und Frankreich zusammengenommen.[177]

China schickte auch mehr Studenten in die Vereinigten Staaten, das bedeutendste Ausbildungsland für technologische Berufe, als irgendeine andere Nation. Wie früher bei den Taiwanesen kehrten etwa zwei Drittel der schätzungsweise 80 000 Festlandchinesen, die in den Vereinigten Staaten – überwiegend Natur- und

Ingenieurwissenschaften – studierten, nicht nach Hause zurück.[178] «In China gibt es heute zwei Kategorien von Menschen»,
erklärte mir ein Student aus der Volksrepublik, etwa Mitte
Zwanzig. «Erstens gibt es diejenigen, die einfach in die Vereinigten Staaten wollen; und zweitens gibt es diejenigen, die bei ihren
Reisevorbereitungen schon weiter sind.»[179]

An der Schwelle zum 21. Jahrhundert stellt selbst eine derart
massive Emigration jedoch nicht so sehr einen «Brain-Drain»
dar, eine Abwanderung von Wissenschaftlern, die das Heimatland schwächt, als vielmehr eine weitere Ausdehnung des chinesischen Einflusses. Verbunden durch eine gemeinsame Identität,
werden diese Chinesen bald zu den Raumfahrern wie Danny Ko
gehören, die Kalifornien, Südostasien und das Festland zu einem
neuen, mächtigen und weltumspannenden High-Tech-Netzwerk
verbinden.

Diese Aufgabe wird vielleicht nirgendwo bewußter angegan-
gen als an der neugegründeten Chinese University of Science and
Technology in Hongkong, die von Chinesen aus Singapur und
San Francisco, Taiwan und Festlandchina 1,5 Milliarden Dollar
an Spenden erhielt. Ganz gleich, wie viele Menschen nach Amerika auswandern, so Universitätspräsident Dr. Chia Wia Woo:
mit ihrem schnell wachsenden Heer von Ingenieuren und Wissenschaftlern können die Chinesen ihre zukünftigen Bedürfnisse
auf diesem Gebiet mehr als ausreichend abdecken.[180] Wie es ein
hoher kaiserlicher Beamter einmal ausdrückte, als man ihn vor
dem Risiko warnte, chinesische Studenten ins Ausland zu schik-
ken. «Der Kaiser gebietet über so viele Millionen, was bedeuten
ihm die wenigen Abtrünnigen, die es in ein fremdes Land ver-
schlägt?»[181]

Wie er mir in seinem Arbeitszimmer in Hongkong erklärte, teilt
Woo die Ansichten des kaiserlichen Beamten über die Chinesen,
die ihre Heimat verlassen. Seine Familie stammt aus Schanghai
und emigrierte nach Hongkong. Später wurde Woo Rektor der
San Francisco State University. Die Aufgabe seiner neuen Universität sieht er darin, den Chinesen – sowohl auf dem Festland als

auch in Übersee – einen Zugang zur weltweiten Entwicklung der Technologie zu verschaffen. «Das Entscheidende in der Geschichte ist nicht die Abwanderung der Intelligenz, sondern der Mangel an Intelligenz», dozierte Woo in akzentfreiem kalifornischem Englisch.[182]

Woo sieht, daß sein Stamm weiterhin neue Technologien und neue Geschäftsmöglichkeiten im globalen Maßstab ausfindig machen muß, um sich weiterzuentwickeln. Anders als die Japaner, die ängstlich darauf bedacht sind, sich und ihr Inselreich vor fremden Einflüssen zu schützen, werden die Chinesen ihre Zukunft eher kosmopolitisch gestalten können, glaubt Woo, und zwar hauptsächlich deshalb, weil so viele Chinesen eine so lange Erfahrung mit anderen Kulturen gesammelt haben.

Wenn der Stamm der Chinesen in der Lage ist, diese globale Erfahrung als Kapital einzusetzen, könnte er das Potential entwickeln, eine weltweite Präsenz – im Sinne permanenter Ansiedlung und weltweiter Netzwerke – in einer Größenordnung zu entwickeln, die seit den Tagen der britischen Hegemonie nicht mehr gesehen worden ist. Mit ihren riesigen Menschenreserven, ihrer historisch bewiesenen Flexibilität und ihren unternehmerischen Fähigkeiten könnten sich die Chinesen als die ethnische Gruppierung erweisen, die im kommenden Jahrhundert den besten Ausgangspunkt hat; ihr Aufstieg könnte sich als die bedeutendste Gegenwartstendenz im Rahmen der Geschichte der Weltstämme herausstellen.

7 Groß-Indien

Im feuchten Morgengrauen gleitet der Rolls-Royce durch die Straßen des vornehmen Bezirks Kensington im Londoner Westen. Gulu Lalvanis Blick streift den Chauffeur, die Straßenbäume, die inzwischen gut bekannten modischen Geschäfte. Bei seiner Ankunft in England vor mehr als drei Jahrzehnten hatte der 17jährige Sohn eines Sindhi-Geschäftsmanns eine entschieden weniger elegante Umgebung vorgefunden: die heruntergekommene Industriestadt Leeds.

Wie Millionen andere indische Auswanderer kehrte Lalvani nie nach Hause zurück. Kurz nach der Ankunft in Leeds traf er zwei jüdische Brüder namens Rosenbaum, die Modeschmuck verkauften und damit gutes Geld zu machen schienen. Gulu war fasziniert. Zusammen mit seinem Bruder Pratap nahm er einen Kredit auf und kaufte mit Hilfe seiner Familienkontakte in Hongkong einige Halsketten aus Kunstperlen, die er mit hohem Profit an die Rosenbaums verkaufte. Bald hatten die Lalvanis die jüdischen Großhändler in London als Kunden gewonnen. Einzelbestellungen in einer Größenordnung bis zu 60000 Pfund waren keine Seltenheit.

Die Gebrüder Lalvani machten gutes Geld bis 1960, als ihr billiger Schmuck plötzlich aus der Mode kam. In Hongkong blieb Gulu auf Schmuck im Wert von 200000 Pfund sitzen, von der bestellten Ware ganz zu schweigen. Er schlug seine Lagerbestände los und eilte aus der Kronkolonie nach Hause. Im Gepäck hatte er eine Vielzahl neuer Produkte, darunter Spielzeug, Uhren, Besteck und Taschenradios, die er schnell verkaufen konnte. In Ostasien, hatte Lalvani erkannt, stand eine industrielle Revolution gewaltigen Ausmaßes bevor, und in Großbritannien und Westeuropa gab es einen riesigen potentiellen Absatzmarkt für die Produkte dieser Revolution.

Seine indische Heimat hingegen war der Alptraum eines Kaufmanns: die Regulierung von Industrie und Handel durch den Staat erwies sich als Strangulierung, und vergleichbare Möglichkeiten der Produktion und des Absatzes existierten kaum. Während die Sonne an einem englischen Himmel aufging, der nach weiterem Regen aussah, erklärte mir Lalvani, warum er nicht mehr in Indien leben könnte: «Indien ist kein Ort fürs Geschäft. Zu viel Regierung. Man kann bestimmte Teile dort nicht produzieren, und einführen darf man sie auch nicht. Also geschieht die ganze Produktion anderswo in Asien, und wir suchen auch anderswo nach Absatzmärkten.

... Ich bin wohl ein internationaler Mensch geworden. Nach Indien fahre ich gern – einmal im Jahr.»[1]

Lalvanis Firma Binatone, mit Sitz in London, war das erste britische Unternehmen für elektrische Haushaltsgeräte, das ein Produzentennetzwerk im Fernen Osten aufbaute. Drei Jahrzehnte später konnte Lalvani die Früchte seiner Weitsicht ernten: er war jetzt prominentes Mitglied einer wachsenden Gemeinschaft transnationaler indischer Multimillionäre, von denen über 300 in Großbritannien leben.[2] In Margaret Thatchers «Unternehmergesellschaft» hatten diese Inder den Aufstieg geschafft. Zwar wurden sie von den gelegentlich ausländerfeindlichen britischen Eliten nicht völlig akzeptiert, fühlten sich jedoch zunehmend wohl, wie zu Hause im früheren Herzen des Weltreiches, das ihre Heimat einmal regiert hatte.

Wenn Lalvani auch die Lebensqualität und die entwickelte zivile Gesellschaft Englands bewunderte, erkannte er jedoch schnell die Schwächen des Landes. Nach seinen ersten, noch bescheidenen Einkäufen aus dem Fernen Osten wurde ihm klar, daß die Tage Großbritanniens als Machtfaktor auf dem Gebiet der Elektronik vorbei waren. Auch auf dem europäischen Festland, wo er die angeblichen Leistungen der deutschen Industrie studierte, fand er keine Produkte, die im Preis-Leistungs-Verhältnis mit der Ware aus Japan, Hongkong, Taiwan oder Korea mithalten konnten.

Binatone hat heute eins der größten Vertriebsnetze für elektronische Konsumgüter in ganz Europa. Als wir das bescheidene Bürogebäude aus braunem Backstein erreichten, das Binatone als Hauptquartier dient, stieg Lalvani eine Treppe hinauf und führte mich in einen alten Konferenzraum. Hier hatte einmal eine längst in den Orkus verschwundene britische Firma ihre Zentrale gehabt. Lalvani lehnte sich in einen Sessel zurück und erklärte: «Wir waren hier in Großbritannien, als sich eine Marktlücke auftat. Damals beherrschten britische Firmen zusammen mit den Holländern und Deutschen den Markt. Jetzt ist kaum eine von ihnen noch im Geschäft, außer Phillips. Man tat, als sei alles so ‹High-Tech›, daß niemand in den Markt einbrechen könne. Doch in den 6oer Jahren hat sich die Technologie im Fernen Osten gewandelt.»

Für Lalvani kam der entscheidende Durchbruch mit dem Transistorradio. Kaum jemand in Großbritannien oder sonstwo in Europa nahm die kleinen Apparate ernst, die an japanischen Fließbändern massenhaft produziert wurden. Lalvani jedoch, wie andere Einwanderer in den entwickelten Ländern, ergriff eine Gelegenheit, die von den früheren Kolonialherren in ihren gut ausgebauten Stellungen nicht einmal als solche erkannt wurde. «Aus irgendeinem dummen Grund hat das niemand sonst gemacht», wundert sich Lalvani noch heute. «Sie wollten ihre Werke nicht durcheinanderbringen. Sie hatten sich wohl so sehr daran gewöhnt, den Kolonien ihre Produkte aufzudrängen, daß sie verloren waren, als es die Kolonien nicht mehr gab.»

Hier, erkannte Lalvani, bot sich für einen früheren «Kolonisierten» die ideale Gelegenheit. Die Japaner hatten das Produkt, aber sie hatten auch Probleme – mit der Sprache, dem Zugang zum Markt, dem Vertriebsnetz. Lalvani und sein Netz von Sindhi-Freunden in Europa, die von Zuchtperlen bis zur Abendgarderobe alles verkauften, kannten die Märkte gut. Die Japaner stellten die Produkte, die Inder den Marktzugang her, und beide machten beim Verkauf an europäische Konsumenten gutes Geld.

Im Gegensatz zu vielen seiner britischen Konkurrenten blieb Lalvani in den folgenden Jahrzehnten stets in Bewegung, stets auf der Suche nach Innovationen, nach neuen Marktvorteilen. Als beispielsweise die Japaner ihre eigenen Vertriebsnetze aufbauten, verlagerte Binatone einen Großteil der Produktion von Stereoapparaten, Videorecordern, Fernsehern und Telekommunikationsgeräten nach Korea, Hongkong und, seit den späten achtziger Jahren zunehmend, in die Volksrepublik China, um die Produktionskosten niedrig zu halten und die Kontrolle über die Produktlieferung zu behalten. Darüber hinaus übernimmt Binatone in zunehmendem Maße den Entwurf, die Entwicklung und die Herstellung der Produkte in eigener Regie, immer auf der Suche nach Preisvorteilen und Marktlücken. Inzwischen liefert die Firma ihrerseits Produkte für Weltfirmen wie Panasonic, Canon, Pitney Bowes und Hong Kong Telecom.

Nicht zuletzt dank solch geschickter vertikaler Integration hat Lalvani ein weltweites Elektronikimperium aufbauen können, dessen Absatz 1990 etwa 150 Millionen Dollar betrug. Zwar werden die wichtigsten Beschlüsse immer noch im Rahmen der Familie oder der engen Gruppe der hauptsächlich indischen Spitzenmanager gefällt; Binatone hat sich aber zu einem wirklich multinationalen Unternehmen entwickelt, dessen Know-how auf dem Gebiet der Entwicklung und Fertigung etwa in Hongkong konzentriert ist. Um mit den neuesten japanischen Fortschritten mithalten zu können, hat Lalvani den Forschungs- und Entwicklungsguru Takashi Morio eingestellt, der mit seinen Kontakten der Firma Binatone Zugang zu einem Netzwerk höchst flexibler japanischer Forschungs- und Entwicklungsbetriebe verschafft hat. Und da Lalvanis Kunden wiederum hauptsächlich in Europa leben, liegt die Marketingstrategie in den Händen einer britischen Mannschaft in der Firmenzentrale in Wembley.

Die Inder im Ausland

Die Inder sind der jüngste der großen Weltstämme. Zwar ist der kulturelle Einfluß Indiens in Asien seit Jahrtausenden wirksam gewesen, doch die globale Ausdehnung des Stammes erfolgt erst seit etwa hundert Jahren und hat erst in den vergangenen zwei oder drei Jahrzehnten bedeutende Ausmaße angenommen. Noch in den frühen sechziger Jahren lebten erst knapp fünf Millionen Inder im Ausland[3]; bis Anfang der neunziger Jahre war diese Zahl auf schätzungsweise fünfzehn bis zwanzig Millionen angewachsen.

Wie die Erfolgsgeschichte Lalvanis belegt, hat sich diese Stammesgemeinschaft obendrein vielleicht mehr als irgendeine andere verstreute Gruppe auf eine bemerkenswert kosmopolitische Art und Weise entwickelt. Nachdem sie sich in ihrem Heimatland nicht entfalten konnten, haben die Inder an erstaunlich vielen Orten Brückenköpfe aufbauen können, von Afrika und Nordamerika über Japan und Südostasien bis nach Nordeuropa.

Diese Auslandsbewegung der Inder paßt nicht ohne weiteres in das Muster anderer Wanderungsbewegungen aus der Dritten Welt, wie etwa der Türken oder Nordafrikaner, die eher am Rande entwickelter Industriegesellschaften leben. Im Gegensatz hierzu haben sich die indischen Einwanderer in der Regel schnell und erfolgreich an das Leben in den entwickelten Ländern angepaßt. Fast überall zählen sie zu den Gruppen, die beruflich und sozial am stärksten aufwärtsorientiert und mobil sind.[4] In so diversen Umgebungen wie Malaysia[5], Großbritannien[6] und Nordamerika[7] können Inder, insbesondere Hindus, in der Regel auf eine überdurchschnittliche Qualifikation verweisen, vor allem auf technischem Gebiet.

In gewisser Weise erinnert die Art, wie sich die indische Diaspora auf diejenigen Tätigkeitsfelder konzentriert hat, wo sich eine weltweite Ausdehnung, ein solides Ethos harter Arbeit und gegenseitiger Hilfe sowie die Fähigkeit, schnell umzudenken und sich verändernden wirtschaftlichen Bedingungen anzupassen, als

entscheidende Vorteile erweisen, an nichts so sehr wie an die
Juden vor Gründung des Staates Israel. Im bemerkenswerten Umfang haben sie in genau den gleichen Nischen – Bekleidung,
Immobilien, Handel, Finanzen, Showgeschäft, Diamanten – flo-
rieren können, in denen die Juden traditionell am erfolgreichsten
gewesen sind.

Die hochgradig zersplitterte Struktur der indischen Gesellschaft, mit ihrer Vielfalt an Kasten sowie ethnischen und religiösen Gruppierungen, hat viel zur Entstehung nicht einer Gemeinschaft, sondern einer Vielzahl von Gemeinschaften beigetragen,
für die das Bewußtsein einer gemeinsamen indischen Identität
nur ein Bindeglied darstellt neben den Verbindungen innerhalb
der einzelnen Gruppen. In diesem Sinne begreift man die Inder,
jedenfalls heute noch, am besten als eine Serie von «Stammesgemeinschaften innerhalb von Stammesgemeinschaften», bei denen
die wichtigsten Loyalitäten und Netzwerke sich eher nach den
engen Gruppenbeziehungen ausrichten als nach der alle umfassenden Identität als Inder. Es gibt unter den Indern kein direktes
Gegenstück zum Bewußtsein eines einheitlichen historischen Erbes als Rasse, das man bei den Briten, den Juden oder den
Chinesen finden kann, geschweige denn zur Fixierung der Japaner auf ihre Identität als Yamato-Rasse.

Lalvanis «Stamm» zum Beispiel sind die Sindhi, die meisten
von ihnen Flüchtlinge aus der Provinz Sind im späteren Pakistan.
Ihre Diaspora umfaßt eine Million Mitglieder[8] – verteilt auf
Asien, Afrika, Europa, Nord- und Südamerika – und neigt noch
mehr als die meisten indischen Unternehmergruppen[9] dazu, «sich
aneinander zu klammern»; selbst bei den reichsten Familien ist es
üblich, in großen Hausgemeinschaften zusammenzuleben. Ähnlich wie die chinesischen «Raumfahrer» sind sie beständige Wanderer, die auf der Suche nach Geschäftsmöglichkeiten ihren
Wohnsitz immer wieder ändern. Wie es ein Sindhi-Kaufmann ausdrückte: «Wenn ihr auf dem Mars landet, werdet ihr wahrscheinlich ein Sindhi-Familienmitglied vorfinden, das dort im Verkaufs-
geschäft ist.»

Ein weiteres herausragendes Beispiel dieser Art Diaspora in der Diaspora betrifft Mitglieder der vier Millionen Menschen umfassenenden, stark asketischen Sekte der Dschainas[10], die nach weniger als zwei Jahrzehnten im internationalen Diamantenhandel bereits den zweiten Platz nach den Juden eingenommen haben. Gestützt auf billige Schleifereien in Palanpur, etwa 560 Kilometer nördlich von Bombay, haben die Dschainas Handelsniederlassungen in Diamantenzentren wie Tel Aviv, Antwerpen und New York etabliert und kauften Ende der achtziger Jahre bereits ein Drittel aller angebotenen Rohdiamanten für ihre Operationen auf.[11]

Um ihre verstreuten, spezialisierten und von Natur aus hochgradig riskanten Geschäfte intakt zu halten, verlassen sich die Dschaina-Händler auf ihre ethnischen Verbindungen. In seinem Büro im Diamantenviertel von New York erklärte mir Sheyras Mehta, Mitglied einer weit verstreuten Familie von Diamantenhändlern: «Wir Dschainas sind eng miteinander verbunden, jeder kennt jeden. In einem Geschäft wie unserem ist das sehr wichtig. Immer wieder müssen Sie einem Menschen ein kleines Päckchen anvertrauen, in dem sich Ware im Wert von einigen hunderttausend Dollar befinden kann. Aus dem gleichen Grund sind auch die orthodoxen Juden gut in diesem Geschäft. Wenn einer die Spielregeln verletzt, riskiert er den totalen Ausschluß aus der Gruppe.»[12]

Andere Gruppen, wie zum Beispiel die muslimischen Ismailis, auch *Khojas* genannt, und die hinduistischen Gudscherati, haben eine lange Tradition als Händler und Mittelsmänner in großen Teilen der sich entwickelnden Welt, insbesondere in Ostafrika. Vor den Kampagnen zur «Afrikanisierung» in den frühen siebziger Jahren spielten die über 76 000 Mitglieder beider Gruppen eine herausragende Rolle im Geschäftsleben vieler ostafrikanischer Staaten, wo sie sowohl in den freien Berufen wie auch im Handel den Ton angaben. 1969 etwa wurden in Kenia zwei Drittel der fast 200 000 Inder des Landes[13] als *white-collar* (d. h. nicht mit manueller Tätigkeit befaßt) eingestuft, darunter eine erhebliche

Anzahl leitender Angestellter oder Freiberufler mit Hochschulbildung.[14]

Wie wertvoll die Inder als Geschäftsleute und als Angehörige der gehobenen Berufe für die sich entwickelnden Gesellschaften Afrikas gewesen waren, wurde nach ihrem Weggang schlagartig deutlich. Bei ihrem Exodus nahmen die Inder ihre hochentwikkelten, oft familienbezogenen globalen Verbindungsnetze mit sich: das Ergebnis war ein sofortiger und massiver Preisanstieg bei Waren des täglichen Bedarfs. Bald machte sich auch der akute Mangel an Ärzten, ausgebildeten Büroangestellten und anderen Fachkräften schmerzlich bemerkbar.[15]

Schließlich schickten einige dieser Länder – allen voran Uganda, das sich einst am penetrantesten antiindisch gebärdet hatte – Missionen nach Großbritannien, um die so produktiven früheren Mitbürger zur Rückkehr zu bewegen.[16] Viele dieser Inder hatten sich aber inzwischen erfolgreich eingelebt und hatten bereits einen im Verhältnis zu ihrer Zahl überproportional großen Einfluß im Geschäftsleben Großbritanniens gewonnen. Viele von ihnen eröffneten in Großbritannien neue Läden, wie zum Beispiel der Ismaili-Kaufmann Lakhani Noor, der 1972 Tansania verließ und sich auf Freunde aus seiner Stammesgemeinschaft stützen konnte, die eine jahrhundertealte Tradition der gegenseitigen Hilfe zur Selbsthilfe besitzt.[17] Während er in seinem sauberen, gut organisierten Geschäft im multiethnischen Londoner Stadtviertel Golders Green die Ware in den Regalen zurechtrückte, sagte mir Noor: «Wie die Afrikaner zu Hause weigern sich die Briten, so lange zu arbeiten. Sie sehen wohl nicht ein, wozu das gut sein soll. Sie sehen zu, wie wir früh zur Arbeit kommen, spät arbeiten, dabei immer freundlich bedienen. ... Es hat etwas mit der Kultur zu tun. Vor uns waren es die Schotten, danach die Juden. Nach uns kommen vielleicht die Chinesen.»[18]

Eine der wohl außergewöhnlichsten Erfolgsgeschichten der Inder im Ausland spielt sich im reichen Landwirtschaftsgebiet um Yuba City in Kalifornien ab, etwa hundertsechzig Kilometer nordöstlich von San Francisco. Die ersten Sikhs kamen Anfang des

Jahrhunderts als Tagelöhner in die Gegend. Inzwischen betreiben sie hier eine der letzten erfolgreichen Bastionen des bäuerlichen Familienbetriebs in einem Staat, dessen Landwirtschaft ansonsten vom Großbetrieb des *Agrobusiness* beherrscht wird. Viele Einzelbauern angelsächsischer Herkunft haben aufgegeben, aber Beamte des kalifornischen Landwirtschaftsministeriums konnten mir nicht eine einzige von Sikhs betriebene Farm nennen, die in den letzten zwanzig Jahren bankrott gegangen wäre.

Im Jahre 1989 bildeten die Sikhs etwa ein Zehntel der 30 000 Einwohner des Gebiets – fuhren aber 55 Prozent der Pfirsichernte ein und stellten überdies einen bedeutenden Anteil der Ärzte, Makler und der anderen gehobenen Berufe, ganz zu schweigen davon, daß ein Drittel der mit Prädikat ausgezeichneten Absolventen der örtlichen High School die Kinder von Sikhs waren. Diese nordkalifornischen Sikhs führen ihren Erfolg weitgehend auf ihr Wertesystem zurück, vor allem ihre Sparsamkeit und ihre Bereitschaft, das Ersparte zusammenzulegen.[19] «Wir arbeiten schwer», erklärt der Pfirsichfarmer Suki Bains und ballt die Hand zur Faust: «Und wir halten so zusammen.»[20]

Andere Inder und Pakistaner haben sich andere Tätigkeitsfelder erobert, insbesondere in der Hotel- und Motelbranche. Allein in den Vereinigten Staaten, wo die indische Bevölkerung zwischen 1970 und 1990 geradezu explodiert ist, von 32 000[21] auf mindestens 800 000[22], besitzen Inder fast 40 Prozent aller kleinen Motels.[23] Ähnlich wie früher die Juden in Europa werden diese Hotelbesitzer in manchen Städten, insbesondere San Francisco, in wenig schmeichelhaften Farben dargestellt – als Pfennigfuchser und «eng zusammenhaltende Geheimniskrämer», die ihren Besitz zu Slums verkommen lassen und sich gegenüber ihren meist mittellosen Mietern hartherzig benehmen.[24]

Wie die Abkömmlinge der früheren jüdischen «Slumherren» kaufen sich jedoch immer mehr indische Investoren in höherwertige Immobilien ein. In Los Angeles benutzte Shashi Jogani, der in Amerika aufgewachsene Sohn eines Dschaina-Diamantenhändlers, einen 4000-Dollar-Anteil an Diamantenprofiten als Startka-

pital und errichtete im Verlauf der achtziger Jahre ein Immobilienimperium, das am Ende des Jahrzehnts 6500 Wohnungen im
Gesamtwert von über 400 Millionen Dollar umfaßte.[25] Nach
Schätzungen des in New Jersey ansässigen Investmentbankers
Prakash Shah beträgt der Gesamtwert des Immobilienbesitzes der
Inder im Ausland etwa 100 Milliarden Dollar.[26]

In vielleicht noch größerem Ausmaß als die Japaner und Chinesen bewegten sich die Inder auf das Zentrum des westlichen
Geschäftslebens zu. Ein Bericht aus dem Jahre 1990 über fünfzig
indische Unternehmer mit Wohnsitz in Großbritannien schätzte
ihren gemeinsamen Besitz auf etwa fünf Milliarden Dollar. Ihre
Geschäftsbeteiligungen erstreckten sich auf hochwertige Objekte
wie Luxushotels, Reedereien und Stahlwalzwerke.[27]

Für diese indischen Geschäftsleute bildet London das Zentrum
ihrer Diaspora und spielt eine ähnliche Rolle wie Hongkong für
die Überseechinesen. Die reichsten Inder Londons, die Hindujas,
stehen bereits an elfter Stelle in der Liste der reichsten Familien
Großbritanniens. Sie kontrollieren ein weltweites Imperium, das
jede nur erdenkliche Tätigkeit umfaßt, von der Filmproduktion in
Bombay über den Grundstoffhandel in Teheran bis hin – so geht
das Gerücht – zum Waffenhandel im großen Stil.[28] Wie viele andere Sindhis machten sie ihr Geld größtenteils zunächst außerhalb Englands, in ihrem Fall hauptsächlich in Teheran. Inzwischen aber haben sie aus Sicherheitsgründen ihr Hauptquartier
nach London verlagert, obgleich Familienmitglieder weitere
Wohnsitze in der Schweiz, Indien und New York unterhalten.[29]

Die Inder haben auch auf kulturellem Gebiet – etwa in der
Musik, beim Film und im Verlagswesen – Brückenköpfe gebildet,
wobei die Tatsache, daß sie in der englischen Sprache zu Hause
sind, dafür gesorgt hat, daß sie schneller als andere asiatische
Einwanderergruppen aufgestiegen sind.[30] Schriftsteller wie Hanif
Kureishi in Großbritannien oder Bharati Mukherjee in Amerika
haben mit ihrer sprachlichen Meisterschaft Werke der englischsprachigen Literatur geschaffen, die zugleich bemerkenswert
westlich und erkennbar südasiatisch sind.[31]

«Sie will Amerikanerin sein», sagt die in New York lebende Mukherjee von der Titelgestalt ihres Romans *Jasmin*. «Nicht wie eine Angelsächsin aus dem 19. Jahrhundert, sondern eine, die in der Neuen Welt lebt und hier ihre Wurzeln hat. Jasmin weiß immer, wer sie ist und was sie will. Sie kränkelt nicht an der Vergangenheit.»[32]

Ein vergleichbares Selbstbewußtsein kennzeichnet auch die Inder in der Bekleidungsindustrie, wo sie in der früher von Europäern beherrschten Modebranche inzwischen bedeutende Positionen erobert haben. Im Gegensatz zu den Chinesen, die ihren Weg ins höherwertige Modegeschäft mit der schieren Wucht ihrer Herstellungskapazität erstritten haben, verlassen sich die Inder mehr auf ihre in so verschiedenen Städten wie London, Hongkong und New York erworbene Kenntnis der Mode, um auf der Design-Seite der Branche aufzusteigen.

Shami Ahmed, der heute 27jährige Sohn eines Einwanderers aus Pakistan, gilt als einer der Urheber des «Nordengland-Looks» in der Modebranche. Zusammen mit seinem Vater, der aus einem Marktstand einen kleinen Jeans-Großhandel entwickelte, initiierte Ahmed seine Marke «Joe Bloggs» für Designer-Freizeitbekleidung als Teil seines Ziels, «aus Manchester das neue Mailand zu machen»[33]. 1991 beschäftigte sein aufstrebendes Unternehmen bereits 1500 Menschen bei der Herstellung von Jeans, Jacken und anderer Freizeitbekleidung und hatte einen Jahresumsatz von fast 40 Millionen Dollar.

Wie andere Angehörige seiner Generation drückt Ahmed eine neue indisch-pakistanische Identität aus. Er fühlt sich in einer hochgradig kosmopolitischen Geschäftsumgebung zu Hause. Beim Rundgang durch sein Hauptgeschäft in Manchester erklärte der zierlich gebaute, elegant gekleidete Unternehmer: «Wenn man es im Westen geschafft hat, verliert man nicht seine Identität, man gewinnt eine neue hinzu. Man wird ein neuer Mensch, der sowohl in die Vergangenheit als auch in die Zukunft blickt. Was Sie vor sich sehen, ist ein Asiate neuen Stils. Wir sind das Modell für die zukünftige Rolle der Inder und Pakistaner in der Welt.»[34]

Groß-Indien

Der Aufstieg der Inder zu einer hochentwickelten globalen Gemeinschaft widerspricht so mancher im Westen gängigen, stereotypen Vorstellung. Die historischen Wurzeln dieses Aufstiegs lassen sich jedoch weit zurückverfolgen. Als sich der britische Imperialismus des riesigen indischen Subkontinents bemächtigte, gingen die neuen Herren davon aus, daß die indische Gesellschaft dem technischen und wirtschaftlichen Fortschritt grundlegend abgeneigt sei. Die in einem starren Kastensystem und gemäß uralten Traditionen lebenden Hindus erschienen einer Autorität wie Lord Cromer wie «Menschen, die auf einer niedrigeren Ebene leben»[35] und wenig geeignet wären, neue industrielle Produktionsformen und Technologien zu übernehmen.[36]

Solche Ansichten waren bei den vom politischen Verfall und der weitverbreiteten und schrecklichen Armut in ihrem neuen Besitztum schockierten Europäern durchaus verständlich. Sie wußten nichts von einem Indien, das über Jahrhunderte, spätestens seit den Tagen Alexanders des Großen, die besten Köpfe Chinas, Koreas und Arabiens zum Studium der Mathematik, Medizin und Philosophie angezogen hatte.[37] Das typische europäische und amerikanische Bild Indiens als einer permanent rückständigen, nach innen gerichteten Gesellschaft ist mit dieser Vergangenheit unvereinbar, worauf selbst die orthodoxesten Hindus den Historiker Milton Singer hinwiesen: «‹Wenn das [westliche Bild] stimmen würde›, antworten sie meistens, ‹wie hätten wir überleben und so viel leisten – Tempel bauen, Kriege führen, die Landwirtschaft, das Handwerk und den Handel organisieren – können?› ... Auch in den heiligen Schriften wird die Notwendigkeit von Herrschern, Verwaltern, Händlern und Handwerkern neben Priestern, Gelehrten und Heiligen anerkannt. Nicht jeder Mensch kann oder soll ein Asket sein, der sich von der Welt abwendet.»[38]

Auch als Herstellerland, insbesondere von Gewürzen und Textilien, konnte Indien dank entwickelter Produktionstechnik seine

Absatzmärkte bis hin zum römischen Reich ausdehnen.[39] Nach dem Untergang Roms bauten die Inder ihre Geschäftsbeziehungen mit den Nachfolgereichen in Byzanz, Persien und Arabien aus und entwickelten ein weitgefächertes Netz von Handelspartnern in Europa und vor allem dem Mittleren Osten.[40] Im 13. Jahrhundert verfügte Indien über eine Spinnradtechnologie, die in der Welt ihresgleichen suchte[41]; einige indische Produkte, wie etwa Schals aus Kaschmir, schätzte sogar der Kaiser von China.[42]

Der indische Einfluß in Asien wurde durch die bereits im 4. Jahrhundert von drawidischen Händlern geknüpften Handelsbeziehungen zu Südchina und einem Großteil Südostasiens verstärkt. Mit sich brachten diese Händler nicht nur ihre Waren, sondern auch Bewässerungstechniken und kulturelle Einflüsse, zunächst in Gestalt des Hinduismus und Buddhismus, später des Islam.[43] In der malaysischen Stadt Malakka, einer Drehscheibe für den Handel mit Gewürzen, Lebensmitteln, Handwerksprodukten und Textilien zwischen Arabien, Indonesien und China, wohnten um 1500 bereits an die 1000 Gudscharati-Händler.[44] Zu dieser Zeit gehörte Südostasien wenigstens in kultureller und wirtschaftlicher Hinsicht im Grunde zu einem «Groß-Indien».[45]

Wie im Falle Chinas jedoch wurden verschiedene Kräfte – zum Teil politischer, zum Teil kultureller Art – wirksam, die den technologischen und wirtschaftlichen Fortschritt Indiens zu bremsen begannen. Unter der 1526 zur Macht gelangten Mogul-Dynastie klammerten sich die unterdrückten Hindu-Eliten zunehmend an die Religion und das Kastensystem als Mittel, die neuen Herrscher von wichtigen gesellschaftlichen Institutionen auszuschließen und ihre eigenen Vorrechte gegenüber anderen Hindus zu konservieren. «Zwar herrschten jetzt Muslime über Ungläubige», bemerkt die Historikerin Romila Thapar, «doch von den Ungläubigen wurden sie Barbaren genannt.»[46]

Der zunehmende Einfluß des Kastensystems setzte der Entwicklung einer Marktwirtschaft äußerst enge Grenzen. Angehörige der hohen Kasten hielten sich in der Regel überhaupt vom Wirtschaftsleben fern, und jede Tätigkeit wurde in zunehmend

spezialisierte Kategorien zerlegt.[47] Ein allgemeiner Mangel an
Mobilität – auch Muslime waren nicht bereit, das Kastengefüge
zu durchbrechen – verhinderte die Entwicklung gerade der Klas-
sen, die – wie die Handwerker – bei der Entwicklung von
Industrie und Handel in Großbritannien, auf dem europäischen
Festland und in Japan eine entscheidende Rolle spielten.[48] Unter
dem Kastensystem wurden zum Beispiel selbst die Zinssätze für
vaishyas (Händler) und *shudras* (Handwerker) mindestens doppelt so hoch angesetzt wie für Brahmanen, die ihrerseits an neuen
geschäftlichen Unternehmungen in der Regel desinteressiert waren.[49]

Wie in China lenkte auch der enorme Reichtum Indiens die
Aufmerksamkeit vom Außenhandel ab, der oft als entscheidender
Faktor sowohl des technischen Fortschritts als auch der gesellschaftlichen Veränderung funktioniert. Wie ein italienischer Rei-
sender im Jahre 1624 bemerkte, war der Mogul-Kaiser Akbar ein
wahrhaftig «großer und reicher König»[50], dessen Steuereinnah-
men die des britischen Königs Jakob I. um das Fünfzehnfache
übertrafen.[51] Noch 1757 meinte der britische Eroberer Lord
Clive, die Seidenstadt Murshibad in Bengalen – heute kaum mehr
als ein Dorf nördlich Kalkuttas – schneide im Vergleich zu London hinsichtlich der Größe, der Bevölkerungszahl und des Reichtums ihrer Geschäftsleute besser ab.[52]

Wie im Falle Chinas setzte der Verlust der Kontrolle über die
eigene Wirtschaft auch in Indien an der Peripherie ein. Die Macht
der Europäer wuchs; den indischen Kaufleuten aber fehlte die
entschiedene Unterstützung durch ihre Regierung, und so blieb
ihnen nichts anderes übrig, als sich den Neuankömmlingen als
Mittelsmänner anzudienen – den Portugiesen etwa[53], deren Regierung sowohl durch Entdeckungsreisen als auch durch direkte
militärische Aktionen[54] die Aktivitäten der Händler aktiv unterstützte.[55]

Zunehmend konnten die Europäer auch ihren wachsenden
technologischen Vorsprung ausnutzen, wobei sie oft Erfindungen
und Kenntnisse verbesserten, die ursprünglich aus Indien stamm-

ten. Als zum Beispiel Vasco da Gama Afrika umsegelte, stützte er sich sowohl auf indische Navigationstechnik als auch auf einen Gudscharati-Lotsen, der mehr Erfahrung beim Segeln in afrikanischen Gewässern besaß als die europäischen Seeleute.[56]

Noch entscheidender war vermutlich der wachsende Vorsprung der Europäer in der Spinntechnik. Noch im 18. Jahrhundert war die indische Textilindustrie mit ihrer traditionellen Spinnradtechnik immer noch konkurrenzfähig und konnte nicht nur den riesigen einheimischen Markt versorgen, sondern sogar Stoffe nach Europa exportieren.[57] Im frühen 19. Jahrhundert aber führten die von den Fabrikanten Manchesters vorangetriebenen technologischen Verbesserungen – in Verbindung mit neuen Beschränkungen für die Einfuhr indischer Textilien[58] – zur fast vollständigen Vernichtung einer ganzen Klasse indischer Baumwollweber, deren Knochen, wie der britische Generalgouverneur 1835 berichtete, «die Ebenen von Indien bleichen»[59].

Die in der zweiten Hälfte des 18. Jahrhunderts beginnende britische Hegemonie hat Indien viel nachhaltiger verwandelt, als es die peripheren Handelskolonien der Holländer oder Portugiesen konnten. Das expandierende Empire brauchte moderne Häfen und Großstädte, und innerhalb eines Jahrhunderts hatten von den Briten aufgebaute Städte wie Bombay und Kalkutta die älteren städtischen Zentren weitgehend in den Schatten gestellt.[60] Sie bleiben bis heute die führenden Zentren des indischen Wirtschaftslebens.[61]

Die wirtschaftliche Vorherrschaft der Briten vernichtete schließlich die letzten Reste des Einflusses, den indische Händler früher in ganz Asien gehabt hatten, und schnitten den Subkontinent vom direkten Zugang zu seinen traditionellen Märkten effektiv ab.[62] Noch wichtiger war die Überschwemmung des indischen Marktes mit britischen Exportgütern, insbesondere Textilien, die zum Zusammenbruch der gesamten riesigen, auf der dörflichen Produktion beruhenden Volkswirtschaft führte, die noch Anfang des 19. Jahrhunderts ihre Produkte nach England exportiert hatte.

Bald war aus einer der ältesten Zivilisationen und Handels-
mächte der Welt, so der Historiker Dharma Kumar, im Grunde
ein «Satellit» Großbritanniens geworden.[63] Die Hauptindustrien,
von Jute bis zu den Kohlebergwerken, lagen in der Hand der
Imperialisten[64], und die Inder wurden behandelt, als seien sie nur
dazu da, britischen Handelsinteressen zu dienen. Zwischen 1834
und 1934 wurden etwa dreißig Millionen Inder als Leiharbeiter in
die verschiedensten Winkel des Empire hinausgeschickt, wo sie –
oft unter schrecklichen Bedingungen – auf Plantagen, in Bergwerken und bei anderen Projekten schuften mußten.[65]

Insgesamt wurde die indische Volkswirtschaft ähnlich einseitig
behandelt. Trotz der bevorzugten Einfuhr britischer Produkte erwirtschaftete Indien im Handel mit der imperialen Metropole
und dem Rest der Welt einen riesigen Handelsbilanzüberschuß.
Diese Überschüsse waren es, so die Wirtschaftswissenschaftlerin
Susan Strange, die noch 1914 die gesamte finanzielle Struktur des
Weltreichs stützten. Der Profit aus Indiens gewaltigem Reichtum
an natürlichen Ressourcen und landwirtschaftlichen Produkten,
von der Baumwolle bis zum Opium, wurde von Briten abge-
schöpft, das in Indien erwirtschaftete Gold wanderte in die
Banktresore Londons und wurde von dort in das expandierende
globale Netz der britischen Wirtschaft wieder investiert.[66]

Familiengeschäfte

Selbst unter britischer Hegemonie jedoch hatten neue und ag-
gressiv auftretende indische Geschäftsleute zunehmende Bedeutung erlangen können. Dieser neue indische Kapitalismus war –
wie der Kapitalismus der Chinesen und Japaner – keineswegs
bloß ein Abklatsch des von den Kolonialherren vorgegebenen
Musters, sondern bezog sich in gewisser Weise jedenfalls auf ein
etabliertes und traditionelles Wertesystem.

Das indische Geschäftsleben basiert in einem bemerkenswerten Umfang auf dem Modell des «gemeinsamen Familienunternehmens», das seinerseits auf die wirtschaftlichen und sozialen Muster des Dorflebens zurückgeht – dessen Wurzeln also in die Frühgeschichte des Subkontinents zurück reichen.[67] Anders als in westlichen Gesellschaften, wo eine «rationalistische Wirtschaftsordnung» und die Aufteilung des Besitzes unter den Erben vorherrschend gewesen ist, bleibt alles Eigentum im indischen System im Gemeinbesitz der Familie, so daß jeder Sohn, theoretisch jedenfalls, gleichberechtigter Miterbe und -besitzer wird.[68]

Dieser gemeinsame Familienbesitz bedeutet zuweilen, daß die Familienmitglieder auch alle im gleichen Haus wohnen, eine Gemeinschaftsküche teilen und gemeinsam ihre Religion ausüben.[69] Zunehmend jedoch wird die Familienkontrolle subtiler ausgeübt, etwa durch die raffinierte Einrichtung von Tochtergesellschaften, wobei die entscheidende Verfügungsgewalt in den Händen der Familie und der weiteren Verwandtschaft konzentriert bleibt.[70]

Auch noch in den neunziger Jahren stützen sich viele prominente indische Kapitalisten – die Tatas, Hindujahs, Reddys, Harijelas, Birlas – bei ihren Unternehmungen im wesentlichen auf das Familienmodell. Dieses Muster wird noch durch die Bedeutung der verschiedenen indischen Untergruppen verstärkt, die ihre eigenen oft globalen Netzwerke auf der Basis der Familienstruktur aufgebaut haben.

Das Muster gilt übrigens auch für die wohl kosmopolitischste und weltgewandteste Stammesgemeinschaft im indischen System der «Stämme innerhalb von Stämmen», die Parsen. Selbst die mächtigste parsische Unternehmensgruppe, die Tatas, bleibt – trotz des verstärkten Einsatzes professioneller Manager[71] – weitgehend ein Familienunternehmen, und im oberen Management sowie beim Aufsichtsrat sind Parsen nach wie vor überproportional repräsentiert.[72]

Die Parsen, deren herausragende Vertreter die Dynastien der Tatas, der Modis und der Wadias in Bombay darstellen, haben auf vielen Gebieten bei der Entwicklung des indischen Kapitalismus eine Vorreiterrolle gespielt. Als Anhänger des zoroastrischen

Glaubens, die im 8. Jahrhundert auf der Flucht vor muslimischer Verfolgung in die Gegend von Bombay auswanderten, bildeten sie den Idealtypus einer Gruppe, die gesellschaftliche Veränderungen einleitet: eine kleine, eng verbundene Gemeinschaft, deren Mitglieder sich lange schon den Lebensunterhalt als Kaufleute, Handwerker und Geldverleiher verdient hatten.

Wichtiger noch im indischen Kontext war die Tatache, daß ihre Religion – weit deutlicher als die ihrer muslimischen und hinduistischen Nachbarn – viele der klassischen «calvinistischen» Werte betonte: die Natur als Ordnung, den Rationalismus, die Bedeutung von Wissen, harter Arbeit, Sparsamkeit und der Vermehrung des Reichtums. Wie es in einer etwa sechzigmal wiederholten Strophe der heiligen, von Zarathustra selbst verfaßten Gathas heißt:

Das erhabene, unveränderbare Gesetz ist Reichtum;
es ist Aufrichtigkeit, das unveränderbare Gesetz ist Wohlstand
demjenigen, der dem unveränderbaren Gesetz folgt.
Im Namen Gottes
Möge die überragende Herrlichkeit des fruchtbaren
Herrschers Ahura Mazda noch zunehmen![73]

Früh begannen die derart an Reichtum orientierten Parsen ihre jungen Männer zur Ausbildung nach Großbritannien zu schicken. Mit Hilfe dieser jungen Menschen und ihrer britischen Ausbildung konnten die Parsen in einer Zeit des Niedergangs für die meisten indischen Geschäftszweige erfolgreiche Industrien aufbauen, wie etwa den Schiffbau.[74] In den dreißiger Jahren dieses Jahrhunderts waren die Parsen, was den Grad ihrer Anpassung an das Großstadtleben und ihre Beherrschung der englischen Sprache betraf, allen anderen Gruppen in Indien voraus.[75] Mit einem Anteil von weniger als 0,03 Prozent der Gesamtbevölkerung Indiens errangen Parsen sieben Prozent aller Abschlüsse in den Ingenieurwissenschaften und fünf Prozent in der Medizin.[76]

Es konnte nicht ausbleiben, daß die Parsen mit dem Etikett der «Juden Indiens» belegt wurden.[77] Jedenfalls spielten sie durch die Weiterentwicklung ihrer technischen Fähigkeiten und zunehmende Weltgewandtheit eine überproportional große Rolle im indischen Geschäftsleben. Bereits um 1800 war eine größere Anzahl der größten Firmen Bombays in ihrer Hand als in der Hand der Europäer oder der Hindus.[78] Etwa 150 000 Parsen leben heute in verschiedenen Ländern der Erde[79], vor allem jedoch in Bombay; noch heute sind vierzehn der hundert größten indischen Unternehmen in parsischem Besitz.[80]

Obwohl Indien die Machtbasis der Parsen bleibt[81], waren es gerade Angehörige dieser Gruppe, die bei der Wiederherstellung des indischen Wirtschaftseinflusses außerhalb des Subkontinents eine Pionierrolle spielten. Ähnlich wie die Chinesen folgten sie auf der Suche nach neuen Märkten oft der britischen Fahne. So gehörten Parsen zu den ersten Gruppen, neben den muslimischen Ismaili und den Juden, die in Kanton und später in der neuerworbenen Hafenkolonie Hongkong Handelsposten errichteten. Es war ein parsischer Geschäftsmann, Dooraji Naorojee, der die Fährlinie Star Ferry gründete, die bis in die achtziger Jahre hinein die wichtigste Verkehrsverbindung zwischen der Insel Hongkong und Kowloon war. Zu den Gründungsmitgliedern der Hong Kong and Shanghai Banking Corporation gehörten ebenfalls drei Parsen.[82]

Waren die Parsen die erste indische Gruppe, die sich dem globalen Kapitalismus anpaßten, so blieben sie nicht die einzigen Inder, die die von den Briten geschaffenen Gelegenheiten auszunutzen verstanden. Überall im ausgedehnten Empire, in Asien, Afrika und anderswo, taten sich Inder als Büroangestellte, Rechtsanwälte, Beamte und Polizisten hervor.[83] Manche ließen sich in den britischen Kolonien permanent nieder, wo sie zuweilen in den freien Berufen und im Geschäftsleben einflußreiche Stellungen erreichen konnten.

Beim Zusammenbruch des Empire fanden sich viele dieser verstreuten Inder zunächst in einer beneidenswerten Lage. Während

Indien selbst nach der Unabhängigkeit von Gewalt und Chaos heimgesucht wurde, eröffnete in anderen Ländern der Abzug britischer Fachkräfte, Verwalter und Geschäftsleute neue Perspektiven für die bisher «kolonisierten» Inder, die bis dahin oft in die zweite Reihe gedrängt worden waren.

Für die schätzungsweise acht Millionen Hindus und Sikhs, darunter viele Sindhis, deren Heimatgebiete plötzlich Teile der neuen muslimischen Nation Pakistan bildeten[84], waren die neuen Perspektiven im Ausland besonders attraktiv. Diese Flüchtlinge waren ja plötzlich zu Wanderern geworden, wie die alten Juden Europas, die einen Ort suchten, wo sie sich ernähren und ihrem Geschäft nachgehen konnten. Für einen jungen Sindhi wie J.R. Daryani etwa, wie für viele andere, waren die früheren Kolonien – wie Nigeria zum Beispiel, wo Familienmitglieder und andere Sindhis bereits eine kleine, aber zunehmend wohlhabende Enklave bildeten – als Länder unbegrenzter Möglichkeiten, wie es schien, geradezu unwiderstehlich.

Als Kind hatte Daryani von seinem Vater, der als Einkäufer für die britische Textilfirma Total Brothers gearbeitet hatte, Geschichten von den Sindhi gehört, die in Nigeria ihr Glück gemacht hatten. Am Vorabend der Unabhängigkeit beschloß er also, Indien zu verlassen und dorthin zu ziehen, wo er bald eine Stellung bei der Handelsfirma Inlaks fand. Diese indische Firma mit Hauptsitz in der Schweiz spezialisierte sich auf den Vertrieb von norwegischem Trockenfisch auf dem lebhaften westafrikanischen Markt.

Es dauerte nicht lange, bis die etablierten ethnischen Gruppen in Afrika, darunter die Reste der englischen Kolonialschicht und eine große und wohlhabende Gruppe libanesischer Kaufleute, ihre bis dahin unangefochtenen Positionen durch Inder wie Daryani bedroht sahen. Wie Daryani zu seiner Überraschung feststellte, waren die Europäer überhaupt nicht darauf vorbereitet, unter neuen Geschäftsbedingungen in den unabhängigen Staaten und ohne Unterstützung des Empire zurechtzukommen. In einem kleinen Büroanbau hinter seinem riesigen Haus in Neu-Delhi erinnerte er sich vier Jahrzehnte später: «Wir machten ihnen bei den Kosten Konkurrenz – weniger Mitarbeiter, niedrigere Gehälter, nicht soviel Fett. Sie hatten eine Menge Fett, besonders die Europäer. Wir schalteten die Libanesen aus, und sie mußten von uns ihre Waren beziehen. Das schafften wir durch Dynamik. Wir hatten bessere Verbindungen, ein besseres Netzwerk, und wir hatten eine bessere Kontrolle in Hongkong, Japan und Großbritannien. Wir beherrschten bald den Markt.»[85]

Als Daryani 1975 nach Indien zurückkehrte, hatte Inlaks unter seiner Führung seine Geschäfte auf Textilien, Reis und Zucker ausgedehnt. Von Neu-Delhi aus leitete er den Vorstoß des Unternehmens in die industrielle Produktion. Inlaks baute eine der ersten Fabriken für Tomatenmark in Nigeria, außerdem Brauereien und Verpackungsanlagen. 1990 besaß Inlaks in Nigeria Vermögenswerte von fast einer Milliarde Dollar.

Daryani hat sich inzwischen aus der Firma Inlaks zurückgezogen, unterhält aber nach wie vor enge Beziehungen sowohl familiärer wie geschäftlicher Art zur indischen Kolonie in Nigeria, die etwa 7000 Menschen umfaßt. Er hat eine Reihe neuer Industriebetriebe errichtet, in denen pharmazeutische Produkte, Pappe, Automobilteile und Kunststoffe hergestellt werden. «Die Industrie in Nigeria wird heute mehr von Indern als von Europäern kontrolliert», sagt er mit erkennbarem Stolz. «Wir sind dort eine Macht, mit der man rechnen muß. Wir sind nicht mehr bloß die Kaufleute – wir sind eine industrielle Macht.»

Indische Familiennetzwerke haben sich auch in anderen Regionen als effektiv erwiesen, einschließlich der Gebiete Asiens, die schon früher zu den wichtigsten Handelspartnern des Subkontinents gezählt hatten. Wie in Afrika begann dieser Prozeß unter der Schirmherrschaft des Empire. Bedeutende Einflußsphären errangen indische Geschäftsleute in Ländern wie Birma[86] und Malaysia, wo es inzwischen die größte indische Bevölkerungsgruppe außerhalb des Subkontinents gibt.[87]

Bereits in den zwanziger Jahren knüpften diese indischen Unternehmer starke Verbindungen zu Gebieten außerhalb des briti-

schen Weltreichs, insbesondere Japan und den Küstengebieten
Chinas, vor allem Schanghai, wo sich gerade ein rapider Indu-
strialisierungsprozeß vollzog. Indische Händler fanden in diesen
asiatischen Gebieten einen guten Absatzmarkt für indische Produkte und Rohstoffe. Japan vor allem kaufte indische Baumwolle, Jute und andere Rohstoffe.[88]

Mit dem Aufstieg Japans nach dem Krieg erwiesen sich diese
Verbindungen als besonders wertvoll. Die Handelsfirma D.R.
Reddys aus Madras ging erstmalig in den späten dreißiger Jahren
nach Japan, wo sie Muskovit – einen wichtigen Rohstoff für
elektrische Isolierungen – aus ihren Bergwerken in Uttar Pradesch
verkaufte. Nach dem Krieg kehrte die Firma – angeführt durch
vier Brüder – nach Japan zurück, obwohl das Land durch Bom-
benangriffe verwüstet und seine früheren weitreichenden Han-
delsnetze zerstört waren. In einem eleganten Restaurant mit Blick
auf Osaka erinnerte sich Reddy: «Ob Sie es glauben oder nicht,
diese Stadt war damals schlimmer dran als Bombay. Unsere japanischen Partner hatten Probleme. Sie konnten nicht reisen, sie
hatten keine Außenkontakte. Aber wir Inder hatten die Leute –
wir stellten die Verbindungslinien her nach Afrika, in den Mittleren Osten, nach Südasien. Wir waren ja überall die Insider.»[89]

Über die Jahre haben die Reddys und andere indische Kaufleute ihre Geschäft ständig den schnellen Veränderungen innerhalb Japans angepaßt. Als die japanischen Textilfirmen expandierten, wurden die Inder ihre wichtigsten Vertreter im Ausland;
später vermittelten sie hauptsächlich Elektronikprodukte und
Automobilteile. Und da Japan wieder zu einer Nation der Konsumenten wird, haben die Reddys begonnen, Meeresfrüchte aus
Indien und von ihren eigenen Shrimp-Fischereibetrieben in Thailand für den wachsenden japanischen Bedarf einzuführen. 1990
erstreckten sich die Operationen der Reddys von Osaka, immer
noch dem Zentrum ihrer Geschäftstätigkeit, über ganz Südostasien, die Malediven und Indien bis nach Südkalifornien und
umfaßten so diverse Tätigkeiten wie die Bekleidungsherstellung
und den Betrieb von Ferienhotels.

In Südostasien haben andere indische Familiennetzwerke ähnlich beachtliche Ergebnisse erzielt. Obwohl die schätzungsweise 20 000 Inder in Hongkong zum Beispiel weniger als 0,4 Prozent der Bevölkerung der Kolonie darstellen, kontrollieren sie bis zu zehn Prozent des Handels.[90] Wie bei den Reddys entsprechen die meisten indischen Firmen in Hongkong – von der winzigen Zwei-Mann-Firma bis zum riesigen Firmenkonglomerat – dem klassischen Muster, bei dem die erweiterte Familie das Hauptverbindungsglied zwischen verschiedenen nationalen Märkten darstellt.[91]

Auch ein Unternehmen wie das der Harilelas, das zu den einflußreichsten Geschäftsimperien Indiens gehört, bleibt im Kern ein Familienunternehmen, das sich auf Verwandtschaftsbeziehungen in den verschiedensten Ländern der Erde stützt. Als unbedeutender Sindhi-Händler schlug sich Familienpatriarch Lilaram Harilela in den zwanziger Jahren als Mittelsmann zwischen den Europäern und Chinesen in Kanton, Schanghai und Hongkong durch. Kaum hatte sein Geschäft am Ende des Jahrzehnts einen ansehnlichen Umfang angenommen, als es schon mit der einsetzenden Weltwirtschaftskrise zusammenbrach.

Lilarams sechs Söhne, die sich als zukünftige Erben eines florierenden Handelsunternehmens gesehen hatten, mußten jetzt Zeitungen austragen und auf den Straßen Seife an britische Offiziere verkaufen. 1940 hatten sie genug zusammengespart, um ins Seidengeschäft einzusteigen, doch die japanische Besatzung zwang sie, ihre Pläne aufzugeben. Die Besatzungszeit überlebten sie nur, indem sie gegen die japanischen Bestimmungen Reis und andere Gegenstände auf dem Schwarzmarkt verkauften.[92]

Nach dem Krieg, als der Handel noch völlig am Boden lag, eröffnete die Familie eine kleine Schneiderei in dem engen und dichtbevölkerten Tsimhatsui-Geschäftsviertel von Hongkong. Viele englische Offiziere nutzten ihren Aufenthalt in der Hafenstadt, um sich nach einem neuen Anzug umzusehen. Da so viele ihrer Kunden nur kurz in der Stadt waren, kam die Familie auf die Idee, Maßanzüge und Eilherstellung zu verbinden: abends wurde

Maß genommen, und die Aufträge gingen sofort an die Näherei-
en, die am nächsten Morgen liefern mußten. Da die Harilelas für
ihre Anzüge nur die allerfeinsten europäischen Stoffe verwendeten, die sie im Masseneinkauf zu Niedrigpreisen erstanden[93],
galten ihre Produkte überdies als Qualitätsware. Anfang der siebziger Jahre war aus dem Maßanfertigungsgeschäft eine regelrechte Branche, waren aus dem einen Laden buchstäblich Hunderte
geworden, viele von ihnen in der Hand anderer Sindhi, mit über
40 000 Beschäftigten.[94]

Aufbauend auf ihrem Erfolg mit Maßanzügen dehnten die Harilelas ihre Geschäfte auf zahlreiche Felder aus, die nichts miteinander zu tun haben, darunter Hotels, Elektronikbauteile und
Softwarefirmen. Obwohl allein ihre Unternehmen in Hongkong
einen Jahresumsatz von 200 Millionen Dollar haben, behalten die
Harilelas viele der charakteristischen Merkmale eines indischen
Familienbetriebs bei und teilen sich zum Beispiel eine riesige Ge-
meinschaftsvilla mit fünfundzwanzig Zimmern in der Nähe des
Geschäftszentrums von Kowloon.

Am Sonntagabend kommt die Familie in einem Raum zusammen, dessen Pracht an die Mogule erinnert: Säulen und Bögen,
indische Antiquitäten, Teppiche; selbst ein kleiner Nebenraum
fehlt nicht, in dem Hindu-Gebete gesungen werden. Am Tisch
aber geht es nicht um neue Technologien oder die Finanzmärkte
der Welt: es handelt sich um eine reine Familienangelegenheit, bei
der ältere Onkel, Töchter aus dem Jet-Set und diverse Freunde
der Familie eine informelle, durchaus einfache Mahlzeit gemeinsam genießen. Wie Baron Rothschild führt der siebzigjährige
älteste Bruder und Chef der Handelsoperationen der Familie
George Harilela den bemerkenswerten weltweiten Erfolg seiner
Familie auf ihr Festhalten an altehrwürdigen religiösen und familiären Traditionen zurück: «Wir haben eigentlich keine besondere Fähigkeit, außer daß wir Kaufleute sind und hart arbeiten.
Es geht darum, daß wir an etwas glauben. Wenn wir keinen Glauben hätten und keine Frau, die zu Hause auf alles aufpaßt, hätten
wir gar nichts. Wir arbeiten für unsere Kinder. Ohne das alles gibt

es gar nichts. Sonst könnten wir doch einfach saufen. Das Glück besteht einzig darin, für sie zu arbeiten, für die Zukunft, für die Familie.»[95]

Gefangene der Dritten Welt

Trotz finanzieller Erfolge befinden sich viele Inder im Ausland oft in einer prekären Situation. Während Afrika sie einerseits wieder willkommen heißt, könnten andererseits Tausende von Indern und Pakistani in Hongkong ihr Aufenthaltsrecht verlieren, sobald die Kolonie 1997 wieder an China fällt. Wenn die Kommunisten an der Macht bleiben, sind die Aussichten für diese äußerst bedeutende Gruppe alles andere als rosig. «[Die Kommunisten] würden es am liebsten sehen, wenn die ganzen Inder verschwänden», gibt ein hoher britischer Regierungsbeamter zu, der mit den Chinesen verhandelt hat.[96]

Seit Jahrzehnten wird den Indern in Afrika und anderswo die «Staatsbürgerschaftsfrage» zum Problem gemacht. Immer wieder werden ihre Loyalität und selbst ihre Moral von nationalistischen Führern in Frage gestellt. Mit dem Hinweis darauf, daß nur ein Drittel der Inder in Uganda Staatsbürger seines Landes waren[97], klagte Idi Amin kurz vor ihrer Vertreibung: «Manche Mitglieder Ihrer Gruppe haben nur ein Interesse an diesem Land: nämlich möglichst viel Geld zu machen, koste es, was es wolle.»[98]

Angesichts dieser historischen Erfahrungen müßte man annehmen, der sicherste Weg sei die Rückkehr nach Indien. Mit ihrem Kapital, ihren Verbindungen, ihrem hohen Ausbildungsstandard könnten die Inder aus Übersee der Entwicklung ihres Mutterlandes einen gewaltigen Schub geben. Aber nur wenige Inder aus Hongkong etwa beschließen angesichts der Gefahr, «Bürger von nirgendwo» zu werden, die Staatsbürgerschaft des Mutterlandes zu beantragen. Sie entscheiden sich vielmehr für Großbritannien[99], die Vereinigten Staaten oder Kanada.[100] Auch indische

Premierminister – wie z. B. V. P. Singh – mußten sich bei aller vollmundigen nationalistischen Rhetorik die Frage gefallen lassen, weshalb ihre Söhne nach der Ausbildung in Großbritannien und Amerika dort geblieben sind.[101]

Diese anhaltende Entfremdung zwischen dem indischen Mutterland und der Diaspora markiert eine einmalige und neue Entwicklung in der Geschichte der globalen Stammesgemeinschaften. Juden, Chinesen und Japaner haben enge Beziehungen zum Land ihres Ursprungs aufrechterhalten, doch für Inder erscheint die Rückkehr allzuoft wie ein Schritt zurück in die Dritte Welt. Nilesh Shah ist fünfunddreißig Jahre alt und besitzt eine Handelsfirma in Hongkong, ein Familienunternehmen. Von seinem Büro am Rande des Finanzviertels blickt Shah herab auf die dichtgedrängten Menschenmassen in der Straße unter ihm und erklärt mir die Gründe für sein freiwilliges Exil: «Mein langfristiger Plan bestand immer darin, ein Produkt nach Indien zu nehmen. Bei jedem Artikel, den ich hier sehe, besonders in China, frage ich mich, warum ich das nicht in Indien herstellen kann.

Es handelt sich um arbeitsintensive Produkte. Wir haben niedrige Löhne, und wir sind genauso intelligent wie die Chinesen. Man fragt sich also, warum geht das nicht in Indien? Aber sehen Sie einmal genauer hin, wie die Wirklichkeit in Indien aussieht, in welche Situation sie sich hineinmanövriert haben. Aus dem Schlamassel finden sie nicht so schnell heraus.»[102]

Mit dem «Schlamassel» meint Shah fast jeden Aspekt des Geschäftslebens in seiner Heimat, vor allem im Vergleich zu den in Europa, Amerika oder Ostasien vorherrschenden Standards. Seit den ersten Tagen der Unabhängigkeit habe sich Indien mit einer quasi-sozialistischen Wirtschaftspolitik einen Klotz ans Bein gebunden, der jeden Versuch des Landes, aus der unteren Liga der Dritten Welt aufzusteigen, behindere und die Ehrgeizigen zur Auswanderung förmlich gezwungen habe.

Zweifellos war die überragende indische Persönlichkeit der Jahre nach der Unabhängigkeit, Jawaharlal Nehru, zwar engagierter Demokrat, jedoch keineswegs von den Vorteilen einer freien Marktwirtschaft überzeugt. Wie viele Intellektuelle in der Dritten Welt hatte ihn die kollektivistische Wirtschaft der Sowjetunion in den zwanziger Jahren zutiefst beeindruckt. Zu seinen Hauptzielen gehörte die Abwehr und mögliche Reduzierung der Einflußnahme durch westliche, insbesondere amerikanische Firmen.[103] Diesem Ziel diente die Förderung des staatlichen Industriesektors und ein komplexes Lizenzsystem, das die Ressourcen des Landes vor einheimischen Privatunternehmen und ausländischer Kontrolle schützen sollte.

Trotz der sozialistischen Rhetorik entsprach diese Politik weitgehend den Sonderinteressen vieler großer indischer Firmen, die nach einer Atempause vor der ausländischen Konkurrenz riefen. Schon um die Jahrhundertwende hatten indische Industrielle im Verein mit der nationalistischen Bewegung einen Schutzzoll gegen ausländische, vor allem britische Produkte gefordert, die ihrer Meinung nach die eigenständige industrielle Entwicklung ihres Landes im Keim erstickten.[104] Ein Hindu-Dichter, selbst Kaufmann in einer Kleinstadt, schrieb:

Steht auf! Erhebt euch, Brüder! Erweist eurer Nation persönlich
die Ehre!
Heute heißt es Manufaktur, morgen werden Fabriken eröffnet.
Nicht länger werden wir Rohstoffe exportieren und fremde
Industrieprodukte dafür erhalten.
Nach «made in» wird es fortan heißen: «India».[105]

Die Jahre des Umgangs mit den Briten und ihrem Überlegenheitsdünkel hatten den nationalistischen und protektionistischen Gefühlen weitere Nahrung gegeben. G. D. Birla etwa, der das bedeutendste Industrie-Imperium des Landes gründete und die Unabhängigkeitsbewegung entscheidend unterstützte, verspürte heftige Ressentiments gegen die «Rassenarroganz» der Briten, die er als junger Mensch in Kalkutta erlebte. Dazu gehörten Erniedrigungen wie das Verbot, die gleichen Fahrstühle oder Parkbänke wie die Briten zu benutzen.[106]

In seinem Anfangsstadium war Nehrus Programm für Marwa-
ri-Familien wie die Birlas, die aus den Wüsten Radschastans
gekommen waren und sich unter den Briten in Städten wie Kalkutta als Händler und Vertreter hervorgetan hatten, äußerst
vorteilhaft, da es ihnen die Möglichkeit gab, sich als Großindu-
strielle zu entfalten.[107] In den sechziger Jahren besaßen die verschiedenen Händlerkasten Radschastans, die insgesamt höchstens eine Million Menschen umfassen, bis zu 60 Prozent aller
industriellen Vermögenswerte Indiens[108], und Anfang der neunziger Jahre waren sie immer noch die bedeutendste wirtschaftliche
Gruppierung der Nation, in deren Händen gut ein Drittel der
größten Firmen des Landes liegen, zweimal so viele wie in den
Händen der an zweiter Stelle rangierenden Parsen.[109]

Mitte der sechziger Jahre jedoch machten sich erste Anzeichen
einer Stagnation bei der industriellen Entwicklung Indiens bemerkbar, die nicht nur hinter dem Tempo der ultradynamischen
ostasiatischen Volkswirtschaften hinterherhinkte[110], sondern
auch gegenüber anderen sich entwickelnden Ländern wie Mexiko und der Türkei zurückblieb.[111] In den folgenden zwei Jahrzehnten wuchs die indische Industrieproduktion gerade ein
Drittel so schnell wie die koreanische, knapp halb so schnell wie
die Hongkongs oder Indonesiens, und immer noch erheblich
langsamer als die Pakistans.[112] Bis 1988 waren die ausländischen
Direktinvestitionen in Indien, ein Schlüsselfaktor bei der Entwicklung vieler anderer asiatischer Staaten, auf ein Niveau gefallen, das etwa einem Siebentel der vergleichbaren Investitions-
menge in Thailand oder Singapur entspricht.[113]

Am bemerkenswertesten ist es vielleicht, daß Indiens Anteil am
Weltexport von rund zwei Prozent im Jahre 1950 innerhalb von
vier Jahrzehnten auf knapp 0,5 Prozent gesunken ist – während
gleichzeitig in vielen anderen sich entwickelnden Ländern gerade
der Export als Motor des Wachstums funktioniert hat. Selbst im
Bereich der Textilindustrie, dem natürlichen Betätigungsfeld für
ein Niedriglohnland, das zu den wichtigsten Baumwollproduzen-
ten der Welt gehört, sackte die indische Produktion im Lauf der

achtziger Jahre von einem Viertel auf knapp ein Siebentel der kombinierten Anteile Hongkongs und Chinas am Weltmarkt.[114]

Der hauptsächlich nach innen gerichteten sozialistischen Wirtschaftspolitik Indiens gelang es aber auch nicht, ihr Hauptziel der Reduzierung der Armut zu erreichen, insbesondere im Vergleich mit den meisten Nachbarn Indiens, aber auch mit vielen Ländern der Dritten Welt außerhalb Asiens.[115] Das Durchschnittseinkommen in Hongkong, einer vom Handel abhängigen Kolonie, deren Aussichten in den späten vierziger Jahren auch im Vergleich mit Indien nicht gerade rosig erschienen, war 1990 fünfundzwanzigmal höher. Mit einer Bevölkerung, die viermal so groß ist wie die der Vereinigten Staaten, entsprach das Bruttosozialprodukt Indiens etwa dem Hollands oder der von der Entwicklung übergangenen Südinsel Japans, Kiuschu.[116]

In den späten achtziger Jahren bot Indien zunehmend – sowohl in den Augen ausgewanderter wie daheim gebliebener Inder – das Bild einer Nation im Niedergang, von tausendjährigen Gegensätzen zwischen Kasten, Religionen und Regionen zerrissen. Selbst im Vergleich mit dem kommunistischen China hatte das Land weder beim Eindämmen des Bevölkerungswachstums noch beim Aufbau einer Infrastruktur für den Handel mit der Ersten Welt nennenswerte Fortschritte erzielt. Bis zum Jahre 2000 könnte Indien, das lange Zeit stolz darauf gewesen ist, ein Modell für die Dritte Welt abzugeben, die zweifelhafte Ehre zuteil werden, die größte und ärmste Bevölkerung der Welt zu besitzen.[117] «Indien ist nicht einmal mehr ein Entwicklungsland», so der Industrielle Ajit Singh aus Bombay. «Es ist ein fortgeschrittenes Land, das sich in einem Zustand fortgeschrittenen Verfalls befindet.»[118]

Für viele jüngere indische Industrielle wie Singh liegt die Hauptursache für diesen Verfall in der aufgeblasenen Bürokratie Indiens, die sich der Charakterisierung der britischen Kolonialverwaltung Indiens durch Lord Curzon vor fast hundert Jahren durchaus würdig erweist: «. . . eine mächtige Wundermaschine zu dem einzigen Zweck, nichts zu tun»[119]. Diese monströse Bürokratie ist aber vielleicht am schlimmsten, wenn sie aktiv wird,

etwa bei der Umsetzung ihres – so Deepak Lai, früheres Mitglied
der staatlichen Planungsbehörde – «dirigistischen Dogmas».[120]
Indem sie mit der Vergabe von «Lizenzen» an bevorzugte Unternehmen die Konkurrenz durch auswärtige und einheimische
Produzenten beschneidet, trägt die Bürokratie dazu bei, den Unternehmergeist zu ersticken, den Inder im Ausland so häufig an
den Tag legen.[121]

Viele in Indien sehen sogar den Hauptschlüssel zum Erfolg
nicht in der Innovation oder im unternehmerischen Geschick,
sondern in der erfolgreichen Manipulation der oft korrupten Bürokratie.[122] 1990 beschrieb die Zeitschrift *Business World* aus
Bombay die politischen Fähigkeiten, die Dhirubbai Ambani zum
Erfolg verholfen haben (Ambani ist Familienoberhaupt der seit
den achtziger Jahren wohl bedeutendsten unter den großen indischen Familiengruppen)[123]: «Er ist der Erzmanipulator des Sozialismus. Ein Mann, der das konfuse System der Regierungskon-
trolle genau studiert und den Dreh herausbekommen hat, mit
dem man aus gedroschenem politischem Stroh für sich und seine
Leute Gold herstellt. ... Er hat nichts gegen Regierungskontrol-
len, davon lebt er ja. Kontrollen, und noch mehr Kontrollen,
nützen ihm und seinesgleichen.»[124]

Solange Indien von einem derart korrupten Wirtschaftsethos
beherrscht wird, wird es wahrscheinlich weder seinen relativen
Niedergang aufhalten noch die talentiertesten unter seinen abtrünnigen Kindern wiedergewinnen können. Für Lakshmi Niwas
Jhunjhunwala, Gründer der Bhilwara Group, die bei der Gra-
phitherstellung weltweit führend und eine der wenigen indischen
Firmen ist, die auf dem Weltmarkt konkurrenzfähig sind, besteht
die einzige Hoffnung in der Schaffung einer neuen indischen Geschäftskultur, die weder von geschützten Märkten noch von der
beschränkten Wahlfreiheit der Konsumenten in den mit Indien
verbündeten Ländern der Dritten Welt abhängig ist.[125]

Nach der Auflösung des Sowjetblocks und angesichts der Des-
orientierung in weiten Teilen der Dritten Welt müssen sich indische Geschäftsleute nun auch auf diesen Märkten der Realität

stellen, das heißt der Konkurrenz mit anderen asiatischen Ländern, deren wirtschaftliche Tugenden im Feuer der weltweiten Konkurrenz geschmiedet worden sind. In seiner bescheidenen Zentrale in Neu-Delhi bemerkte der im traditionellen losen, weißen Baumwollhemd gekleidete Jhunjhunwala: «Wir sollten nicht danach streben, ein Land der Dritten Welt zu sein, das sich mit den am wenigsten erfolgreichen Ländern identifiziert.... Ich sähe es lieber, wenn man uns mit dem Maßstab Koreas, Hongkongs und Taiwans messen würde. Die besitzen noch die Tugenden der Wüste. Sie haben sich Respekt verdient.

... Zu Hause haben die Inder diese Selbstachtung irgendwie verloren. Der Drang zum Wettbewerb, zur Wiedergewinnung unserer Position, ist nicht mehr da. Wir sind als Nation verunsichert, und manchmal sind unsere Komplexe so groß, daß wir gar nicht erst erfolgreich sein wollen.»[126]

Die neue Kaste

Im Kampf um die Wiedergewinnung dieser «Selbstachtung» und Konkurrenzfähigkeit liegt Indiens größte Hoffnung vielleicht in seiner Diaspora. Wie die chinesischen Raumfahrer oder die Juden in ihrer Diaspora sind diese Inder durch ihren Kontakt mit anderen Gesellschaften umgeformt worden. Sie haben sich neue Fertigkeiten, neue Fähigkeiten und vor allem neue Verhaltensmuster angeeignet, mit deren Hilfe ein Großteil der chronischen Probleme ihres Heimatlandes überwunden werden könnte.

Bei den Indern der Diaspora hat vor allem die entscheidende, langwierige Transformation eines engen Stammesdenkens hin zu einer eher kosmopolitischen Perspektive bereits eingesetzt. Dieser neue indische Typus hat sich zunächst, wie die «neuen Chinesen», aus der Interaktion mit dem britischen Imperialismus heraus entwickelt, als dieser sich gezwungen sah, zur Verwaltung eines etwa 180 Sprachfamilien und über 500 Dialekte umfassenden Herrschaftsgebiets[127] eine englischsprechende gebildete Klasse heranzubilden. Wie Karl Marx feststellte: «Aus den... widerwillig und in geringer Zahl unter englischer Aufsicht erzogenen indischen Eingeborenen wächst eine neue Klasse heran, welche die zum Regieren erforderlichen Eigenschaften besitzt und europäisches Wissen in sich aufgenommen hat. ... Der Tag ist nicht mehr fern, an dem... dies einstige Märchenland wirklich an die Welt des Westens angeschlossen sein wird.»[128]

Aus dieser «neuen Klasse» stammten schließlich Architekten der indischen Unabhängigkeit wie Gandhi und Nehru.[129] Die Congress-Partei selbst, wichtigster politischer Ausdruck der Unabhängigkeitsbewegung, war dem weltlichen Liberalismus eines Octavian Humes verpflichtet, der als Brite und Christ die Partei 1885 mit aus der Taufe hob.[130] «In einem Land wie Indien kann ein echter Nationalismus nur auf weltlicher Basis errichtet werden», stellte Nehru 1950 fest. «Enge, religiöse Nationalismen sind als Überreste eines vergangenen Zeitalters heute nicht mehr relevant.»[131]

Innerhalb Indiens allerdings hat sich Nehrus Optimismus in der religiösen Frage als genausowenig prophetisch erwiesen wie sein Glaube an sozialistische Wirtschaftsreformen. Anfang der neunziger Jahre drohte ein Großteil des Subkontinents, von den reichen landwirtschaftlichen Gebieten des Pandschab bis zu den Bergen Assams und dem tropischen Flachland Südindiens, im Chaos eines neu erwachten religiösen Fundamentalismus der Sikhs, Hindus und Moslems zu versinken.[132] Genauso bedrohlich sind die Konflikte zwischen den Kasten, die in dem Maße anwachsen, wie die Congress-Partei die Kontrolle über das Land verliert. Auf neue Quoten zur Förderung der Angehörigen niedriger Hindu-Kasten folgte als Protest eine Welle von Selbstverbrennungen, und Liebespaare mit verschiedener Kastenzugehörigkeit sind verschiedentlich Opfer einer von Dorfältesten organisierten Lynchjustiz geworden.[133]

Außerhalb Indiens, wo die Diaspora viele Angehörige der «neuen Klasse» umfaßt, ist es dem Konzept einer weltlichen indischen Identität besser ergangen. Losgelöst von der dörflichen Umgebung und dem Einfluß der Sippe entwickeln die Inder im Ausland eine umfassende Identität, die zunehmend die traditionellen Grenzen zwischen einzelnen Gruppen überschreitet. Der Historiker Frederick Teggert bemerkt dazu: «Wenn das Wandern, als Befreiung von Raum und Zeit, als gedanklicher Gegenpol zur Beharrung auf einem bestimmten Punkt betrachtet werden kann, dann stellt es wohl soziologisch ebenfalls diese Doppelbefreiung dar.

... [Der Wanderer] ist praktisch wie theoretisch ein freierer Mensch. Er betrachtet seine Beziehungen zu anderen Menschen vorurteilsfreier; beurteilt sie nach allgemeineren, objektiveren Maßstäben; und seine Handlungsfreiheit schränken weder Gewohnheit und Brauch noch Pietät ein.»[134]

Es stimmt zwar, wie der Historiker Robert Goldman feststellt, daß die meisten Inder zunächst und vor allem als Mitglieder einer Untergruppe auswandern – als Gudscherati, Dschaina, Sikhs oder Muslime – und es darum schwer finden, wie die Juden etwa ein Gefühl der Zugehörigkeit zu einer größeren «Landsmannschaft» oder gar Bruderschaft zu entwickeln.[135] In der fremden Umgebung aber sehen sie sich bald gezwungen, nicht nur das Unterscheidende wahrzunehmen, sondern auch jene Gemeinsamkeiten, die gegenüber der Bevölkerungsmehrheit eben ihre besondere Identität als Inder ausmachen.

«Ganz gleich, wo wir sind, und auch, wenn wir nur wenige sind, halten wir Inder zusammen», erklärt der Unternehmer K. Sital, Vorsitzender der Vertretung indischer Vereine in Hongkong. «Wir mögen bestimmte Speisen; ein Inder muß seinen Curry bekommen, und woher soll er ihn bekommen, wenn nicht bei anderen Indern?»[136]

Einen Beleg dieser Tendenz bildet die weltweit wachsende Zahl gesamtindischer Vereine. Zwar behält jede indische Untergruppe ihre eigenen religiösen und kommunalen Einrichtungen bei; für Fragen der Interaktion mit anderen Bevölkerungsgruppen bzw. der Bevölkerungsmehrheit aber – ob es sich um Rassendiskrimi-

nierung in Großbritannien oder Staatsbürgerschaftsfragen in
Hongkong handelt – existieren zahlreiche gesamtindische Vertre-
tungen. In Singapur zum Beispiel sprechen die politischen und
wirtschaftlichen Führer der «Inder» nicht nur für die aus dem
Staat Indien stammenden Hindus, sondern auch für die Menschen aus Pakistan, Bangladesch und Sri Lanka.[137]

Der engste Kontakt zwischen den Angehörigen verschiedener
Gruppen in der Diaspora wird oft über das Geschäft hergestellt.
Bei ihrer Ankunft in Großbritannien betrachteten sich Mohammed Khokar und Chattar Singh Hayre aufgrund ihrer Erziehung,
ihres Wertesystems und ihrer Nationalität als Angehörige verschiedener Welten: Der Pakistani Khokar war 1962 aus dem
Pandschab nach England gekommen, um an einer Fachhochschu-
le Maschinenbau zu studieren. Der Sikh Hayre war zunächst
nach Coventry und dann nach Sheffield gezogen, um seine Ausbildung im Fach Merchandising abzuschließen.

1970 kündigte Khokar seine Stellung bei der britischen General
Electric Corporation und gründete seine eigene Handelsfirma.
1983 wurden Khokar und Hayre Geschäftspartner und gründeten
die Firma Northern Wholesale, die Elektroartikel und andere
Güter aus dem Fernen Osten nach Großbritannien sowie Indien
und Pakistan einführt. Ihre Lieferanten und Abnehmer gehören
den Netzwerken der Sikhs, Hindus und Muslime an, was dazu
beiträgt, daß ihre Firma inzwischen jährliche Einkünfte von mehr
als einer Million Pfund abwirft. Khokar erklärt: «Persönlich haben wir keine Probleme mit den Sikhs oder Hindus. Auf der
persönlichen Ebene ist es doch so, daß die meisten Menschen hier
anders sind als wir, während wir grundlegende Gemeinsamkeiten
haben – das Essen, die Kleidung, die Sprache sind im Grunde
gleich.»[138]

Der Regen fegte durch die eintönige Straße, als ich die beiden
Geschäftsleute in ihrem Laden in Sheffield besuchte. Ihnen scheinen die Fraktionskämpfe und Religionskriege, die zu Hause die
Politik beherrschen, wie etwas ganz Entferntes, ja fast Absurdes,
hätten sie nicht oft tödliche Wirkungen. Mit der Zeit, hofft Hay-

re, wird dieser Geist der Toleranz von den im Ausland lebenden Indern – der neuen, globalen Kaste – auf den Subkontinent zurückgetragen werden.

Dieser Prozeß ist wahrscheinlich am deutlichsten unter den Angehörigen der aufstrebenden technologischen Elite ausgeprägt. Als Anhänger der Naturwissenschaften lehnen diese indischen Technologen viele traditionell überlieferte Unterscheidungen zwischen den Menschen ab und bilden die natürlichen Befürworter einer für die Zukunft Indiens entscheidenden neuen Definition der nationalen Identität.

Seit ihrer ersten Begegnung mit den europäischen Naturwissenschaften am Ende des 18. Jahrhunderts haben die Inder ein bemerkenswertes Interesse für die von den Neuankömmlingen eingeführten rationalistischen Systeme an den Tag gelegt. Bereits Mitte des 19. Jahrhunderts gab es in Indien, vor allem in Kalkutta und Bombay, blühende neue naturwissenschaftliche Gesellschaften[139], drängten Schüler und Studenten in die von den Briten errichteten neuen Schulen und Hochschulen. Zum Zeitpunkt der Unabhängigkeit war der Einfluß einer neuen Klasse technisch versierter und leidenschaftlich an Bildung interessierter Inder bereits in weiten Teilen der Gesellschaft spürbar.

Im Laufe der nächsten vier Jahrzehnte wurde Indien zum zweitgrößten Reservoir englischsprechender technischer Arbeitskräfte[140] zu einer bedeutenden Kraft auf dem Weltmarkt. Angesichts der Stagnation der indischen Wirtschaft mit bis zu 400 000 arbeitslosen Ingenieuren sind viele Technologen jedoch ausgewandert und bilden inzwischen die größte Berufsgruppe unter den im Ausland arbeitenden Indern – in den Vereinigten Staaten allein sind es mehr als 20 000.[141] Besonders auffällig ist der Studentenexodus von den Elitehochschulen Indian Institutes of Technology (IIT), wo die Hälfte der Postgraduierten ins Ausland gehen.[142] L. S. Srinath, Rektor des IIT in Madras, klagt: «Die IITs sind wie die indische Kunst: gefeiert im Ausland, aber bei uns nur selten anerkannt.»[143]

Allein im Verlauf der achtziger Jahre hat sich die Zahl der in den Vereinigten Staaten studierenden indischen Studenten auf über 26 000 vervierfacht.[144] 1990 gab es bereits mehrere hundert indische Millionäre in Silicon Valley, Kalifornien[145], viele von ihnen frühere IIT-Studenten, die bei der Gründung von Firmen wie Sun Microsystems eine herausragende Rolle gespielt haben.[146] In dieser neuen Umgebung, wie in Sheffield, haben Inder aus verschiedenen Kasten und Religionen eine neuartige gemeinsame Identität und Affinität zueinander entwickelt. Zwar werden die meisten Ehen noch innerhalb der Untergruppe geschlossen, zunehmend jedoch betrachten sich diese Menschen weniger als Sikhs oder Hindus oder als Angehörige bestimmter Kasten, sondern als Mitglieder einer asiatischen ethnischen Gruppe, die vorwiegend aus aufstiegsorientierten Mittelschichtsangehörigen besteht[147], die mit ähnlichen Problemen der Assimilation in eine Wohlstandsgesellschaft konfrontiert sind.[148]

Aus dieser neuen Kaste stammen auch die ersten indischen Unternehmer, die – wie die chinesischen Raumfahrer – jetzt beginnen, in der alten Heimat, in Indien und Pakistan, ein potentielles Feld wirtschaftlicher Expansion und insbesondere eine Quelle talentierter Techniker zu entdecken. Als Beispiel für dieses neue Interesse kann die Mylex Corporation gelten. Die vom pakistanischen Unternehmer Dr. Akram Chowdry geleitete Firma stellt Motherboards für Computer her. Das technische Personal ist überwiegend indisch und hinduistisch, die Entwicklung liegt in den Händen einer Firma aus Bangalore, und indische Ingenieure werden eingeflogen, um die Produktion in den Vereinigten Staaten zu überwachen.

Für Chowdry bildet der Überschuß begabter Techniker die Grundlage für einen wirtschaftlichen Neuaufschwung des Subkontinents, sowohl in Indien wie in seiner Heimat Pakistan. In seinem mit muslimischer Kunst geschmückten Büro in San Jose erklärte Chowdry, dessen Firma sich hauptsächlich auf Investoren aus dem Mittleren Osten und Südostasien stützt: «Saudi-Arabien hat einen Konkurrenzvorsprung beim Öl – man muß von ihnen kaufen. Indiens Öl sind die Techniker – sie haben die Sprache und die Fähigkeiten. Wenn man die Probleme mit der Regierung aus der Welt schaffen könnte, gäbe es dort Geld. Wenn die Inder Geld hätten, würden sie diese Probleme mit Muslimen und Hindus langsam vergessen. Sie könnten die Computerindustrie beherrschen.[149]

Diese potentielle Flut intellektueller Begabungen könnte nur entfesselt werden, meint Kiran Mazumdar, Gründerin der größten indischen Firma für Biotechnologie, Biocon, wenn das Land sein festgefahrenes Regulierungssystem abbaut. Die in Australien ausgebildete Mazumdar glaubt nicht, daß sehr viele im Ausland lebende Inder investieren werden, solange sie sich mit Hindernissen wie einem Einfuhrzoll von 100 Prozent auf High-Tech-Ausrüstung und dem schier endlosen Warten auf Exportgenehmigungen herumschlagen müssen. «Irgend etwas scheint immer in Neu-Delhi hängenzubleiben», klagt sie und fügt angewidert hinzu: «Vielleicht habe ich noch nicht die richtigen Leute zum Schmieren gefunden.»[150]

Menschen wie Mazumar müssen aber nicht nur gegen die Bürokratie ankämpfen. Die Inder, so glaubt sie, müßten ihre festgefahrenen Ansichten über die Weltwirtschaft ändern und die entscheidende Bedeutung jenes pragmatischen Opportunismus begreifen, den andere globale Stammesgemeinschaften an den Tag legen. Sie müssen lernen, vom Westen das Nötige zu übernehmen, ohne übertriebene Furcht vor dem Verlust indischer Werte wie der Familie oder der Bedeutung der Tradition.

Die Persönlichkeiten, die eine solche Wende einleiten könnten, finden jedoch kein Vorbild in den traditionellen Helden der indischen Literatur – dem religiösen Heiligen, dem militärischen Helden oder dem charismatischen politischen Führer. Um die notwendigen Veränderungen gegen die Macht eines engen Stammesdenkens durchzusetzen, ist ein Bewußtsein davon nötig, daß die Inder wissenschaftlich und technisch mit anderen Völkern konkurrieren müssen, die, wie es im Augenblick jedenfalls aussieht, für den Weltmarkt weit besser gerüstet sind.

Möglicherweise vertritt Anupam Saranwala dieses neue indische Bewußtsein. Nachdem er zehn Jahre als Ingenieur in Kalifornien gearbeitet hatte, kehrte Saranwala mit einunddreißig Jahren nach Indien zurück, um für seine alten Eltern zu sorgen und eine neue Fabrik im Auftrag der Silicon Valley Technologies aufzubauen. Diese junge Firma wurde von dem Ehepaar Anil und Sucheta Kapuria in San Jose gegründet und von den Harilelas und anderen führenden indischen Handelshäusern finanziert.

In der neuen Fabrik der Silicon Valley Technologies, die sich aus dem Staub und der Armut des kleinen Dorfs Bhangel im ländlichen Uttar Pradesch erhebt, wollen Saranwala und seine engeren Mitarbeiter nicht nur neue Produkte entwickeln, sondern auch ein neues Bewußtsein unter den Beschäftigten herausbilden. So will er die traditionelle nationalistische Einstellung unter den Indern überwinden – ein bis ins Absurde gesteigertes Nicht-hier-erfunden-also-schlecht-Syndrom. Damit sie die neuesten japanischen und amerikanischen industriellen Produktionsmethoden anwenden lernen, läßt Saranwala seine indischen Ingenieure und andere Mitarbeiter eng mit einem chinesischen Verfahrensingenieur zusammenarbeiten, den er sich von einer durch die Harilelas finanzierten Firma in Hongkong geholt hat. Der von diesem neuen kosmopolitischen Geist begeisterte Saranwala glaubt zuversichtlich, daß sich Indien – dem es ja gelungen ist, die Demokratie und die englische Sprache zu einem integralen Bestandteil des Lebens der Nation zu machen – mit Hilfe wohldosierter fremder Einflüsse selbst heilen kann. «Wir können die an Resultaten orientierte Kultur Kaliforniens hierher in die an der Zeit orientierte Kultur Indiens versetzen», erklärte er beim Gang durch die engen, vorindustriellen Straßen Bhangels. «Indien besitzt die Menschen und die Begabungen, ihnen fehlt nur die Möglichkeit, ihr Können unter Beweis zu stellen. Wir wissen, daß die Inder in Amerika und anderswo es geschafft haben. Wir wissen, daß dieses Modell funktioniert. Dann wird Indien durchstarten und unweigerlich eine eigene Richtung einschlagen.»

Angesichts solcher massiven Probleme Indiens wie einer verarmten Bevölkerung und eines Erbes monumentaler Mißwirtschaft und Korruption ist es natürlich, Menschen wie Saranwala als hoffnungslose Träumer abzutun, die gegen Jahrhunderte sozialer und kultureller Trägheit anrennen.

Die Geschichte der Weltstämme hat jedoch gezeigt, welches ungeheure Veränderungspotential durch die Erfahrung der Migration und die Herausbildung einer funktionierenden Weltwirtschaft freigesetzt werden kann. In den letzten fünf Jahrzehnten hat eine vergleichsweise kleine Gruppe von Juden aus der Diaspora nach Jahrtausenden des Verstreutseins unter den Völkern ihr Heimatland wiedergewonnen; ist Japan aus Ruinen auferstanden und hat seine «geplante Diaspora» in fast jeden Winkel der Erde hinausgestreckt; hat die volkreichste Nation der Erde, China, einen Prozeß der Wiedervereinigung mit seinen abtrünnigen und verstreuten Kindern eingeleitet, aus dem wahrscheinlich die nächste große transnationale Supermacht hervorgehen wird. In allen diesen Fällen hat eine relativ kleine Anzahl von Stammesangehörigen durch ihren Kontakt mit der Weltwirtschaft und die daraus folgende Herausbildung neuer Technologien, Fertigkeiten und Haltungen den Lauf der Geschichte verändert.

Heute sorgt die Verbreitung der Kommunikationstechnologie – Satellitenschüssel, Telefone und Düsenflugzeuge – für eine weitere Beschleunigung dieses Prozesses, in dem die Entfernung zwischen Silicon Valley und Bhangel in einer bisher unvorstellbaren Weise zusammenschrumpft. Angesichts der Möglichkeiten zukünftiger Veränderungen selbst unter den ärmsten und am wenigsten kosmopolitisch eingestellten Völkern der Erde, könnte die Wiedergeburt Indiens unter der Leitung seiner verlorenen Söhne und Töchter doch noch das kommende Jahrhundert erschüttern.

8 Die Zukunft der Weltstämme und die Weltstämme der Zukunft

Im Aufstieg der Diaspora-Völker Asiens kündigt sich eine neue Epoche in der Geschichte der Weltstämme an. Beginnend mit dem 17. Jahrhundert traten die Briten auf den Plan und führten den Prozeß globaler Ausbreitung und Vorherrschaft musterhaft vor. Seitdem beschleunigt sich dieser Prozeß des Aufstiegs und der weltweiten Einflußnahme: auf die Japaner folgen bereits die Chinesen, und nach ihnen kommen vielleicht die Inder und weitere mächtige Gruppen.

Die Gattungsgeschichte der verschiedenen Weltstämme zeugt allerdings von einer geradezu proteischen Wandlungsfähigkeit, der ständigen Herausbildung neuer Gruppen. Manche von ihnen sind seit Jahrhunderten mit der Weltwirtschaft verflochten, manche erst seit kurzer Zeit. Drei Faktoren haben in den letzten vier bis fünf Jahrzehnten wesentlich zur Beschleunigung des Aufstiegs neuer Stammesgemeinschaften beigetragen: der Zusammenbruch zuerst des westlichen, später des sowjetischen imperialistischen Systems; die weltweite Wiedergeburt der Religion und der Ethnizität; und der zunehmend transnationale Charakter der Weltwirtschaft, der den Aufstieg neuer und potentiell mächtiger Stämme auch in den Teilen der Welt fördert, die bislang als rückständig galten.

Mit dem Aufstieg des ostasiatischen Wirtschaftsraums zum Beispiel haben solche lange abgeschirmten und oft unterdrückten Gruppen wie die Koreaner begonnen, ein eigenes und mächtiges globales Netz aufzubauen, das sich über Japan, die Vereinigten Staaten und sogar bis in Teile der früheren Sowjetunion hinein erstreckt. Andere asiatische Gruppen wie die Filipinos haben mit ihrer Ausbreitung im ozeanischen und nordamerikanischen Raum ebenfalls begonnen, transnationale Netzwerke aufzubauen.

Durch den technologischen Fortschritt wird die Vernetzung der neuen globalen Gemeinschaften weiter beschleunigt. Anders als frühere Auswandererwellen leben die neuen Diaspora-Völker im «Zeitalter des akustischen Raums», wie es Marshall McLuhan genannt hat: moderne Kommunikations- und Transporttechnologie ermöglicht es jedem verstreuten Mitglied des Stammes, sowohl mit dem Heimatland als auch mit anderen Stammessiedlungen in engem und regelmäßigem Kontakt zu bleiben.[1]

Der vielleicht bedeutendste Ansporn für die weltweite Verbreitung ethnischer Gruppen erwächst jedoch aus der Entstehung eines wahrhaft globalen Arbeitsmarkts. War die Existenz transnational verfügbarer Arbeitskräfte früher das Ergebnis von Naturkatastrophen und ungesteuerter Massenauswanderung (oder schlicht und einfach der Sklaverei), so ist die Migrationsindustrie spätestens seit den achtziger Jahren ein Multimilliardengeschäft. Weltweit arbeiten mehr als 25 Millionen Menschen als Vertragsarbeiter außerhalb ihrer Heimatländer und verdienen jährlich etwa 25 Milliarden Dollar.

Von Bangladesch und Indien über Jordanien und Ägypten bis hin zum ehemaligen Jugoslawien sind ganze Volkswirtschaften von dem Geld abhängig, das diese Arbeitskräfte nach Hause schicken.[2] Ihre Zahl dürfte nach Schätzungen der Weltarbeitsorganisation ILO in den neunziger Jahren noch schneller wachsen[3], zumal entscheidende Wirtschaftszweige in den entwickelten Ländern ohne sie nicht auskommen: importierte Arbeitskräfte – vom einfachen Arbeiter bis zum hochqualifizierten Ingenieur und Topmanager – sind für das Funktionieren der Landwirtschaft und der Mikroelektronik in den Vereinigten Staaten, des Fremdenverkehrs in der Schweiz, sogar einiger Kernbereiche des öffentlichen

Dienstes in Deutschland unentbehrlich geworden.[4] Angesichts dieser gegenseitigen Abhängigkeit verschiedener Regionen, zumal in Verbindung mit neuen Kommunikations- und Transporttechnologien, ist es so gut wie sicher, daß sich die globale ethnische Vernetzung im kommenden Jahrhundert noch verstärken wird. Unsere Welt ist – weit über das hinaus, was sich die jüdischen Kaufleute oder Yankee-Fabrikanten des 19. Jahrhunderts hätten vorstellen können – zu einem einzigen Arbeits- und Begabungsmarkt geworden, der ideale Bedingungen für die Herausbildung neuer globaler Gemeinschaften bietet.

Tragödie und Wiedergeburt

Wie beim Untergang des Römischen Reichs oder der Ming-Dynastie hat das Chaos nach dem Ende der europäischen Hegemonie und dem späteren Zusammenbruch des sowjetischen Kommunismus zu neuen Völkerwanderungen und zur Entstehung neuer Diaspora-Völker geführt. Am deutlichsten ist dieser Prozeß wohl im Mittleren Osten zu erkennen, der bis zum Ende des Zweiten Weltkrieges unter europäischer Herrschaft stand und seitdem zu den am heftigsten umkämpften Regionen der Welt gehört: westliche Interessen, diverse einheimische Nationalismen und der Sowjetblock rangen um die Kontrolle der geopolitisch bedeutenden «Wiege der Zivilisation» und ihrer riesigen Erdölvorkommen.

In der Folge flüchteten viele Menschen, vor allem Araber, vor der Instabilität und Gewalttätigkeit der Region und schufen durch ihre Verstreuung zugleich die Voraussetzungen für eine potentielle neue Rolle als Weltstamm. Das Chaos in ihrem Land hat beispielsweise viele Libanesen vertrieben, deren neue Siedlungsschwerpunkte – darunter Westafrika und Frankreich, Nord- und Südamerika – über den Erdball verstreut sind. Ähnlich wie die Juden traten die Libanesen Anfang des 20. Jahrhunderts vor allem als Kaufleute und Fachleute sowie in den freien Berufen in Erscheinung.[5] In einigen Fällen lösten sie – hier wiederum vergleichbar den Indern in Ostafrika oder den Chinesen in Südostasien – die europäischen Kolonialeliten in Afrika ab und waren nach der Unabhängigkeit verschiedentlich der Verfolgung durch die neuen afrikanischen Regimes ausgesetzt.[6]

In den westlichen Ländern, vor allem den Vereinigten Staaten, ist es ihnen trotz gelegentlicher Diskriminierung besser ergangen. Was die Einkommenshöhe und den Ausbildungsstandard betrifft, liegen Libanesen und andere Araber erheblich über dem amerikanischen Durchschnitt.[7] Mit der Beendigung der Kämpfe in ihrer Heimat und der Wiedergewinnung ihrer historischen Basis in Beirut könnten sich die eine Million Libanesen der globalen Diaspora bei einem zukünftigen Wirtschaftswachstum des Mittleren Ostens in einer besonders guten Ausgangslage befinden.[8]

Wie die libanesische Expansion ist auch die palästinensische Diaspora Resultat der tragischen Verstrickungen im Mittleren Osten. Nachdem sie durch eine Reihe von Kriegen zwischen Israel und den arabischen Nationen wiederholt aus ihrer Heimat vertrieben wurden, haben sich die Palästinenser – eine Ironie der Geschichte – als transnationale Stammesgemeinschaft entwikkelt: Über die Hälfte der insgesamt fünf Millionen Palästinenser lebt in einer weltumspannenden Diaspora, mit Schwerpunkten im Mittleren Osten, England und Nordamerika.[9]

Obwohl die meisten Palästinenser in Armut leben, vor allem in Jordanien und der Westbank, können nur wenige arabische Völker vergleichbare Ausbildungsstandards und einen derart hohen Anteil qualifizierter Fachleute vorweisen. So stellten Palästinenser vor dem alliierten Sieg über Irak im Golfkrieg 1991 und der anschließenden Verfolgung der Palästinenser durch die Kuwaitis einen Großteil der technischen und fachlichen Eliten nicht nur in Kuwait, sondern auch in den anderen Golfstaaten.[10]

In den Vereinigten Staaten ist es den etwa 300 000 Palästinensern noch besser ergangen. In Großstädten wie Chicago und – seit kurzem – San Francisco haben sie ein engmaschiges Netz kleiner

Läden aufgebaut, mit einem ebenfalls von Palästinensern kontrollierten eigenen Kredit- und Großhandelssystem. Allein im Einzugsbereich von San Francisco besitzen Palästinenser – viele von ihnen Christen aus dem Dorf Ramallah bei Jerusalem – schätzungsweise 600 solcher Geschäfte, die in den Augen der meisten von ihnen vor allem als materielle Basis für die Hochschulausbildung ihrer Kinder dienen sollen. An der Kasse seines kleinen Ladens in der Fulton Street in San Francisco sitzt Salem Mufarreh, der 1962 aus Ramallah nach Amerika kam. Er meint: «Wir sind genau so wie die Juden, Griechen und Italiener, die vor uns in diese Stadt kamen. Was soll man anderes tun, als ein Lebensmittelgeschäft aufzubauen und alles in die Ausbildung der Kinder zu investieren? Dann wollen unsere Kinder die Geschäfte nicht. Sie wollen auf die Hochschule und einen Beruf erlernen. Wegen der Tragödie haben wir alles in die Ausbildung der Kinder gesteckt.»[11]

Bei allem Erfolg in der Neuen Welt haben Palästinenser wie Mufarreh – wie die amerikanischen Juden – die in der Heimat der Vorfahren gebliebenen Menschen nicht vergessen. Viele palästinensische Freiberufler und Geschäftsleute, darunter bedeutende Finanziers, unterstützen sowohl die Palästinensische Befreiungsorganisation als auch Gruppen wie die Welfare Association, die Krankenhäuser und Entwicklungsprojekte finanziert, zum Beispiel Anlagen zur Herstellung von Olivenöl in der besetzten Westbank.[12]

Wie die Juden in der Diaspora, die den Staat Israel konzipierten und später förderten, hoffen viele Palästinenser, das Geld und den organisierten politischen Druck der Diaspora als Mittel zum Aufbau ihres eigenen selbständigen Staates einsetzen zu können. Auch wenn sie selbst wenig Neigung verspüren, in ihre alte Heimat zurückzukehren, sehen es Palästinenser wie der in Amerika ausgebildete Ingenieur Mohammed Sassour als ihre Pflicht an, zur Entwicklung eines neuen, wohlhabenden palästinensischen Staates beizutragen. Bei Kaffee und honigtriefenden Baklava in einer kleinen Wohnung in Ostjerusalem erklärte mir Sassour, der einen befristeten Auftrag der Vereinten Nationen zur Unterstützung örtlicher Unternehmen angenommen hatte: «Es gibt in unserem Volk ein Reservoir an Talent und Begabung, und diese Leute wollen etwas für die Heimat tun. Wir glauben, daß wir die Juden der arabischen Welt werden können, daß wir die Westbank verwandeln könnten, wie die Israelis es bei sich geschafft haben. Sie nahmen Menschen aus aller Welt und brachten diese Begabung ins Land. Wir können das Gleiche tun.»[13]

Anfang der neunziger Jahre führte eine weitere Serie historischer Veränderungen – der Zusammenbruch des Kommunismus – zur beschleunigten Herausbildung neuer Weltstämme. Unter den Kommunisten wurde die ethnische Identität systematisch unterdrückt; wenn für Karl Marx die Familie «im Keim … Sklaverei und Leibeigenschaft» enthält, «in Miniatur alle die Gegensätze…, die sich später breit entwickeln in der Gesellschaft und in ihrem Staat»[14], so gilt dies erst recht für die Erweiterung der Familie zum Stamm: «Die Tradition aller toten Geschlechter ruht wie ein Alb auf dem Gehirne der Lebenden.»[15]

Insbesondere in den früheren Jahren der Sowjetherrschaft sowie später in Maos China wurden entschiedene Versuche unternommen, mit diesem «Alb» ein für allemal Schluß zu machen. Mit dem Zusammenbruch des Kommunismus als Weltmacht ist jedoch die entscheidende Bedeutung ethnischer Identität um so deutlicher geworden. Seit Anfang der neunziger Jahre zum Beispiel ist der von Chinesen ausgehende Impetus zur Schaffung einer «chinesischen Wirtschaftsform» dabei, sowohl die von den Maoisten als auch die von der rivalisierenden Kuomintang aufgeworfenen Barrieren zu untergraben.

Auch in kleineren Staaten des früheren Ostblocks, zum Beispiel im Baltikum und in Osteuropa, haben sich transnationale ethnische Bündnisse entwickelt, in deren Rahmen Emigranten in Ländern wie Frankreich, Kanada und den Vereinigten Staaten als Finanziers und Berater für die neuen Demokratien funktionieren. Ungarn, Polen und Letten aus Amerika, Ukrainer aus Kanada und Tschechen im deutschen Exil haben die Rolle übernommen, ihre

Heimatländer beim Übergang zum Kapitalismus zu ermutigen und auf Kurs zu halten.[16]

Die bedeutendsten Entwicklungen dürften sich aber innerhalb der früheren Sowjetunion abspielen, deren wiederholte und oft blutige Versuche, Familien- und Stammesbindungen auszulöschen[17], endgültig gescheitert sind. Nachdem Gorbatschows *Glasnost* einen ersten Keil in das morsche Gebäude getrieben hatte, brach das Konstrukt der sowjetischen Ersatzidentität auf einmal zusammen, flogen die verschiedenen ethnischen Bestandteile des ehemaligen Imperiums – Turkvölker, Ukrainer, Georgier und andere – auseinander.

Gleichzeitig wurden Nachbarländer mit natürlichen ethnischen und sprachlichen Bindungen zu den einzelnen Republiken, wie die Türken und Iraner in Zentralasien, als Alliierte und potentielle Investoren in den neu entstandenen Staaten umworben.[18]

Die «Re-Ethnisierung» der früheren Sowjetunion wird einen tiefgreifenden Einfluß auf die Zukunft dieses riesigen Gebiets haben. Kurzfristig führt die Massenauswanderung einiger wichtiger Bevölkerungsgruppen, vor allem der sowjetischen Juden, der Armenier und der Deutschen, zu einem empfindlichen Verlust an ausgebildeten Fachleuten und anderen Begabungen[19], der von der Zeitschrift *The Economist* mit dem «Brain-Drain» nach der Vertreibung der Juden aus Spanien 1492 verglichen wurde.[20]

Gleichzeitig aber kann die Wiedererlangung der Souveränität durch lange unterdrückte Minderheiten die Evolution weiterer Weltstämme fördern und hat es im Fall der Armenier bereits getan. Mit der Unabhängigkeitserklärung von 1991 haben die Armenier – wie die Juden vor ihnen – ihren uralten Staat zurückbekommen, dessen Geschichte in der Neuzeit, abgesehen von drei kurzen Jahren der Selbständigkeit nach dem Ersten Weltkrieg, die einer ständigen Fremdherrschaft gewesen ist.[21]

Wir bei den Juden des 19. und 20. Jahrhunderts wurde die Identität der Armenier einerseits durch eine Reihe von Verfolgungen geformt, andererseits durch die Erinnerung an eine längst versunkene Geschichte genährt, die ins neunte vorchristliche

Jahrhundert zurückreicht, als die ersten armenischen Königreiche gegründet wurden.[22] Trotz wiederholter Eroberungen durch andere Mächte, wie zum Beispiel die Perser und Makedonier, errichteten die Armenier unter König Tigranes dem Großen ein Reich, das sich vom Mittelmeer zum Kaspischen Meer erstreckte.[23] Im vierten Jahrhundert traten sie als eines der ersten Völker geschlossen zum Christentum über.

Gegen alle Anfechtungen hielten die Armenier an dieser religiösen Identität sowie an anderen Aspekten ihrer Kultur fest, auch unter arabischer und vierhundertjähriger türkischer Herrschaft.[24] In verschiedenen Teilen des ausgedehnten türkischen Reiches im Mittleren Osten machten Armenier sogar Karriere, vor allem als Kaufleute, Bankiers und in den freien Berufen.[25] Seit etwa Mitte des 19. Jahrhunderts sahen sich jedoch die Armenier – sowohl im expandierenden Zarenreich als auch unter türkischer Herrschaft[26] – zunehmender Verfolgung ausgesetzt, die ihren Höhepunkt im Völkermord durch die Türken fand, dem 1,5 Millionen Menschen – fast die Hälfte aller Armenier – zum Opfer fielen.[27]

Als Reaktion auf die sich verschlimmernde Situation in ihrer Heimat flohen Armenier in großer Zahl nach Frankreich und in die Vereinigten Staaten sowie in benachbarte Länder des Mittleren Ostens. In dieser neuen und expandierenden Diaspora bewahrten die Armenier ein außerordentlich stark ausgeprägtes Gefühl ethnischer Zusammengehörigkeit, indem sie an ihren uralten Traditionen festhielten, «im Wandel unwandelbar» blieben, wie es die Anthropologin Margaret Mead formulierte[28] – selbst in solchen kosmopolitischen Städten wie Paris und Marseille, aber auch in Südkalifornien, wo es mit über 200 000 Menschen die größte Ansiedlung von Armeniern außerhalb der früheren Sowjetunion gibt.[29]

Das Bewußtsein einer armenischen Identität ist durch das Bedürfnis und die Notwendigkeit, den durch lange Jahrzehnte der Verfolgung oder etwa durch das Erdbeben von 1988 ins Unglück geratenen Landsleuten unter die Arme zu greifen, weiter gestützt worden.[30] In diesem Sinne verkörpert die wiederauferstandene eigene Republik in Eriwan für viele Armenier nicht bloß ihre frühere Heimat, sondern den Mittelpunkt ihrer eigenen Identität und ihrer Hoffnungen.[31] «Ich bin französischer Staatsbürger, vor allem aber armenischer Nationalität», erklärte mir ein armenischer Aktivist beim Wein in einem eleganten französischen Bistro. «Franzose bin ich seit vierundsechzig, Armenier jedoch seit zweitausend Jahren.»[32]

Neben dieser starken Identität besitzen die Armenier an der Schwelle zum neuen Jahrtausend viele der klassischen Eigenschaften eines Weltstammes. Wie die Juden haben die Armenier fast überall dort, wo sie sich niedergelassen haben, eine weitgehend selbständige geschäftliche Infrastruktur mit starker Betonung der Traditionen gegenseitiger Hilfe zur Selbsthilfe sowie des Unternehmertums aufgebaut. «Öffne nie die Hand einem *odar* [d. h. Nichtarmenier]», lautet zum Beispiel ein altes armenisches Sprichwort: zeige nie Schwäche den Außenstehenden gegenüber.[33]

Wie im Falle anderer Weltstämme haben solche Prinzipien sowohl den Armeniern Erfolg gebracht als auch zu weitverbreiteter Mißstimmung unter der Mehrheitsbevölkerung geführt. Bereits in den dreißiger Jahren genossen die Armenier in den Vereinigten Staaten einen Lebensstandard, der nicht nur über dem anderer Einwanderergruppen, sondern auch über dem der im Lande geborenen Weißen lag.[34] Diese Tatsache machte sie bei der Mehrheit keineswegs beliebter; einer Mitte der dreißiger Jahre in Fresno durchgeführten Untersuchung zufolge galten Armenier in weiten Kreisen als «unehrlich, lügnerisch und hinterhältig», obwohl sie viel seltener als der Bevölkerungsdurchschnitt im Gefängnis saßen oder überhaupt mit dem Gesetz in Konflikt gerieten.[35]

Während Armenier aus der Sowjetunion, dem Iran, dem Libanon und anderen Ländern weiterhin in die neuen Einwanderungsländer – vor allem die Vereinigten Staaten, Kanada und Frankreich – strömen, haben sie weiterhin bemerkenswerte, ja außerordentliche Fortschritte gemacht. Sie gehören zu den Volksgruppen mit den höchsten Ausbildungsstandards[36], und ihr überdurchschnittlicher wirtschaftlicher Erfolg ist besonders ausgeprägt auf dem Immobiliensektor[37], im Unterhaltungsgeschäft, in der Landwirtschaft und der Textilienbranche.[38]

Armenische Unternehmer wie etwa Khachig Darakjian betrachteten die Schwierigkeiten, denen die Armenier – ähnlich wie die Übersee-Chinesen und die Juden – ausgesetzt waren, als Faktor in der Entwicklung jener gewissen Mischung aus Widerstands- und Anpassungsfähigkeit, die für Geschäfte im globalen Maßstab besonders förderlich ist. Darakjians Vater zum Beispiel besaß eine Gerberei in Äthiopien. Die Schließung der Gerberei durch das Anfang der siebziger Jahre an die Macht gekommene marxistische Regime zwang ihn, sein Glück in verschiedenen Unternehmen und Branchen, darunter auch im Teppichgeschäft, zu versuchen. 1991 gründete sein Sohn ein neues Unternehmen, das in der seit kurzem unabhängigen Republik Armenien und in anderen Teilen der ehemaligen Sowjetunion Software vertreibt. In seinem Pariser Büro erklärte Khachig Darakjian: «Wir Armenier mußten immer schon etwas schneller als die anderen im Geschäftsleben sein, weil wir am Ende immer wieder alles verloren haben. Ein Franzose in meiner Position würde so etwas nicht machen. Ich bin jemand, der weiß, wie man verliert, ehrlich verliert, und wie man immer wieder aufsteht. Das Geld kommt und geht; das weiß der Armenier, wie er seinen eigenen Namen weiß.»[39]

Die große Erweckungsbewegung

Das Wiederaufleben der Armenier und die Erweckungsbewegungen anderer Stämme sind ihrerseits nur Ausdruck einer globalen Bewegung, eines weltweit wachsenden Interesses an Fragen ethnischer und religiöser Wurzeln. Seit fast 200 Jahren war es ein Glaubenssatz der rationalistischen Tradition, daß die Menschheit einer Zukunft entgegenschritt, in der sich die Moral als «positive Wissenschaft» von den historischen Bindungen der Vergangenheit emanzipieren würde.[40]

Die Vorstellung einer von religiösen und ethnischen Fesseln befreiten Menschheit – einer Welt ohne Stammesdenken – ergriff so verschiedene Denker wie Marx, Auguste Comte und H. G. Wells.[41] Innerhalb der sich entwickelnden Sozialwissenschaften im 20. Jahrhundert galt die «Säkularisierungsthese» als Gemeinplatz, derzufolge der Prozeß der Industrialisierung und Modernisierung Unterschiede der ethnischen und religiösen Identität in den entwickelten Ländern einebnen werde.[42] Der einflußreiche Soziologe Daniel Bell meinte noch um die Jahrhundertmitte, ein «stetiger Niedergang» der ethnischen und religiösen Identität sei so gut wie unabwendbar. «Das Ethos der Naturwissenschaften», glaubte Bell, sei «das sich herausbildende Ethos der postindustriellen Gesellschaft».[43]

Mit dem Ende des Kalten Krieges und dem scheinbaren Triumph des anglo-amerikanischen Weltsystems begeistern sich einige Intellektuelle wieder für diese universalistische Zukunft. In seinem einflußreichen Buch über «das Ende der Geschichte» und «die letzten Menschen» sieht Francis Fukuyama anstelle der alten Identitäten eine neue, aufgeklärte Gesellschaftsformation entstehen, innerhalb derer der natürliche Drang des Menschen, sein eigenes Selbstwertgefühl (seinen «Thymos») zu verwirklichen, als treibende universelle Motivation fungiert.[44] Viele sehen jedoch in der Herausbildung einer solchen postnationalen, technologisch hochentwickelten Welt die Gefahr einer neuen Form menschlicher Tyrannei, wie sie am treffendsten in Aldous Huxleys Roman *Schöne neue Welt* dargestellt wurde, wo die Menschheit einer «ameisenähnlichen» Diktatur der Routine und der Organisation erliegt.[45]

Das 20. Jahrhundert hat aber weder das Ende der Geschichte gebracht noch das Ende des religiösen Impulses oder des mächtigen menschlichen Bedürfnisses, sich mit der Vergangenheit in Gestalt einer Stammesgeschichte zu verbinden. Die «wissenschaftliche» Behauptung, die Menschheit könne sich mit der Verfolgung rein materieller oder individualistischer Ziele zufriedengeben (unabhängig davon, ob das als gut oder schlecht angesehen wird), leugnet die Triebkräfte, die über Jahrtausende die Entwicklung von Weltstämmen charakterisiert haben.

Mehr noch: statt mit dem Fortschritt der Naturwissenschaften abzusterben, erweisen sich religiöse und ethnische Gefühle an der Schwelle zum dritten Jahrtausend in den verschiedensten Zweigen der menschlichen Völkerfamilie als bemerkenswert langlebig. In diesem Zusammenhang haben zwei bedeutende mormonische Soziologen von Perioden des «Einfrierens» und «Auftauens» solcher Impulse gesprochen und die These aufgestellt, daß wir gegenwärtig am Anfang einer Phase des «Auftauens» stehen.[46]

Viele Beobachter sehen in einem solchen «Auftauen» ethnischer und religiöser Kräfte einen Widerspruch zum erhofften wirtschaftlichen und wissenschaftlichen Fortschritt. In Wirklichkeit jedoch gehörte ein ausgeprägtes Gefühl für den Sinn und die Ordnung der Geschichte zu den wichtigsten Merkmalen der verschiedensten Zivilisationen, die der Welt ihre Prägung aufgedrückt haben, von den Babyloniern, Indern und Ägyptern des Altertums bis hin zu den britischen und amerikanischen Calvinisten des 18. Jahrhunderts.[47]

In den Jahrhunderten der Verfolgung waren es die Erzählungen der Bibel, die den Juden jenes Gefühl eines «inneren Zusammenhangs» und eines «übergeschichtlichen» Sinns ihrer Leiden vermittelten, das für ihr Überleben entscheidend war.[48] Und selbst in hochentwickelten Gesellschaften verspüren die Menschen den wichtigen und natürlichen Drang, sich mit einer Überlieferung oder einer Mythologie zu identifizieren, die ihrer gegenwärtigen Existenz einen Rahmen und einen Sinn geben soll.

Die ungeheure Zähigkeit solcher «transhistorischen» Perspektiven wird durch die gegenwärtigen Entwicklungen innerhalb der ehemaligen Sowjetunion unterstrichen. Am Anfang des 20. Jahrhunderts glaubten die Marxisten (von denen viele – Ironie der

Geschichte – Juden waren), der Kommunismus habe mit der Abschaffung der Klassenherrschaft und des religiösen Aberglaubens zugleich «die Judenfrage» gelöst.[49] Mehr als sieben Jahrzehnte nach der Oktoberrevolution von 1917 jedoch war es dem Staat – trotz Generationen entschiedener atheistischer und antisemitischer Propaganda – offensichtlich nicht gelungen, die spezifisch jüdische religiöse und kulturelle Identität auszulöschen.

Auch wenn die meisten russischen Juden wenig mehr über ihren Glauben wußten, als daß man – in den Worten eines Neueinwanderers nach Israel – «den Jungen den Penis abschneidet und im Frühling Matzen backt»[50], erlebt der historische Geist des Judentums sowohl bei den Auswanderern als auch bei den im neuen Rußland zurückgebliebenen Juden eine Wiedergeburt.[51] Schoschana Dworkina ist die neunzehnjährige Enkelin eines alten Bolschewisten, die in Kuibyschew an der Wolga aufwuchs. Früher träumte sie davon, an einer sowjetischen Universität russische Literatur zu lehren. Jetzt unterrichtet sie in einer jüdischen Schule, die in einer zugigen Moskauer Wohnung provisorisch untergebracht ist. Mit ihrer sanften Stimme erzählt die dunkelhaarige Studentin in einer Unterrichtspause, wie sie zu ihren uralten Wurzeln zurückfand: «Als ich zehn Jahre alt war, kam ich weinend nach Hause, weil mich andere Kinder beschimpft hatten, und sagte: ‹Ich will keine Jüdin sein, ich will keine Jüdin sein.›

Als ich an der Universität war, nahmen mich aber jüdische Freundinnen und andere junge Juden zur Synagoge mit – sie kannten nur *Awinu Scholem Alechem*, aber das reicht schon.»[52]

In allen Teilen der früheren kommunistischen Welt verstärkt sich die religiöse Aktivität. Das Christentum und der Islam gewinnen fast überall an Einfluß, und in der Mongolei, dem entlegensten Winkel des ehemaligen Sowjetreichs, genießen die – durch kommunistische Säuberungen fast ausgerotteten – buddhistischen Mönche eine Welle erneuter Popularität. Dem offiziell verordneten Atheismus zum Trotz haben die Mongolen ihrem traditionellen Buddhismus die Treue gehalten.[53]

Nicht nur die Sozialisten sind jedoch an der Aufgabe gescheitert, das Bedürfnis nach der Verwandlung von «Chaos in Kosmos» auszumerzen. Mit Schrecken beobachtet der Westen, wie sich die Begeisterung für den Islam wie ein mächtiges Lauffeuer die fast eine Milliarde zählenden Gläubigen im Bogen zwischen Westafrika über das ehemals sowjetische Zentralasien bis nach Indonesien erfaßt. Bis jetzt hat sich diese islamische Wiedergeburt hauptsächlich reaktionär ausgewirkt, wie etwa die iranische Theokratie und das feudale Regime in Saudi-Arabien belegen und was die Herausbildung einer im globalen Wettkampf konkurrenzfähigen islamischen Präsenz eher unwahrscheinlich erscheinen läßt.[54]

Der Islam birgt jedoch offensichtlich die Fähigkeit in sich, zu einer mächtigen Triebkraft der Modernisierung zu werden; und es hat eine Zeit gegeben, zwischen etwa 750 und 1500, in der er sogar – so der Historiker Philip Curtin – «die zentrale Zivilisation der gesamten Alten Welt» darstellte.[55] Zwischen Bagdad und Damaskus im Osten über Kairo bis nach Córdoba in Spanien erstreckte sich damals ein Archipel muslimisch kontrollierter, kosmopolitischer Städte, entspann sich ein Austausch an Waren und Ideen, der in der Welt einmalig dastand.[56]

Ob sich dieses Muster einer panislamischen Zivilisation wiederbeleben läßt, bleibt eine offene Frage. In den islamischen Regimes Irans und des Sudan spielt aber die wachsende und zunehmend gut ausgebildete Mittelschicht eine bedeutende Rolle. An prominenter Stelle stehen ehemalige Studenten der Medizin, der Natur- und Ingenieurwissenschaften.[57] Und obwohl sie oft rückwärtsgewandt erscheinen, entwickeln islamische Länder ihre wissenschaftlichen und technologischen Infrastrukturen weiter.[58] Bemerkenswert ist der Zuwachs an Naturwissenschaftlern und Ingenieuren, besonders in Ägypten – wo jährlich 20 000 neue Forscher und Ingenieure ausgebildet werden[59] – und Pakistan. Als Quelle für moralische Maßstäbe und Bindung an eine mythische Vergangenheit könnte sich ein kosmopolitisch ausgerichteter Islam als einflußreiche und wiederbelebende globale Kraft erweisen, und zwar vor allem in solchen Regionen, die heute noch weitgehend abseits der Hauptströme der Weltwirtschaft liegen.

Die vielleicht verblüffendste Wiederbelebung religiöser Gefühle betrifft jedoch Nordamerika, das seit den vierziger Jahren zu den technologisch am höchsten entwickelten und seelisch ärmsten Gebiete der Welt gezählt hat. Umfragen zufolge glaubten in den siebziger Jahren nur 14 Prozent aller Amerikaner einen wachsenden Einfluß der Religion zu erkennen; 1981 waren es schon 38 Prozent. Im gleichen Zeitraum war die Anzahl derjenigen, die in der Religion eine Antwort auf die Probleme der Gegenwart zu finden glauben, von der Hälfte auf zwei Drittel der Bevölkerung gewachsen.[60] Einer weiteren, 1990 durchgeführten Umfrage zufolge bezeichnen sich weniger als acht Prozent aller erwachsenen Amerikaner als konfessionslos.[61]

Bemerkenswert ist die Tatsache, daß diese religiöse Wiedererweckung – abgesehen von den Anhängern einiger evangelischer Fundamentalisten, die sich hauptsächlich aus den eher rückständigen Elementen der Gesellschaft rekrutieren[62] – besonders unter den am besten ausgebildeten und wohlhabendsten Nordamerikanern Anklang findet. Dies gilt für ein ganzes Spektrum unterschiedlicher Gruppierungen, von den Mormonen[63] über die Katholiken, Anglikaner, Methodisten und Baptisten[64] bis hin zu den Juden.[65] Diese Bewegung widerspricht vielleicht mehr als alle anderen der traditionellen, sowohl den Marxisten als auch vielen anderen im Westen lieb gewordenen Ansicht, derzufolge gewachsene Erkenntnis von sich aus notwendig zum Erlöschen der Sehnsucht nach jenem «Opium fürs Volk» führen werde.

Jenseits von Utah

Das vielleicht beeindruckendste Beispiel des gegenwärtigen religiösen «Auftauens» liefert die neueste dieser Glaubensgemeinschaften, die Kirche Jesu Christi der Heiligen der Letzten Tage, besser bekannt als Mormonen. Unter allen christlichen Kirchen innerhalb der Vereinigten Staaten wachsen sie am schnellsten[66], etwa doppelt so schnell wie die Baptisten und fünfmal so schnell wie die Katholiken.[67] Seit ihrer Gründung im Osten der Vereinigten Staaten Anfang des 19. Jahrhunderts verkörpern die Mormonen den Inbegriff der alten protestantischen Ethik des Fleißes, der Bildung, des Erwerbs von Fähigkeiten und der Erhaltung der Familie. Für den jüdischen Literaturwissenschaftler und Philosophen Harold Bloom ist die Glaubensgemeinschaft «so etwas wie ein puritanischer Anachronismus ... die arbeitsbesessenste Kultur der gesamten Religionsgeschichte»[68].

Wie die Juden und die Calvinisten – oder die asiatischen Weltstämme unserer Tage – haben sich die Mormonen sowohl auf die Aneignung praktischer Fähigkeiten und Fertigkeiten als auch auf den Aufbau einer starken, selbsttragenden wirtschaftlichen Basis konzentriert. Obwohl sie von Außenstehenden oft als Sekte belächelt werden[69], haben die Mormonen nie den Antirationalismus vieler neuerer Religionen geteilt.[70] Mit ihrem Messianismus ging immer ein ungewöhnlich stark ausgeprägter Sinn fürs Praktische einher. Bei ihrem jahrzehntelangen Zug nach Westen – von Ohio nach Illinois, wo sie den Stadtstaat Nauvoo gründeten, und schließlich durch die weite Wüste bis zum Tal des großen Salzsees[71] – hat sich diese Verbindung als Garant des Überlebens bewährt.

Was aber die Mormonen vor allem auszeichnete und ihre «ungläubigen» Nachbarn abstieß, war die Art, wie sie als Clan zusammenhielten und sich wie die Juden – so ein Autor Mitte des 19. Jahrhunderts – «von der großen Brüderschaft der Menschheit absonderten»[72]. Von Anfang an kultivierten die «Heiligen» auch die Charakterzüge der Selbstdisziplin und der Selbstbeobachtung. Charles Dickens beobachtete Mitte des 19. Jahrhunderts auf einem Schiff von England nach Amerika etwa 800 Pilger, die auf dem Weg nach Salt Lake waren: «Niemand ist schlechtgelaunt, niemand ist betrunken, niemand flucht oder verwendet einen groben Ausdruck. ... Diese Menschen unterscheiden sich auffällig von allen Menschen unter ähnlichen Bedingungen, denen ich je begegnet bin. ... Ihnen ist ein besonderer Sinn für Organisation eingeflößt worden.»[73]

Wie bei den Calvinisten halfen diese Werte den Mormonen, die sich hauptsächlich aus der nur mittelmäßig gebildeten unteren Mittelschicht rekrutierten, die wirtschaftlichen und technologischen Herausforderungen der Moderne glänzend zu bestehen. Mit Hilfe ihres religiösen Wertesystems und ihres messianischen Glaubens konnten sie Utah aus einer Wüste in eine landwirtschaftliche Oase verwandeln. Noch stärker als der britische Calvinismus verlieh der Mormonismus allen Alltagsverrichtungen eine theologische Bedeutung; in der Arbeit und der moralischen Festigkeit lagen die Schlüssel zum Himmelreich, ja zur Gottheit. Ein alter Spruch der Mormonen lautet: «Wie der Mensch jetzt ist, war Gott einmal; wie Gott jetzt ist, kann der Mensch einmal werden.»[74]

Diese Betonung der persönlichen Vervollkommnung trug dazu bei, daß es bereits Ende der dreißiger Jahre in Utah mehr Universitätsabschlüsse in den Naturwissenschaften pro Kopf der Bevölkerung als in jedem anderen Bundesstaat gab; auch auf Gebieten wie Unterricht und Erziehung war der in starkem Maße von Mormonen geprägte Staat den meisten anderen voraus.[75] Diese Führungsrolle behauptet Utah auch ein halbes Jahrhundert danach immer noch: was die mittlere Dauer der Ausbildung, die Ergebnisse bei den College-Abschlußprüfungen und die Allgemeinbildung der Bevölkerung betrifft, nimmt Utah immer noch den ersten Platz ein.[76] In fast jedem Schlüsselbereich des nationalen Lebens der USA spielen die früheren Parias inzwischen eine prominente Rolle: 1990 beispielsweise gehörten Brent Scowcroft und Roger Blaine Porter dazu, Hauptberater für Nationale Sicherheit beziehungsweise Wirtschafts- und Innenpolitik in der Administration des Präsidenten George Bush.[77]

Mit dem Wachstum ihres Wohlstands und ihrer Welterfahrung und der Steigerung ihres Bildungsniveaus[78] haben die Mormonen mit zunehmendem Erfolg an der Ausbreitung ihres Glaubens außerhalb ihrer nordamerikanischen Basis gearbeitet. Zu jedem gegebenen Zeitpunkt arbeiten über 44 000 aktive Missionare in verschiedenen Teilen der Welt; dank dieser Tätigkeit verfügen die Mormonen über einen in der westlichen Welt in diesem Ausmaß selten anzutreffenden Pool an leitenden Angestellten und Technikern, die sich in solchen Schlüsselsprachen wie Japanisch, Chinesisch, Koreanisch und Deutsch auskennen. Über 60 Prozent der 28 000 Studenten an der Brigham Young University verfügen über intensive eigene Erfahrungen im Umgang mit einer Fremdsprache.[79] Bilinguale Mitarbeiter aus diesem Pool haben dazu beigetragen, Unternehmen aus Utah zu Weltfirmen zu machen – wie etwa die WordPerfect Corporation, die zu den führenden Herstellern von Textverarbeitungsprogrammen gehört und über ein straff organisiertes, weltweites Händler- und Marketingnetz verfügt.[80]

Nicht zuletzt dank dieser kommerziellen Expansion haben die Mormonen die traditionellen Grenzen ihres Stützpunkts im gebirgigen Westen Amerikas längst überwunden und einen weltweiten Einfluß erlangt. Chris Jensen ist ein fünfunddreißigjähriger Investmentbanker, der heute in Japan arbeitet. Als Missionar hat er gelernt, flüssig Japanisch zu sprechen. In seiner elegant eingerichteten Wohnung in Tokio erzählt er: «Es hieß einmal, Zion sei in Salt Lake City. Jetzt müssen wir aber den Aufenthaltsort Gottes – Zion – in anderen Gesellschaften errichten. Jetzt sind wir dabei, den Mormonismus zu exportieren, und das geht nicht, wenn wir zu Hause bleiben.

Ich kann nach Salt Lake City zurückkehren und einer von fünfzig Männern sein, die sich Bischof nennen, oder ich kann hier in Japan bleiben und einen wirklichen Einfluß haben. Gott gibt uns unsere Begabungen, und diese Begabungen sollten wir einsetzen, um aus der Kirche eine Weltkirche zu machen.[81]

Diese Vision einer neuen «Weltkirche» bezieht sich auf Elemente der mormonischen Theologie, die jeden «Heiligen» sowohl mit dem Kosmos als auch mit einer Stammesvergangenheit verbunden sehen. Bei ihrer Bekehrung werden neue Mitglieder dieser Theologie zufolge Teilhaber am Sitz Abrahams und damit nicht

nur Teil der Glaubensgemeinschaft, sondern auch Angehörige
eines der zwölf «verlorenen Stämme» Israels.

Wenn es Außenstehenden auch schwerfallen mag, diese These
zu akzeptieren – sie trägt dazu bei, jenes für die Umformung der
winzigen amerikanischen religiösen Sekte der Mormonen zu
einem entstehenden Weltstamm ausschlaggebende Bewußtsein
einer «Berufung zur Einzigartigkeit» zu schaffen. Der Zusammenhalt der Kirche wird darüber hinaus durch bestimmte Ver-
haltensmaßregeln – den Verzicht auf Alkohol, Tabak und Koffein
– gefördert, die dem Propheten Joseph Smith als «Worte der Weisheit» offenbart wurden und die Mormonen in ähnlicher Weise
von den «Ungläubigen» trennen, wie es die von den Juden prak-
tizierten Reinigungs- und Speisegesetze tun.[82]

Gerade dieses Merkmal hat sich bei der Expansion des Mormonismus als unschätzbarer Vorteil erwiesen, insbesondere außerhalb Nordamerikas. In Asien, Südamerika und Afrika, wo der
Mitgliederzuwachs am stärksten ist[83], halten viele sozial aufstrebende Menschen das Rollenmodell der sparsamen, ernsthaften
und familienorientierten Mormonen für effektiver als die traditionellen Religionen. Antonia Sims, deren Familie aus Mexiko
stammt, konvertierte zum Mormonismus und ist heute Professo-
rin an der California State University in Northridge. Sie meint:
«Die Kirche hat eine große Anziehungskraft für Menschen aus
Mexiko und Lateinamerika, und der Schlüssel dazu ist die Betonung der Familie. Die Kirche macht die Menschen glücklich,
weil sie dann zum Beispiel nicht mehr trinken – das ist eine wun-
derbare Sache für einen Latino, weil es weniger Elend bedeutet.»[84]

Das Wachstum der Kirche in der Dritten Welt ist der Haupt-
faktor bei der Expansion ihrer Mitgliedschaft von etwa einer
Million Menschen 1950 auf das Fünffache vier Jahrzehnte danach. Bereits 1990 lebte ein Drittel aller Mormonen außerhalb
Nordamerikas, und bis zum Jahre 2000 sollen mormonischen
Demographen zufolge Nichtweiße, die vor 1970 nur einen Bruchteil der Mitgliedschaft ausmachten, die Angloamerikaner als

größte Gruppe innerhalb der Kirche ablösen.[85] Aufgrund eines derart explosiven Wachstums hat ein prominenter nichtmormonischer Beobachter die Prognose gewagt, die Kirche könnte in den nächsten Jahrzehnten Anhänger in der Größenordnung einiger hundert Millionen gewinnen und schließlich als «die nächste große Weltreligion» nach dem Muster der globalen Ausdehnung etwa des Islam, des Christentums, des Buddhismus und Hinduismus auf den Plan treten.[86]

Wie bei jeder globalen Ausbreitung liegt der Schlüssel jedoch nicht einfach in der Fortsetzung einer umfangreichen und gut organisierten Missionstätigkeit. Von größerer Bedeutung dürfte die Übernahme zunehmend kosmopolitischer Haltungen sein, die einer langen Geschichte anglo-amerikanischen Ethnozentrismus und schlichter Rassenvorurteile, besonders gegenüber Afrikanern, entgegenwirken müssen. Die gegenwärtig stattfindende Übernahme eines «multirassischen Modells» stellt nach Ansicht des Soziologen Jim Duke von der Brigham Young University viele Mormonen, die noch in den weitgehend homogenen, von Bergen eingeschlossenen, kleinstädtischen oder ländlichen Gemeinden des Westens aufgewachsen sind, vor intensive Probleme.[87]

Diese Herausforderung – die Wahrung ihres Wesens und Zusammenhalts bei wachsender Vielfalt und zunehmendem Kontakt mit anderen Gruppen – bleibt die entscheidende Frage für die Mormonen wie für jeden Weltstamm. Angesichts des Ausmaßes der gegenwärtigen Wiederbelebung religiöser Gefühle und der beachtlichen organisatorischen Fähigkeiten ihrer Kirche könnten die Mormonen jedoch möglicherweise den nächsten großen Weltstamm bilden, womit sich, wie sie glauben, die Prophezeiungen so mancher alter und neuer Propheten erfüllen würden.

Der milde Westen

Der Aufstieg etwa der Mormonen und Armenier als neue Weltstämme beweist die immer noch enorme Kraft ethnischer und
religiöser Identität in der modernen Welt. Weil solche Gruppen
aber nationale Grenzen überschreiten, zwingt dieser Prozeß der
Wiederbelebung religiöser oder ethnischer Gefühle die Menschen
innerhalb jeder Nation zum Umdenken – weg von der alten Idee,
die Homogenität der Gesellschaft mit aller Macht durchzusetzen,
hin zu einer toleranten Haltung der harmonischen Koexistenz
verschiedener Kulturen und Gruppen.

Nirgendwo wird dieser Prozeß deutlicher, nirgendwo wird er-
bitterter darüber gestritten als in Amerika. Als bedeutendstes
Einwanderungsland der Welt ist es zugleich das natürliche Labo-
ratorium für das, was man vielleicht das Verschweißen verschiedener Völker und Rassen nennen könnte. Die historische Tradition Amerikas unterstellte, daß alle ethnischen Gruppen zu einer
neuen, gemeinsamen, amerikanischen Kultur «verschmelzen»
und auf ihre traditionelle Kultur und überlieferten Werte verzichten würden. So ruft in Israel Zangwills Theaterstück *The Melting
Pot* (1914) der junge jüdische Einwanderer David aus: «Amerika
ist die Schmiede Gottes, der Große Schmelztiegel, in dem die
Rassen Europas verschmolzen und umgeformt werden! Da steht
ihr, sage ich mir, wenn ich die guten Leute auf Ellis Island sehe, da
steht ihr in fünfzig verschiedenen Gruppen, mit euren fünfzig
Erzfeinden und Rivalitäten. Aber so bleibt ihr nicht lange, meine
Brüder, denn hier steht ihr vor den Hochöfen Gottes – hier sind
die Hochöfen Gottes. Zum Teufel mit euren Blutfehden und Ra-
chefeldzügen! Deutsche und Franzosen, Iren und Engländer,
Juden und Russen – hinein mit euch in den Schmelztiegel! Hier
schafft Gott den Amerikaner.»[88]

Dieses universalistische Ideal wurde jedoch durch eine eher
ethnozentrische Realität Lügen gestraft, einen zumeist unausge-
sprochenen Glauben an den «Mythos» der «angelsächsischen
Überlegenheit».[89] Selbst erfolgreiche Angehörige ethnischer Min-

derheiten wie etwa New Yorks Bürgermeister Fiorello La Guardia mußten es sich immer wieder gefallen lassen, von den feineren Angelsachsen gedemütigt zu werden. Quoten und andere Einwanderungsschranken gegen Juden, Italiener und andere ethnische Gruppen gehörten zu den Selbstverständlichkeiten der nationalen Ordnung, und der Preis für einen anerkannten Platz in dieser Gesellschaft, der ohnehin nur Europäern offenstand, bestand in der Anpassung an das WASP-Ideal (Weiß, angelsächsisch, protestantisch).[90]

Die Idee des «Schmelztiegels» wurde jedoch zunächst nicht von Weißen aus Europa, sondern von Schwarzen innerhalb Amerikas in Frage gestellt – zum Teil vielleicht auch deshalb, weil das «Verschmelzen» für sie niemals eine realistische Option dargestellt hatte. In den frühen zwanziger Jahren forderte der aus Jamaika in die USA eingewanderte Marcus Garvey die schwarzen Massen auf, ihre afrikanischen Wurzeln anzuerkennen. Im Gegensatz zu den schwarzen Führern, die eine Anpassung an die weiße Gesellschaft predigten, ermutigte Garvey die Afroamerikaner zum Widerstand gegen die kulturelle und wirtschaftliche Vormachtstellung der Weißen.[91]

Garvey sah die Schwarzen Amerikas – ähnlich wie die Juden oder die Chinesen – als Teil einer globalen Diaspora; sie seien nicht nur mit Afrika verbunden, sondern auch mit den Schwarzen in anderen Gebieten wie zum Beispiel in seiner karibischen Heimat, in Südamerika und Großbritannien. Diese transnationale Identität, so glaubte er, würde den Schwarzen jenes mächtige Gefühl der «Berufung zur Einzigartigkeit» vermitteln, das er bei den Juden am stärksten ausgeprägt fand. «Denkt immer daran», schrieb er, «daß der Jude in allem, was er politisch und wirtschaftlich unternimmt, zuallererst Jude ist und bleibt.»[92]

In den zwanziger Jahren stellte die von Garvey aufgebaute «United Negro Improvement Association» die größte jemals von Afrikanern außerhalb des afrikanischen Kontinents geschaffene Organisation dar. Ihr gehörten über eine Million Menschen an, die in achthundert Ortsgruppen auf vier Kontinenten zusammengefaßt waren.[93] Ähnlich wie die Zionisten, die aus passiven Opfern jüdische Soldaten machen wollten, forderte Garvey die Schwarzen auf, sich nicht auf die Wohltätigkeit sympathisierender Weißer zu verlassen, sondern ihre eigenen Einrichtungen aufzubauen. Die Tradition der gegenseitigen Hilfe zur Selbsthilfe war unter den Einwanderern aus der Karibik, zu denen Garvey gehörte, bereits gut entwickelt[94], und Garvey konnte bei der Entwicklung einer schwarzen wirtschaftlichen Gegenmacht in Gestalt einer Kette von Fabriken, Wäschereien und Druckereien, auf die er seine Energien konzentrierte, auf diese Prinzipien zurückgreifen.[95] «Wenn Edison sein elektrisches Licht ausdreht, stehen wir in der Freiheitshalle im Dunkeln», bemerkte er. «Der Neger lebt von geborgten Gütern.»[96]

Wie sein Vorgänger und Jugendheld Booker T. Washington sah Garvey darum auch den Erwerb naturwissenschaftlicher, technischer und kommerzieller Fähigkeiten als entscheidende Vorbedingung einer wahren Befreiung an. Zwar wurde der Garveyismus schließlich diskreditiert, Garvey selbst ins Exil getrieben[97], doch das nationalistische Programm der Bewegung wurde später von anderen, radikaleren Gruppierungen aufgegriffen, vor allem von der «Nation of Islam». Der bekannten panafrikanischen Rhetorik fügten diese schwarzen Muslime eine bizarre Mythologie hinzu, derzufolge die Schwarzen als Urbevölkerung der Erde vom Schicksal ausersehen sind, mit den minderwertigen, aber schlauen «weißen Teufeln» einen Kampf auf Leben und Tod auszufechten.[98]

Solchen phantasievollen Theorien zum Trotz ist es den schwarzen Muslimen (wenngleich im kleineren Maßstab als Garvey) gelungen, eine Reihe eigener Einrichtungen aufzubauen, darunter Bäckereien, Moscheen und Schulen sowie Hilfsprogramme zur Resozialisierung früherer Drogenabhängiger und Krimineller. In dieser Hinsicht schneiden sie besser ab als die sich im politischen Mainstream bewegenden Bürgerrechtsorganisationen, denen es nicht gelungen ist, das beschleunigte Abrutschen bedeutender Teile der afroamerikanischen Bevölkerung in die Massenkriminalität, den sozialen Kollaps und die wirtschaftliche Verwüstung aufzuhalten.[99] Einem ihrer brillantesten Konvertiten – Malcolm X[100] – gelang es überdies, den blinden Rassismus der *Black Muslims* zu überwinden und die mächtige Botschaft der Selbsthilfe und des ethnischen Stolzes – entscheidende Faktoren für den Erfolg ethnischer Gruppen in der modernen Gesellschaft – nicht nur Randgruppen unter den Schwarzen zu predigen: «... im Evangelium des schwarzen Nationalismus geht es nicht darum, daß der Schwarze den Weißen mit anderen Augen sieht, sondern daß der Schwarze sich selbst mit anderen Augen sieht. Es geht nicht darum, den Weißen zum Umdenken zu zwingen. Wir müssen selbst umdenken ... und das tun, was nötig ist, um dieses Problem selbst zu lösen.»[101]

Im Verlauf der neunziger Jahre haben die Worte und Ansichten von Malcolm X bei immer mehr Afroamerikanern Gehör gefunden, die von der Politik der meisten schwarzen Führer, den von der weißen Mehrheit beherrschten Institutionen Konzessionen abzuringen, zunehmend desillusioniert sind. Ohne eine eigene ökonomische Basis bleiben schwarze Politiker nach Ansicht des führenden Aktivisten Paul Cobb aus Oakland (Kalifornien) «Menschen in Uniform», wie früher das schwarze Zugpersonal, Befehlsempfänger der wirtschaftlich dominanten Weißen.[102]

Der von Malcolm X verkörperte Drang der Afroamerikaner nach Selbstverwirklichung trug aber auch entscheidend dazu bei, daß andere ethnische Gruppen das «Schmelztiegel»-Konzept in Frage stellten. Mitte der siebziger Jahre gehörten dieser Bewegung – Ironie der Geschichte – mit den Italienern, Tschechen, Polen und Juden viele gerade derjenigen ethnischen Gruppierungen an, die sich am stärksten um die Anerkennung durch die Angelsachsen bemüht hatten (und denen infolgedessen das neue schwarze Selbstbewußtsein ein Dorn im Auge war[103]). In ganz Nordamerika begannen sich auch andere lange unterdrückte Minderheiten – wie die Französisch-Kanadier und die amerikanischen Ureinwohner[104] – zu regen und nicht nur die Kontrolle über die natürlichen Ressourcen auf ihrem Territorium, sondern

auch ein größeres Maß an kultureller und politischer Autonomie
zu fordern.[105]

In den achtziger Jahren hat eine massive Einwanderungswelle
– die größte seit den Anfangsjahren des Jahrhunderts – die allmähliche «EntWASPung» Nordamerikas weiter beschleunigt. In
Verbindung mit den bereits vorhandenen großen schwarzen und
ethnisch-weißen Bevölkerungsgruppen bedeutet dieser Zufluß
neuer Einwanderer, hauptsächlich aus Asien und Lateinamerika,
daß die im Kern «britische» Rassenzusammensetzung der amerikanischen Gesellschaft einfach verschwindet. In den neunziger
Jahren könnte man weniger als ein Viertel aller amerikanischen
Kinder unter 15 als WASPs (also mit zwei Elternteilen britischer
Abstammung) bezeichnen[106], während andererseits mehr als ein
Viertel aller Amerikaner auf Vorfahren zurückblicken können,
die nicht aus Europa stammen.[107]

Dieses Phänomen ist in den drei amerikanischen Regionen –
Südkalifornien, New York City und Umgebung sowie Südflorida
– am auffälligsten, die bis zur Hälfte dieser neuen Einwanderer
absorbiert haben.[108] Diese Gebiete sowie die kanadischen Städte
Toronto und Vancouver sind zu einer Art neuer Westen geworden, wo diverse Stämme und Kulturen in neuen Kombinationen
und in einem bisher unbekannten Ausmaß den Versuch einer oft
prekären Koexistenz wagen.

«Bei uns wird es anders sein als überall sonst», sagte mir Marc
Wilder, Stadtplaner und früheres Mitglied des Stadtrats in Long
Beach, Kalifornien, wo es bedeutende asiatische, afroamerikani-
sche und lateinamerikanische Bevölkerungsgruppen gibt. «Und
wir werden alles anders machen, weil Kambodschaner, Schwarze, Latinos und Juden hier auf engem Raum zusammenleben ...
Es wird neue Institutionen geben – neue Stadtformen –, geschaffen von neuen Menschen.»[109]

Das wichtigste Element in diesen neuen *Frontier*-Städten des
milden Westens dürften die schnell wachsenden Bevölkerungsgruppen der Menschen aus der Karibik und Zentralamerika
ausmachen, insbesondere in Regionen wie dem Südwesten der

USA und Florida, wo sie über historische Bindungen verfügen. In Städten wie Miami, Los Angeles und San Antonio haben sich bereits wahrhaft multikulturelle Gesellschaften entwickelt, in denen spanischsprachige Zeitungen, Rundfunk- und Fernsehsender so selbstverständlich zur Medienlandschaft gehören wie die mexikanischen oder kubanischen Restaurants zum Stadtbild.

Während diese Städte einerseits über relativ selbständige Gruppen- und Regionalwirtschaften verfügen, haben sie andererseits als Resultat der Zuwanderung einmalige Standortvorteile als Stützpunkte des internationalen Handels. Zwar sagte Julia Tuttle – die symbolische «Mutter» des heutigen Miami – bereits 1895 voraus, ihre damals kaum den Kinderschuhen entwachsene Stadt werde einmal «das kommerzielle Zentrum Südamerikas» werden, doch wurde dieser Traum erst mit der Masseneinwanderung von Kubanern in den sechziger und siebziger Jahren zur Realität. Anfang der achtziger Jahre floß etwa ein Drittel aller Exporte aus den USA nach Südamerika über Miami, und umgekehrt nahm die Zahl der Miami-Besucher aus Südamerika innerhalb von weniger als einem Jahrzehnt um das Achtfache zu.[110] Während das Castro-Regime vor dem Bankrott und der internationalen Isolierung steht, sieht es so aus, als ob die 700 000 Kubaner in Südflorida in Verbindung mit weiteren 300 000 verstreuten Landsleuten auf dem Sprung stehen, wenigstens innerhalb der westlichen Hemisphäre zu einer mächtigen neuen transnationalen Kraft zu werden.[111]

Eine noch gewaltigere Transformation zeichnet sich in dem riesigen Gebiet ab, das von den südwestlichen Staaten der USA und den nördlichen Provinzen Mexikos gebildet wird. In den achtziger Jahren betrug das Bevölkerungswachstum im Grenzgebiet zwischen Mexiko und den Vereinigten Staaten im Schnitt 30 Prozent, was einen Spitzenwert für ganz Nordamerika darstellt. Dank ethnischen, vor allem aber wachsenden wirtschaftlichen Verbindungen entstehen hier transnationale Städte und Familien; kulturelle Einflüsse, Geld und Güter fließen in beiden Richtungen hin und her.[112] «Wir sind mehr wie Minneapolis und St. Paul als wie die USA und Mexiko», sagt der Verwaltungschef von Laredo in Texas, Peter Vargas. «Wir sind hier wie dort die gleichen Menschen.»[113]

Die massive Bewegung ganzer Bevölkerungsgruppen mit jeweils eigenen, stark ausgeprägten Identitäten stellt die neu entstehenden transnationalen Gemeinschaften vor enorme Herausforderungen. Die Dritte Welt steht dank schrumpfender Entfernungen Tür an Tür mit den entwickelten Ländern der Ersten Welt, und die ökologischen und sozialen Folgekosten sind unabsehbar. Dort, wo der Kontakt am intensivsten ist, hat sich der Konflikt zwischen verschiedenen selbstbewußten ethnischen Gruppen – Muslimen, Koreanern, Lateinamerikanern und Afroamerikanern[114] – bis hin zu städtischen Unruhen gesteigert, am spektakulärsten bei den Rassenunruhen, die im Frühjahr 1992 in Los Angeles aufflammten.

Mittelfristig steht allen Regionen, die den Prozeß der Veränderung ihrer ethnischen Zusammensetzung durch Migrationsbewegungen durchleben, «eine Übergangszeit der Konfusion und des Chaos» bevor – so sieht es jedenfalls Harold Isaacs.[115] Viele alteingesessene Bevölkerungsgruppen – darunter sowohl Afro- als auch Angloamerikaner – werden sich durch die energischen Neuankömmlinge überwältigt und verdrängt fühlen, zunächst auf dem Markt, dann aber auch in der politischen Arena.

Trotz dieser unausweichlichen Probleme werden sich diese Einwanderer aller Wahrscheinlichkeit nach im Laufe der Zeit zu einem permanenten und fest integrierten Faktor im Wirtschaftsleben und in der Kultur der meisten amerikanischen Großstädte entwickeln. Dafür sorgt eigentlich schon die demographische Entwicklung. Wenn sich das Wachstum der arbeitsfähigen weißen Bevölkerung weiter verlangsamt, wird sich die Abhängigkeit von Einwanderern und anderen Nichtweißen, und zwar sowohl für einfache wie auch für hochqualifizierte Arbeiten, in den kommenden Jahrzehnten weiter steigern.[116] Gleichzeitig dürfte der natürliche Integrationsprozeß durch die Arbeit, die Schule, die Medien und den politischen Prozeß – ein Mindestmaß öffentlicher Weisheit vorausgesetzt – diesen Neuankömmlingen die Anpassung an jene angloamerikanischen Standards ermöglichen, denen ja diese Gesellschaft ihre Attraktivität primär verdankt. Vor allem aber: diese *New Frontier* wird ein milder Westen sein müssen, weil die Alternative ins Chaos führt, zum totalen Zusammenbruch der Zivilisation.

Epilog Kosmopolis und der Weg dorthin

Im Erfolg der Weltstämme – von den Juden und Briten in vergangenen Jahrhunderten bis zu den Chinesen, Armeniern und Palästinensern heute – zeichnet sich nicht etwa das Beharrungsvermögen der Vergangenheit oder gar eine Regression ab, sondern vielmehr die entscheidende Bedeutung ethischer Werte, des Lernens und einer kosmopolitischen Perspektive in der sich herausbildenden Weltwirtschaft. In dieser zunehmend transnationalen, von erbarmungsloser Konkurrenz geprägten Weltwirtschaft, die vor allem vom Wissensfluß und vom Lernen abhängig ist, werden diejenigen Gesellschaften wahrscheinlich am besten gedeihen, die solche Gruppen in ihrer Mitte willkommen heißen.

Nach vier Jahrhunderten geht die europäisch-amerikanische Vorherrschaft in den Naturwissenschaften, der Technologie und der Wirtschaft vor unseren Augen weltweit zu Ende; doch die aufstrebenden Weltstämme wenden bei ihrem Aufstieg angelsächsische Standards an: im Geschäftsleben, in der Wissenschaft und der politischen Ökonomie. Wie das römische Zivil- und Staatsrecht zur Grundlage der großen europäischen Nationalstaaten wurde und die Entwicklung der vom Reich der Mitte abhängigen Staaten durch eine Vielzahl chinesischer Traditionen geprägt war, so haben die neuen Spielmacher der entstehenden Weltwirtschaftsordnung die anglo-amerikanischen Systeme übernommen.[1]

Im 21. Jahrhundert dürften wir die Weiterentwicklung einer multirassischen Weltordnung erleben, die sich weiterhin in den anglo-amerikanischen Bahnen des marktwirtschaftlichen Kapitalismus, des politischen Pluralismus und der kulturellen Vielfalt bewegt. Seit dem Zusammenbruch der Sowjetunion ist der Marxismus als wichtigste ideologische Alternative zur anglo-amerikanischen Weltordnung nur noch eine Randerscheinung. Zugleich scheinen selbst entschlossenste Versuche, diese anglo-amerikanische Ordnung durch ein engeres, abgeschottetes «Stammesdenken» zu ersetzen, angesichts der intensiven wirtschaftlichen und technologischen Konkurrenz der eher kosmopolitisch orientierten ethnischen Gruppen – und trotz der chaotischen postsowjetischen Verhältnisse – zum Scheitern verurteilt.

Ja, der Nationalstaat selbst, der zwei Jahrhunderte hindurch das vorherrschende organisatorische Prinzip der Völker gebildet hat, erscheint heute zunehmend als regressive Kraft, die vor allem in den Gebieten Europas, Amerikas und Asiens eine Rolle spielt, deren wirtschaftliche und politische Strukturen unterentwickelt sind. Mit dem Ende des Kalten Krieges erscheint die Aufrechterhaltung einer zentralisierten Kriegswirtschaft weniger dringlich[2], was bereits die ökonomische Funktion des Nationalstaats einschränkt.[3]

In dieser neuen Umwelt scheinen andere Organisationsformen, die sich zum Beispiel auf die Geographie oder gemeinsame Wurzeln beziehen, erheblich sinnvoller zu sein, zumal als Instrumente zum Eingreifen in die Weltwirtschaft. Das gemeinsame Kulturerbe zum Beispiel stand als treibende Kraft hinter den verschiedenen Versuchen einer europäischen Integration. Bereits in den späten zwanziger Jahren sahen viele führende Europäer – darunter Winston Churchill, Aristide Briand, Walther Rathenau und José Ortega y Gasset – die kulturellen Gemeinsamkeiten der verschiedenen, stets untereinander verfeindeten europäischen Völker als Grundlage einer Einheit[4], die Europa eine «Aufgabe» geben und – so Ortega y Gasset – «den Leuten zu tun geben, sie in ihr Schicksal, an ihren Platz stellen» würde.[5]

Mit dem Zusammenbruch des sowjetischen Reichs trägt der

wichtige Gedanke eines gemeinsamen, spezifisch *europäischen* Kulturerbes dazu bei, die natürliche Interessensphäre der Europäischen Union zu definieren. Hierauf wird es in erster Linie zurückzuführen sein, wenn die Nationen Osteuropas Teil der erweiterten Union werden, während ein «fremdes» Land wie die Türkei – trotz viel besser entwickelter Verbindungen zum europäischen Markt – damit rechnen muß, auf Dauer ausgeschlossen zu bleiben.

Angeregt durch das Beispiel Europas haben auch andere transnationale Bewegungen, wie etwa die Arabische Liga oder die Union des Arabischen Maghreb[6], wenn auch mit nur mäßigem Erfolg versucht, Gemeinsamkeiten der Sprache, der Religion und der Ursprungsmythen als Grundlage für das Zusammenschweißen neuartiger Regionalzusammenschlüsse zu benutzen.[7] In ähnlicher Weise wird ein gemeinsames asiatisches Erbe, das schon als ideologische Stütze für die von Japan geführte Groß-Ostasiatische Wohlstandssphäre herhalten mußte[8], zur Begründung der Pläne einer neuen ostasiatischen Wirtschaftsgemeinschaft herangezogen; praktischer und darum leichter zu verwirklichen dürfte ein das Festland und die Diaspora umfassendes «Groß-China» sein, das als Wirtschaftseinheit auf der ursprünglichen Gemeinsamkeit der größten ethnischen Gruppe der Welt gründet.

Vielleicht noch interessanter ist der Trend einzelner Regionen oder ethnischer Gebiete, mit der Schwächung der alten Bindungen zum Nationalstaat dessen Machtfunktionen an sich zu reißen – ein Trend, der in Europa die Katalanen[9], Schotten und Lombarden, die französischsprachigen Quebecois in Kanada und sogar einzelne japanische Präfekturen auf Hokkaido oder Kiuschu[10] umfaßt. Angesichts der Schwächung der militärischen Grundlage des Nationalstaatenprinzips bekommen die spezifischen wirtschaftlichen oder kulturellen Fragen vor Ort Vorrang auch vor größeren, überregionalen Perspektiven.

Für die Weltstämme stellt die tendenzielle Ablösung der alten Nationalstaaten durch regionale oder örtliche Behörden eine einmalige Gelegenheit dar. Seit sich die Juden zur ersten wahrhaft

transnationalen ethnischen Gruppierung entwickelten, liegt die
natürliche Heimstatt der Weltstämme in Kosmopolis, «einem Gemeinwesen, in dem jede Person die Freiheit hätte, ihr Leben unter
idealen Bedigungen zu entfalten»[11]. In solchen Städten, von Alexandria im Altertum bis zu den heutigen Weltstädten London,
Hongkong oder New York, können sich die Weltstämme entfalten. Wenn aber – wie in Nazideutschland, dem stalinistischen
Rußland und vielen Nationen der Dritten Welt nach ihrer Unabhängigkeit – die Macht und das Prestige des Nationalstaats zum
Dreh- und Angelpunkt der Gesellschaft werden, sind die Folgen
für die Angehörigen dieser Weltstämme, mit ihren allzu offensicht-
lichen transnationalen Bindungen, oft katastrophal gewesen.

In einer zunehmend denationalisierten, hochgradig wettbe-
werbsorientierten Weltwirtschaft aber können die globalen Stämme ihre traditionellen Stärken voll zur Entfaltung bringen.
Während zum Beispiel Regierungsbeamte in Washington, Paris
und anderswo gegen den Ausverkauf an asiatische und insbesondere japanische Kapitalanleger wettern, machen örtliche Behörden gerade diesen Investoren den Hof, weil sie neben Kapital
auch neue Technologien und Fertigkeiten mit sich bringen. Kenichi Ohmae hat diese Tendenz als «globalen Regionalismus»
bezeichnet. Eine Region wie etwa Puget Sound im Bundesstaat
Washington ist in starkem Maße vom Handel mit dem Fernen
Osten und von ostasiatischen Investitionen abhängig; es ist nur
natürlich, daß man dort außer Spott wenig für die krassen anti-
asiatischen Vorurteile der politschen Elite im District of Columbia übrig hat.[12] Der kommerzielle Opportunismus überwältigt in
Puget Sound wie – zunehmend – auch anderswo den engen Wirt-
schaftsnationalismus der Vergangenheit, der kosmopolitische,
global orientierte Stadtstaat wird bedeutender als die Nation, ja
ersetzt sie tendenziell.[13]

Die Schaffung solcher erfolgreichen kosmopolitischen Gemeinwesen stellt möglicherweise die bedeutendste Aufgabe aller
entwickelten Gesellschaften dar, nicht nur in den traditionellen
Einwanderungsländern Nordamerikas und Ozeaniens, sondern

auch im Herzen Europas. Seit den fünfziger Jahren strömen Nichtweiße nach Europa, wo es ohne sie einen ernsthaften Arbeitskräftemangel gegeben hätte.[14] Anfang der neunziger Jahre aber sah es so aus, als hätten sich die meisten europäischen Länder endgültig gegen die Aufnahme weiterer Neuankömmlinge entschieden. Selbst in Großbritannien, wo Fremde seit langem akzeptiert worden waren und die Staatsbürgerschaft erhalten hatten, wandten sich zwei Drittel aller Einwohner gegen die Aufnahme von chinesischen Flüchtlingen aus Hongkong oder jüdischen Emigranten aus Rußland; vier Fünftel waren gegen eine weitere Einwanderung aus Indien oder Pakistan.[15]

Auch die überwältigende Mehrheit der Westdeutschen[16] und Franzosen hat sich gegen die Neueinwanderer ausgesprochen. Drei Viertel aller Franzosen, die früher einmal als eins der tolerantesten Völker Europas galten, waren sich darin einig, daß es «zu viele» Nordafrikaner im Lande gäbe; und ein Viertel meinte das auch im Hinblick auf Frankreichs große jüdische Bevölkerungsgruppe.[17] In beiden Ländern gab es wachsende rechtsextreme Bewegungen, die sich vor allem fremdenfeindliche Stimmungen zunutze machten.

Aus Angst vor der Unruhe unter ihren Wählern weisen inzwischen immer mehr europäische Politiker der Mitte selbst die Idee einer multikulturellen Gesellschaft weit von sich. 1990 etwa erklärte der frühere französische Staatspräsident Giscard d'Estaing öffentlich, Frankreich sollte nicht länger als «Einwanderungsland» dienen. Er schlug vor, den bereits – vor allem aus Nordafrika – eingewanderten Millionen die Staatsbürgerschaft zu verweigern.[18] «Wir sind einfach keine multirassische und multikulturelle Gesellschaft», betonte der frühere Regierende Bürgermeister von Berlin und prominente Sozialdemokrat Walter Momper mir gegenüber, obwohl der Ausländeranteil des von ihm regierten Westteils der Stadt fünfzehn Prozent betrug.[19] «In Wirklichkeit sind wir ‹eine reine, gut deutsche› Gesellschaft mit einem ‹deutschen sozialen und kulturellen Erbe›.»[20]

Als Ergebnis sehen sich die etwa zehn Millionen legalen und

illegalen Neueinwanderer, hauptsächlich aus Südostasien oder Nordafrika[21], die dichtgedrängt in europäischen Städten wie Rom, London und Berlin hausen, zunehmenden Beschränkungen ausgesetzt. Selbst ihre Kinder werden dadurch effektiv von der Chancengleichheit ausgeschlossen. Im Westteil Berlins zum Beispiel ist jeder fünfte Einwohner Türke, aber nur sieben Prozent aller Türken besuchen das Gymnasium. Nicht einmal drei Prozent von ihnen betreten je eine Universität oder Hochschule – weniger als die Hälfte der entsprechenden Prozentzahlen für Schwarze und Latinos in Amerika.[22]

Wie bei den Weißen Nordamerikas könnte aber auch in Europa der Druck der Demographie eine veränderte Haltung erzwingen. Die entwickelten Gesellschaften Westeuropas gehören auch zu den ältesten Gesellschaften der Welt, mit den niedrigsten Geburtsraten und einem entsprechend niedrigen Wachstum der Bevölkerung und des Arbeitskräftepotentials.[23] 1950 lebten fünfzehn Prozent der Weltbevölkerung in Europa; vier Jahrzehnte später waren es nur noch neun Prozent, und bis zum Jahre 2150 wird Europas Anteil auf weniger als vier Prozent sinken. Der Kontinent steht, so der französische Demograph Gerard-François Dumont, «am Anfang eines demographischen Winters».[24]

Die Abweisung der Neuankömmlinge ist aber nicht nur wegen ihres Beitrags zur Ausgleichung dieses demographischen Defizits, sondern vor allem auch deshalb problematisch, weil sie neue Energien und Qualifikationen in diesen altersschwachen Teil der Welt bringen. Im Verlauf der neunziger Jahre dürfte sich der Mangel an Arbeitskräften – vor allem an qualifizierten Technikern und Naturwissenschaftlern – in Europa, insbesondere in Deutschland, immer stärker bemerkbar machen.[25] In Japan allein arbeiten heute mehr Ingenieure und Naturwissenschaftler in Forschungs- und Entwicklungsprojekten als in der *ganzen* Europäischen Union, und der Trend setzt sich in die Zukunft bedrohlich fort. 1990 etwa wurde in Italien, Frankreich und Belgien nur knapp die Hälfte des eigenen industriellen Bedarfs an Ingenieuren ausgebildet, zusammen waren es knapp so viele wie in Südkorea.[26]

Wenn Europa die Politik der Nabelschau nicht aufgibt, meint
Sighart Nehring, der als Berater für wirtschafts- und finanzpoli-
tische Fragen im Bundeskanzleramt tätig ist, werde es unweigerlich hinter die asiatischen Nationen zurückfallen – und auch
hinter diejenigen Länder, die es verstehen, sich der gewaltigen
menschlichen Ressourcen Asiens zu bedienen. Ohne ausländische Arbeitnehmer, vor allem Fachleute aus Übersee, sieht Nehring «eine Schwächung der Impulse für technologisches und
wirtschaftliches Wachstum» in Europa voraus, insbesondere im
Vergleich zu Ländern wie den Vereinigten Staaten, die einen großen Anteil an Neueinwanderern haben.[27]

Tatsächlich zeigt ein Blick auf die Geschichte der Weltstämme,
daß die Politik der Abschottung, vom Spanien des 16. und 17.
Jahrhunderts[28] über das späte türkische Reich bis hin zu den
modernen stalinistischen und maoistischen Staaten, fast immer
auch zum Niedergang der Wirtschaft und der Technologie geführt hat. Im Gegensatz dazu haben gesunde Migrationsbewegungen, insbesondere von Menschen mit besonderen wirtschaftlichen und technologischen Fähigkeiten, eine Schlüsselrolle bei
der Entstehung der Weltstädte als Ausgangspunkte einer blühenden Wirtschaft gespielt.

Die Einwanderer sind oft gerade deshalb so wichtig, weil sie
aus Verhältnissen stammen, die sich von denen des Aufnahme-
lands grundlegend unterscheiden. Ob man an Rom nach dem
augusteischen Zeitalter denkt, an Indien unter den Mogulen oder
an das Großbritannien des ausgehenden 19. Jahrhunderts – etablierte und wohlhabende Länder verlieren ihre natürlichen Triebkräfte, ihren Ehrgeiz. Wie ein altes japanisches Sprichwort
besagt: «Der Reichtum, den die harte Arbeit der ersten Generation aufgehäuft hat, wird durch die leichtlebige dritte Generation
fast gänzlich ausgegeben.»[29]

Die Einwanderung kann auch den ältesten Gesellschaften zusammen mit den anderswo erworbenen Kenntnissen und Fähigkeiten neues Leben einhauchen. In Alexandria, der «ersten und
größten Weltstadt» (Michael Grant)[30], waren es die frischen Ideen

der Griechen und Juden, die dazu beitrugen, wenigstens in einem Teil des altehrwürdigen ägyptischen Reichs eine neue Ära des Wohlstands und der Kreativität einzuleiten. Ob in Rom, Bagdad, Kaifeng oder Kanton – Handel und technologischer Wandel blühten auch späterhin vor allem dort, wo die aggressiven und welterfahrenen Vermittler des Waren- und Ideenaustauschs – vor allem also die Angehörigen der Weltstämme – sich niederließen bzw. sich niederlassen durften.

Das Archipel der kosmopolitischen Weltstädte, die heute sowohl die Weltwirtschaft als auch die Weltkultur beherrschen, verdankt seine Entstehung der Interaktion zwischen selbstbewußten Neuankömmlingen und etablierten Gesellschaften, zwischen Kulturen mit verschiedenen Fähigkeiten und Einstellungen. Der Aufstieg der Stadt Paris als der großen Metropole Nordeuropas ging einher mit Kontakten zu Juden, «Syrern» aus Byzanz und Händlern von den nördlichen und östlichen Grenzen des Kontinents.[31] Amsterdam, Frankfurt, Berlin und schließlich auch St. Petersburg verdankten ihren Aufstieg zu Weltstädten der Tatsache, daß sie Neueinwanderern eine Heimstatt boten.[32]

London, die erste Stadt mit wahrhaft globaler Ausstrahlung, verdankt ihre Blüte in den letzten Jahrhunderten vor allem dem ständigen Import ausländischer Fachkräfte. Bankiers aus Venedig und der Lombardei spielten die führende Rolle beim frühen Ausbau der «City» zum internationalen Finanzmarkt; vom 14. Jahrhundert an brachten Händler und Ingenieure[33] aus den Niederlanden und Norddeutschland[34] der Stadt sowohl neue Technologien als auch Zugang zu neuen Märkten, von Nowgorod bis nach Lissabon.[35] Manche Historiker leiten sogar die Bezeichnung der britischen Währung – «Sterling» – von dem Namen ab, den diese umherziehenden deutschen Händler im Volksmund hatten: «Easterlings» (Ostler).[36]

Später kamen holländische und französische Hugenotten, die im späten 17. Jahrhundert und frühen 18. Jahrhundert der britischen Regierung und dem privaten Sektor die enormen Summen liehen, die zum Aufbau des Weltreichs nötig waren.[37] Bald danach setzte, so der französische Historiker Fernand Braudel, «geradezu eine Invasion von Holländern» ein, darunter auch Juden.[38] Ende des 13. Jahrhunderts waren die Juden aus England vertrieben worden, jetzt aber wurden sie wegen ihrer Geschäftskontakte in Asien und Nordafrika umworben.[39]

Anfang des 20. Jahrhunderts standen große Finanzdynastien jüdischer Abstammung – darunter die Familien Schroeder, Hambro, Kleinwort, Montagu und vor allem Rothschild – im Zentrum des weltumspannenden Londoner Finanznetzes.[40] In dieser sagenumwobenen Stadt waren alle Weltstämme vertreten – Hugenotten, Juden, Italiener, Iren, jeder mit seinem eigenen Netzwerk internationaler Verbindungen; als Ergebnis wurde London zur unbestrittenen Finanzhauptstadt der Welt.[41] Wie Henry James bemerkte, stellte London damals «die größte Ansammlung menschlichen Lebens, das vollständigste Kompendium der Welt» dar. «Dort ist das Menschengeschlecht besser vertreten als irgendwo sonst.»[42]

In ihrem Weltreich schufen die Briten eine Vielzahl weiterer Weltstädte mit je eigenen «Kompendien» diverser ethnischer Gruppen. Hongkong, Singapur, Bombay, Kalkutta, Lagos und Kapstadt, um nur einige zu nennen, wurden für alle möglichen ethnischen Gruppen zur zweiten Heimat: Afrikaner und Inder aus den verschiedensten Regionen, Libanesen, Chinesen, Juden, Araber. Noch heute beruht die Größe Londons in erheblichem Umfang auf seinen Dienstleistungen für diese weit verstreuten ethnischen Netzwerke, die ihrerseits in der «City» und ihren Institutionen bedeutende Stützpunkte unterhalten.

Gegenwärtig sind wir Zeugen des Aufstiegs und der globalen Ausbreitung neuer, nichteuropäischer Weltstämme, die sich die Energie und die Macht des technologischen und wissenschaftlichen Fortschritts zunutze gemacht haben. Vor nicht einmal 150 Jahren litten die Japaner, Inder und Chinesen unter einer umfassenden ökonomischen Unterentwicklung. Inzwischen haben sie das europäisch-amerikanische Monopol auf die Zukunft endgültig gebrochen. Hinter ihnen stehen neue Gruppen – Mormonen,

Armenier, Palästinenser, Lateinamerikaner – bereit, die Weltbühne des globalen Wirtschaftsgeschehens zu betreten.

Im nächsten Jahrhundert werden solche globalen Gemeinschaften im Gegensatz zu den verfallenden Strukturen der alten Nationalstaaten eine immer wichtigere Rolle in der Weltwirtschaft spielen. Ihr Erfolg – gegründet auf Kosmopolitismus, Bildung und Religion, Ethik und ethnische Identität – legt eine Verlagerung des Schwerpunktes zukünftiger Debatten über Effektivität in der modernen Welt nahe: weg von der konventionellen Besessenheit mit der Technologie und «wissenschaftlichen» Systemen.

Wer eine in diesem Sinne eher universalistische Weltordnung erhofft, wie sie in den rationalistischen Utopien eines technologischen Determinismus oder den systematischen Theorien eines Karl Marx oder Adam Smith zum Ausdruck kommt, mag in der Betonung der Stammeseigenart der Weltstämme eine merkwürdige Regression zum Triebhaften erblicken, bei der geradezu die Irrationalität unserer Spezies gefeiert wird. Erst wenn wir aber der Tatsache ins Auge blicken, daß die Menschen nun einmal an ihren unvollkommenen und ganz verschiedenen Denk- und Empfindungsweisen festhalten, können wir uns auf den Weg machen, der uns am Ende zur machbaren Utopie führt – nach Kosmopolis.

Anmerkungen

Vorwort: Globale Gemeinschaften

1 Isaacs, Harold: Idols of the Tribe. Harper and Row, New York 1975, S. 25
2 Das deutsche Wort *stam* bedeutete zunächst «Baum», «Stamm», wurde aber schon früh übertragen gebraucht. Nach dem Bild des Äste und Zweige treibenden Baums übernahm es früh die Bedeutung «Geschlecht»; althochdeutsch *liutstam* = Volksstamm (Der Große Duden, Etymologie). Das englische *tribe* = Stamm kommt vom lateinischen *tribus*, das sich auf die Dreiteilung des Volks im alten Rom entsprechend der antiken Mythologie bezieht. Das *Oxford English Dictionary* bezeichnet in seiner Ausgabe von 1933 einen Stamm als «eine Gruppe von Menschen, die eine Gemeinschaft bilden und sich auf die Abstammung von einem gemeinsamen Ahnen berufen». Ein eher herabsetzender Wortgebrauch entstand, wie der amerikanische Anthropologe Morton Fried erläutert, mit dem Marxismus, der die barbarische Natur des Stammeslebens hervorhob, und durch die Neigung der Europäer, in den von ihnen eroberten Ländern die Verwandtschaftsbeziehungen unter Nichtweißen als stammesmäßig zu bezeichnen. Zwecks ausführlicherer Erklärung siehe Morton H. Fried: The Notion of Tribe. Cummings Publishing Co., Menlo Park, Cal. 1975, S. 4–7
3 Jain, Girlal: And the Winner is . . . In: *World Press Review* März 1990, S. 80
4 Kato, Hidetoshi: Essays in Comparative Popular Culture: Coffee, Comics and Communication. In: Papers of the East-West Communication Institute, East-West Center, Honolulu, Nr. 13, S. 37
5 Weber, Max: Wirtschaft und Gesellschaft. Grundriß der Sozialökonomik, III. Abteilung. Tübingen 1922, S. 351 ff.
6 Weber, Max: Die protestantische Ethik und der «Geist» des Kapitalismus. Neue Wissenschaftliche Bibliothek Athenäum. Hain. Hanstein, Bodenheim 1993, S. 196

7 Sarna, Jonathan D.: The Jewish Way of Crime. In: *Commentary*, August
   1984

8 Dr. Jonathan Seidel, Professor für Jüdische Geschichte an der Stanford
   University, hat einigen bekannten jüdischen Finanzmaklern, darunter Michael Milken und Ivan Boesky, vorgeworfen, sich zwecks eigener Berei-
   cherung in unrechtmäßiger Weise jüdischer «Netzwerke» bedient zu
   haben. Es gab jedoch auch andere, nichtjüdische Teilnehmer an diesen
   Netzwerken. Fairerweise läßt sich wohl sagen, daß jüdische Geschäftsleute, da stark im Investment Banking vertreten, logischerweise auch
   überproportional in die Skandale verstrickt waren, die diesen Sektor er-
   schütterten. Pauleen, David: International Business: The Jewish Legacy.
   Unveröffentlicht.

1. Die Entstehung globaler Gemeinschaften

 1 Biographische Angaben M. de Rothschilds gegenüber dem Autor
 2 Persönliche Mitteilung
 3 Feinslaver, Rabbi Alexander: The Talmud for Today. St. Martin's Press,
   New York 1980. S. 71
 4 Davis, Richard: The English Rothschilds, Collins Publishers, Galsgow
   1983. S. 82
 5 Balla, Ignaz: Die Rothschilds. Berlin 1912
 6 Morton, Frederic: Die Rothschilds. Porträt einer Familie. Droemer-
   Knaur, München 1962. S. 224
 7 Persönliche Mitteilung
 8 «Diaspora», AIM, April 1991, S. 28
 9 Thomas, Brinley: Migration and Urban Development: A Reappraisal of
   British and American Long Cycles. Methuen, London 1972. S. 2
10 Park, Robert Ezra: Race and Culture. The Free Press, New York 1950. S.
   346
11 Armytage, W. H. G.: A Social History of Engineering. Faber and Faber,
   London 1961, S. 22
12 Herm, Gerhard: Die Phönizier. Das Purpurreich der Antike. Econ, Düs-
   seldorf 1973. S. 13
13 Curtin, Philip D.: Cross-Cultural Trade in World History. Cambridge
   University Press, Cambridge (England) 1984. S. 66 f.
14 Boxer, C. R.: Race Relations in the Portuguese Colonial Empire:
   1415–1825. Clarendon, Oxford 1963. S. 3

15 Palmer, Dr. Spencer J.: The Japanese and the Jews: Two Peoples That Have Surprised the World. Paper delivered at the Kennedy Center, Brigham Young University, 26. 2. 1986

16 Spengler, Oswald: Der Untergang des Abendlandes. Umrisse einer Morphologie der Weltgeschichte. Deutscher Taschenbuch Verlag, München ¹¹1993. S. 45

17 Ashtor, Eliyahu: The Jews and the Mediterranean Economy, 10th–15th Centuries. Variorum Reprints, London 1983. S. 89–91

18 Roth, Cecil: The Jewish Contribution to Civilization. Macmillan, London 1938. S. 169 f.

19 Sowell, Thomas: Cultural Diversity: A World View. Lecture presented at the American Enterprise Institute's Annual Policy Conference. 5. 12. 1990. S. 9

20 Toledano, Maricio Hatchwell: History of Sepharad. Unpublished Paper. S. 2–9

21 Balla, a.a.O., S. 170

22 Marx, Karl: Die Judenfrage. 1844

23 Gould, Stephan J.: Science and Jewish Immigration. In: *Natural History*, Dezember 1980. S. 16

24 Ebd., S. 8

25 Roth, a.a.O., S. 173

26 Korman, Abraham: The Outsiders: Jews and Corporate America. Lexington Books, Lexington, Mass. 1988 S. 113

27 Tabelle aus DellaPergola, Sergio: Jewish and General Populations in Selected Countries According to Education, 1957–1987. The Institute of Contemporary Jewry, The Hebrew University, Jerusalem 1983 und 1988

28 Tabelle aus DellaPergola, Sergio: Jewish Population and Total, According to Country and Occupation, 1960–1980. The Institute of Contemporary Jewry, The Hebrew University, Jerusalem 1983 u. 1988

29 Mumford, Lewis: Technics and Civilization. Harcourt Brace, New York 1934. S. 152

30 Ebd.

31 Tawney, R. H.: Religion and the Rise of Capitalism. Hazell, Watson and Viney, London 1926. S. 205

32 Weber, Max: Wirtschaftsgeschichte. Abriß der universalen Sozial- und Wirtschaftsgeschichte. Duncker & Humblot, Berlin. 4. unveränderte Auflage 1981. S. 302

33 Neusner, Jacob: The Glory of God is Intelligence: Four Lectures on the Role of Intellect in Judaism. In: The Religious Studies Monograph Series

3. Bookcraft Inc., Brigham Young University, Salt Lake City 1979. S. XVIII

34 Casson, Mark: Changes in the Level and Structure of International Production: The Last Hundred Years. In: The Growth of International Business, hrsg. von John H. Dunning. George Allen and Unwin, London 1983. S. 106

35 Feis, Herbert: Europe: The World's Banker, 1870–1914. Kelley, Clifton, N. J. 1974. S. 23

36 Bailyn, Bernhard: Voyagers to the West. Vintage, New York 1988. S. 24 f.

37 Thomas, Brinley: International Migration and Economic Development. UNESCO, Paris 1961. S. 32

38 Murphey, Roads: The Outsiders: The Western Experience in India and China. University of Michigan Press, Ann Arbor 1977. S. 18–22

39 Thomas, a.a.O.

40 Snyder, Louis L.: Macronationalisms: A History of Pan-movements. Greenwood Press, Westport, Conn. 1984. S. 96 f.

41 Sartre, Jean-Paul, zitiert nach Fanon, Frantz: Die Verdammten dieser Erde. Rowohlt Verlag, Reinbek

42 Economic and Financial Indicators. In: The Economist, 29. 9. 1990. S. 114

43 Smith, Tony: The Patterns of Imperialism: The United States, Great Britain, and the Late-Industrializing World Since 1815. Cambridge University Press, Cambridge, England 1981. S. 57

44 Madhavan, M. C.: Indian Emigrants: Numbers, Characteristics and Economic Impact. In: Population and Development Review 11, Nr. 3, Sept. 1985, S. 460; Murphey, a.a.O., S. 101

45 Tabe, Noboru: Indian Entrepreneurs at the Crossroads. Institute of Developing Economies, Tokio 1970. S. 8–13

46 Kumar, Dharma: The Cambridge Economic History of India. Vol. II: 1757–1970. Cambridge University Press, Neu-Delhi 1982. S. 565

47 Murphey, a.a.O., S. 17 f.

48 Marx, Karl: Das Kapital. Kritik der politischen Ökonomie. Erster Band, erstes Buch: Der Produktionsprozeß des Kapitals. Wissenschaftliche Buchgesellschaft, Darmstadt 1962. S. 870, Anm. 192

49 Armytage, a.a.O., S. 233 f.

50 World Trade Survey. In: The Economist, 22. 9. 1990. S. 7

51 Future Shocklet. In: The Economist, 22. 9. 1990; Survey: Asia's Emerging Economies. In: The Economist, 16. 11. 1992, S. 1; World Population, By Region. In: The Economist, 11. 4. 1992. S. 107

52 Adams, F. Gerard: Economic Performance and Prospects: South East Asia

and Latin America. In: Perspectives on the Pacific Basin Economy, hrsg. von Takao Fukichi und Mitsuhiro Kagami. Institute of Developing Economics, Tokio 1990. S. 32

53 Price of Speech. In: *Economist*, 6.7.1991, S. 16

54 *The Economist*, 20.7.1991

55 *The Economist*, 20.7.1991

56 Viewpoint, Inserat der Commerzbank; Air Transport: Deregulation Will Stimulate Growth. In: *The Economist*, 20.10.1990, S. 82. Die Angaben beruhen auf Schätzungen der Internationalen Zivilluftfahrtorganisation.

57 Singer, Milton: When a Great Tradition Modernizes. Praeger, New York 1972. S. 317

58 Mündliche Mitteilung

59 Highlights of CJF 1990 National Survey, published by Council of Jews Federation, New York. S. 56–58. Fast drei Viertel der amerikanischen Juden, darunter die große Mehrheit der dritten Generation, betrachten sich als eng mit Israel verbunden.

60 Phillips, Jenny: Symbol, Myth and Rhetoric: The Politics of Culture in an Armenian-American Population. AMS Press, New York 1989. S. 2 f.

61 Chazanov, Mathis: Job Springs from Ethnic Roots. In: Los Angeles Times, 3.11.1991

62 Interview in *Diaspora*, AIM, April 1991. S. 29

63 Hertzberg, Arthur: The Zionist Idea. Doubleday, New York 1959. S. 455

64 Phillips, a.a.O., S. 39–43

65 Fried, Morton H.: The Notion of Tribe. Cummings Publishing, Menlo Park, Calif. 1975. S. 7

66 Spear, Percival: India: A Modern History. University of Michigan, Ann Arbor 1961. S. 33

67 Pan, Lynn: Sons of the Yellow Emperor: A History of the Chinese Diaspora. Little, Brown, Boston 1990. S. 10

68 Dower, John W.: War Without Mercy: Race and Power in the Pacific War. Pantheon, New York 1986. S. 215–225

69 Tuchman, Barbara: Bibel und Schwert. Palästina und der Westen. Vom Frühen Mittelalter bis zur Balfour-Declaration 1917. Fischer, Frankfurt am Main 1983. S. 13–17

70 Ebd., S. 127

71 Nietzsche, Friedrich: Die Geburt der Tragödie und Die Genealogie der Moral.

72 Kaufmann, Walter: Nietzsche: Philosopher, Psychologist, Anti-Christ. Vintage, New York 1958. S. 339

73 Grant, Michael: Von Alexander bis Kleopatra. Die hellenistische Welt. Gustav Lübbe, Bergisch Gladbach 1984. Aus d. Engl. v. Dieter Eibach. S. 87

74 Grant, Michael: The Jews in the Roman World. Scribner's, New York 1973. S. 30

75 Gilbert, Martin: The Jewish History Atlas. 3rd edition. Steinmatzky Press, Jerusalem 1975. S. 75

76 Maccoby, Hyam: Revolution in Judea. Taplinger, New York 1980. S. 53

77 Gilbert, a.a.O., S. 19–21

78 Grant, The Jews in the Roman World. S. 289 f.

79 Nachum Gross, Salo W. Baron, Arcadius Kahan et al.: The Economic History of the Jews. Schocken Books, New York 1975. S. 22. Die Autoren zitieren ein altes Sprichwort: Wer einen Juden als Sklaven nimmt, handelt sich einen Herren ein.

80 Ebd., S. 52

81 Israel, Jonathan I.: European Jewry in the Age of Mercantilism. 2nd edition. Oxford University Press, New York 1989, S. 202–205

82 Kastein, Josef: History and Destiny of the Jews. Viking Press, New York 1933. S. 404 f.; Adler, Elkan Nathan: London. Jewish Publication Society of America, Philadelphia 1930. S. 172–174, 218–220; Muhlstein, Anka: Baron James: Rise of the French Rothschilds. Vendome Press, New York 1982. S. 65

83 Kranzler, David: Japanese, Jews and Missionaries. Yeshiva University Press, New York 1976. S. 174–176

84 Attali, Jacques: A Man of Influence: Sir Siegmund Warburg. Weidenfeld and Nicolson, London 1986. S. 54–56

85 Rosentraub, Mark und Taebel, Delbert: Jewish Enterprise in Transition: From Collective Self-help to Orthodox Capitalism. In: Self-Help in Urban America. Hrsg. v. Scott Cummings. National University Publications, Port Washington, N.Y. 1980. S. 194–197

86 Muhlstein: Baron James, S. 216

87 Interview mit dem Autor

88 Home, Irving: World of Our Fathers. Harcourt Brace Jovanovich New York 1976, S. 163–164

89 Leventhal, Dennis A.: The Jewish Community of Hong Kong. Jewish Publication Society of Hong Kong 1988, S. 9; Attali, A: A Man of Influence, S. 120–122; Morton: The Rothschilds, S. 286

90 Tamir, Vicki: Bulgaria and Her Jews: The History of a Dubious Symbiosis. Yeshiva University Press, New York 1979, S. 229

91 Hertzberg, Arthur: The Jews in America: Four Centuries of an Uneasy Encounter. Touchstone Books, New York 1989, S. 373

92 Bainerman, Joel: «Cut Off Aid to Israel and Watch It Thrive», in: The Wall Street Journal, 23. Juli 1991

93 Interview mit dem Autor

94 Sender, Henny: «Inside the Overseas Chinese Network», in: Institutional Investor, August 1991

95 Michael Twaddle: «Was the Expulsion Inevitable?» in: Expulsion of a Minority: Essays on Ugandan Asians. M. Twaddle (Hrsg.), University of London, London 1975, S. 13

96 American Immigration Institute, Juli–August 1990, «Melting Pot Still Works», in: Focus on Immigration. S. 6; Schmelz, U. O., und DellaPergola, Sergio: «Basic Trends in Jewish Demography», Jewish Sociology Papers. American Jewish Committee New York 1988, S. 17–24; «WASP Children Are Waning», in: American Demographics, Mai 1991, S. 21

97 Cohen, Steven M.: American Assimilation or Jewish Revival? Indiana University Press, Bloomington 1988, S. 180

98 Mowlana, Hamid: Global Information and World Communication: New Frontiers. Longmans New York 1986, S. 175

2. Das Geheimnis der Juden

1 Gespräch mit Forschungsmitarbeiter Hal Plotkin

2 Leventhal: The Jewish Community of Hong Kong. S. 6–8

3 Pollack, Michael: Mandarins, Jews and Missionaries. Jewish Publication Society, Philadelphia 1980. S. 63–66, 309

4 Ebd., S. 324 f.

5 Ebd., S. 180–182

6 Timberg, Thomas: The Jews of Calcutta. In: Bengal: Past and Present, vol. 93, January – April 1974, S. 7 f.

7 Leventhal: The Jewish Community of Hong Kong. S. 1

8 Kranzler: Japanese, Nazis and Jews. S. 20 f.

9 Nathan, Eze: The History of the Jews of Singapore. Herbilu Editorial Marketing and Services, Singapore 1986. S. III–VII

10 Ebd., S. 1

11 Ebd., S. 187

12 Dicker, Herman: Wanderers and Settlers in the Far East. Twayne Publishers, New York, 1962. S. 138

13 George, F. J.: The Singapore Saga. General Printing and Publishing Services, Singapore 1985. S. 75 f.

14 Nathan: History of the Jews in Singapore, Vorwort David Marshall. Chan Heng Chee: A Sensation of Independence: A Political Biography of David Marshall. Oxford University Press, Singapore 1984. S. 1–11

15 Basiert auf einem Gespräch mit Hal Plotkin

16 Patai, Raphael: The Tents of Jacob. Prentice-Hall, Englewood Cliffs, N. J. 1971. S. 4. «In der Geschichte der Juden», schreibt Patai auf Seite 4, «kam zuerst die Diaspora und dann erst Nationalität, Land und staatliche Souveränität.»

17 Queen, Stuart A., und Halbenstein, Robert W.: The Family in Various Cultures. Lippincott, New York 1974. S. 170–172

18 Grant: The Jews in the Roman World. S. 36

19 Ebd., S. XI

20 Gilbert: The Jewish History Atlas, S. 12; Grant: From Alexandra to Cleopatra, S. 78

21 Grant: The Jews in the Roman World, S. 60

22 Gilbert: a.a.O., S. 12; Grant: a.a.O., S. XI

23 Tönnies, Ferdinand: Gemeinschaft und Gesellschaft, Leipzig 1887

24 Gross, Nachum, et al.: The Economic History of the Jews. S. 21–24

25 Curtin: Cross-Cultural Trade, S. 99 f., 105

26 Hitt, Philip K.: The Near East in History. Van Nostrand Co., Princeton 1961. S. 275, 280; Roth: The Jewish Contribution, S. 81 f.

27 Lequin, Yves: La Mosaique France. Librairie Larousse, Paris 1988. S. 109

28 Curtin: a.a.O., S. 112

29 Simmel, Georg: Soziologie. Untersuchungen über die Formen der Vergesellschaftung. Duncker & Humblot, Berlin 1908. [6]1983, S. 510–512

30 Gross, et al.: a.a.O., S. 43

31 Roth: a.a.O., S. 229

32 Rivkin, Ellis: The Shaping of Jewish History: A Radical New Interpretation. Scribner's, New York 1971. S. 140

33 Poliakov, Leon: Jewish Bankers and the Holy Sea. Routledge and Keegan Paul, London 1977. S. 173 f.

34 Sombart, Werner: Die Juden und das Wirtschaftsleben. Duncker & Humblot, München und Leipzig 1928. S. 24

35 Braudel, Fernand: The Perspective of the World: Civilization & Capitalism, 15th–18th Century, Vol. 3. Harper & Row, New York 1984. S. 109

36 Elliott, J. H.: Imperial Spain, 1469–1716. St. Martin's Press, New York 1964. S. 98

37 Parry, J. H.: The Age of Reconnaissance. Mentor Books, New York 1984. S. 21; Roth, a.a.O., S. 70–72

38 Braudel, a.a.O., S. 187

39 Wiznitzer, Arnold: Jews in Colonial Brazil. Columbia University Press, New York 1960. S. 9–11, 66–70, 128

40 Poliakov: a.a.O., S. 229

41 Gross et al.: a.a.O., S. 52

42 Statistik aus dem *Handbuch der deutschen Aktiengesellschaften*, angefülut bei Sombart, Werner: Die Juden und das Wirtschaftsleben. S. 135

43 Hilberg, Raul: Die Vernichtung der europäischen Juden. Die Gesamtgeschichte des Holocaust. 3 Bde. 2. Aufl. 1990. Frankfurt, Fischer TB 4417. S. 97

44 Gordon, Sarah: Hitler, Germans and the Jewish Question. Princeton University Press, Princeton, N. J. 1984. S. 12

45 A.a.O., S. 803, 826 f.

46 Sowell, Thomas: Preferential Policies: An International Perspective. William Morrow, New York 1990. S. 178 f.

47 Sarna: The Jewish Way of Crime. S. 53–55

48 Sombart: Die Juden und das Wirtschaftsleben, S. 324

49 Highlights of the CJF 1990 National Jewish Population Survey. Council of the Council of Jewish Federations, New York 1991. S. 37

50 Von Sergio DellaPergola erstellte Tabelle: Jewish Population and Total, According to Country and Occupation, 1960–1980. The Institute of Contemporary Jewry, The Hebrew University, Jerusalem 1983 and 1988; Alderman, Geoffrey: The Jewish Community in British Politics. Clarendon Press, London 1983. S. 37

51 Longley, Clifford: High Finance, High Ethic. *The Times*, London, 8. 9. 1990

52 Laut Hillsdown Holdings Group Profile, 1989, S. 6

53 Blackhurst, Chris: The Leader of the Pack. *Business*, Januar 1989

54 Gespräch mit dem Autor

55 Gespräch mit dem Autor

56 Hertzberg (Hrsg.): The Zionist Idea. S. 324 f.

57 Israel: European Jewry in the Age of Mercantilism. S. 29–33

58 Feinsilver, Rabbi Alexander (Hrsg.): The Talmud for Today. St. Martin's Press, New York 1980. S. 72

59 Israel, a.a.O., S. 120. Der Verfasser hält fest, daß die Juden «den größten Teil ... des mittleren Bereichs zwischen der Bauernschaft auf der einen Seite und dem Adel und der Geistlichkeit auf der anderen» besetzten.

60 Golab, Caroline: Immigrant Destinations. Temple University Press, Philadelphia 1977. S. 46

61 Ebd., S. 51

62 Eitzen, Stanley D.: Two Minorities: The Jews of Poland and the Chinese of the Philippines. In: The Jewish Journal of Sociology, 10, Nr. 2, Dez. 1968, S. 125

63 Andreski, Stanislav: Military Organization and Society. University of California Press, Berkeley 1954. S. 206

64 Gross, a.a.O., S. 192

65 Marrus, Michael: The Unwanted: European Refugees in the Twentieth Century. Oxford University Press, New York 1985. S. 27

66 Gilbert, a.a.O., S. 75

67 Golab, a.a.O., S. 55

68 Gartner, Lloyd P.: The Jewish Immigrant in England, 1870–1914. Allen and Unwin, London 1960. S. 85

69 Ebd., S. 85–93

70 Webb, Beatrice: Meine Lehrjahre. Aus d. Engl. v. Christa Krüger. Insel Verlag, Frankfurt/Main 1988. (Webb = Ehename der Beatrice *Potter*) Zitat in den Abschnitten über das «Sweating System» nicht gefunden.

71 Aris, Stephen: But There Are No Jews in England. Stein und Day, New York 1970. S. 104–111

72 Howe: World of Our Fathers, S. 154

73 Hersch: International Migration of Jews. In: *International Migrations*, ed. Wilcox, Walter. National Bureau of Economic Research, New York 1931. S. 504

74 Howe, a.a.O., S. 154

75 Hersch: Internation Migration of Jews. S. 517 ff.

76 Sowell, Thomas: Cultural Diversity: A World View. S. 7

77 Traub, James: Behind All of That Glitz and Glitter, the Garment Industry Means Business. In: *Smithsonian*, Aug. 1985, S. 32 ff.

78 Howe, a.a.O., S. 154

79 Gespräch mit dem Autor

80 Traub, a.a.O., S. 36; Gespräche mit dem Autor

81 Gespräch mit dem Autor

82 Patton, Phil: Jeans in the Genes: Why the S. Y.'s Are Sportswear's Chosen People. In: *New York*, 22. 5. 1989; Schachter, Jim: Marciano Brothers Time of Trial. In: *Los Angeles Times*, 21. 1. 1990, S. 40 f.

83 Patton, a.a.O., S. 41

84 Gross, a.a.O., S. 158

85 Israel, a.a.O., S. 139
86 Denkwürdigkeiten der Glückel von Hameln. Aus d. jüd.-dt. Übers., mit
   Erl. vers. u. hrsg. von Alfred Feilchenfeld. Jüdischer Verlag, Königstein/
   Ts. 1980
87 Gross, a.a.O., S. 159 f.
88 Yogev, Gedalia: Diamonds and Coral: Anglo-Dutch Jews and 18th Century Trade. Leicester University Press, Leicester 1978. S. 83–90
89 Ebd., S. 145
90 Rosenthal, Eric: On the Diamonds Fields. In: The Jews in South Africa:
   A History. Hrsg. Saron, Gustav und Hotz, Louis. Oxford University
   Press, New York 1955. S. 105–118
91 Gross, a.a.O., S. 160 f.
92 Szenberg, Michael: The Economics of the Israeli Diamond Industry.
   Basic Books, New York 1973. S. 20
93 Gross, a.a.O., S. 160
94 Szenberg, a.a.O., S. 20
95 The Shaping of the Industry. Paper written for the Israeli Diamond
   Exchange, o. J.
96 Harel, Erica: A Look Inside Israel's Diamond Industry. An Israel Diamond Industry Publication, 1989. S. 7
97 Murphy, Kim: Cracks in the Boycott. Los Angeles Times 22. 5. 1991
98 Import und Export of Diamonds. The Israel Diamond Industry Facts
   and Figures, 1990. Diamond Division of the Ministry of Industry and
   Trade. S. 15
99 Gespräch mit dem Autor
100 Gespräch mit Hal Plotkin
101 Korman: The Outsiders. S. 88
102 The Richest Congregations. American Demographics, Dec. 1991. S. 13.
   Das Durchschnittseinkommen jüdischer Haushalte wurde auf 36 000
   Dollar geschätzt. Die an zweiter Stelle liegenden Unitarierhaushalte verfügten über geschätzte 34 800 Dollar, gefolgt von den Agnostikern mit
   33 300 und den Mitgliedern der Episkopalkirche mit 33 000 Dollar. J. K.
103 Diese Angaben stützen sich auf den Artikel The Billionaires. In: Forbes,
   Juli 1991. Weitere Nachforschungen durch Hal Plotkin und Julie Chien.
104 Freund, Miriam K.: Jewish Merchants in Colonial America. Behrman
   Jewish Book House, New York 1939. S. 30–34
105 Blau, Joseph L., und Baron, Salo W.: The Jews of the United States,
   1790–1840: A Documentary History. Columbia University Press, New
   York 1963. S. 2–4

106 Ebd., S. 810 f.

107 Ashkenazi, Elliott: The Business of Jews in Louisiana, 1840–1875. University of Alabama Press, Tuscaloosa 1988. S. 5 f.; Jubilee Souvenir of Temple Sinai, komp. Heller, Rabbi Max. New Orleans 1922. S. 1

108 Harris, Leon: Merchant Princes. Harper & Row, New York 1979. S. 157–160, 167–176, 210–236

109 Sombart, a.a.O., S. 40

110 Rosenbaum, Fred: Architects of Reform: Congregational and Community Leadership of Emanuel of San Francisco. Western Jewish History Center, Berkeley 1980. S. 1

111 Sombart, a.a.O., S. 40 ff.

112 Rochlin, Harriet u. Rochlin, Fred: Pioneer Jews: A New Life in the Far West. Houghton Mifflin, Boston 1984. S. 56

113 Glanz, Rudolf: The Jews of California: From Discovery of Gold Until 1880. Waldon Press u. Southern California Jewish Historical Society, New York 1960. S. 149

114 Sandberg, Neil: Jewish Life in Los Angeles. University Press, Lanham, Md. 1986. S. 27

115 Rochlin u. Rochlin, a.a.O., S. 127 f.

116 Glanz, a.a.O., S. 41

117 Rosenbaum, a.a.O., S. 14

118 Ebd., S. 43

119 Vorspan, Max, u. Gartner, Lloyd P.: History of the Jews of Los Angeles. Jewish Publication Society, Philadelphia 1970. S. 37–39

120 Ebd., S. 41 f.

121 Rochlin u. Rochlin, a.a.O., S. 69–73

122 Ebd., S. 122

123 Rischin, Moses: The Promised Land: New York's Jews, 1870–1914. Harvard University Press, Cambridge, Mass. 1962. S. 133 f.

124 Ebd., S. 134

125 Howe, a.a.O., S. 164 f., 213

126 Ebd., S. 556–558

127 Gabler, Neil: An Empire of Their Own: How the Jews Invented Hollywood. Crown Publishers, New York 1988. S. 62

128 Neumeyer, Kathleen: A New Promised Land. In: Los Angeles, Juni 1985, S. 200

129 Gabler, a.a.O., S. 2

130 Neumeyer, a.a.O., S. 200

131 Vorspan u. Gartner, a.a.O., S. 132–134

132 Neumeyer, a.a.O., S. 200
133 Howe, a.a.O., S. 568 f.
134 Ebd., S. 165 f.
135 CJF National Jewish Survey. Pressemitteilung 15. 11. 1990
136 Highlights of the CJF 1990 National Jewish Population Survey, S. 48
137 Cohen, George: The Jews in the Making of America. The Stratford Co., Boston 1924. S. 262
138 Libman, Gary: Los Angeles Jews Gain Clout as Power Shifts to West. In: *Los Angeles Times*, 18. 3. 1990
139 Neumeyer, a.a.O., S. 172
140 Ebd., S. 170–175
141 Teitelbaum, Sheldon: A Tale of Three Cities: Los Angeles – Beverly Hills Battleground. In: *Present Tense*, Nov.–Dez. 1988, S. 24
142 Biale, David: Power and Powerlessness in Jewish History. Schocken Books, New York 1986. S. 180
143 Ebd.
144 Gubernick, Lisa, with Schlax, Julie: A Dinner with Liz Taylor. In: *Forbes*, 4. 3. 1991, S. 113
145 Gubernick, Lisa, u. Newcomb, Peter: The Richest Man in Hollywood. In: *Forbes*, 24. 12. 1990, S. 94
146 Gespräch mit dem Autor
147 DellaPergola: World Jewish Population: 1986. S. 418; Hilberg, a.a.O. Die bei DellaPergola angeführte Zahl scheint niedrig, jedenfalls im Licht neuerer Schätzungen. Dies gilt insbesondere für die Diaspora, wie er auf S. 414 selbst anmerkt, mit ihren enormen Definitionsproblemen infolge von Heirat mit Nichtjuden, Scheidung oder Mobilität innerhalb der jüdischen Bevölkerung außerhalb Israels. Beispielsweise liegt DellaPergolas Schätzung der Zahl der französischen Juden um mindestens 100 000 unter der von *Le Consistoire de Paris* gemachten Angabe; für die Vereinigten Staaten sind die Unterschiede sogar noch ausgeprägter. Nach dem *1990 Council of Jewish Federations population Survey* entspricht die Zahl der amerikanischen «Kern»-Juden der von DellaPergola gemachten Angabe, während die «ethnische» jüdische Bevölkerung, zu der auch zahlreiche Nachkommen aus Mischehen u. ä. gehören, um bis zu einer Million höher liegen dürfte. J. K.
148 Schmelz u. DellaPergola: Basic Trends in Jewish Demography. S. 419–425. Wie weiter vorn bemerkt, liegen die Schätzungen der Hebrew University tendenziell unter den sonst genannten Zahlen; so gibt sie zum Beispiel die Zahl der jüdischen Bevölkerung in Argentinien mit

240000 an, während Gilbert in The Jewish History Atlas (S. 124) 400000 nennt.

149 Vital, David: The Future of the Jews. Harvard University Press, Cambridge, Mass. 1990, S. 42

150 Gilbert: The Jewish History Atlas. S. 58, 60, 93, 110

151 Les Juifs de France ont plus de mal à être qu'à être francais. In: L'Evénement du Jeudi, 6.7.1989, S. 62

152 Marrus, Michael: Are the French Anti-Semitic? In: Frances Malino u. Bernard Wasserstein (Hrsg.): The Jews in Modern France. University Press of New England, Hanover, New Hampshire. S. 236

153 Hertzberg: The Jews of America. S. 388. Herzberg sagt voraus, «ohne so etwas wie eine gründliche Neubelebung könnte es mit der Geschichte der amerikanischen Juden aus sein».

154 The Jerusalem Letter. The Jerusalem Center for Public Affairs. 15.1.1991

155 Nesvisky, Matthew: Broken Promises. In: Present Tense, 20. 3. 1989. S. 22–26

156 Letting Their People Go. In: Time, 9. 10. 1989. S. 43

157 The Richest Congregations. In: American Demographics, 9. 12. 1991. S. 13. Dies ist um so bemerkenswerter, als hier das Haushaltseinkommen zugrunde gelegt wurde. Da die jüdischen Haushalte zu den kleinsten zählen, heißt das, daß das jüdische Pro-Kopf-Einkommen besonders hoch liegt.

158 Brooklyn on the Volga. In: The Economist, 9.6.1990. S.25

159 Waxman, Chaim I.: America's Jews in Transition. Temple University Press, Philadelphia 1983. S. 197–200; The Exodus from Israel. In: Time, 12.1.1981. S. 39; Now It's an Exodus from Troubled Israel. In: U.S. News & World Report, 4.8.1980. S. 31 f.; Israel: The Exodus of the Disenchanted. In: Maclean's 5.1.1981. S. 21

160 Bank of Israel: Annual Report 1989. Jerusalem 1990. S. 82

161 Meyer, Josh: Seeking Word on Israel. In: Los Angeles Times, 20.1.1991. Diesem Artikel zufolge schätzt das Los Angeles Jewish Consulate die Israelis in den sieben westlichen Bundesstaaten der USA auf 200000.

162 Williams, Daniel: New Jersey Comes to Jerusalem. In: Los Angeles Times, 8. 11. 1989; 1987 Statistical Yearbook of the Immigration and Naturalization Service. Government Printing Office, Washington, D. C., Okt. 1988. S. 4

163 Teitelbaum, Sheldon: They Love America: Israelis in Southern California Have Finally Arrived. In: Present Tense, März/April 1989. S. 30

164 Friedberg, Asher u. Kfir, Aharon: Jewish Emigration from Israel. In: *The Jewish Journal of Sociology*, Juni 1988, S. 11 f.

165 Tugend, Tom: The Brain Drain. In: *Jerusalem Post*, 4. 7. 1989

166 Carey, Hugh: Immigration Tide Demands Urgent Changes. In: *Financial Times*, 14. 9. 1990

167 Eine Erörterung der Schwierigkeiten der israelischen Filmindustrie bringt Fainaru, Edna: Fleeing Film-Makers Point Up Crisis of Israeli Pic Industry. In: *Variety*, 22. 7. 1987

168 6000 Emigrés Apply to Travel Abroad. In: *Northern California Jewish Bulletin*, 16. 8. 1991

169 Gespräch mit dem Autor

170 Meir, Golda: What We Want for the Diaspora. In: Levine, Etan (Hrsg.): Diaspora: Exile and the Jewish Tradition. Schocken Books, New York 1986. S. 190

171 Friedmann, Georges: Jews As a Product of History. In: Ethnic Conflicts and Power. Donald E. Gelfand u. Russell D. Lee (Hrsg.). John Wiley and Sons, New York 1973. S. 135 f.

172 Ebd., S. 137

173 Kimmerling, Baruch: Zionism and Economy. Schenkman Publishing, Cambridge, Engl. 1983. S. 27–29

174 Keynan, Alex: Science and Israel's Future: A Blueprint for Revatilizing Basic Research and Strengthening Science-Based Industry. Israel Academy of Sciences and Humanities, Jerusalem Institute for Israel Studies, Jerusalem 1988. S. 5

175 Kimmerling, a.a.O., S. 3–5

176 Loewenberg, Robert: Why Prop Up Israeli Socialism? In: *New York Times* 24. 6. 1991

177 Kimmerling, a.a.O., S. 99

178 Loewenberg, a.a.O.

179 Ebd.

180 Diese Angabe bezieht sich auf ein US-Handelsdefizit von rund 100 Mrd. Dollar für 1990 und ein Bruttosozialprodukt von ca. 5 Billionen Dollar, so daß das Handelsdefizit etwa 2 Prozent des BSP beträgt.

181 Bank of Israel: Annual Report. Ahva Press, Jerusalem 1990. S. 106. Die Summe ausländischer Investitionen in Israel lag 1989 bei 425 Millionen Dollar.

182 Der Vergleich stammt aus dem Handbook of International Trade and Development Statistics 1988. The United Nations, New York 1988. S. 315 u. 319

183 Hellman, Ziv: Free the Orange. In: *Jerusalem Post*, 12. 5. 1991
184 Melman, Yossi: Struggling to Survive, Kibbutzim Lose Identity. In: *Los Angeles Times*, 6. 1. 1991; Bethall, Tom: Is the Kibbutz Kaput? In: *Reason*, Okt. 1990, S. 33–37; Hellmann, Ziv: Free the Orange. In: *Jerusalem Post*, 12. 5. 1991
185 Persönliche Mitteilung
186 Williams, Dan: To Shamir, Emigres, Zionism and Disputed Lands Tied. In: *Los Angeles Times*, 20. 1. 1990
187 Doron, Daniel: Free Enterprise Hasn't Been Given a Chance. In: *Jerusalem Post*, 17. 5. 1991

3. Erben des Empire

1 Knowles, L. C. A.: The Industrial and Commercial Revolutions in Great Britain During the Nineteenth Century. E. P. Dutton, New York 1921. S. 35
2 A.a.O., S. 3
3 The World's Top Twenty Companies. In: *The Economist*, 11. 7. 1992. S. 100
4 World Competitiveness Report, 1990. S. 213
5 A.a.O., S. 240
6 World Competitiveness Report, 1991. S. 198
7 The Marshall Plan: Doing Well by Doing Good. In: *The Economist*, 15. 6. 1991. S. 30 f.
8 Eisenstat, Gale: A Gozy Japanese Near Monopoly. In: *Forbes*, 30. 9. 1991. S. 52–54
9 Huey, John: What Pop Culture Is Telling Us. In: *Fortune*, 17. 6. 1991. S. 89
10 Helm, Leslie: U.S. Described Ahead in Key Technologies. In: *Los Angeles Times*. 22. 7. 1991
11 World Competitiveness Report, 1990. S. 158. Legt man die Zahl der Zitate aus wissenschaftlichen Aufsätzen zugrunde, so lag sie von 1981 bis 1990 für die vier wichtigsten englischsprachigen Länder – USA, Großbritannien, Australien und Kanada – weltweit doppelt so hoch wie für alle führenden europäischen und asiatischen Länder *zusammen*. (The Machinery of Growth. In: The Economist, 11. 1. 1992. S. 17)
12 Persönliche Mitteilung
13 Bailey, Richard W., und Gorlach, Manfred (Hrsg.): English as a World Language. University of Michigan Press, Ann Arbor 1982. S. 2 f.

14 Arendt, Hannah: Elemente und Ursprünge totaler Herrschaft. Antisemitismus, Imperialismus, totale Herrschaft. Serie Piper 1032, München 1986. S. 226

15 Murphey: The Outsiders. S. 32

16 Arendt, a.a.O., S. 219

17 A.a.O., S. 220

18 Smith, Tony: The Patterns of Imperialism. S. 35

19 Peyrefitte, Alain: Was wird aus Frankreich? Aus d. Franz. von Hans H. Hausser. Ullstein, Berlin, Frankfurt/Main 1978

20 Arendt, a.a.O., S. 218

21 Crisswell, Colin: The Taipans: Hong Kong's Merchant Princes. Oxford University Press, Oxford 1981. S. 19–21

22 Moulder, Francis: Japan, China and the Modern World Economy. Cambridge University Press, Cambridge, England, 1977. S. 91

23 Chan, Anthony B.: Gold Mountain: The Chinese in the New World. New Star Books, Vancouver 1983. S. 26

24 Crisswell, a.a.O., S. 6

25 Johnston, H. J. M.: British Emigration Policy. Clarendon Press, Oxford 1972. S. 3–5 u. 11

26 Polanyi, K.: The Great Transformation. Beacon Press, Boston 1944. S. 14

27 Mackenzie, Compton: Realms of Silver. Routledge and Kegan Paul, London 1954. S. 5–7

28 Persönliche Mitteilung von Rodney Galpin, Aufsichtsratsvorsitzender der Standard Chartered Bank.

29 Jahresbericht der Standard Chartered Bank 1989, S. 14–19

30 British Trade Commission: British Business in Hong Kong. Hongkong, 13. 6. 1989

31 Pei, Mario: The Story of the English Language. Lippincott, Philadelphia 1967. S. 153 f.

32 Peyrefitte: Was wird aus Frankreich?

33 McCrum, Robert, Cran, William, MacNeil, William: The Story of English. Viking Press, New York 1986. S. 20

34 Mapes, Glynn: Polyglot Students Are Weaned Off Mother Tongue. In: Wall Street Journal, 6. 3. 1990

35 Kiernan, V. G.: Britons Old and New. In: Immigrants and Minorities in British Society, hrsg. von Colin Holmes. George Allen and Unwin, London 1978. S. 23–27

36 Defoe, Daniel, zitiert in Gregory, J. W.: Human Migration and the Future Lippincott, Philadelphia 1928, S. 161

37 Davies, Alan: Is International English an Interlanguage? In: *Tesol Quarterly* 23, Nr. 3, 3. 9. 1989. S. 455

38 Pei: The Story of the English Language. S. 153–155

39 Kachru, Braj B.: The Pragmatics of Non-Native Varieties of English. In: English for Cross-Cultural Communication, hrsg. von Larry E. Smith. St. Martin's Press, New York 1981. S. 17–22

40 Ebd.

41 Davies: Is International English an Interlanguage? S. 455

42 We Want to Play the Game. In: *Nature*, 12. 7. 1990, S. 124

43 Quirk, Randolph: The English Language and Images of Matter. Oxford University Press, London 1972. S. 32 f.

44 Quirk, Randolph: The English Language in a Global Context. In: English in the World: Teaching and Learning the Languages and Literatures, hrsg. von Randolph Quirk u. H. G. Widdowson. Cambridge University Press, Cambridge, England, 1984. S. 1–6

45 Clark, Terry Nichols: The Irish Ethic and the Spirit of Patronage. In: *Ethnicity*, Dez. 1975. S. 305

46 McPherson, Nina: Hong Kong's Choice: English or Chinese? In: *International Herald Tribune*, 16./17. 2. 1991

47 Kachru: The Pragmatics of Non-Native Varieties of English, S. 33

48 A.a.O., S. 17

49 Debyasuvarn, M. L. Boonlua: Will EIIL Succeed Where ESL and EFL Fail? In: English for Cross-Cultural Communication, hrsg. von Larry E. Smith. S. 87

50 Dougill, John: The Good Feeling of Fine. In: *English Today* 7, Nr. 2, April 1991. S. 50 f.

51 Japperish. In: *The Economist*, 31. 10. 1987. S. 64

52 Smith, Brian D.: English in Indonesia. In: *English Today* 7, Nr. 2, April 1991. S. 39–43

53 French-American Relations: Rapprochement. In: *The Economist*, 16. 3. 1991. S. 20

54 Tempest, Rone: American Look Sells in Europe. In: *Los Angeles Times*, 27. 12. 1990

55 Europe's Film Industry: Sleeping with the Enemy. In: *The Economist*, 26. 10. 1991

56 Broschüre des *Centre National de la Cinématographie*. 1990.

57 Tuttle, Alexandra: Nativist Protection for Frog Crooners. In: *Wall Street Journal*, 20. 9. 1991

58 Pan Asian Television: Starry Eyed. In: *The Economist*, 24. 8. 1991. S. 59 f.

59 Crossette, Barbara: India Foreign TV Monitor Sights ‹Alien› Influence. In: *International Herald Tribune*, 13. 6. 1991

60 Rosentiel, Thomas R.: TV, VCRs Fan Fire of Revolution. In: *Los Angeles Times*, 18. 1. 1990

61 Balter, Michael: For Europe's Professionals, English Means Business. In: *International Herald Tribune*, 17./18. 2. 1990

62 Burgdorfer, F.: Migration Across the Frontiers of Germany. In: International Migrations, Volume II: Interpretations, hrsg. von Walter F. Wilcox. Gordon and Breach Science Publishers, 1931. S. 386. Andere Schätzungen, darunter Dr. Manfred Heid vom Goethe-Institut München, sprechen von 110 Millionen. – Pei: The Story of the English Language. S. 153

63 Christopherson, Paul: A Bilingual Denmark. In: *English Today 7*, Nr. 3, 3. 7. 1991. S. 7–10

64 Williams, Carol J.: In Hungary, Learning Russian is Out of Style. In: *Los Angeles Times*, 10. 12. 1989

65 Hungarian Teachers Learn English By Teaching in U.S. In: *Los Angeles Times*, 10. 12. 1989

66 Die Zahlen stammen von Peter Hilkes aus der Untersuchung des Osteuropa-Instituts, München, vom 9. 10. 1990.

67 Persönliche Mitteilung im Gespräch mit dem Autor

68 Knowles: The Industrial and Commercial Revolutions in Great Britain. S. 98 f.; Bauer, P. T.: Equality: The Third World and Economic Delusion. Cambridge University Press, Cambridge, Mass. 1981. S. 32 f.

69 Tawney: Religion und Frühkapitalismus. 1946 (Original: Religion and the Rise of Capitalism. 1926)

70 A.a.O., S. 104 f.

71 Hill, Christopher: Protestantism and the Rise of Capitalism. In: The Rise of Capitalism, hrsg. von David Landes. Macmillan, New York 1966. S. 45

72 Tawney, Religion und Frühkapitalismus

73 Tawney, hier zitiert nach Furnham, Adrian: The Protestant Ethic: The Psychology of Work-Related Beliefs and Behaviours. Routledge, New York 1990. S. 1–32

74 Gill, Stephen and Law, David: The Global Economy: Perspectives, Problems and Policies. Harvester, Wheatsheaf, New York 1988. S. 5

75 Bauer, Equality, S. 189

76 Weber: Die protestantische Ethik und der «Geist» des Kapitalismus. S. 8

77 Light, Ivan: Immigrant and Ethnic Enterprise in North America. In: *Ethnic and Radical Studies 7*, Nr. 2, April 1984. S. 205

78 Weber: Die protestantische Ethik und der «Geist» des Kapitalismus. S. 12

79 Laut der Tabellen in Davie, Maurice R.: World Immigration. Macmillan, New York 1936. S. 32

80 Baines, Dudley: Migration in a Mature Economy: Emigration and Internal Migration in England and Wales, 1861–1900. Cambridge University Press, Cambridge (England) 1985. S. 10

81 Wilcox: International Migrations. S. 219

82 Davie: World Immigration. S. 32

83 Smith: The Patterns of Imperialism. S. 58 f.

84 Baines: Migration in a Mature Economy. S. 67

85 Bailyn: Voyagers to the West. S. 152

86 Berthoff, Rowland: British Immigrants in Industrial America. Russel and Russel, New York 1953. S. 21–23

87 Baines: Migration in a Mature Economy. S. 139 f.

88 Erickson, Charlotte: Invisible Immigrants: The Adaptation of English and Scottish Immigrants in Nineteenth Century America. University of Miami Press, Coral Cables 1972. S. 30

89 Dunning, John H.: Changes in the Level and Structure of International Production. In: The Growth of International Business, hrsg. von Mark Casson. George Allen and Unwin, London 1983. S. 106

90 Tucker, Barbara M.: Samuel Slater and the Origins of the American Textile Industry, 1790–1860. Cornell University Press, Ithaca, New York 1984. S. 44 f.

91 A.a.O., S. 25–51

92 A.a.O., S. 89 f.

93 Jeremy, David I.: Transatlantic Industrial Revolution: The Diffusion of Textile Technologies Between Britain and America, 1790–1830. MIT Press, Cambridge, Mass. 1981. S. 87–90

94 Tucker, Barbara M.: The Merchant, the Manufacturer and the Factory Manager. In: *Business History Review* XIV, Nr. 3, 1981. S. 298 f.

95 Jeremy: Transatlantic Industrial Revolution. S. 54, 131 f., 251, 253

96 Thomas: Migration and Urban Development. S. 3–5

97 A.a.O., S. 12

98 Foreign Direct Investment: Effects in the United States. Erstellt von dem Subcommittee on Economic Stabilization of the Committee on Banking, Finance and Urban Affairs, 101st Congress. Juli 1989. S. 35

99 Feis: Europe: The World's Banker. S. 23

100 Thomas: Migration and Urban Development. S. 61

101 Chernow, Ron: The House of Morgan: An American Banking Dynasty and the Rise of Modern Finance. New York 1990. S. 3–16

102 A.a.O., S. 30
103 Wilkins, Mira: The History of Foreign Investment. Harvard University Press, Cambridge, Mass. 1989. S. 613
104 McKenzie, Fred A.: The American Invaders. Arno Press, New York 1976. S. 5
105 Wilkins: History of Foreign Investment. S. 130
106 Woytinsky, W. S., and Woytinsky, E. S.: World Commerce and Governments: Trends and Outlook. The Twentieth Century Fund, New York 1955. S. 191
107 Wilkins: History of Foreign Investment. S. 141
108 Smith: The Patterns of Imperialism. S. 42
109 Vanderlip, Frank: The American «Commercial Invasion» of Europe. Arno Press, New York 1976. S. 69–93
110 McKenzie: American Invaders. S. 6
111 A.a.O., S. 8 f.
112 Berthoff: British Immigrants in Industrial America. S. 134
113 Weiner, Martin J.: English Culture and the Decline of the Industrial Spirit. Cambridge University Press, Cambridge, England, 1981. S. 88
114 Statistical Abstract of the United States, 1990. Government Printing Office, Washington, D.C. 1991. S. 10
115 Rose, Arnold M.: Migrants in Europe. University of Minnesota Press, Minneapolis 1969. S. 24–27. In den fünfziger Jahren emigrierten manchmal über 1000 Ingenieure jährlich, das ist mehr als die Hälfte eines Hochschuljahrgangs, zumeist in die Vereinigten Staaten. Zwischen 1951 und 1967 stieg die Auswanderung von Akademikern auf 5000 pro Jahr.
116 Green, Alan G.: Immigration and the Postwar Canadian Economy. Macmillan of Canada, Toronto 1976. S. 165. Möglicherweise wird diese Entwicklung durch den Abschluß des Freihandelsabkommens noch verschärft. Vgl. Diane Francis: New Concerns about the Brain Drain. In: Maclean's, 26. 2. 1990, S. 9
117 Green: Immigration and the Postwar Canadian Economy. S. 165
118 Die Angaben für die Vereinigten Staaten stammen aus dem 1987 Statistical Yearbook of the Immigration and Naturalization Service. Okt. 1988. S. 4; zu Kanada vgl. John Paxton (Hrsg.): The Stateman's Yearbook: 1990–1991. St. Martin's Press, New York. S. XXX u. 272
119 Zusammengestellt aus dem 1989 Demographic Yearbook. United Nations, New York 1991. S. 595 f., 588, 562; dazu auch Ian Castles: Australian Yearbook 1991. Australian Bureau of Statistics 1991. S. 147 und New Zealand Pocket Digest of Statistics 1991. Wellington 1991. S. 45

120 Information aus Gregory Staple and Mark Mullins: Global Telecom-
    munications Traffic Flows and Market Structures. ILC Research Re-
    port, London 1989. S. 22
121 Lachica, Eduardo: Seeking Bonanza from US-Japan Air Routes; Cities-
    Carriers Coalition Lobbies for Expansion. In: Wall Street Journal,
    29. 7. 1989
122 Britain's Overseas Trade. Central Office of Information, London, Okt.
    1989. S. 4; James Beeler: Exports: Ship 'Em Out. In: Fortune, Spring/
    Summer 1991. S. 58
123 Globerman, Steven, and Bader, Maureen: A Perspective on Trilateral
    Economic Relations. In: Continental Accord: North American, hrsg.
    von Steven Globerman. The Fraser Institute, Vancouver 1991. S. 155 f.
124 Statistical Abstract of the United States: US Exports and Imports and
    Merchandise Trade Balance, by Continent, Area and Country: 1980 to
    1988. Government Printing Office, Washington, D.C. 1990. S. 806 f.;
    Top 25 US Markets. In: Business America, 22. 4. 1991. S. 5
125 Paxton (Hrsg.): The Stateman's Yearbook: 1990–1991. S. 110, 287 f., 924 f.
126 Die Angaben für die USA stammen aus: The Perfidious Japanese. In: The
    Economist. 20. 4. 1991
127 Kotkin, Joel: The Empire Strikes Back: UK Fights Financial Sunset. In:
    Los Angeles Times, 22. 7. 1990
128 Kotkin: The Empire Strikes Back
129 Young, Kan H., und Steigerwald, Charles: Is Foreign Investment in the
    U.S. Transferring U.S. Technology Abroad? In: Business Economics.
    Okt. 1990, 25, Nr. 4, S. 28
130 Nach Projektionen des Central Statistics Office. London 1989
131 Havemann, Joel: Europe is Weaning Itself from U.S. Economy. In: Los
    Angeles Times, 17. 1. 1992. Die Zahlen sind Schätzungen der Confede-
    ration of British Industry.
132 Quirk, Randolph, in: English for Cross-Cultural Communication.
    Hrsg. von Smith. St. Martin's Press, New York 1981. S. 151
133 McRae, Hamish and Cairncross, Frances: Capital City: London as a
    Financial Center. Eyre Methuen, London 1973. S. 2
134 McRae and Cairncross: Capital City, S. 7 f.
135 Smith: English for Cross-Cultural Communication. S. 21
136 Curtin: Cross-Cultural Trade. S. 252 f.
137 Thomas: Migration and Urban Development. S. 60
138 Knowles: The Industrial and Commercial Revolutions in Great Britain.
    S. 313

139 Curtin: Cross-Cultural Trade. S. 252
140 Knowles: The Industrial and Commercial Revolutions in Great Britain. S. 166
141 Strange, Susan: States and Markets. Pinter Publishers, London 1988. S. 96–101
142 Central Banking in the 1920s: The Age of Monty and Ben. In: The Economist. 23. 12. 1990, S. 113 f.
143 Jacobson, Harold K., und Sidjanski, Dusan: The Continuing Evolution of the World Political Economy. In: The Emerging International Economic Order, hrsg. von Harold K. Jacobson u. Dusan Sidjanski. Sage Publishers, Beverly Hills 1982. S. 22 f.
144 Veblen, Thorstein: Imperial Germany and the Industrial Revolution. Macmillan, New York 1915, S. 82 f.
145 Briggs, Asa: Victorian People. University of Chicago Press, Chicago 1955. S. 123
146 Academy of Accounting Professionals. Monographie R. H. Parker. University of Exeter, England, 1986
147 Littlejohn, A. C.: Accounting Evolution to 1903. Ph. D. Thesis. American Institute Publishing, New York 1933. S. 3, 14, 20
148 McKinnon, Jill: The Historical Development and Operational Form of Corporate Reporting Regulation in Japan. Garland Publishing, New York 1976. S. 118 f.
149 Yuen-Ko, Philip: A Study of Government Accounting in China: With Special Reference to the Sung Dynasty (960–1279). University of Illinois Press, Urbana 1968. S. 23 f.
150 Yuen Ko Fu, Philip: A Study of Government Accounting in China: With Special Reference to the Sung Dynasty. Ph. D. Thesis. University Illinois, Urbana 1968
151 The Memoirs of Edwin Waterhouse. Hrsg. von Edgar Jones. Batsford, London 1988. S. 18 f.
152 A.a.O., S. 20
153 A.a.O., S. 20 f.
154 A.a.O., S. 25 f.
155 A.a.O., S. 24–26
156 A.a.O., S. 33
157 Payne, P. L.: British Entrepreneurship in the Nineteenth Century. Macmillan, London 1974. S. 35
158 Academy of Accounting Professionals. S. 6–8
159 A.a.O., S. 5–7

160 A.a.O., S. 12–16

161 Stewart, James A.: Pioneers of a Profession. Scottish Committee on Accounting History, Edinburgh 1977. S. 30

162 Cypert, Samuel A.: Following the Money: Inside Accounting's First Mega-Merger. American Managemet Association, New York 1991. S. 2

163 McKinnon: The Historical Development and Operational Form of Corporate Reporting Regulation in Japan. S. 118 f.

164 Yuen-Ko: A Study of Government Accounting in China. S. 16

165 Brief von Jeremy Davies, Teilhaber der World Firm, London, an den Autor. 18. 6. 1990

166 British Accountants: Quis custodiet? In: The Economist, 8. 6. 1991. S. 81 f.

167 Persönliche Mitteilung gegenüber dem Autor

168 Price Waterhouse World Firm Limited, Aufstellung des Londoner Hauses. 1990

169 Persönliche Mitteilung gegenüber dem Autor

170 Ikari, Seiya: American Know-how and the Miracle. In: Japan Up-date, Oktober 1991. S. 18 f.

171 Chandler, Alfred D.: The Visible Hand: The Managerial Revolution in American Business. Cambridge, Mass. 1977. S. 500

172 Survey: World Trade. In: The Economist, 22. 9. 1990. S. 36

173 Fisher, Anne B.: The Ever Bigger Boom in Consulting. In: Fortune, 24. 4. 1989

174 Survey: The Advertising Industry, In: The Economist, 9. 6. 1990

175 Japan Is Getting Too Small for Dentsu. In: The Economist, 26. 10. 1987. S. 62

176 Why London? In: The Economist, 4. 5. 1991. S. 15

177 London Still Leads. In: The Economist, 16. 12. 1989. S. 28

178 Europe's Capital Market Survey. In: The Economist, 16. 12. 1991. S. 27 f.

179 Gibson-Jarvie, Robert: City of London: A Financial and Commercial History. S. 118 f.; McRae and Cairncross: Capital City. S. 18

180 Land of Hope. In: The Economist, 20. 7. 1991. S. 69

181 An Unsettled Minority. In: The Economist, 8. 9. 1990. S. 64

182 The Japanese Are Coming – and Thatcher Is All Smiles. In: Business Week, 20. 2. 1989. S. 46 f.

183 Bank of England Quarterly Bulletin 29. November 1989. S. 516–519. Tabellen 13, 14, 15

184 So können zum Beispiel mindestens vier der zehn größten britischen

Handelsbanken 1992 ihre Entstehung direkt auf jüdische Ursprünge zurückführen. Siehe auch «London's Top Merchant Banks» in *The Economist*, 25. 1. 1992. S. 63
185 Persönliche Mitteilung

4. Die neuen Calvinisten

1 Interview mit dem Autor
2 Thomas: *International Migration and Economic Development*, S. 9
3 Uma A. Segal: «Cultural Variables in Asian Indian Families», *Families in Society* Bd. 72 Nr. 4, April 1991, S. 233–234
4 Illsoo Kim: *The New Urban Immigrants: The Korean Community in New York*. Princeton, N.J. Princeton University Press 1981, S. 299
5 Sowell, *Preferential Policies*, S. 43–44
6 Badr Dahya: «The Nature of Pakistani Ethnicity in Industrial Cities in Britain», in: *Urban Ethnicity*, hrsg. von Abner Cohen. London: Tavistock Publications 1974, S. 97–98
7 «Ethnic Origins and the Labour Market», *Employment Gazette*, März 1990, S. 125–137
8 Interview mit dem Autor
9 «Britain's Browns: East Meets West», *The Economist*, 28. Oktober 1989, S. 21–23
10 Ebd.
11 Robert Moore und Tina Wallace: Slamming the Door. The Administration of Immigration Control. London: Martin Robertson 1975, S. 107–108
12 Ebd. S. 112–115
13 «Asian Residents in Australia Targets of Racist Attacks, Discrimination», *Japan Times*, 26. November 1990
14 William McGurn: «Stirring Up Trouble in Australia's Melting Pot», *The Wall Street Journal*, 5. Oktober 1988
15 «Asia Calling», *The Economist*, 24. August 1991
16 Hal Quinn und Thomas Lewis: «Empire of the Triads», *Maclean's*, 25. März 1991, S. 25; Tim Egan: «Prosperity from Asia Has West in Conflict», *New York Times*, 8. Mai 1989
17 Joel Kotkin: «Fear and Reality in the Los Angeles Melting Pot», *Los Angeles Times Magazine*, 5. November 1989
18 Joel Kotkin: «The American Way», Inc., September 1991, S. 96–102
19 Alka Sabherwal: «Institutional Barriers Against Asian Indians in the U.S.

Labor Market», Referat, State University of New York, Stony Brook 1991
20 Ivan Light: «Immigrant and Ethnic Enterprise in North America», *Ethnic and Racial Studies* Bd. 7, Nr. 2, April 1984, S. 206
21 Ivan Light und Parminder Bhachu: «Immigrant Networks and Immigrant Entrepreneurship», *ISSR Working Papers in the Social Sciences*, Institute for Social Science Research, UCLA, 1989–1990, Bd. 5, Nr. 1, S. 6
22 Ivan Light: «Koreans in Los Angeles», in: *Self-Help in Urban America*, op. cit. S. 41
23 Pyong Gap Min: «Korean Immigrants in Los Angeles», *ISSR Working Papers in the Social Sciences*, Institute for Social Science Research, UCLA, 1989–1990, Bd. 2, Nr. 2, S. 31
24 Kim: *The New Urban Immigrants*, S. 314
25 M. C. Madhavan: «Indian Emigrants: Numbers, Characteristics and Economic Impact», *Population and Development Review*, September 1985, S. 464–465
26 Edward K. Y. Chen: «The Changing Role of the Asian NICs in the Asia-Pacific Region Towards the Year 2000», in: Miyohei Shinohara und Fu-Chen Lo: *Global Adjustment and the Future of Asian-Pacific Economy*. Tokio: Institute of Developing Economies 1989, S. 220
27 Tom Rees: «The United Kingdom», in: *The Politics of Migration Policies*, hrsg. von Daniel Kubat mit Ursula Gehmacher und Ernst Gehmacher. New York: Center for Migration Studies 1979, S. 68
28 Interview mit dem Autor
29 Madhavan, «Indian Immigrants», S. 460
30 «Emigration and Return: Ramifications for India», in: *Population Review*, hrsg. von S. Shandrasekhar und Arthur Helweg, Bd. 28 Nr. 1/2, 1984, S. 47
31 Interview mit dem Autor
32 «Britain's Browns», *The Economist*, S. 21–23
33 Steven Jones: «Hong Kong to Lose a Growing Share of its Best, Brightest to Emigration», *The Wall Street Journal*, 18. September 1990
34 Sam Jameson: «Aussies Say G'Day to Asians», *Los Angeles Times*, 17. November 1989
35 «Hard-working, Hopeful – and Solvent», *International Herald Tribune*, 3. Dezember 1990
36 «New Faces in the Crowd», *Canada Year Book 1990*. Ottawa: Economic Council of Canada, S. 2–41
37 Julian Simon: *The Economic Consequences of Immigration* (Korrekturfassung). New York: Basil Blackwell 1989, S. 44

38 Ebd. S. 80

39 David Reimers: *Still the Golden Door*. New York: Columbia University Press 1985, S. 98

40 James T. Fawcett und Benjamin V. Carino: «International Migration and Pacific Basin Development», in: *Pacific Bridges: The new Immigration from Asia and the Pacific Islands*, hrsg. von James T. Fawcett und Benjamin V. Carino. Staten Island, N.Y.: Center for Migration Studies 1987, S. 9

41 Interview mit dem Autor

42 Jonathan Moore: «Taiwan's New Breed», *Far Eastern Economic Review*, 21. Juli 1988, S. 56

43 Fred Arnold, Urmil Minocha und James T. Fawcett: «The Changing Face of Asian Immigration to the United States», in: *Pacific Bridges*, hrsg. von Fawcett und Carino, S. 111; «The New Americans: Yes, They'll Fit in Too», *The Economist*, 11. Mai 1991, S. 17; William Dunn: «Asians Build New Lives as Immigrants», *USA Today*, 26. November 1990

44 Julian Simon: «Bring on the Wretched Refuse», *The Wall Street Journal*», 26. Januar 1990

45 Richard C. Atkinson: «Supply and Demand of Scientists and Engineers: A Crisis in the Making», *Association Affairs*, 27. April 1990; Robert Pool: «Who Will Do Science in the 1990s?», *Science*, April 1990, S. 434

46 Atkinson, «Supply and Demand», S. 429; Pool, «Who Will Do Science?», S. 434; «Selected Data on Science and Engineering Awards: 1990», *National Science Foundation*, April 1991

47 Dan Fost: «California's Asians», *American Demographics*, Oktober 1990, S. 34

48 Joel Kotkin: «The Spacemen Have Landed», *California*, März 1991, S. 20. Die Studentenzahlen für Herbst 1989 wurden freundlicherweise von der California State University zur Verfügung gestellt.

49 «Foreign Engineering Students at UC Berkeley», Herbst 1990, mit freundlicher Genehmigung der University of California.

50 Carl T. Hall: «Immigrants Mold U.S. Economy», und Don Clark: «Newcomers Put Stamp on Silicon Valley», *San Francisco Chronicle*, 8. Juli 1991

51 Stephen Kreider Yoder: «Reverse ‹Brain Drain› Helps Asia but Robs U.S. of Scarce Talent», *The Wall Street Journal*, 18. April 1989; Susan Lee: «Train 'Em Here, Keep 'Em Here», *Forbes*, 27. Mai 1991, S. 112

52 Wie die Juden legen sie eine bemerkenswerte Bereitschaft an den Tag, sich langfristig zu den Vereinigten Staaten zu bekennen: Die Quote der Ein-

bürgerungen liegt doppelt so hoch wie die anderer Einwanderergruppen. – J. K. Quelle: Elliot R. Barkan: «California at the Forefront: Pacific Rim Migration and Naturalization Patterns in the 1970s und 1980s», *ISSR Working Papers in the Social Sciences*, Institut for Social Science Research, UCLA, 1989–1990, Bd. 5, Nr. 15, S. 55

53 Selma Cantor Berrol; «Strangers in the City: Migration and Ethnicity», in: *The New Ethnics: Asian Indians in the United States*, hrsg. von Parmata Saran und Edwin Eames. New York: Praeger 1980, S. 91

54 Kristin Butcher und David Card: «Immigration and Wages: Evidence from the 1980s», *American Economic Review*, Mai 1991, S. 292–296

55 Richard Levine: «Young Immigrant Wave Lifts New York Economy», *New York Times*, 30. Juli 1990

56 «New York City: Looking to the 21st Century», Sonderbeilage, *Forbes*, 15. April 1992, S. 98

57 Benjamin Wong: *Patronage, Brokerage, Entrepreneurship and the Chinese Community of New York*. New York. AMS Press 1988, S. 173–175

58 «Why Made-in-America Is Back in Style», *Business Week*, 7. November 1988, S. 116; Sandra Bucovaz: «Will America Become Asia's Offshore Garment Maker?», *Am Cham Magazine*, Dezember 1988, S. 14–15

59 «Chinatropolis», *The Village Voice*, 31. Oktober 1989, S. 27

60 Michael A. Goldberg: *The Chinese Connection: Getting Plugged into Pacific Rim Real Estate, Trade and Capital Markets*. Vancouver: University of British Columbia Press 1985, S. 117

61 Michael Specter: «In New York, ‹Phenomenal› Boom for Chinatown», *International Herald Tribune*, 15. Dezember 1990

62 Yuen Ying Chan: «Riding the Dragon», *The Village Voice*, 31. Oktober 1981, S. 34

63 Inverview mit dem Autor

64 Smith: *The Patterns of Imperialism*, S. 21

65 Interview mit dem Autor

66 Weber: *Die protestantische Ethik*, S. 54, S. 85

67 Weiner: *English Culture*, S. 14

68 Ebd. S. 43

69 P. L. Payne: «Family Business in Britain», in: *Family Business in the Era of Industrial Growth: Its Ownership and Management*, hrsg. von Akio Okochi und Shigeaki Yasuoka. Tokio: University of Tokyo Press 1984, S. 189

70 Weber: *Die protestantische Ethik*, S. 203 f.

71 Weiner: *English Culture*, S. 101–119

72 David Cannadine: *The Decline and Fall of the British Aristocracy*. New Haven: Yale University Press 1990, S. 262–265

73 Weiner: *English Culture*, S. 157

74 Sidney Pollard: *the Wasting of the British Economy: British Economic Policy from 1945 to the Present*. New York 1982, S. 41, S. 79

75 Weiner: *English Culture*, S. 125–135

76 Cannadine: *The Decline and Fall of the British Aristocracy*, S. 407

77 Leslie Hannah: *The Rise of Corporate Economy*. London: Methuen 1976, S. 68

78 Interview mit dem Autor

79 *World Competitiveness Report*, 1990. Genf: Imede Juni 1990, S. 153; «German Measles», *The Economist*, 17. August 1991, S. 60

80 James Risen: «Why Can't America Catch Up?», *Los Angeles Times*, 14. Januar 1990

81 «Survey: Capitalism», *The Economist*, 5. Mai 1990, S. 6

82 Bradley A. Stertz: «Big Three Boost Car Quality but Still Lag», *The Wall Street Journal*, 27. März 1990; James Risen: «Japan's Edge in Auto Quality», *Los Angeles Times*, 14. Januar 1990

83 Pitirim Sorokin: *The Crisis of Our Age: The Social and Culture Outlook*. New York: E. P. Dutton 1941, S. 185

84 Ebd. S. 164

85 Risen: «Why Can't America Catch Up?»

86 Barry Wood: «America's Prophet Remains Unimpressed with His Country», *Financial Times*, 25. Janaur 1989

87 «Management Brief: When GM's Robots Ran Amok», *The Economist*, 10. August 1991, S. 64–65

88 «Deming's Demons», *The Wall Street Journal*, 4. Juni 1990

89 «Surveying the CEO's», *The Wall Street Journal Europe*, 29./30. September 1989, S. 13

90 Alan Murray und Urban C. Lehner: «What U.S. Scientists Discover, the Japanese Convert – Into Profit», *The Wall Street Journal*, 25. Juni 1990

91 Thomas A. Stewart: «The New American Century», *Fortune*, Sonderheft Frühling/Sommer 1991, S. 12–23

92 Steve Kelman: «The ‹Japanization› of America», *The Public Interest*, Winter 1990, S. 70–83

93 Urban C. Lehner und Alan Murray: «Selling of America Touches Some Very Raw Nerves», *The Wall Street Journal*, 19. Juni 1990

94 «US-Japan Relations Fifty Years Beyond Pearl Harbor», *Yomiuri Shimbun*, 12. September 1991

95 Pat Choate: «Political Advantage: Japan's Campaign for America», *Harvard Business Review*, September/Oktober 1990, S. 87–103

96 TRB: «The Nefarious East», *The New Republic*, S. 6–7

97 Ian MacGee und Jack Lowenstein: «City of the Future on Starting Blocks», *Asian Business*, Juli 1990

98 Lorie Teeter: «French Sound Alarm on Japan High Tech», *Electronic News*, 5. März 1990, S. 22

99 Interview mit dem Autor

100 Joachim C. Fest: *Hitler. Eine Biographie*. Frankfurt am Main: Propyläen 1973, S. 846

101 Sheridan Tatsuno: *Created in Japan: From Imitators to World Class Innovators*. New York: Harper & Row 1990, S. 9

102 T. Iyenaga Sato und Kenoske Sato: *Japan and the California Problem*. New York: G. P. Putnam's Sons 1921, S. 27

103 Survey: «International Finance», *The Economist*, 27. April 1991; Michael Smith: «More Work, Less Time», *Financial Times*, 8. Mai 1990

104 «Official Reserves», *The Economist*, 30. März 1991, S. 93

105 Yasusuke Murakami und Yataka Kosai (Hrsg.): *Japan in the Global Community*. Tokio: University of Tokyo Press 1986, S. 37

106 Shigekazu Matsumoto: «Asian Pacific Economies in a Changing World: Recent Developments and New Trends in the 1990s», Referat vor dem *International Symposium on Economic Cooperation in the Asian-Pacific Region in the 1990s*, Shanghai 15.–17. Oktober 1990

107 Interview mit dem Autor

108 «The Japanese Are Coming – And Thatcher Is All Smiles», *Business Week*, 20. Februar 1989

109 E. S. Browning: «Peugeot Chairman Calvert Continues to Restrict Japanese Imports», *The Wall Street Journal*, 18. März 1991

110 «World Beaters at the Wheel», *Financial Times*, 20. September 1991

111 Robert Simison: «Nissan U.K. Plant Teaches E.C. a Lesson», *The Wall Street Journal*, 23. Juli 1991

112 *Real Estate Perspectives, Sumichrest and Associates*, 15. Februar 1991, S. 8

113 John C. Campbell: *The United States in World Affairs*. New York: Council of Foreign Relations 1949, S. 290

114 Jim Mann: «Eisenhower Weighed Asia Pullout in '50s, Files Show», *Los Angeles Times*, 23. September 1991

115 Paul Ingrassia: «Auto Industry is Sliding Relentlessly into Japanese Hands», *The Wall Street Journal*, 16. Februar 1990

116 Jesus Sanchez: «Cooperation Forges a Success Story», *Los Angeles Times*, 26. April 1991
117 Bob Baker: «Bringing Teamwork to America», *Los Angeles Times*, 16. Juni 1990; Joseph B. White: «Japanese Automakers Help U.S. Supplier Become More Efficient», *The Wall Street Journal*, 9. September 1991
118 Sanchez: «Cooperation Forges a Success Story»
119 «The Best Companies: Scrambling to the Top», *The Economist*, 7. September 1991, S. 21–24
120 Michael Schrage: «Applying *Zaibatsu* Principles in the U.S.», *Los Angeles Times*, 8. März 1990
121 Interview mit dem Autor

5. Die geplante Diaspora

1 Schätzung der Konsularabteilung des japanischen Außenministeriums. Recherchen von Mari Arizumi 1991
2 Phaedon Nicolaides: «International Perspective: The Globalization of Japanese Corporations: Investment in Europe», *Business Economics*, Juli 1991, Bd. 26, Nr. 3, S. 38–41; «Those Perfidious Japanese», *The Economist*, 20. April 1991, S. 65
3 Interview mit dem Autor
4 W. R. Crocker: *The Japanese Population Problem: The Coming Crisis.* New York: Macmillan 1931, S. 172
5 Ebd. S. 173
6 Ebd. S. 31
7 Ebd. S. 202–203
8 Ebd. S. 174
9 Ebd. S. 189; Yamato Ichihashi: «International Migrations of the Japanese», in: *International Migrations*, hrsg. von Walter Wilcox. New York: Gordon and Breach 1931, S. 623
10 Bouscaren, *International Migrations Since 1945*, S. 122
11 «Net Foreign Investment Income», *The Economist*, 30. August 1991, S. 90
12 *World Development Report*, 1990. Washington, D. C.: Oxford University Press (für die Weltbank) 1990, S. 213; *World Competitiveness Report*, 1991, S. 240
13 Vgl. Anmerkung 1 zu diesem Kapitel
14 Schätzung für 1989: Konsularabteilung des japanischen Außenministeri-

ums; Schätzung für 1970 aus einem Bericht des Außenministeriums, Tokio 1980. Recherchen von Mari Arizumi

15 Fred Hiatt: «It's a Cold, Cruel World Out There», *Washington Post National Weekly*, 22.–28. Mai 1989, S. 17

16 Kenichi Ohmae: *The Borderless World*. New York: Harper Books 1991, S. 19

17 Isaacs, *Idols of the Tribe*, S. 185

18 Informationen der Returned Educational Promotion Foundation. Recherche: Mari Arizumi

19 *Japanese Companies: Consolidated Data 1987–1988*. Tokio: Nihon Keizai Shimbun 1989, S. 171

20 James Davenport Whelpley: *The Trade of the World*. New York: The Century Co. 1913, S. 247–248

21 Snyder, *Macronationalisms*, S. 203

22 Dower, *War Without Mercy*, S. 270

23 Park, *Race and Culture*, S. 25

24 William B. Hauser: *Economic and Institutional Change in Tokugawa Japan: Osaka and the Kinai Cotton Trade*. Cambridge: Cambridge University Press 1974, S. 11, S. 188–190; Moulder, *Japan, China and the Modern World Economy*, S. 31

25 Shigeo Shingo: *Non-Stock Production and the Shingo System for Continuous Improvement*. Cambridge. Mass.: Productivity Press 1988, S. 19, S. 416

26 Edwin Mansfield: «Industrial Innovation in Japan and the United States», *Science*, 30. September 1988, S. 1771. Gut zwei Drittel aller japanischen Forschungs- und Entwicklungsprojekte zum Beispiel gehen auf Anregungen von Mitarbeitern aus der Produktion oder Kunden zurück, gegenüber einem Drittel in amerikanischen Firmen.

27 Joel Kotkin: «Secrets of the Orient», *Family Business*, März/April 1991, S. 31

28 Matao Miyamoto: «The Position and Role of Family Business in the Development of the Japanese Company System», in: *Family Business in the Era of Industrial Growth*, hrsg. von Akio Okuchi und Shigeaki Yasuoka. Tokio: University of Tokyo Press 1984, S. 44

29 Hiroshi Komai: *Japanese Management Overseas: Experiences in the United States and Thailand*. Tokio: Asian Productivity Center 1989, S. 19

30 Angaben von Jiro Tokuyana, ehemaliger Dekan der Nomura School of Advanced Management

31 S. N. Eisenstadt: «The Protestant Ethic Thesis: An Analysis», in: *The*

Protestant Ethic and Modernization, hrsg. von S. N. Eisenstadt. New York: Basic Books 1968, S. 30–31 Eisenstadt bemerkt: «Einige der besonderen strukturellen Merkmale der japanischen Modernisierung können mit spezifischen Elementen der Flexibilität in der Tokugawa-Periode in Verbindung gebracht werden.» Er bezieht sich insbesondere auf die «soziale Mobilität» und die Ausbildungsmöglichkeiten in jener Zeit, im Vergleich zum familienorientierten chinesischen System und zur Beherrschung intellektueller Aktivität durch das Mandarinat. – J. K.

32 Sol Sanders: *Honda: A Man and His Machines*. Boston: Little Brown 1975, S. xv

33 Adrian Furnham und Michele Reilly: «A Cross-Cultural Comparison of British and Japanese Protestant Work Ethic and Just World Beliefs», *Psychologia: A Journal of Psychology in the Orient*, Bd. 34, Nr. 1, März 1991, S. 3; Hidetoshi Kato: «Japanese Social Structure; Achievement and Modernization», unveröffentlichtes Ms., 1990

34 John G. Roberts: *Mitsui: Three Centuries of Japanese Business*. New York: Weatherhill 1973, S. 10–12

35 Soji Mizuno: *Early Foundations for Japan's 20th Century Emergence*. New York: Vantage Press 1981, S. 67–68

36 «Survey: Business in Europe», *The Economist*, 8. Juli 1991, S. 6

37 Park, *Race and Culture*, S. 26

38 W. B. Hauser, *Economic Institutional Change in Tokugawa Japan*, S. 190

39 G. Akita und D. L. Robinson: «Japanese and U.S. Constitutions Celebrate Anniversaries», *Japan Times*, 28. November 1990. Im Förmlichen Eid der Fünf Artikel, einem der Gründungsdokumente der Restauration 1868, versprach der Meiji-Kaiser, «nach Weisheit und Wissen zu streben, um die Grundlagen und das Wohlergehen der Nation zu stärken».

40 G. C. Allen: *A Short Economic History of Japan*. London: Allen and Unwin 1972, S. 167

41 Ebd.

42 Moulder, *Japan, China and the Modern World Economy*, S. 184–185

43 Kunio Yoshihara: *The Rise of Ersatz Capitalism in Southeast Asia*. New York: Oxford University Press 1988, S. 41–45

44 Barbara Molony: *Technology and Investment in the Prewar Japanese Chemical Industry*. Cambridge, Mass.: Council of East Asian Studies 1990, S. 39–40

45 Armytage, *A Social History of Engineering*, S. 233–234

46 Molony, *Technology and Investment*, S. 6–7, S. 10

47 Ichihashi, «International Migration of the Japanese», S. 623. Bereits 1887 setzte die antijapanische Agitation in Kalifornien ein, als es höchstens 400 japanische Einwohner des Staates gab.

48 Howard Hiroshi Sugimoto: *Japanese Immigration, The Vancouver Riots and Canadian Diplomacy.* New York: Arno Press 1978, S. 29

49 Roberts, *Mitsui,* S. 263

50 Ebd. S. 96–97

51 Ebd. S. 108–111

52 Ebd. S. 112

53 Ebd. S. 5

54 Takashi Matsuda: *Japan: Its Commercial Development and Prospects.* London: Sisley's 1908, S. 38

55 Ichihashi, «International Migration of the Japanese», S. 617–636

56 Ken-ichi Imai: «Evolution of Japan's Corporate and Industrial Networks», in: *Industrial Dynamics,* hrsg. von Bo Carlsson. Boston: Kluwer Academic Publishers 1989, S. 123–155

57 Crocker, *The Japanese Population Problem,* S. 171, S. 175

58 G. C. Allen: *Appointment in Japan.* London: Athlone Press 1983, S. 78–79

59 Allen, *A Short Economic History of Japan,* S. 64–77

60 Crocker, *The Japanese Population Problem,* S. 212

61 Ebd. S. 211

62 Allen, *Appointment in Japan,* S. 35–36

63 Roberts, *Mitsui,* S. 259–260

64 Ebd. S. 262

65 Alvin Yiu-cheong So: «Developments Inside the Capitalist World System: A Study of the Chinese and Japanese Silk Industry», *Journal of Asian Culture,* Bd. V, 1981, S. 33–50

66 Roberts, *Mitsui,* S. 263

67 Ebd. S. 147–148

68 Ebd. S. 156–157

69 Richard Deacon: *Kempei Tai: A History of the Japanese Secret Service.* New York: Beaufort Books 1983, S. 45

70 Roberts, *Mitsui,* S. 167

71 Murphey, *The Outsiders,* S. 203

72 Roberts, *Mitsui,* S. 166–167

73 Crocker, *The Japanese Population Problem,* S. 143

74 Molony, *Technology and Investment,* S. 15, S. 236–237

75 Robert J. C. Butow: *Tojo and the Coming of the War.* Stanford, Cal.: Stanford University Press 1961, S. 17

76 Alfred E. Eckes: *The United States and the Global Struggle for Minerals.* Austin: University of Texas Press 1979, S. 84

77 Snyder, *Macronationalisms*, S. 221

78 Deacon, *Kempei Tai*, S. 84–85

79 A. Whitney Griswold: *The Far Eastern Policy of the United States.* New York: Harcourt Brace 1938, S. 377

80 V. S. Maniam: «Subhas Bose's Odyssey», *India Perspectives*, April 1990, S. 9

81 Robert Elegant: *Pacific Destiny* (unkorrigierter Abzug). New York: Crown 1990, S. 9

82 Interview mit dem Autor

83 Dower, *War Without Mercy*, S. 262–269

84 M. J. Gayn: *The Fight for the Pacific.* Kingsport, Tenn.: Kingsport Press 1941, S. 152

85 Dower, *War Without Mercy*, S. 275

86 Ebd. S. 282–284

87 Ebd. S. 275

88 David Joel Steinberg (Hrsg.): *In Search of Southeast Asia.* New York: Praeger 1971, S. 338–339

89 Dower, *War Without Mercy*, S. 6–7

90 Butow, *Tojo and the Coming of the War*, S. 419

91 Ebd. S. 131

92 Yoshihara, *The Rise of Ersatz Capitalism*, S. 20

93 Masasuke Ide: «Corporate Financial Policy and International Competition – A Financial Analyst's View», Referat vor dem Kagami Memorial Foundation of Tokio Marine and Fire Insurance Co., Ltd., September 1991, S. 34

94 Ebd. S. 13

95 Ebd. S. 3

96 Paz Estrella E. Tolentino: «Overall Trends of Foreign Direct Investment», *The CTC Reporter* Nr. 29, Frühling 1990, S. 29

97 John Pelzel: «The Small Industrialist in Japan», *Explorations in Entrepreneurial History*, Bd. 7–8, 1956, S. 85

98 Imai, «Evolution of Japan's Corporate and Industrial Networks», op. cit.

99 Bouscaren, *International Migrations Since 1945*, S. 122

100 Imai, «Evolution of Japan's Corporate and Industrial Networks»

101 Karel van Wolferen: *Vom Mythos der Unbesiegbaren. Anmerkungen zur Weltmacht Japan.* Aus dem Englischen von Maria Huber. München: Droemer Knaur 1989, S. 62–64, dieses Zitat S. 589

102 Hiroyuki Odagiri: «An Economic Theory of Japanese Management», Referat für die London Business School, April 1990

103 Pelzel, «The Small Industrialist in Japan», S. 81

104 Sanders, *Honda*, S. 119

105 Interview mit dem Autor

106 Pelzel, «The Small Industrialist in Japan», S. 87

107 Interview mit dem Autor; vgl. auch David Friedman: *The Misunderstood Miracle*. Ithaca, N.Y.: Cornell University Press 1988, S. 6–11

108 Ebd. S. 11-13

109 James Risen: «Tight Network of Suppliers Provides Key Support for Japan's Auto Makers», *Los Angeles Times*, 17. Januar 1990

110 Kuniyasu Sakai: «The Feudal World of Japanese Manufacturing», *Harvard Business Review*, November–Dezember 1990, S. 36

111 Banri Asunama: «Manufacturer-Supplier Relationships in Japan and the Concept of Relation-Specific Skill», *Journal of Japanese and International Economies*, Bd. 3, S. 9–13, S. 23

112 Ikuo Umebayashi und JCER Forecasting Associates: «Challenge to Small and Medium-Sized Companies Approaching the 21st Century», *Japan Center for Economic Research*, Juli 1990, S. 35

113 Tadao Kiyonari: «Competition Strategy of Japan's Small and Medium-Sized Firms vis-à-vis the World», Anhang zum Referat, 7. Juli 1989. Auf Grundlage amtlicher Umfragen berichtet Kiyonari, daß der Prozentsatz kleinerer japanischer Industriebetriebe, die sich auf «High-Tech» konzentrieren wollen, zwischen 1983 und 1988 von 54 % auf etwa 84 % stieg.

114 Interview mit dem Autor

115 Wan Hee Kim: «Korea: A Land of Opportunity or a Profitless Battleground», *Electronic Business*, 1. März 1987, S. 46

116 *Industrial Groupings in Japan*. 7. Aufl. Tokio: Dodwell Consulting 1986, S. 67–69

117 *The Case of the Walkman*. Sony Innovation in Management Series, Juni 1988, S. 4

118 Interview mit dem Autor

119 Interview mit dem Autor

120 Dower, *War Without Mercy*, S. 234–240

121 Sugimoto, *Japanese Immmigration*, S. 6

122 Dower, *War Without Mercy*, S. 234–240

123 Ebd. S. 248–260

124 Christopher Chipello und Urban C. Lehner: «Miyazawa Calls U.S. Work Ethic Lacking», *The Wall Street Journal*, 4. Februar 1992

125 Dower, *War Without Mercy*, S. 315
126 Karl Schoenberger: «Issue of Japanese Racism Grows with Immigration», *Los Angeles Times*, 1. Januar 1990
127 Komai, *Japanese Management Overseas*, S. 28
128 Mordechai E. Kreinin: «How Closed Is Japan's Market? Additional Evidence», *The World Economy: A Quarterly Journal of International Economic Affairs*, Dezember 1988, S. 529–541
129 Alan Murray: «Managed Trade may Serve a Purpose», *The Wall Street Journal*, 20. Januar 1992
130 Christopher Bartlett: «Japan's Achilles Heel», *Los Angeles Times*, 12. November 1989
131 James Risen: «Americans at Japanese Firms Lacking Power», *Los Angeles Times*, 19. Oktober 1989
132 James Risen: «Some Japanese Firms Moving to Segregate Staffs», *Los Angeles Times*, 23. Mai 1990. Dieser Artikel bezog sich auf die Praktiken der Nissan Corporation in Los Angeles.
133 Interview mit dem Autor
134 «Osaka Lifts Korean Sports Ban», *Japan Times*, 26. November 1990; «No Way to Treat a Guest», *The Economist*, 2. Juni 1990, S. 66
135 Karl Schoenberger: «The Axis: Odd Twins on Ascent», *Los Angeles Times*, 13. August 1990
136 «When Training Becomes a Rip-off», *Bangkok Post*, 24. März 1991
137 Elisabeth Rubinfein: «Boat People Arouse Japan's Xenophobia», *The Wall Street Journal*, 11. Oktober 1989
138 Yamamoto zitiert nach Kaori Shoji: «The Changing Face of Japanese Labor», *Business Tokyo*, Januar 1991, S. 22
139 *Japan 2000*, Thesenentwurf zur Diskussion im Rochester Institute of Technology, hrsg. vom Rochester Institute, 11. Februar 1991, S. 133; vgl. auch Shintaro Ishihara: *Wir sind die Weltmacht: warum Japan die Zukunft gehört*. Bergisch Gladbach: Lübbe 1992
140 Bernard Wysocki: «In Asia, the Japanese Hope to Coordinate What Nations Produce», *The Wall Street Journal*, 20. August 1990
141 Ebd.
142 «Malaysia Envisions a Joining of East Asia's Economic Forces», *International Herald Tribune*, 23./24. Februar 1991
143 Raees Mohammed: *Gaijin kacho ga mita Nippon kabushikigaisha*. Tokio: PHP Books, 1989, S. 75, S. 83, S. 85
144 Interview mit Hal Plotkin
145 Komai, *Japanese Management Overseas*, S. 69–74, S. 109

146 Ebd. S. 75–80; Dennis S. Tachiki: *Going Transnational: Japanese Subsidiaries in the Asia Pacific Region.* Tokio: Center for Pacific Business Studies, Mitsui Research Insitute, 1990, S. 17

147 «Japanese Investment in Thailand: Too Good to Be True», *The Economist*, 2. Juni 1990, S. 89

148 Komai, *Japanese Management Overseas*, S. 80

149 Ebd. S. 36–38

150 Steven E. Levingston: «Asian Industry Reaches a New Phase», *The Wall Street Journal*, 14. Juni 1991. Untersucht wurden die Volkswirtschaften so verschiedener Länder wie Korea und Malaysia.

151 Tachiki, *Going Transnational*, S. 24–25

152 Kou Hoshino: «Kokusaika» [«Internationalisierung»], in: *Nihon Sangyo Ni-ju Issei ki eno torendo o yomu*, hrsg. von Hiroshi Takeuchi. Tokio: Yuikaku 1990, S. 55

153 *Nippon 1991: Jetro Business Facts and Figures.* Tokio 1991, S. 56–57

154 Mead Ventures Inc.: *Taiwan Semiconductor Report, 1990.* Phoenix, Ariz. Die Umfrage ergab eine Präferenz taiwanesischer Firmen für amerikanische Geschäftspartner gegenüber der japanischen Konkurrenz von zwei zu eins, hauptsächlich wegen der größeren Offenheit der Amerikaner.

155 Interview mit dem Autor

156 Komai, *Japanese Management Overseas*, S. 106. Selbst im verhältnismäßig projapanischen Thailand erwarten die meisten Arbeiter laut einer kürzlich durchgeführten Umfrage ein Anwachsen antijapanischer Stimmungen in den kommenden Jahren.

157 «Asia's Emerging Economies», *The Economist*, 23. März 1991, S. 3–18

158 Andrew K. P. Leung: «Japanese Investment and Hong Kong Industries – the Case of a Successful Partnership», Referat vor einem Symposium über Japans Rolle in der asiatisch-pazifischen Region, 7.–9. November 1989, S. 2–3

159 «Postscript», *The Wall Street Journal*, 7. August 1990

160 *Japan 2000*, S. 14

161 Ebd. S. 113–122

162 Akio Morita: «Japan Must Play According to the Rules of its Competitors», *Los Angeles Times*, 9. Februar 1992

163 Kazuo Nukazawa: «Japan and the USA: Wrangling Toward Reciprocity», *Harvard Business Review*, Mai–Juni 1988, S. 4. Einem prognostischen Bericht von Keidanren zufolge werden japanische Firmen gezwungen sein, ihre Auslandsgeschäfte von 4 Prozent des Umsatzes

Ende der achtziger Jahre auf 20 Prozent bis zur Jahrhundertwende zu steigern.

164 «Japan's Less-than-invincible Computer Makers», *The Economist*, 11. Januar 1992, S. 59

165 Sender, «Inside the Overseas Chinese Network», S. 29–43; Shigeaki Fujisaki, Nobuaki Hamaguchi und Tatsufumi Yamagata: «Three Decades of Development in the Pacific Basin: An Overview», in: *Perspectives on the Pacific Basin Economy: A Comparison of Asia and Latin America*, hrsg. von Takao Fukuchi und Mitsuhiro Kagami. Tokio: The Institute of Developing Economies 1990, S. 32; «Hong Kong: Asia Its Oyster», *The Economist*, 8. Dezember 1990, S. 30; «Foreign Investment in Indonesia», *The Wall Street Journal*, 13. Februar 1992

166 Daniel Burstein: *Yen! Japan's New Financial Empire and Its Threat to America.* New York: Simon and Schuster 1988, S. 35

167 «Interview with Shintaro Ishihara», *Venture Japan*, Bd. 2, Nr. 2, S. 39. 1990 sagte Ishihara: «Wegen seiner großen Finanzmacht wird Japan der Führer der Welt sein.»

168 «Foreign Investment in Indonesia», a.a.O.; Julia Leung: «Asian Borrowers Find Money Scarce Due to Retreat by Japanese Banks», *The Wall Street Journal*, 7. Februar 1992

169 «Japanese Capital Flows: Inward Bound», *The Economist*, 8. Februar 1992, S. 82

170 «Thumbs Down in Tokyo», *The Economist*, 11. April 1992, S. 77–78; «Japanese Property: Stuck», *The Economist*, 11. April 1992, S. 78–79

171 Robert Metzger und Ari Ginsberg: «The Failure of Japanese Banks in America», Referat, University of Southern California, April 1988. 1990 zum Beispiel waren laut einer Untersuchung des Sheshenoff Information Service die japanischen Beteiligungserträge nur etwa halb so hoch wie die ihrer amerikanischen Rivalen. – J. K.

172 «Propping Up Detroit», *The Economist*, 15. Februar 1992, S. 75

173 *Japan 2000*, S. 16

174 Leslie Helm: «The Rule of Work in Japan», *Los Angeles Times*, 17. Mai 1991

175 «Japanese Less Patriotic than People in Other Countries», *Mainichi Shimbun*, 13. Juli 1991

176 Takeshi Umehara: «The Civilization of the Forest», *New Perspectives Quarterly*, Sommer 1990, S. 23

177 Akiko Kusaoi: «SDF Struggles to Meet Recruiting Quotas», *Japan Times*, 1. Dezember 1990

178 Karl Schoenberger: «Military in Japan Gets No Respect», *Los Angeles Times*, 10. September 1990
179 Dentsu Institute for Human Studies: «A New Partnership: New Values and Attitudes of the New Middle Generation in Japan and the USA», S. 4, S. 13–15
180 Interview mit dem Autor
181 «Office Workers See Decline in Life at Work», *Los Angeles Times*, 10. Oktober 1991
182 Interview mit dem Autor
183 «Survey of Consciousness of Youngsters Working for Organizations», Conducted by Prime Minister's Office, Tokio 1979
184 Dentsu Institute, «A New Partnership», S. 9, S. 13
185 «Land of the Waning Sun», *The Wall Street Journal*, 20. Mai 1991. Bis zum Vorabend des 21. Jahrhunderts wird ein Rückgang der Berufsanfänger um 12 Prozent erwartet, was einige Universitäten zu Entlassungen im Lehrkörper oder sogar zur Schließung zwingen wird.
186 «Labor Letter», *The Wall Street Journal*, 14. März 1989; «College Graduate Job Offers Surpass 1 Million Milestone», *Japan Times*, 21. August 1990; «Developing Human Resources to Cope with Restructuring», *KKC Brief*, Oktober 1989, S. 2
187 Hiroshi Kato: *Hinzai Shin Jidai*. Tokio: President Sha 1988, S. 75
188 *Small Business in Japan: 1989*. Tokio: Small and Medium Enterprise Agency, Ministry of International Trade and Industry, 1989, S. 168
189 Interview mit Mitarbeitern von UPU Ltd., Tokio 1990
190 Mitsuko Shimomura: «Too Much Mommy-san», *New Perspectives Quarterly*, Winter 1990, S. 24–27
191 Interview mit dem Autor

6. Die Raumfahrer sind gelandet

1 Interview mit dem Autor
2 Robert W. Gibson: «Networks of Chinese Rim Pacific», *Los Angeles Times*, 22. Juli 1990
3 Teresa Watanabe: «Science Park Key to Taiwan's Growth», *Los Angeles Times*, 29. Dezember 1989
4 Derrik Koo: «Mitac Aims to Be Tops in Quality», *New Straits Times*, 20. September 1990
5 «Official Reserves», *The Economist*, 30. März 1991, S. 93; *World Competitiveness Report, 1990*, S. 96

6 James Sterngold: «Japan's Cash Fountain Has All But Dried Up», *New York Times*, 6. Dezember 1991; «Japanese Banks Deep in Bad Debt», *The Economist*, 2. November 1991, S. 70

7 Sender, «Inside the Overseas Chinese Network», S. 29–43; Fujisaki, Hamaguchi und Yamagata: «Three Decades of Development in the Pacific Basin: An Overview., S. 32; «Hong Kong: Asia Its Oyster», *The Economist*, S. 30; «Foreign Investment in Indonesia», *The Wall Street Journal*; Yozo Tanaka, Minako Mori und Yoko Mori: «Overseas Chinese Business Community in Asia: Present Conditions and Future Prospects», *RIM, Pacific Business and Industries*, Bd. 2, Nr. 16, 1992, S. 18

8 John Pomfret: «Taiwan Breaks Out as Global Investor», *Los Angeles Times*, 10. Februar 1992

9 Fred S. Worthy: «A New Mass Market Emerges», *Fortune*, Pacific Rim 1990 (Sonderheft), S. 51

10 Julia Leung: «Foreign Investment in China Dwindles», *The Wall Street Journal*, 17. August 1990; Tanaka, Mori und Mori op. cit. S. 19

11 J. Millman: «Bienvenidos, Tigers!», *Forbes*, 27. 5. 1991, S. 190–191; «Panama and China: Bridging the Pacific», *The Economist*, 15. 6. 1991, S. 44

12 Interview mit Gouverneur Ernesto Ruffo Appel

13 Kevin Rafferty: «China's Grasp and Hong Kong's Golden Eggs», *Harvard Business Review*, Mai/Juni 1991, S. 55

14 Sender, «Inside the Overseas Chines Network», S. 29–43

15 Frank Viviano: «Pacific Giants: The Overseas Chinese», *San Francisco Chronicle*, 27. Mai 1987

16 Robert Bellinger: «Chinese Engineers: You Have to Prove Yourself», *Electronic Engineering Times*, 15. August 1988

17 National Science Foundation: «Selected Data on Science and Engineering Doctorate Awards: 1990», Division of Science Resource Studies, April 1991, S. 27

18 Diese Zahlen erhielt Hal Plotkin 1991 von der University of California.

19 Andrew Tanzer: «Bobo Wang's Midlife Crisis», *Forbes*, 24. Juni 1991, S. 110–112

20 Pan, *Sons of the Yellow Emperor*, S. 129

21 Douglas C. Chen: «Social and Economic Relations of the Overseas Chinese Businesses», Doktorarbeit, Department of Anthropology, University of Oregon Graduate School, Juni 1976, S. 33

22 William H. McNeil: *Plagues and Peoples*. New York: Doubleday 1976, S. 109–111; Colin MacKerras: *Western Images of China*. Oxford: Oxford University Press 1989, S. 15

23 Yuan Li Wu und Chun-Lsi Wu: *Economic Development in Southeast Asia: The Chinese Dimension*. Stanford, Cal.: Hoover Institution 1980, S. 122–125

24 Ebd. S. 127

25 Curtin, *Cross-Cultural Trade*, S. 170–171; Victor Purcell: *The Chinese in Southeast Asia*. London: Oxford University Press 1965, S. 15

26 Purcell, *The Chinese in Southeast Asia*, S. 91

27 Interview mit Hal Plotkin

28 Thomas Sowell: *The Economics and Politics of Race: An International Perspective*. New York: Quill 1983, S. 34

29 Pan, *Sons of the Yellow Emperor*, S. 128

30 Wu und Wu, *Economic Development in Southeast Asia*, S. 48

31 James V. Jesudason: *Ethnicity and the Economy: The State, Chinese Business and Multinationals in Malaysia*. Oxford 1989, S. 38–39

32 Pan, *Sons of the Yellow Emperor*, S. 152

33 Garth Alexander: *Silent Invasion: The Chinese in Southeast Asia*. London: MacDonald 1973, S. 45–47

34 Ebd. S. 45

35 Victor Purcell: «The Position of the Chinese in Southeast Asia», Vortrag während einer Tagung am Institute of Pacific Relations, Lucknow, Indien, 3.–15. Oktober 1950, S. 2

36 David Y. H. Wu: *The Chinese in Papua New Guinea, 1880–1980*. Hongkong: The Chinese University Press 1982, S. 28

37 Eitzen, «Two Minorities», S. 129

38 Maurice Freedman: *The Study of Chinese Society: Essays by Maurice Freedman*. Stanford, Cal.: Stanford University Press 1979.
In dem Essay «The Chinese in Southeast Asia: The Epicycle of Cathay» (S. 56 f.) vertritt Freedman den Standpunkt, die Analogie zwischen Juden und Chinesen sei hinfällig, weil die chinesische Diaspora «eine Illusion» sei, die mit der Zeit verschwinden werde. Die Chinesen seien, anders als die Juden, kein «auserwähltes Volk»; wie mir scheint, berücksichtigt Freedman nicht, daß es für verschiedene globale Stammesgemeinschaften vielfältige Diaspora-Erfahrungen neben der jüdischen gibt. Am Ende jedoch wird erst ein Mensch der Zukunft wissen können, ob diese Diasporen das nächste Jahrhundert überdauern werden. – J. K.

39 N. Balakrishnan: «Forked Tongues», *Far East Economic Review*, Januar 1991, S. 19

40 Dick Wilson: «Southeast Asia's Chineseness Comes out of the Cultural Closet», *Japan Times*, 1. Dezember 1990

41 Purcell, «The Position of the Chinese in Southeast Asia», S. 1–2
42 Pan, *Sons of the Yellow Emperor*, S. 10–11; Xing-hu Kuo: *Freies China. Asiatisches Wirtschaftswunder*. Stuttgart: Seewald 1984, S. 16
43 Freedman, *The Study of Chinese Society*, S. 53
44 Robert Temple: *The Genius of China*. New York: Simon and Schuster 1987, S. 9–12; Armytage, *A Social History of Engineering*, S. 38
45 Mac Kerras, *Western Images of China*, S. 19
46 Isaacs, *Idols of the Tribe*, S. 140–141
47 Curtin, *Cross-Cultural Trade*, S. 125
48 Nicholas Roosevelt: *Restless Pacific*. New York: Scribners 1928, S. 63. Noch im 18. Jahrhundert konnten Mandarine in Peking erklären: «Unser Himmlisches Kaiserreich besitzt alle Dinge im größten Überfluß; alle Produkte sind innerhalb unserer Grenzen zu finden.»
49 Wu und Wu, *Economic Development in Southeast Asia*, S. 126–127
50 Purcell, *The Chinese in Southeast Asia*, S. 26
51 Murphey, *The Outsiders*, S. 13
52 Chen, «Social and Economic Relations of the Overseas Chinese Businesses», S. 33–34
53 Shuhua Chang: «Communications and China's National Integration: An Analysis of *People's Daily* and *Central Daily News* on the China Reunification Issue», *Occasional Papers/Reprints Series in Contemporary Asian Studies* Nr. 5, Maryland University, School of Law 1986, S. 8–9
54 Cal Clark: *Taiwan's Development: Implications for Contending Political Economy Paradigms*. Westport, Conn.: Greenwood Press 1989, S. 52–53
55 Ebd. S. 55–56
56 Anthony B. Chan: *Gold Mountain: The Chinese in the New World*. Vancouver: New Star Books 1989, S. 37
57 Yoshihara, *The Rise of Ersatz Capitalism in Southeast Asia*, S. 39
58 Frank Viviano: «The New Immigrants», *Mother Jones*, Januar 1983, S. 44
59 Murphey, *The Outsiders*, S. 105
60 Michael R. Godley: *The Mandarin-capitalists from Nanyang: Overseas Chinese in the Modernization of China, 1893–1911*. Cambridge: Cambridge University Press 1981, S. 11–19
61 Freedman, *The Study of Chinese Society*, S. 25–26
62 Ambrose Y. C. King: «The Transformation of Confucianism in the Post-Confucian Era: The Emergence of Rationalistic Confucianism in Hong Kong», unveröffentlichtes Ms. 1987, S. 16
63 Murphey, *The Outsiders*, S. 24

64 Yoshihara, *The Rise of Ersatz Capitalism*, S. 43

65 Tu-wei Ming: *Confucian Thought: Selfhood as Creative Transformation.* Albany: State University of New York Press 1985, S. 21

66 Ebd. S. 135

67 King, «The Transformation of Confucianism», S. 12

68 T. H. Silcock: «Migration Problems of the Far East», in: Brinley Thomas, *Economics of International Migration.* London: Macmillan 1958, S. 261

69 T. J. Newbold: *British Settlements in the Straits of Malacca.* Kuala Lumpur: Oxford University Press 1971, S. 283

70 Godley, *The Mandarin-capitalists from Nanyang*, S. 25–33

71 Ebd. S. 57

72 T. J. S. George: *Lee Kuan Yew's Singapore.* Singapore: Eastern Universities Press 1973, S. 17

73 Ebd. S. 23–25

74 Jim Mann: «China's Lost Generation», *Los Angeles Times Magazine*, 25. März 1990, S. 12–14

75 «Asia's Emerging Economies», *The Economist*, 16. November 1991, S. 13

76 Yoshihara, *The Rise of Ersatz Capitalism*, S. 46

77 Eitzen, «Two Minorities»

78 Davie, *World Immigration*, S. 308

79 Wu, *The Chinese in Papua New Guinea*, S. 28–29

80 Alexander, *Silent Invasion*, S. 52; Thomas Sowell: «Affirmative Action: Lessons from Asia», *The Wall Street Journal*, 7. März 1990

81 Sender, «Inside the Overseas Chinese Network», S. 32

82 «Unequal Gains», *The Economist*, 10. August 1991

83 *Forbes*, 22. Juli 1991, S. 160, S. 164, S. 166

84 Tai Yoke Lin: «Ethnic Restructuring in Malaysia», in: *From Independence to Statehood: Managing Ethnic Conflict in Five African and Asian States*, hrsg. von Robert B. Goldmann und A. Jeyaratnam Wilson. New York: St. Martin's Press 1984, S. 55

85 Sowell, *The Economics and Politics of Race*, S. 139

86 Jesudason, *Ethnicity and the Economy*, S. 149

87 Sowell, *The Economics and Politics of Race*, S. 33–37; Yoshihara, *The Rise of Ersatz Capitalism*, S. 51

88 Sowell, *Preferential Policies*, S. 46

89 Michael Goldberg: «Hedging Your Great-Grandchildren's Bets: The Case of Overseas Chinese Investment in Real Estate Around the Cities of the Pacific Rim», *Journal of Business Administration*, University of British Columbia, Bd. 16, Nr. 1 und 2, 1986, S. 162

90 Dower, *War Without Mercy*, S. 43–45; James M. Chin: *The Sarawak Chinese*. Kuala Lumpur: Oxford University Press 1981, S. 99

91 Wu, *The Chinese in Papua New Guinea*, S. 40

92 Dower, *War Without Mercy*, S. 288

93 Alexander, *Silent Invasion*, S. 55–57

94 Stephen Fitzgerald: *Chian and the Overseas Chinese: A Study of Peking's Changing Policy, 1949–1970*. Cambridge: Cambridge-University Press 1972, S. 69

95 Charles P. Wallace: «Feeling the Drain in Singapore», *Los Angeles Times*, 3. Januar 1990

96 Sender, «Inside the Overseas Chinese Network», S. 29–43

97 Jesudason, *Ethnicity and the Economy*, S. 154

98 Sender, «Inside the Overseas Chinese Network», S. 29–43; Anthony Rowley: «The Imperial Designs of the Overseas Chinese», *Far Eastern Economic Review*, 14. April 1983, S. 75

99 Sowell, *Preferential Policies*, S. 50; Cait Murphy: «The Grandest Affirmative Action of Them All», *The Wall Street Journal*, 27. Dezember 1990

100 Interview mit Hal Plotkin

101 Über wenige Geschichten aus Taiwan wurde so einseitig berichtet wie über diese angebliche Rückkehr. Zu den neueren Artikeln zählen Yoder: «Reverse ‹Brain Drain› Helps Asia but Robs U.S. of Rare Talent», *The Wall Street Journal*, 18. April 1989; Teresa Watanabe: «Taiwanese ‹Brains› leave U.S.», *Los Angeles Times*, 29. Dezember 1989; «Asia's Emerging Economies», *The Economist*, 16. November 1991

102 Lin Ching-Wen: «Overcrowding Creates Taiwan Middle Class Exodus», *Free China Journal*, 5. Oktober 1990

103 *Commercial Times*, zitiert in Ching-wen, «Overcrowding...»; «Emigrants Say Crime Main Reason for Leaving», *China Post*, 3. Januar 1990; «Taiwan: Crime-cracker», *The Economist*, 9. Juni 1990, S. 40

104 Interview mit dem Autor

105 John Pomfret: «Chinese Move Funds Abroad», *San Francisco Chronicle*, 16. Dezember 1991

106 Sender, «Inside the Overseas Chinese Network», S. 29–43; David Holley: «Drawn to a Dream», *Los Angeles Times*, 23. Oktober 1990; Sarah Helm: «Fear and Loathing on the Streets of Hong Kong», *San Francisco Examiner*, 31. Juli 1990; Robert W. Gibson: «Networks of the Overseas Chinese», *Los Angeles Times*, 22. Juli 1990; Steven Jones: «Hong Kong to Lose a Growing Share of Its Best, Brightest to Emigration», *The Wall Street Journal*, 18. September 1990. Der Kapitalfluß ist schwieriger zu

verfolgen, aber drei Staaten haben über 90 Prozent aller Auswanderer aus Hongkong aufgenommen: die Vereinigten Staaten, Kanada und Australien.

107 «Leaving Hong Kong», *The Wall Street Journal*, 19. Dezember 1989; Nina McPherson: «Hong Kong's Choice: English or Chinese»

108 Carol J. Williams: «Hungary Offering Passports to Woo Hong Kong Investors», *Los Angeles Times*, 16. November 1990

109 Bob Drogin: «Passports Hot Item in Hong Kong», *Los Angeles Times*, 26. Juli 1990

110 Nicolas D. Kristof: «A Pregnant Pause in Hong Kong as Mothers-to-Be...», *International Herald Tribune*, 17. Mai 1990

111 Ai Leng Choo: «When Many Are Fleeing Hong Kong, Others Find It's Profitable to Go Back», *The Wall Street Journal*, 24. Januar 1992

112 Interview mit Regierungsbeamten in Hongkong

113 Anthony T. Bouscaren, *International Migrations since 1945*, S. 112–113

114 Ebd. S. 113

115 Interview mit dem Autor

116 Interview mit dem Autor

117 *Taiwan Republic of China Economic Development*. Ministry of Economic Affairs, April 1987; «Taiwan's Trade Surpluses», *Federal Reserve Bank of San Francisco Weekly Letter*, 1. Februar 1991

118 Wong, *Patronage, Brokerage, Entrepreneurship*, S. 55

119 Catherine Jones: «Hong Kong, Singapore, South Korea and Taiwan: Oikonomic Welfare States», *Government and Opposition* Bd. 25, Nr. 4, Herbst 1990, S. 462

120 Interview mit dem Autor

121 Purcell, «The Position of the Chinese in Southeast Asia», S. 3; Eitzen, «Two Minorities», S. 129; Wong, *Patronage, Brokerage, Entrepreneurship*, S. 170–173

122 Gwen Kinkead: «A Reporter at Large: Chinatown I», *The New Yorker*, 10. Juni 1991, S. 81

123 Shih-shan Henry Tsai: *China and the Overseas Chinese in the United States 1868–1911*. Fayetteville: University of Arkansas Press 1983, S. 32–33

124 Wu und Wu, *Economic Development in Southeast Asia*, S. 49

125 Yoshihara, *The Rise of Ersatz Capitalism*, S. 53–54; Jesudason, *Ethnicity and the Economy*, S. 31

126 Siu-kau Lau: «Utilitarian Familism: The Basis of Political Stability», in: *Social Life and Development in Hong Kong*, hrsg. von Ambrose Y. C.

King and Rance P. L. Lee. Hongkong: Chinese University Press 1981, S. 195–207

127 King, «The Transformation of Confucianism in the Post-Confucian Era», S. 16

128 Ebd. S. 7

129 Jan Woronoff: *Hong Kong: Capitalist Paradise*. Hongkong: Heinemann Asia 1980, S. 115–116

130 James P. Schriffman und Maria Shao: «South Korea and Taiwan: Two Strategies», *The Wall Street Journal*, 1. Mai 1986

131 «Pacific Rim 150», *Fortune*, Pacific Rim Sonderausgabe 1990, S. 102–104

132 Alvin Yiu-cheong So: «Development Inside the Capitalist World System: A Study of the Chinese and Japanese Silk Industry», *Journal of Asian Culture*, Bd. V, 1981, S. 37–50

133 Rafferty, «China's Grasp and Hong Kong's Golden Eggs», S. 56

134 Interview mit dem Autor

135 «Textiles: Slaves of Fashion», *The Economist*, 7. Dezember 1991, S. 86

136 Alice Rawsthorn: «A New Set of Challenges» und William Durforce: «So Near, and Yet So Far», *Financial Times*, 3. Oktober 1990; L. N. Jhunjhunwala: «Export to Save the Country or Perish», *Financial Express* (Indien), 9. Dezember 1990

137 «Textiles: Slaves of Fashion», S. 87

138 Ebd.

139 Maria Shao und James R. Schiffman: «Taiwan, Korea Battle for Textile Markets by Stressing High Fashion and Flexibility», *The Asian Wall Street Journal Weekly*, 28. April 1986

140 Edna Bonacich: «Asian and Latino Immigrants in the Los Angeles Garment Industry: An Exploration of the Relationship Between Capitalism and Racial Oppression», *ISSR Working Papers in the Social Sciences*, 1989–1990, Bd. 5 Nr. 13, S. 15

141 «California: State of the State», *The Bobbin*, April 1991

142 Interview des Autors mit Mary Stephens, Vorsitzende der Abteilung Mode, Fashion Institute of Design and Merchandising, Los Angeles

143 Tim W. Ferguson: «Casual-Wear Chief Opposes Hemming in China Trade», *The Wall Street Journal*, 28. Mai 1991

144 Interview mit dem Autor

145 Godley, *The Mandarin-capitalists*, S. 60

146 Purcell, *The Chinese in Southeast Asia*, S. 30

147 Interview mit dem Autor

148 Godley, *The Mandarin-capitalists*, S. 65–73

149 Tsai, *China and the Overseas Chinese in the United States*, S. 68–75

150 Godley, *The Mandarin-capitalists*, S. 75–82

151 Ebd. S. 106

152 Lyon Sharman: *Sun Yat-sen: His Life and Meaning*. New York: John Day 1934, S. 35–36, S. 75–77

153 Ebd. S. 112

154 Alfred Crofts und Percy Buchanan: *A History of the Far East*. New York: Longmans, Green 1958, S. 312, S. 323, S. 326

155 Joel Kotkin und Vincent Diau: «Red Star over Silicon Valley», *California*, September 1990, S. 24

156 Interview mit dem Autor

157 Fitzgerald, *China and the Overseas Chinese*, S. 193

158 Anna Wang: «Whither the Work Ethic?», *Free China Review*, September 1989, S. 35–36

159 Interview mit dem Autor

160 Interview mit dem Autor

161 George White: «Laboring over Workers», *Los Angeles Times*, 24. Juni 1991

162 Interview mit dem Autor

163 Robert W. Gibson: «China, Taiwan Groping Toward Independence», *Los Angeles Times*, 8. April 1991

164 Leung: «Foreign Investment in China Dwindles» und Peter Wickham: «Taiwan in Two Minds on Trade with China», *Financial Times*, 6. Juni 1990

165 «Taiwan: China's Snare», *The Economist*, 4. Januar 1992, S. 31–32

166 Interview mit dem Autor

167 David Holley: «Chinese Province Meets the 20th Century», *Los Angeles Times*, 6. September 1987 (nach Holley stammen 75 Prozent aller Investitionen in Guangdong aus Hongkong und Macao); Leung, «Foreign Investment Dwindles» (dem zufolge 60 Prozent aller Auslandsinvestitionen in der gesamten Volksrepublik allein aus Hongkong stammen); Tanaka, Mori und Mori, «Overseas Chinese Business Community in Asia», S. 19

168 Andrew Tanzer: «The Mountains Are High, the Emperor Is Far Away», *Forbes*, 5. August 1991, S. 70

169 David Holley und Sam Jameson: «Province of Wealth and Power», *Los Angeles Times*, 11. November 1991

170 Leung, «Foreign Investment in China Dwindles»; Wickenden, «Taiwan in Two minds on Trade with China»

171 «Official Reserves», *The Economist*, 14. März 1992, S. 124; «Financial Secretary on Exchange Fund», Erklärung des Finanzministers Hamish MacLeod vom 15. Juli 1992, Fax an den Autor vom Hong Kong Economic and Trade Office in San Francisco. Nach diesen Quellen betragen die Devisenreserven Taiwans mehr als 82 Milliarden Dollar, Singapurs fast 30 Milliarden Dollar und Hongkongs 29 Milliarden Dollar. Zusammengenommen verfügen diese drei Vorposten der chinesischen Diaspora über Devisenreserven von etwa 142 Milliarden Dollar im Vergleich zu den etwas mehr als 70 Milliarden Dollar Japans.

172 James McGregor: «China's Entrepreneurs Are Thriving in Spite of Political Crackdown», *The Wall Street Journal*, 4. Juni 1991

173 David Holley: «China's Coast Luring Visitors from Taiwan», *Los Angeles Times*, 1. Januar 1989

174 Interview mit dem Autor

175 Interview mit dem Autor

176 Leo O. Orleans: *Chinese Students in America: Policies, Issues, and Numbers*. Washington, D.C.: National Academy Press, 1988, S. 37

177 William B. Johnson: «Global Workforce 2000: The New World Labor Market», *Harvard Business Review*, März/April 1991, S. 124

178 Mann, «China's Lost Generation», S. 12–14

179 Nicholas D. Kristof: «Chinese Jam Exits to U.S., the ‹Beautiful Country›», *International Herald Tribune*, 14. September 1990

180 David Shambaugh und Gregory Wajnowski: «China Is Volcano of Discontent», *The Wall Street Journal*, 12. Februar 1990

181 Orleans, *Chinese Students in America*, S. 36

182 Interview mit dem Autor

7. Groß-Indien

1 Interview mit dem Autor

2 Amit Roy: «The Quiet Millionaires», *Telegraph Weekly Magazine*, 25. August 1990, S. 14

3 Bouscaren, *International Migrations since 1945*, S. 101

4 «Britain's Browns», *The Economist*, 28. Oktober 1989, S. 21–24; Dr. G. Shantakumar: «The Position of the Indian Community in Singapore: An Economic Profile», *Singapore Indian Chamber of Commerce Bulletin*, S. 1–4; «Ethnic Origins and the Labor Market», *Employment Gazette*, März 1990, S. 130; «Asians in the US», *Far Eastern Economic Review*, 22. November 1990, S. 32

5 Oma O. Eleazu: «Ethnic Restructuring in Malaysia», in: *From Indepen-dence to Statehood*, hrsg. von Robert Goldman und A. Jeyartnam Wilson. New York: St. Martin's Press 1984, S. 55

6 «Britain's Browns», S. 22

7 Zitiert in Jay Malhotra: «Economic Status of Foreign Born and U.S.-Born Indian-Americans»; Malhotras Referat fußt auf einem Bericht für die Bürgerrechtskommission der Vereinigten Staaten vom Juni 1988; Susumu Awanohara: «In the Melting Pot», *Far East Economic Review*, 26. April 1990, S. 32

8 Pranay Gupte: «The World Is Their Bazaar», *Forbes*, 28. Dezember 1987, S. 85–92

9 Aileen D. Ross: *The Hindu Family in Its Urban Setting*. Toronto: Uni-versity of Toronto Press 1961, S. 22

10 (Im Dt. auch Jainas bzw. Dschinas/Jinas geschrieben.) «Thousands of Jainist Followers to Gather at University», *Peninsular Times Tribune*, 1. Juli 1992

11 Pranay Gupte: «The Big Money in Cheap Rock», *Forbes*, 10. August 1987

12 Interview mit dem Autor

13 Hugh Tinker: «Indians Abroad: Emigration, Restriction and Rejection», in: *Expulsion of a Minority: Essays on Ugandan Asians*, hrsg. von Mi-chael Twaddle. London: The Athbone Press, University of London 1975, S. 15

14 «Britain's Browns», S. 21–24

15 M. A. Tribe: «Economic Aspects of the Expulsion of Asians from Ugan-da», in: *Expulsion of a Minority*, op. cit. S. 140–157

16 «Uganda: The Exiles Return», *The Economist*, 10. August 1991, S. 35–36

17 Gardner Thompson: «The Ismailis in Uganda», in: *Expulsion of a Mi-nority*, op. cit. S. 30–38

18 Interview mit dem Autor

19 «Punjabi Orchard Farmers: An Immigrant Enclave in Rural California», *International Migration Review*, Bd. 22, Nr. 1, 1988, S. 28–47

20 Interview mit Hal Plotkin

21 Tinker, «Indians Abroad», S. 15

22 Malhotra, «Economic Status», S. 1–30; Awanohara, «In the Melting Pot», S. 32

23 Monua Janah: «Indian Immigrants Find Room to Grow Beyond Motels», *The Wall Street Journal*, 25. August 1989

24 Usha R. Jain: *The Gujeratis of San Francisco*. New York: AMS Press 1989, S. 128–129

25 Interview mit dem Autor; «Jogani's Pooja Owns and Manages Mega Properties and Millions», *L.A. India*, 25. Mai 1990, S. 23

26 Prakash Shah: «Indians Abroad in Business and the Professions», Beitrag, *The First Global Convention of People of Indian Origin*, 3. 9. 1989

27 Roy, «The Quiet Millionaires», S. 19

28 Gupte, «The World Is Their Bazaar», S. 85–92

29 Amit Roy: «The Asian Millionaire», *India Today*, 15. September 1990, S. 121–122

30 Kim Foltz: «The RCA Dog Will have Its Day», *International Herald Tribune*, 15./16. September 1990; Edwin McDowell: «Foreign Flavor for Publishing Leadership», *New York Times*, 5. November 1990; Richard A. Serrano: «L. A. Record Executive May Be Tapped», *Los Angeles Times*, 11. August 1990

31 Martha Sherrill: «The Writer from Suburbia», *Washington Post*, 20. Juli 1990

32 Kathleen Hendrix: «Visions of a Brave New World», *Los Angeles Times*, 12. November 1987

33 Roy, «The Quiet Millionaires», S. 19

34 Interview mit dem Autor

35 Arendt, *Imperialism*, S. 92

36 Tapan Raychaudhuri und Irfan Habib: *The Cambridge Economic History of India, Volume One: 1200–1750*. (Neu-Delhi: Cambridge University Press 1982, S. 277–278)

37 Armytage, *The Social History of Engineering*, S. 38

38 Milton Singer: *When a Great Tradition Modernizes*. New York: Praeger 1972, S. 275

39 P. N. Agarwala: *A History of Indian Business: A Complete Account of Trade Exchanges from 3000 B.C. to the Present Day*. Neu-Delhi: Vikas Publishing 1985, S. 2–3

40 Raychaudhuri und Habib, *The Cambridge Economic History of India*, S. 127–131

41 Mumford, *Technics and Civilization*, S. 144

42 Raychaudhuri und Habib, *The Cambridge Economic History of India*, S. 77–81

43 Ebd.

44 Curtin, *Cross-Cultural Trade*, S. 122–124, S. 145–148

45 Ebd.

46 Romila Thapar: *A History of India, Volume One*. London: Penguin Books 1966, S. 279

382 .... Anmerkungen

47 Raychaudhuri und Habib, *The Cambridge Economic History of India*, S. 268–276

48 Ebd. S. 300–303

49 Noboru Tabe: *Indian Entrepreneurs at the Crossroads*. Tokio: Institute of Developing Economics 1970, S. 7

50 Raychaudhuri und Habib, a.a.O., S. 406–408

51 Spear, *India*, S. 229–230

52 Tabe, *Indian Entrepreneurs at the Crossroads*, S. 13

53 Curtin, *Cross-Cultural Trade*, S. 143–145

54 Raychaudhuri und Habib, *The Cambridge Economic History of India*, S. 406–408; Curtin, *Cross-Cultural Trade*, S. 141

55 Immanuel Wallerstein: *The Modern World System I: Capitalist Agriculture and the Origins of the European World-Economy in the Sixteenth Century*. New York: Academic Press 1974, S. 50–51

56 Temple, *The Genius of China*, S. 9–11; Murphey, *The Outsiders*, S. 13

57 Kumar, *The Cambridge Economic History of India Vol. II*, S. 277

58 Dwijendra Tripathi: «Indian Entrepreneurship in Historical Perspective: A Re-Interpretation», *Economic and Political Weekly*, Bd. VI, Nr. 22, 29. Mai 1971, S. M–59

59 Karl Marx: *Das Kapital, Erster Band* (= MEW Bd. 23). Berlin: Dietz Verlag 1969, S. 455

60 Kumar, *The Cambridge Economic History of India Vol. II*, S. 277

61 Murphey, *The Outsiders*, S. 21

62 Curtin, *Cross-Cultural Trade*, S. 241–242

63 Kumar, *The Cambridge Economic History of India Vol. II*, S. 289–295

64 Tabe, *Indian Entrepreneurs at the Crossroads*, S. 22

65 Arthur W. Helweg: «Emigration and Return: Ramifications for India», *Population Review*, Bd. 28, Nr. 1 und 2, Januar–Dezember 1984, S. 46

66 Kumar, *The Cambridge Economic History of India Vol. II*, S. 359; Strange, *States and Markets*, S. 99

67 Gita Piramel und Margaret Herdeck: *India's Industrialists; Volume One*. Washington D.C.: Three Continents Press 1986, S. 6–7

68 Ross, *The Hindu Family in Its Urban Setting*, S. 8–11

69 Singer, *When a Great Tradition Modernizes*, S. 366

70 Piramel und Herdeck, *India's Industrialists*, S. 6–7

71 Ebd. S. 335–340

72 Shoji Ito: «Ownership and Management of Indian Zaibatsu», in: *Family Business in the Era of Industrial Growth*, hrsg. von Okuchi und Yasuoka, S. 149–159

73 Robert E. Kennedy, Jr.: «The Protestant Ethic and the Parsis», *American Journal of Sociology*, Bd. LXVII, Juli 1962–Mai 1963, S. 15–16 (Kennedy gibt – im Gegensatz zu seinen anderen Zitaten aus den Gâthâs im o. g. Artikel – keine Versangabe für diese Zeilen, die ich in der dt. Übersetzung von Dr. Martin Haug [Abhandlungen für die Kunde des Morgenlandes, 2 Bde., Leipzig 1859 bzw. 1862, Reprint Nendeln, Liechtenstein: Kraus 1966] nicht habe finden können. Zum Beleg der weltlichen Bedeutung von «Wohlstand» zitiert Kennedy u. a. Vers 28:2: *Frommen Sinns will ich mich euch nahen, Weiser! Lebendiger! mit der Bitte, mir das irdische und das geistige Leben zu verleihen. Durch Wahrheit sind diese Güter zu erlangen . . .* [Haug, a.a.O., Bd. 1] – Der Übersetzer)

74 Kumar, *The Cambridge Economic History of India Vol. II*, S. 342–343, S. 348–351

75 Kennedy, Jr., «The Protestant Ethic and the Parsis», S. 17

76 Ebd. S. 19

77 Edna Bonacich: «A Theory of Middleman Minorities», *American Sociological Review*, Bd. 38, Oktober 1973, S. 583

78 Amelendu Guha: «Parsi Seths als Entrepreneurs: 1750–1950», *Economic and Political Weekly*, August 1970, S. M–107

79 Philip Lopate: «Zoroaster in the New World», *New York Times*, 19. Oktober 1986, S. 85

80 Gita Piramel: «The Rise of the Marwari», *Bombay*, 22. August 1990, S. 44

81 Isher Judge Ahluwalia: *Industrial Growth in India: Stagnation Since the Mid-Sixties*. Neu-Delhi: Oxford University Press 1985, S. 176–177, S. 187; Kumar, *The Cambridge Economic History of India Vol. II*, S. 351, S. 588

82 K. N. Vaid: *The Overseas Indian Community in Hong Kong*. Hongkong: University of Hong Kong 1972, S. 54–59, S. 80

83 David Joel Steinberg et al.: *In Search of Southeast Asia*. New York: Praeger 1971, S. 217

84 Bouscaren, *International Migrations Since 1945*, S. 29

85 Interview mit dem Autor

86 Purcell, *The Chinese in Southeast Asia*, S. 71

87 G. Findlay Shirras: «Indian Migration», in: *International Migrations* op. cit. S. 592; Jesudason, *Ethnicity and the Economy*, S. 33

88 Thomas Timberg: *The Marwaris: From Traders to Industrialists*. Neu-Delhi: Vikas Publishing 1978, S. 62–63

89 Interview mit dem Autor

90 Vaid, *The Overseas Indian Community in Hong Kong*, S. 1–5. Schätzun-

gen von K. Sital, Präsident des Dachverbands indischer Vereine in Hong-kong

91 Ebd. S. 64–74

92 «The Harilelas: Leaders of the Indian Community Abroad», *Asia Magazine*, 19. Mai 1985, S. 15–18

93 Frederick Kogos: «This is Apparel Hong Kong Today!», *Apparel Manufacturer*, Juli 1961

94 Vaid, *Indian Community in Hong Kong*, S. 64–74

95 Interview mit dem Autor

96 Interview mit dem Autor

97 Tribe, «Economic Aspects of the Expulsion of Asians from Uganda», in: *Expulsion of a Minority* op. cit. S. 140

98 Edna Bonacich, «A Theory of Middleman Minorities», S. 591

99 «Indians Fear the Future Will Amount to Zero», *Hong Kong Standard*, 19. April 1989

100 Helweg, «Emigration and Return», S. 46–47

101 James Chad: «Paradise Abroad», *Far East Economic Review*, 26. April 1990, S. 26

102 Interview mit dem Autor

103 Spear, *India*, S. 433–435

104 Daniel Houston Buchanan: *The Development of Capitalistic Enterprise in India*. New York: A. M. Kelley 1934, S. 466–471

105 Gedicht zitiert in Thomas Tindberg: «Industrial Entrepreneurship Among the Trading Communities of India», *Harvard University Center for International Affairs, Economic Development Report* Nr. 136, Juli 1969, S. 41

106 Piramel und Herdeck, *India's Industrialists*, S. 61–70

107 Timberg, «Industrial Entrepreneurship Among the Trading Communities of India», S. 24–26; Piramel und Herdeck, *India's Industrialists*, S. 61–70

108 Timberg, *The Marwaris*, S. 10–11

109 Piramel, «The Rise of the Marwari», S. 44

110 «The Politician Who Knows His Place a Little Too Well», *The Economist*, 23. Juni 1990, S. 27

111 Ahluwalia, Industrial Growth in India, S. 2–3

112 «Survey: India», *The Economist*, 4. Mai 1991, S. 7

113 *Handbook of International Trade and Development Statistics, 1989*. New York: United Nations 1989, S. 315–316; Zahlen für Indien mit freundlicher Genehmigung der Firma Price, Waterhouse (Madras), An-

thony Spaeth: «Firms Find India Welcome Mat Frayed», *The Wall Street Journal*, 10. April 1990

114 V. G. Bhatia und L. N. Jhunjhunwala: «Export to Save the Country or Perish», *Financial Express*, 9. Dezember 1990, S. 1–10; «Caught in a Gulf», *Financial Express*, 4. Januar 1991

115 «Survey: India», S. 8

116 Ebd. S. 5

117 Steve Coll: «Burgeoning Population Threatens India's Future», *Washington Post*, 21. Januar 1990

118 Interview mit dem Autor

119 Bradford Spangenberg: *British Bureaucracy in India: Status, Policy and the I.C.S. in the Late 19th Century*. Columbia, Mo.: South Asia Books 1976, S. 351

120 «The Third World: Survey», *The Economist*, 29. September 1989, S. 9

121 Ahluwalia, *Industrial Growth in India*, S. 158–162

122 «Survey: India», S. 7

123 Piramel, «The Rise of The Marwari», S. 48. Zwischen 1965 und 1988 stieg die Reliance-Gruppe der Ambanis nach einem Bericht der Lok Sabha Kommission zur Überwachung des Handels auf den dritten Platz unter den bedeutenden indischen Geschäftsimperien, hinter den Birlas und Tatas; 1965 war die Gruppe im Bericht nicht einmal erwähnt worden. – J. K.

124 Hardev Sanotra: «Ambani and the System», *Business World*, 25. April – 8. Mai 1990, S. 37

125 Government of India, Ministry of Finance (Finanzministerium der indischen Regierung): «Destination of Indian Exports», *Economic Survey, 1989–1990*. 1988/89 zum Beispiel ging mehr als ein Drittel aller indischen Exporte in die Sowjetunion, osteuropäische Länder sowie Dritte-Welt-Länder, die nicht OPEC-Mitglieder waren. – J. K.

126 Interview mit dem Autor

127 Sowell, *Preferential Policies*, S. 53 f.

128 Karl Marx: *Die künftigen Ergebnisse der britischen Herrschaft in Indien*. (Zuerst englisch: New-York Daily Tribune Nr. 3840, 8. August 1853.) MEW Bd. 9, S. 221–222

129 Murphey, *The Outsiders*, S. 107–108

130 M. J. Akbar: *India: the Siege Within: Challenges to the Nation's Unity*. London: Penguin Books 1985, S. 21–22

131 Ralph Buultjens: «India: Religion, Political Legitimacy and the Secular State», *Annals of the American Academy*, Nr. 483, Januar 1968, S. 101–102

132 Mark Fineman, «The Killing Ground of Asia», *Los Angeles Times*, 8. Mai 1990; «Alas, Poor Punjab», *The Economist*, 22. September 1990, S. 40

133 Mark Fineman: «Lynchings Over Caste Stir India», *Los Angeles Times*, 12. April 1991

134 Park, *Race and Culture*, S. 351

135 Interview mit dem Autor

136 Interview mit Hal Plotkin

137 Interview Hal Plotkins mit George Abraham, geschäftsführender Direktor der indischen Handelskammer in Singapur

138 Interview mit dem Autor

139 Kumar, *The Cambridge Economic History of India Vol. II*, S. 565

140 Leslie Tilley: «A Passage to India», *Financial Times*, 17. Mai 1990

141 Shah, «Indians Abroad in Business and the Professions», S. 53; Robert Bellinger: «Indian EEs: 20,000 Engineers Change Face of U.S. Engineering», *Electrical Engineering Times*, 1. August 1988, S. 40

142 Arvind Sighal und Everett Rodgers: *India's Information Revolution*. New Delhi: Sage Publications 1989, S. 42–43

143 Ebd.

144 *Open Doors: 1989–1990: Report on International Educational Exchange*, hrsg. von Marianthi Zikopoloulos. Washington D. C.: Institute of International Education, S. 21

145 Bellinger, «Indian EEs»

146 Singhal und Rodgers, *India's Information Revulution*, S. 147–148; Prakash Chandra: «Indians Bring Together Homeland, New Home», *San Jose Mercury News*, 29. Oktober 1989

147 T. T. Nhu: «Inter-Indian Tensions Fade After Immigration», *San Jose Mercury News*, 7. Juni 1991

148 Dr. R. Nagarajan: «The Indian American Family», Referat, gehalten vor der Fifth Annual Convention of Asian Indians in North America, 1.–4. Juli 1988, Cleveland, Ohio

149 Interview mit dem Autor

150 Interview mit dem Autor

8. Die Zukunft der Weltstämme und die Weltstämme der Zukunft

1 Marshall McLuhan: *The Global Village*. New York: Oxford University Press 1989, S. 84–85

2 John Eckhouse: «Migrant Workers' Economic Impact», *San Francisco Chronicle*, 1. Juli 1991

3 «Emigration to Go Up», *Business India*, 4.–17. Februar 1991

4 George White: «Cheap – and Smart – Labor», *Los Angeles Times*, 3. Juni 1991

5 R. Bayley Winder: «The Lebanese in West Africa», *Comparative Studies in Science and History*, Bd. 4, 1961–1962, S. 295–297

6 Ebd. S. 320–323

7 Jennifer Toth: «Study Will Spotlight Record of Success by Arab-Americans», *Los Angeles Times*, 10. Januar 1991

8 Peter Fuhrman: «An Oasis of Sanity», *Forbes*, 2. Oktober 1989, S. 100–101; Michael Cieply: «Something Under the Mattress», *Forbes*, 6. Dezember 1982, S. 41–42

9 Geraldine Brooks: «In Humiliating Defeat Can the Palestinians Finally Find Peace», *The Wall Street Journal*, 6. März 1991

10 Ebd.

11 Interview mit dem Autor

12 John P. Tarpey, Kevin Kelly et al.: «The Palestinians Are Lining Up Some Big Backers», *Business Week*, 22. Februar 1988, S. 46–47

13 Interview mit dem Autor

14 Zitiert ohne Quellenangabe in Friedrich Engels: *Der Ursprung der Familie, des Privateigentums und des Staats.* MEW Bd. 21, S. 61

15 Karl Marx: *Der Achtzehnte Brumaire des Louis Bonaparte.* MEW Bd. 8, S. 115

16 Dan Fisher: «Young Emigrés Return to Work for Homeland», *Los Angeles Times*, 26. Februar 1990; Jeffrey A. Tannenbaum: «East European Descendants Have Edge in Deals There», *The Wall Street Journal*, 1. Dezember 1989

17 H. Kent Greiger: *The Family in Soviet Russia.* Cambridge, Mass.: Harvard University Press 1968, S. 90–94

18 Adrian Karatnycky: «It's Not Islam That's Uniting Soviet Central Asia», *The Wall Street Journal*, 28. Juli 1989; Graham E. Fuller: «Azerbaijan: Soon to Be a Household Word», *Los Angeles Times*, 9. Januar 1990; «The Battle for Uzbekistan», *The Economist*, 4. April 1992, S. 48–49

19 Carey Goldberg: «Tidal Wave of Emigration Carries off Soviet ‹Brains›», *Los Angeles Times*, 8. Oktober 1990

20 «While the Going Is Good», *The Economist*, 10. März 1990, S. 55

21 David Marshall Lang: *Armenia: Cradle of Civilization.* London: George Allen and Unwin 1970, S. 290–291

22 Ebd. S. 86–95
23 Ebd. S. 120–135
24 Phillips, *Symbol, Myth and Rhetoric*, S. 35–45
25 Ebd. S. 60–64
26 Ebd. S. 46–48
27 Lang, *Armenia, Cradle of Civilization*, S. 285–290
28 Gary A. Kulhanjian: *A Guide to Armenian Immigrants, Studies and Institutions*. San Francisco: Selbstverlag 1977, S. 2
29 «Armenians in California: One Day, You Too Could Be Governor», *The Economist*, 19. Januar 1991, S. 28; Seth Mydans: «Armenians in U.S. Say the People of the Homeland Are in Danger, But What Could Be Done?» *New York Times*, 23. Januar 1990
30 Esther Schrade: «L.A.'s Armenia Quake Relief Stuck in Pipeline», *Los Angeles Times*, 23. Juli 1989
31 Elizabeth Shogren: «Armenian Nationalist a Hero on Return Home», *Los Angeles Times*, 13. November 1990; Elizabeth Shogren: «Armenian-Americans Drawn to Roots to Assist ‹Brothers› in Soviet Union», *Los Angeles Times*, 30. Juni 1990; Elizabeth Shogren: «Armenia's Leader Seeks Support on U.S. Visit», *Los Angeles Times*, 30. September 1990
32 Interview mit dem Autor
33 Phillips, *Symbol, Myth, Rhetoric*, S. 113
34 Edward Minasian: «Armenian Immigrant Tide», in: *Recent Studies in Armenian History*. Cambridge, Mass., S. 107–111
35 Jack Danielian: «Armenian Cultural History: Problems of Western Definition», in: *Recent Studies in Armenian History*, S. 127
36 «Armenians in California: One Day, You Too Could Be Governor», *The Economist*, 19. Januar 1991, S. 28; Jaques Derogy: «La nostalgie de l'Armenie perdue», *L'évenement du Jeudi*, 6. Juni 1989, S. 61
37 Joe Queenan: «Will Wonders Ever Cease?» *Forbes*, 4. Februar 1989, S. 72–76. Die über den Iran nach Kanada ausgewanderten armenischen Gebrüder Ghermezian haben einige der größten Einkaufszentren der Welt finanziert, darunter ein massives Projekt in Edmonton und das noch größere «Mall of America» in Bloomington, Minnesota.
38 «Armenians in California: One Day, You Too Could Be Governor», *The Economist*, 19. Januar 1991, S. 28
39 Interview mit dem Autor
40 Burnham T. Beckwith: *Ideas About the Future: A History of Futurism*. Palo Alto: Burnham Beckwith 1984, S. 16–25
41 Ebd. S. 34, S. 53, S. 90–93

42 James T. Duke und Barry L. Johnson: «Stages of Religious Transformation: A Study of 200 Nations», *Review of Religious Research*, Bd. 30, Nr. 3, März 1989, S. 210

43 Edward Cornish: *The Study of the Future*. Washington D.C.: World Future Society 1977, S. 162–163

44 Francis Fukuyama: *The End of History and the Last Man*. New York: The Free Press 1992, S. 77, S. 79, S. 89, S. 201 (dt. *Das Ende der Geschichte: wo stehen wir?* München: Kindler 1992)

45 Roderick Seidenberg: *Post-Historic Man: An Inquiry*. Chapel Hill: University of North Carolina Press 1950, S. 179

46 Duke and Johnson, «Stages of Religious Transformation», S. 213

47 Mircea Eliade: *Kosmos und Geschichte. Der Mythos der ewigen Wiederkehr*. Frankfurt am Main: Insel 1968, S. 19–20, S. 25, S. 28–29, S. 82–83

48 Ebd. S. 153–154

49 Walter Zuckerman: «Soviet Russia Solves the Jewish Problem», *The Contemporary Review*, Juli – Dezember 1931, S. 741–748

50 Geraldine Brooks: «The Immigrant Flood of Soviet Jews to Israel Could Beget Big Changes in Nation», *The Wall Street Journal*, 8. April 1990

51 Christine Demkowych: «Some Jews Forgo Israel's Promise and Elect to Stay in Ukraine», *Los Angeles Times*, 5. März 1991

52 Interview mit dem Autor

53 Kathy Wilhelm: «Monks Join Democracy Movement», *San Francisco Chronicle*, 28. März 1990

54 Girlal Jain: «End of the Arab Century», *World Press Review*, September 1983, S. 37. Dieser Artikel erschien zuerst in *The Times of India*.

55 Curtin, *Cross-Cultural Trade*, S. 107

56 Armytage, *A Social History of Engineering*, S. 39–40

57 Said Amir Arjomand: «Social Change in Contemporary Islam», in: *New Religious Movements and Rapid Social Change*, hrsg. von James A. Beckford. London: Sage/UNESCO 1986, S. 101; Kim Murphy: «Islamic Militants Build Power Base in Sudan», *Los Angeles Times*, 6. April 1992. Der islamische Führer des Sudan, Hassan Abdullah Tarabi, hat an der Sorbonne studiert und spricht fließend Englisch, Französisch und Deutsch.

58 Michael Schrage: «Islam Embraces Science on Its Own Terms», *Los Angeles Times*, 27. Dezember 1990

59 Johnson, «Global Workforce 2000», S. 124

60 Robert Wuthnow: «Religious Movements in North America», in: *New Religious Movements and Rapid Social Change*, op. cit., S. 16

61 Desda Moss: «Practicing or Not Many Identify with Religion», USA Today, 11. April 1991
62 Wuthnow, «Religious Movements in North America», S. 16–17, S. 23–24
63 Stan Albrecht und Tim Heaton: «Secularization, Higher Education, and Religiosity», Review of Religious Research, Bd. 26, Nr. 1, September 1984, S. 50–51
64 Ebd.
65 Waxman, America's Jews in Transition, S. 213–214
66 Roland Enroth: «The Empire Strikes Gold», Christianity Today, 5. September 1985, S. 29
67 Joseph Carey: «A Time of Turmoil for Mormons», U.S. News & World Report, 28. April 1986, S. 100
68 Dennis M. Clark: «Harold Bloom Lauds the Audacity of Joseph Smith», Sunstone, April 1991, S. 59
69 Willa Appel: Cults in America: Programmed for Paradise. New York: Holt, Rinehart and Winston 1983, S. 3–5
70 Joan Johnson: The Cult Movement. New York: Franklin Watts 1984, S. 74–87
71 Mark P. Leone: «The Economic Basis for the Evolution of Mormon Religion», in: Religious Movements in Contemporary America, hrsg. von Irving I. Zaretsky und Mark P. Leone. Princeton, N.J.: Princeton University Press 1974, S. 729, S. 739. Brigham Young, Vorsitzender der Kirche und Führer des Trecks nach Utah, drückte es so aus: «Eine Religion, die den Menschen nicht weltlich retten kann, kann ihn auch nicht seelisch retten.»
72 Jim Coates: In Mormon Circles: Gentiles, Jack Mormons and Latter-day Saints. Reading, Mass.: Addison-Wesley 1991, S. 46, S. 77
73 Agnes M. Smith: «The First Mormon Mission to Britain», History Today, Juli 1987, S. 31
74 O. Kendall White: «Mormon Resistance and Accomodation: From Communitarian Socialism to Corporate Capitalism», in: Self-Help in Urban America: Patterns of Minority Business Enterprise, hrsg. von Scott Cummings. Port Washington, N.Y.: Kennikat Press 1980, S. 90
75 Dr. E. L. Thorndike: «The Origin of Superior Men», Scientific Monthly, Mai 1943, S. 425–426
76 Vgl. «Utah: America's Choice», hrsg. Utah Department of Community and Economic Development, 1991
77 Maureen Dowd: «Bush's Adviser on Domestic Policy: The Perfect Man to Process Details», New York Times, 29. März 1990; David Lauter: «The Man Behind the President», Los Angeles Times, 14. Oktober 1990

78 Albrecht und Heaton, «Secularization, Higher Education, and Religiosity», S. 50–51. Mormonen nehmen zweimal so häufig wie Anglikaner und dreimal so häufig wie Katholiken am wöchentlichen Gottesdienst teil.

79 Coates, *In Mormon Circles*, S. 139; Sally B. Donnelly: «The State of Many Tongues», *Time*, 13. April 1992, S. 51

80 Interview mit David Pierson, Verkaufsleiter (international) bei WordPerfect Corporation

81 Interview mit dem Autor

82 Sonia Nazario: «Mormon Rules Aid Long Life, Study Discloses», *The Wall Street Journal*, 6. Dezember 1989. Neueren medizinischen Erhebungen zufolge leben praktizierende Mormonen im Schnitt elf Jahre länger als sonstige Weiße.

83 Rodney Stark: «The Rise of a New World Faith», *Review of Religious Research*, Bd. 26, Nr. 1, September 1994, S. 18–25

84 Interview mit dem Autor

85 Interviews und Tabellen wurden von Donald Snow, Abteilung Mathematik der Brigham Young University, zur Verfügung gestellt; Joel Kotkin: «Mission from Utah», *California*, Juli 1991, S. 22–23

86 Vgl. Stark, «The Rise of a New World Faith». Nach Starks Berechnungen könnte die Kirche bis zum Jahre 2080 zwischen 63 und 245 Millionen Mitglieder haben, wobei die überwiegende Mehrzahl der neuen Konvertiten aus neu industrialisierten Ländern wie Mexiko, Brasilien und Korea stammen würde.

87 Interview mit dem Autor

88 Charles Hirschman: «America's Melting Pot Revisited», *Annual Review of Sociology*, 1983, S. 397

89 Thomas Sowell, *The Economics and Politics of Race*, S. 183–184.

90 Hirschman, «America's Melting Pot Revisited», S. 398

91 Tony Martin: *Race First: The Ideological and Organizational Struggles of Marcus Garvey and the Universal Negro Improvement Association*. Westport, Conn.: Greenwood Press 1976, S. 3

92 *The Marcus Garvey and Universal Negro Improvement Association Papers*, hrsg. von Robert Hill. Berkeley: University of California Press 1987, S. 5

93 Thodore G. Vincent: *Black Power and the Garvey Movement*. Berkeley: The Ramparts Press 1971, S. 13

94 M. F. Katzin: «Partners: An Informal Savings Institution in Jamaica», *Social and Economic Studies*, VIII, Dezember 1969, S. 436–440

95 Martin, *Race First*, S. 12–13, S. 19

96 Ebd. S. 33

97 Vincent, *Black Power and the Garvey Movement*, S. 169; «Without Commerce and Industry, the People Perish», *Issues and Views*, Frühling 1991, S. 5–6

98 Martha F. Lee: *The Nation of Islam: an American Millennarian Movement*. Lampeter, Dyfed, Wales: The Edward Mellen Press 1988, S. 36–41

99 Andrea Ford und Russell Chandler: «A Growing Force and Presence», *Los Angeles Times*, 25. Januar 1990; «America's Blacks: A World Apart», *The Economist*, 30. März 1991, S. 17; Sam Fulwood III: «Gap Grows Between Black Middle Class and Those Mired in Poverty», *Los Angeles Times*, 9. August 1991; Timothy Noah: «Urban League, in Bleak Report, Finds Black American's Income Fell in the 1980s», *The Wall Street Journal*, 9. Januar 1991; Ronald J. Ostrow: «U.S. Imprisons Black Men at Four Times S. Africa's Rate», *Los Angeles Times*, 5. Januar 1991.

100 Charisse Jones: «The Rebirth of Malcolm X», *Los Angeles Times Magazine*, 4. Februar 1990, S. 29–38

101 Elizabeth Wright: «The True Legacy of Malcolm X: Responsibility Was the Core of His Message to Blacks», *Issues and Views*, Winter 1989, S. 5

102 Interview mit dem Autor

103 Perry Weed: *The White Ethnic Movement and Ethnic Politics*. New York: Praeger 1973, S. 43–49

104 Jill Stewart: «Tribes Aim at Quiet Revolution», *Los Angeles Times*, 26. Juni 1990

105 «Cree de coeur», *The Economist*», 23. Juni 1990, S. 27; Mary Williams Walsh: «Separatist Fires Burn Again in Quebec», *Los Angeles Times*, 29. Mai 1990

106 Judith Waldrop: «Wasp Children Are Waning», *American Demographics*, Mai 1991, S. 21–22

107 «Tomorrow», *U.S. News & World Report*, 13. Februar 1989, S. 31

108 Kristin Butcher und David Card: «Immigration and Wages: Evidence from the 1980s», *American Economic Review*, Bd. 81, Nr. 2, Mai 1991, S. 293

109 Interview mit dem Autor

110 Luis J. Botifol: «How Miami's New Image Was Created», *Occasional Paper Number 1985-1*, Institute of Interamerican Studies, University of Miami, S. 10–14

111 Peter McKillop mit Cheryl Harrison Miller: «Florida Waits for Fidel to Fall», *Newsweek*, 26. März 1990

112 William B. Barrett: «Monterey's Revenge», *Forbes*, 11. Juni 1990, S. 293

113 Blayne Cutler: «Borderlands», *American Demographics*, Februar 1991, S. 45–46

114 Kwang Chung Kim und Won Moo Hurh: «Ethnic Resources Utilization of Korean Immigrant Entrepreneurs in the Chicago Minority Area», *International Migration Review*, Bd. 6, Nr. 1, S. 109; Mong Hap Ming. «Problems of Korean Immigrant Entrepreneurs», *International Migration Review*, Bd. 24, Nr. 3, S. 441

115 Isaacs, *Idols of the Tribe*, S. 219

116 Peter Francese: «Aging America Needs Foreign Blood, *The Wall Street Journal*, 27. März 1990

Epilog

1 Ferdinand Toennies, «Historismus und Rationalismus», in: *Soziologische Studien und Kritiken I*. Jena: G. Fischer 1925, S. 105–107

2 Andreski, *Military Organization and Society*, S. 75–78

3 Fried, *The Notion of Tribe*, S. 110

4 Snyder, *Macronationalisms*, S. 71–73

5 José Ortega y Gasset: *Der Aufstand der Massen*. Rowohlt 1956, S. 101

6 «North African Unity: One Club to Beat the Other», *The Economist*, 19. Mai 1990, S. 91

7 Snyder, *Macronationalisms*, S. 147–151

8 Ebd. S. 204–221

9 Stanley Meisler: «Despite Ups and Downs, Catalan Language is Alive, Well», *Los Angeles Times*, 1. Januar 1991

10 Kenichi Ohmae: «Toward a Global Regionalism», *Los Angeles Times*, 27. April 1990

11 Michael Grant, *From Alexander to Cleopatra*, S. xiv

12 «Et in Cascadia, Ego», *The Economist*, 29. Februar 1992, S. 28–29

13 Ohmae, «Toward a Global Regionalism»

14 *The Politics of Migration Policies*, Kubat, Gehmacher und Gehmacher, S. xxii–xxiv

15 Jim Hoagland: «The Politics of Exclusion: A Witch's Brew Is Bubbling in Europe», *International Herald Tribune*, 8. Mai 1990

16 George Melloan: «Can Europe Keep Them Down on the Maghreb?» *The Wall Street Journal*, 5. November 1990

17 «In Bad Odour», *The Economist*, 29. Juni 1991, S. 44; Melloan, «Can Europe Keep Them Down on the Maghreb?»

18 «Racism Revived», *The Economist*, 19. Mai 1990, S. 14; Valéry Giscard
d'Estaing: «La France ne doit plus être un pays d'immigration», *Le Fi-
garo*, 26. Mai 1990, S. 80

19 «Berlin: A Metropolis on the Move» (Teaching Project Berlin Metropolis)
Das Zeitbild, Bonn – Bad Godesberg Januar 1991 (ursprünglich dt.: Un-
terrichtsprojekt Metropole Berlin, *Das Zeitbild*, Dezember 1990)

20 Interview mit dem Autor

21 «The Other Fortress Europe», *The Economist*, 1. Juni 1991, S. 45

22 *Turks in Berlin – Mexicans in Los Angeles: What Can We Learn From
One Other?/Türken in Berlin – Mexikaner in Los Angeles: Was können
beide Städte voneinander lernen?* Internationale Fachtagung 1986, Do-
kumentation (Deutsch/Englisch). Berlin: Sozialpädagogisches Institut
Walter May 1986, S. 33 (E), S. 35 (D); John Bunzel: «Alienation and the
Black College Dropout», *The Wall Street Journal*, 3. April 1991

23 «Scorned Today, Hailed Tomorrow?» *U.S. News & World Report*,
30. Januar 1989

24 «Europe's Population Bomb», *Newsweek*, 15. Dezember 1986; «World
Population, by Region», *The Economist*, 11. April 1992, S. 107

25 Statistiken der Bundesanstalt für Arbeit, Februar 1991; Schätzungen von
Dr. Frederick Buttler. Bis zum Ende der neunziger Jahre dürfte sich der
Arbeitskräftemangel in Deutschland fast auf eine Million verdoppeln; im
Jahre 2010 wird es ein Defizit von mindestens einer halben Million Hoch-
schulabsolventen geben.

26 Robert O'Connor: «Who'll Make Up the Slack in Education and Trai-
ning», *International Herald Tribune*, 15. April 1991; Johnson, «Global
Workforce 2000», S. 124; *World Competitiveness Report 1991*. Lausanne:
IMEDE 1992, S. 323

27 Interview mit dem Autor

28 Elliott, *Imperial Spain*, S. 376–377

29 Shigeaki Yasuoka: «Capital Ownership in Family Companies», in: *Family Business in the Era of Industrial Growth*, hrsg. von Okochi und
Yasuoka, S. 9

30 Michael Grant, *From Alexander to Cleopatra*, S. 38

31 Yves Lequin, *La Mosaique France*, S. 104–109

32 Yann Moulier und Georges Tapinos: «France», in: *The Politics of Migration Policies*, hrsg. von Kubat, Gehmacher und Gehmacher, S.
128–133; Peter O'Brien: «Continuity and Change in Germany's Treat-
ment of Non-Germans», *International Migration Review*, Bd. 22, Nr. 3,
S. 111–112; Sarah Gordon: *Hitler, Germans and the «Jewish Question»*.

Princeton, N.J.: Princeton University Press 1984. Noch 1933 betrachteten manche Juden Berlin als eine Art Zufluchtsort, wo sie vor der antisemitischen Welle, die das restliche Deutschland überflutete, sicher wären.

33 Armytage, *A Social History of Engineering*, S. 63

34 Henri Pirenne: «The Stages in the Social History of Capitalism», *American Historical Review*, Bd. 19, Oktober 1913 – Juli 1914, S. 494–515

35 Braudel, *The Perspective of the World*, S. 260–262

36 Gibson-Jarvie, *City of London*, S. 24. (Üblicher ist allerdings die Ableitung vom altenglischen Wort *steorra*, «Stern», da einige normannische Münzen mit einem Stern geprägt wurden und als *steorling*, «Sternlein», bezeichnet wurden. – Der Übersetzer)

37 Braudel, *The Perspective of the World*, S. 260–262

38 Ebd. S. 262

39 Tuchman, *Bibel und Schwert*, S. 143–145

40 Aris, *But There Are No Jews in England*, S. 62

41 McRaie und Cairncross, *Capital City*, S. 9. Von den siebzehn Merchant-Banken, die noch im 20. Jahrhundert bestehen, können fünfzehn ihre Ursprünge auf eine dieser verschiedenen Immigrantengruppen zurückverfolgen.

42 Lewis Mumford: *The City in History: Its Origins, Its Transformations, and its Prospects*. New York: Harcourt, Brace and World 1961, S. 561; Dt.: *Die Stadt. Geschichte und Ausblick*. Köln: Kiepenheuer und Witsch o. J. (1963), S. 656

Egmont R. Koch / Jochen Sperber

Die Datenmafia

Geheimdienste, Konzerne, Syndikate:
Computerspionage und neue Informationskartelle
352 Seiten. Gebunden.

Die Pforte zum digitalen Zeitalter steht sperrangelweit offen. Das
Internet ist nur ein Anfang. Bald werden nicht nur Haushalte und
Firmen, sondern Finanzämter, Strafverfolgungsbehörden, Tele-
fongesellschaften usw. in einem gigantischen Datennetz miteinan-
der verknüpft sein, ohne effektiven Schutz gegen sachkundige
Eindringlinge. Gerade die Geheimdienste wehren sich gegen grö-
ßere Datensicherheit, um jederzeit auf alles Zugriff zu haben.
Begründung: es gehe um die Bekämpfung der organisierten Kri-
minalität und des internationalen Terrorismus.
Tatsächlich aber geht es um Macht. Am Beispiel der sogenannten
Inslaw-Affäre gehen Egmont R. Koch und Jochen Sperber kriminellen Machenschaften der Datenmafia in Geheimdiensten nach.
Sie schildern die illegalen Aktivitäten von Industriespionen und
Wirtschaftsagenten, und sie analysieren die politischen Wider-
stände gegen sichere Computernetze. Ein realer Krimi aus der
digitalen Welt.

Rowohlt